懸吐新譯 附 按說 孟子集註

〖人〗

현토신역 부 안설 맹자집주
懸吐新譯 附 按說 孟子集註 - 인 『人』

1판 1쇄 인쇄 2014년 11월 25일
1판 1쇄 발행 2014년 12월 5일

지은이 성백효
편집인 김형석, 박성자, 신상후, 윤은숙, 이상아
총괄기획 권희준
디자인 씨오디
인쇄 (주)재원프린팅

발행처 한국인문고전연구소 **발행인** 조옥임

출판등록 2012년 2월 1일(제406-2012-000027호)
주소 경기 파주시 미래로 562 (901-1304)
전화 02-323-3635 **팩스** 02-6442-3634 **이메일** books@huclassic.com

정가 21,000원
ISBN 978-89-97970-16-2 94140

懸吐新譯

孟子集註

附 按說

【人】

成百曉 著

한국인문고전연구소

차례

天

地

간행사

　평소 東洋古典에 관심을 두던 차에 寒松 成百曉 선생을 모시고 四書三經을 강독하는 모임의 일원이 되는 행운을 가지게 된 지 벌써 16년의 세월이 흘렀다. 지금도 寒松 선생을 모시고 처음 《論語》를 배울 때의 신선한 충격을 잊을 수가 없다. 법을 전공하는 몇 분과 함께 《論語》를 배우면서 모임의 명칭을 지어주실 것을 청했으나, 선생은 즉답을 피하셨다. 얼마 후, 〈爲政〉 18장에 "많이 듣고서 의심나는 것을 제쳐놓고 그 나머지 자신이 있는 것도 삼가서 말하면 허물이 적고, 많이 보고서 위태로운 것을 제쳐놓고 그 나머지 불안하지 않은 것도 삼가서 행하면 후회가 적을 것이다.〔多聞闕疑 愼言其餘 則寡尤 多見闕殆 愼行其餘則寡悔〕"를 講하시고는 우리들의 모임을 '寡尤會'로 하는 것이 좋겠다고 하셨다. 그 이유는 법조인들이 대부분 변호를 직업으로 삼기 때문이었다. 그리고 '蘇齋선생의 諱가 守愼이고 字가 寡悔인 것도 바로 「愼行其餘則寡悔」에서 온 것'이라고 말씀해주셨다. 평소 先祖의 字야 알고 있었지만 이런 깊은 뜻이 있으리라고는 생각하지 못하였다. 우리 先祖들의 名과 字에도 이처럼 깊은 뜻이 있음을 우리들은 알아야 할 것이다. 그러나 經書를 배우지 않고는 불가능한 일이다.

　선생은 모두가 인정하는 우리시대 漢學의 大家이실 뿐만 아니라 선비이시다. 본래 不敏하고 게으르기도 한데다 세간의 번잡함 속에 있다 보니 선생의 가르침을 제대로 배우지 못하고 세월만 흘려보낸 것이 못내 부끄럽고 송구스럽다.

　선생은 옛날이나 지금이나 한결같은 熱情으로 古典의 講讀과 國譯에 전념하고 계신다. 작년에 《附按說 論語集註》를 출간하신 데 이어 이번에 《附按說 孟子集註》를 출간하시게 되니 선생의 가르침을 받은 한 사람으로서 기쁜 마음 금할 길 없다.

孟子는 주지하는 바와 같이 仁義思想과 民本主義를 강조하였다. 2,400여 년 전 戰國時代 혼란 속에서 인간의 기본 道理와 共同體로서 국가가 나아가야 할 올바른 길을 명쾌한 논리와 특유의 비유로 제시하고 있다.

특히 大丈夫의 삶을 표현하여 "천하의 넓은 집인 仁에 거처하며 천하의 바른 자리인 禮에 서며 천하의 큰 道인 義를 행하여 뜻을 얻어 높은 지위에 있으면 백성들과 함께 이것을 행하고 뜻을 얻지 못하면 홀로 이 道를 행해서 지조와 절개를 지켜 부귀하여도 방탕하지 않고 빈천하여도 동요되지 않고 위세나 무력에도 굴복되지 않는 것을 大丈夫라 이른다.〔居天下之廣居 立天下之正位 行天下之大道 得志 與民由之 不得志 獨行其道 富貴不能淫 貧賤不能移 威武不能屈 此之謂大丈夫〕"라 하였다. 그리고 선비는 "아무리 궁색한 처지에 놓여도 義를 잃지 않고 영달하여도 道를 벗어나지 않는다.〔窮不失義 達不離道〕"라 하였으며, "궁할 적에는 홀로 그 몸을 善하게 하고, 영달하면 세상과 더불어 善하게 한다.〔窮則獨善其身 達則兼善天下〕"라는 구절에 이르러서는 누구나 가슴속에 커다란 울림이 있었으리라. 이러한 孟子의 말씀은 2,400여 년이 흐른 지금에도 여전히 소중한 가르침이 아닐 수 없다. 어쩌면 오히려 利를 추구하기에 급급하여 義를 하찮게 여기며, 民을 근본으로 하기보다는 黨利黨略을 중시하는 오늘날의 世態에 警鐘을 울리는 큰 교훈이 되고 있다고 생각한다.

이번에 寒松 成百曉 선생께서 출간하시는 《附按說 孟子集註》에는 일반 번역서와 달리 經文의 해석에 관한 여러 說과 함께 선생의 견해를 덧붙인 按說과 集註를 부연하거나 비판한 諸家의 說 등 集註에 대한 상세한 주석을 단 脚註가 돋보인다.

여러가지 어려움 속에서도 仁, 義, 禮, 智가 具現되는 세상을 위해 四書五經을 비롯한 東洋古典을 두루 研究, 講論, 國譯 하시는 데 일생을 바쳐 오신 선생의 苦心과 獻身에 깊은 존경과 감사를 드리며, 앞으로 附按說 《大學》, 《中庸》이 계속 출간됨으로써 선생의 思惟가 담긴 附按說 四書集註가 완간되어 보다 많은 분들이 읽어 心性을 涵養하고 더 나아가 우리 先祖들의 思想과 精神을 제대로 인식하여 人間의 道德性을 되찾기를 바라마지 않는다.

2014년 10월
前 법무연수원장 사단법인 해동경사연구소 이사
盧丸均

추천사

　이렇게 말하는 사람이 있을지도 모르겠습니다. 첨단과학과 정보화시대에 漢學은 무엇이며 먼지 냄새 나는 옛 책은 또 무엇이냐고. 분명 지금 우리는 첨단의 정보화 시대를 살고 있습니다. 또한 지난 수십 년간 괄목할 경제발전을 이루었고 막 선진국의 문턱에 이르렀습니다.

　그러나 뜻있는 많은 분들이 우리 사회를 우려와 근심어린 시선으로 바라보고 있는 것도 사실입니다. 현재 우리 사회는 국민소득 3만 불에 근접하고 세계 10위권의 경제대국이라는 성취와 성공에도 불구하고, 물질만능주의의 팽배, 빈부격차의 심화, 도덕의식의 약화, 가정의 붕괴, 사회적 갈등의 심화 등 각종 사회경제적 모순의 그림자가 짙게 드리워져 있기 때문입니다.

　돌아보면 이러한 모순의 씨앗은 이미 100여 년 전 우리 스스로가 뿌린 결과입니다. 물질문명에서 압도적 우위에 있었던 서구제국의 위협에 직면해 우리가 택한 생존전략이 그들의 장점인 물질문명을 따라 배우는 것이었기 때문입니다. 안타깝게도 그 과정에 우리는 정신문명조차 서구의 것만이 옳고 좋은 것이라 생각함으로써 자랑스런 우리의 전통 문화와 정신가치를 도외시하는 愚를 범하였습니다.

　그러나 21세기에 이르러 상황이 달라졌습니다. 서구 물질문명의 질주는 결국 생태계 파괴, 도덕가치의 몰락, 지역간·종교간 대립과 투쟁 등의 한계를 드러냈고, 서구의 정신문명은 대안과 해결책을 제시하지 못하고 있습니다. 오늘날 우리 사회가 안고 있는 사회경제적 제 모순 역시 그간 우리 사회를 지배한 서구 중심적 물질문명의 한계가 드러난 현상들이라고 할 수 있습니다.

이제 동양의 전통문화와 가치로 눈을 돌려야 합니다. 동양적 전통문화와 가치의 근간은 儒學입니다. 儒學은 더 이상 버려야 할 낡은 유산이 아니라, 오늘날 우리 사회는 물론이고 인류가 직면한 모순과 위기를 해결해 줄 대안으로 떠오르고 있습니다. 그 유학의 정수가 바로 孔子를 비롯한 선현들의 생각과 뜻을 오롯이 담고 있는 고전입니다.

《孟子》에 이러한 장면이 나옵니다. 梁 惠王이 孟子를 접견하고서 대뜸 "어르신께서 천 리를 멀다 않고 찾아주셨으니 장차 이 나라에 이익이 있을 것 같습니다."라고 기대를 전하자, 孟子는 "왕께서는 하필이면 이익을 말씀하십니까? 오직 仁義가 있을 뿐입니다."라고 대답합니다. 이어지는 孟子의 설명은 이렇습니다. 왕이 어떻게 하면 내 나라에 이익이 될까를 생각하면, 그 아래의 대부들은 어떻게 하면 내 집안에 이익이 될까를 생각하고, 또 그 아래 백성들은 어떻게 하면 내 한 몸에 이익이 될까를 생각하게 된다는 겁니다. 이렇게 아래위의 사람들이 서로 다투어 이익을 추구하게 되면, 서로 배신하고 죽이며 자식은 부모를 버리고 선비들은 공동체를 뒷전으로 돌리는 풍조가 만연하게 되어 결국은 나라가 위태로워진다는 겁니다. 그래서 孟子는 이익의 추구 대신 仁과 義를 사람다운 세상의 중심 가치로 삼을 것을 강조했습니다.

이것이 어찌 2천여 년 전 전국시대만의 상황이겠습니까? 지금 우리 사회가 바로 그러한 위기에 처해 있습니다. 이러한 상황에서 문제해결의 열쇠를 멀리서 찾을 필요는 없을 것 같습니다. 비록 시대는 달라도 사회와 인간의 문제로 인한 고민은 마찬가지이고, 이에 대한 해결방안을 찾으려던 선현들의 그 생각과 정신이 글로써 전해져 오기 때문입니다. 고전의 가치란 그런 것입니다. 수천 년이 흘렀지만 고전 속 지혜는 여전히 오늘의 우리가 귀 기울여 할 소중한 가르침으로 남아있습니다.

문제는 고전의 세계에 들어서기가 쉽지 않다는 것입니다. 거기로 건너가기 위해서는 반드시 漢文이라는 관문을 거쳐야 하기 때문입니다. 특히 우리는 옛날과 오늘날 문자 사이의 단절로 인해 세계에서 유일하게 불과 100여 년 전 선조들이 남긴 문헌을 자력으로 읽고 이해하지 못하는 나라가 되었습니다. 번역의 중요성과 번역을 담당할 한학자 양성의 필요성은 그래서 더욱 절실합니다.

《附按說 孟子集註》의 저자 成百曉 선생은 어려서 가정에서 부친과 스승을 사사해 전통한학에 대한 조예를 깊이 한 이래 한학 후속세대를 양성하는 한편, 고전을 우리말로 옮기는 일을 필생의 사업으로 삼아 한 길을 걸어 오셨습니다. 그런 점에서 선생의 필생의 사업은, 지난 시간 전통에 대한 경시를 이겨내며 利慾의 橫流를 거슬러 의연히 우리문화와 전통적 지혜의 源頭處를 향해 올라간 외로운 분투였습니다.

《附按說 孟子集註》는 그러한 선생의 온축을 온전히 드러낸 노작이라 할 만합니다. 이 책의 가치는 按說에서 두드러집니다. 朱子의 集註를 대본으로 하되 거기에 그치지 않고 경학과 전통사상에 대한 선생의 해박한 지식을 토대로 제가의 해석을 주체적으로 소화해냄으로써 경전의 원의에 한 걸음 다가설 수 있게 했기 때문입니다. 실로 溫故知新과 法古創新의 사례를 여기에서 볼 수 있습니다.

이로써 일반인은 물론이고 연구자들이 고전으로 건너갈 든든한 다리가 놓여졌습니다. 선생의 국역 작업은 여기에서 그치지 않고 《중용》과 《대학》에 이르러 《附按說 四書》를 완성하고, 더 넓은 고전의 세계로 계속 나아갈 것입니다. 우리 전통문화와 가치를 아끼는 한 사람으로서, 선생의 노력이 맺은 큰 결실을 진심으로 축하드립니다. 그리고 건강을 잘 지켜 오래도록 전통의 지혜에 목마른 우리 사회를 단비로 적셔주시길 기대합니다.

2014년 10월
도산서원 선비문화수련원 이사장
金炳日

이 책을 내면서

　孟子는 이름이 軻로, 鄒나라 사람이다. 孟子는 부모는 물론이요, 字나 생몰연도도 정확하지 않다. 《春秋演孔圖》와 《闕里誌》 등에는 아버지의 이름이 激, 자가 公宜이며, 어머니는 仉(장)氏라 하였다. 당시에는 字를 소중히 여겨 모두 字로 불렀으나 孟子의 字는 《史記》 등에 분명한 기록이 없으며, 字가 子車, 또는 子輿라 하나 이는 후인이 軻라는 名字와 맞추어 만들어낸 것이라 하기도 한다.

　前漢 때 韓嬰이 지은 《漢詩外傳》에는 孟子가 학업을 게을리 하자 모친이 짜던 베를 잘라 훈계시킨 일과 동쪽 집에서 돼지를 잡자 "무엇하러 잡느냐?"는 孟子의 물음에 모친이 "너에게 먹이기 위해 잡는 것이다."라고 농담을 하고는 즉시 후회하고 어린이에게 거짓말을 하면 안 된다 하여 돼지고기를 사다가 먹인 일이 실려 있으며, 劉向의 《列女傳》에는 '孟母三遷之敎'의 고사가 실려 있다. 朱子가 편집한 《小學》〈稽古〉편에도 '三遷之敎'와 동쪽 이웃집의 돼지고기를 사다가 먹인 고사가 실려 있다. 이로 인해 孟子는 어려서 아버지를 여의고 홀어머니의 지극한 가르침을 받은 것으로 널리 알려져 있다.

　楊伯峻은 孟子의 생몰연대를 대체로 기원전 385년(周 安王 17)에 출생하여 기원전 304년(周 赧王 11)에 별세한 것으로 추정하였으나 일설에는 기원전 372년에 출생하여 기원전 289년에 별세한 것으로 추정하기도 한다. 孟子 스스로 "孔子로부터 지금까지 백여 년이다."라고 말씀하였는바, 공자의 생몰연대는 기원전 551년~기원전 479년이다. 孟子의 스승이 누구인지도 확실하지 않다. 《史記》에는 子思의 문인에게서 수학한 것으로 기록되었으며, 《列女傳》과 趙岐의 〈孟子題辭〉(序)에는 직접 子思에게 수학한 것으로 기록되어 있다.

孟子는 "나는 孔子의 문도가 될 수 없어 남에게 私淑하였다."고 말씀한 바 있다. 楊伯峻은 《孟子譯註》〈導言〉에서 "孟子가 말씀한 사숙한 분이 어떠한 사람인지 일찍이 밝히지 않았으니, 반드시 명망이 있는 사람이거나 孔子의 嫡系자손은 아니었을 것이다."라고 단정하였다. 다만 《荀子》의 〈非十二子〉편에는 子思와 孟子를 동일한 學派로 나열하였는바, 孟子의 학설이 子思에게서 나왔음은 분명한 듯하다. 孟子의 일생에 대하여 楊伯峻은 《孟子》 책을 근거로 활동 연도를 대략 다음과 같이 추정하였다.

孟子가 1차로 齊나라에 간 것은 齊 威王 때였다. 당시에 匡章은 그리 명성이 나지 않았고, 또 不孝子란 명칭을 갖고 있었으나 孟子는 그와 교유하고 또 따라서 禮貌를 하였다.(〈離婁下〉 30章) 孟子가 齊나라에 있을 때에는 대체로 뜻을 얻지 못하여 威王이 선물하는 兼金 100鎰을 거절하였다.(〈公孫丑下〉 3章) 威王 30년에 宋王 偃이 王을 참칭하고 또 仁政을 행하려 하니, 이 때문에 孟子가 宋나라에 갔다. 戴不勝에게 어진 선비를 많이 추천할 것을 권고하고 戴盈之의 질문에 답한 것은 모두 이 시기였다.(〈滕文公下〉 5·6·8章) 《孟子》로 볼 때 宋王 偃은 대체로 좌우에 어질지 못한 사람이 많았으므로 孟子는 "한 명의 薛居州가 宋王으로 하여금 善하게 할 수 없다."라고 하였으며,(〈滕文公下〉 4章) 孟子는 또 宋나라에서 선물하는 황금 70鎰을 받고 떠나갔다. 孟子가 宋나라에 머물 무렵 滕 文公은 太子로 있었는데, 楚나라에 가다가 宋나라의 수도인 彭城을 지나면서 두 차례 孟子와 만났다.(〈公孫丑下〉 3章) 오래지 않아 孟子가 鄒나라로 돌아갔으니, 鄒 穆公과의 문답은 대체로 이때[1]였을 것이다.(〈梁惠王下〉 12章) 滕 定公이 죽자 文公은 然友로 하여금 鄒나라에 가서 孟子에게 喪禮를 묻게 하였다.(〈滕文公上〉 2章) 季任이 사람을 보내어 와서 禮物을 올린 것은(〈告子下〉 5章) 이때 있었는지 확정하기 어렵다. 孟子가 고국인 鄒나라에 머문 것은 절대로 한 차례뿐만이 아니기 때문이다. 魯 平公이 즉위하자 孟子의 제자인 樂正克으로 정사를 하게 하니,(〈告子下〉 13章) 孟子가 魯나라에 갔으나 臧倉의 훼방으로 인하여 孟子는 "내가 魯나라 임금을 만나지 못함은 天命이다."라는 개탄을 하게 되었다.(〈梁惠王下〉 16章) 滕 文公이 즉위하자 孟子

1 　鄒 穆公과의……이때: 淸代 사람 狄子奇의 저술인 《孟子編年》에는 孟子의 생년을 楊伯峻의 추정보다 13년 늦은 기원전 372년으로 보기 때문에 孟子 행적의 순서가 일부 달라지는 바, 鄒 穆公과의 문답을 1차로 齊나라에 가기 전의 일로 추정하였다.

가 滕나라에 이르니, 文公이 나라를 다스리는 방법을 물었고, 또 畢戰으로 하여금 井田法을 물었다.(〈滕文公上〉3章) 齊나라 사람들이 薛邑에다가 築城을 하려 하자 文公이 두려워하여 孟子에게 가르침을 청하고,(〈梁惠王下〉14章) 許行의 새 信徒인 陳相과의 辯論 역시 이때에 있었을 것이다.(〈滕文公上〉4章) 梁 惠王 後元 15년에 梁나라에 갔는데, 이때 孟子는 나이가 70세에 가까웠다. 梁 惠王은 재위한 지가 이미 50년으로 연세가 70세 전후였을 터인데도 孟子를 호칭하여 叟(노인)라 하였다. 梁惠王과의 문답은 이 해에 있었을 것이다.(〈梁惠王上〉1·2·3·4·5章) 다음 해에 惠王이 죽고 襄王이 즉위하니 맹자는 그와 한 차례 만났다.(〈梁惠王上〉6章) 이때 齊 威王이 죽고 宣王이 즉위하자 孟子는 梁나라에서 齊나라로 갔으니, 齊나라의 卿相에 오름과 나가 滕나라에 조문함은 모두 이 몇 년 사이에 있었을 것이다.(〈公孫丑上〉1·2章) 齊나라가 燕나라를 정벌한 것은 宣王 5년[2]이었는데, 2년 뒤에 諸侯들이 장차 燕나라를 구원할 것을 도모하자(〈梁惠王下〉11章) 孟子는 宣王에게 포로와 귀중한 보물을 반환하고 燕나라 사람들과 상의하여 군주를 세운 뒤에 撤兵할 것을 권하였으나 宣王은 듣지 않았다. 다음 해 燕나라는 諸侯들과 군대를 연합하여 齊나라를 공격해서 齊軍이 대패하니, 齊 宣王은 "내 孟子에 매우 부끄럽다."라는 말을 하였다.(〈公孫丑下〉9章) 孟子는 이 때문에 辭職하니, 宣王은 孟子에게 도성에 큰 집을 지어줄 것을 요청하였으나 孟子는 받지 않고 齊나라를 떠났는데,[3] 晝란 땅에서 사흘 동안 체류하였다.(〈公孫丑下〉10·11章) 孟子는 이때 나이가 이미 70여 세로 이 뒤로는 다시 外國에 나가지 않고[4] 萬章의 무리와 詩·書의 뜻을 서술하고 仲尼의 뜻을 기술하여 《孟子》7편을 지었다.

1. 《孟子》의 작자에 대하여

작자에 관해서는 대체로 세 종류의 설이 있다. 첫째는 孟子가 직접 지었다는 설이다.

---

2   宣王 5년:楊寬의 《戰國史》에는 齊 宣王 6년으로 보았다. 〈梁惠王下〉10-2절의 각주 참조.

3   齊나라를 떠났는데:狄子奇의 《孟子編年》에는 齊나라가 燕나라를 쳐 승리한 해에 孟子가 齊나라를 떠난 것으로 보았다. 〈公孫丑下〉9-1절의 안설 참조.

4   外國에 나가지 않고:《孟子編年》에는 齊나라를 떠난 후에 宋·薛·魯나라에 갔다가 鄒나라로 돌아온 것으로 보았다.

趙岐는 《孟子》〈序〉에서 "이 책은 孟子가 지은 것이므로, 총괄하여 《孟子》라 한 것이다." 하였다. 焦循의 《孟子正義》에는 元나라 사람 何異孫의 《十一經問對》를 인용하여 《論語》는 孔子의 여러 제자들이 좋은 말씀을 기록하여 책을 만들었으므로 《論語》라 이름하고 孔子라 하지 않은 것이며, 《孟子》는 孟軻가 직접 지은 책이어서 《荀子》와 같기 때문에 《孟子》라 한 것이다." 하였다. 趙岐는 孟子가 "高弟인 公孫丑, 萬章의 무리와 함께 논란하고 문답하였으며, 또 직접 법도의 말씀을 찬하여 《孟子》 7편을 만들었다." 하였다. 특히 朱子는 "7편의 筆勢를 보면 한 번에 쇳물을 녹여 만든 것과 같으니, 여러 사람이 엮어 모아서 이루어질 수 있는 것이 아니다.〔觀其筆勢 如鎔鑄而成 非綴緝所就也〕" 하였으며, 그후 元나라의 金履祥, 明나라의 郝敬이 모두 이에 찬동하였다. 그러나 朱子는 〈滕文公上〉의 '言必稱堯舜'은 문인들이 孟子의 말씀을 요약한 것으로 보았으며, 역시 〈滕文公上〉의 '禹決汝漢 排淮泗而注之江'을 기록한 자의 오류라 하여 문인이 함께 참여하였음을 부정하지 않았다.

둘째는 이와 정반대로 孟子가 별세한 뒤에 문하의 제자들이 공동 기술한 것으로 보는 견해이다. 이러한 주장을 최초에 한 사람은 韓愈였으며, 이에 동조한 자는 唐나라의 林愼思와 宋나라의 蘇轍이었으나 분명한 증거를 대지는 못하였다. 그러다가 宋나라의 晁公武가 梁 襄王, 滕 文公, 魯 平公 등이 孟子보다 뒤에 죽었는데도 이들의 諡號가 《孟子》에 보이는 것을 증거로 삼았다. 淸나라의 崔述은 《孟子事實錄》에서 "《孟子》 7편 가운데 종종 비판할 부분이 있다." 하여 《孟子》의 疎漏한 부분을 지적하고, "孟子가 직접 지은 것이 아니요 제자들이 刪定했다." 하였다. 우리나라의 茶山 丁若鏞도 《孟子》는 완전한 책이 아니라고 비판하였다.(지면 관계로 자세히 밝히지 않는 바, 萬章이 물은 舜과 瞽瞍의 일 등에서 按說로 밝혔다. 中國學者들의 說을 자세히 알려면 楊伯峻의 《孟子譯註》를 참고하기 바란다.)

세 번째는 司馬遷이 〈孟子列傳〉에서 말한 대로 孟子가 물러가 萬章의 무리와 함께 詩書의 내용을 서술하고 仲尼의 뜻을 기술하여 《孟子》 7편을 지었다는 것이다. 하지만 비록 萬章의 무리가 참여하였다고 하더라도 주요 저자는 역시 孟子인 것이다. 朱子說 역시 이와 크게 다르지 않다 할 것이다. 그리하여 이 세 번째가 가장 近理한 것으로 알려져 있다.

《史記列傳》에는 《孟子》 7편이라고 말하였으나 應劭의 《風俗通》〈窮通〉 편에는 中

外 11편으로 되어 있으며, 班固의 《漢書》〈藝文志〉에도 《孟子》 11편이라 하였다. 中外는 內外와 같은 말로,《孟子》 7편은 內篇이며, 이 밖의 外書인 〈性善辯〉·〈文說〉·〈孝經〉(일설에는 〈性善〉·〈辯文〉·〈說孝經〉으로 읽기도 함)·〈爲政〉의 4편이 있었다 하는데, 이는 文體가 內篇과 완전히 달라 후세에서 가탁하여 지은 것이라 한다. 그러나 지금은 모두 逸失되어 전하지 않는다.

　원래 《孟子》는 7편이었으나 簡帙이 너무 크다 하여 上·下로 나누어 지금의 14편이 되었다. 편명은 《論語》와 같이 별 뜻이 없고 편 앞에 나오는 글자를 뽑아 편명으로 삼았다. 《孟子》는 漢 文帝 때에 《論語》·《孝經》·《爾雅》와 함께 學官에 세워져 四博士의 하나가 되었다. 그 후 武帝 때 四博士가 五經博士로 대체되면서, 諸子書의 하나로 격하되었으나 五代時代 後蜀의 孟昶이 《易》·《詩》·《書》·《儀禮》·《周禮》·《禮記》·《公羊》·《穀梁》·《左傳》·《論語》·《孟子》의 11經을 비석에 새겼으며, 宋 太宗이 또 翻刻하면서 經書의 반열에 들게 되었다. 또한 南宋의 朱子가 《禮記》의 《中庸》·《大學》을 뽑아 《論語》·《孟子》를 묶어 四書라 하고, 集註를 냄으로써 中國은 물론이요 고려 후기와 조선조의 과거에 필수과목이 되었으며, 특히 조선조에서는 四書가 士子의 필독서가 되었다.

　《孟子》의 주석서로는 漢代에 趙岐의 《孟子章句》 14편이 가장 오래되었다. 이외에도 《呂氏春秋》에 실려 있는 高誘의 註에는 高誘 자신이 《孟子章句》를 정정하였음을 밝히고 있으며, 《後漢書》〈儒林傳〉에는 程曾이 《孟子章句》를 지었다 하였다. 《隋書》〈經籍志〉에는 後漢의 鄭玄과 劉熙가 각각 註解한 것으로 기록되어 있으나 지금은 모두 산일되어 전하지 않는다. 趙岐의 註는 일부 訓詁와 名物이 불확실하다는 비평을 받고 있지만 孟子의 眞價를 세상에 처음으로 알린 사람은 바로 趙岐였다. 朱子의 集註에도 상당수 채택되었다. 趙岐의 註와 이에 의거하여 지어진 孫奭의 疏가 十三經에 들어 있으며, 焦循의 《孟子正義》도 많이 읽혀지는 편이나 朱子의 《集註》가 가장 잘 알려져 있다. 특히 程朱學을 수용한 조선조에서는 朱子 集註가 金科玉條로 인식되어 우리나라 선조들의 思想과 文集을 제대로 알려면 朱子 集註를 정확히 알지 않고는 불가능하다.

2. 孟子의 사상과 이념

孟子는 철저한 孔子의 信奉者였다. 스스로 말씀하기를 "生民이 있은 이래로 孔子와 같은 분은 있지 않았다." 하고, "자신이 원하는 바는 바로 孔子이다." 하였다. 그러나 孔子와 백 년 이상의 시대적 차이가 나는 만큼 상황이 바뀜에 따라 주장도 약간 다르게 되었다. 孔子는 仁만을 강조하였는데 孟子는 仁義를 함께 말씀하였다.

程伊川은 "孟子가 세상에 큰 功이 있는 것은 性善을 말씀하였기 때문이다.〔孟子有大功於世 以其言性善也〕" 하였으며, 孟子의 性善과 養氣(浩然之氣를 기름)의 의논은 모두 옛 聖人이 미처 발명하지 못한 것이다.〔孟子性善養氣之論 皆前聖所未發〕" 하였다.

孟子는 위에서 밝혔듯이 子思의 학통을 이은 것으로 알려졌다. 子思는 "하늘이 명한 것을 性이라 하고, 性을 따르는 것을 道라 한다.〔天命之謂性 率性之謂道〕" 하여, 孟子의 性善說의 본바탕이 되었다. 이 性은 仁義禮智를 가리킨다. 仁義禮智 역시 體와 用으로 나뉜다. 사람이 처음 부여받은 본성은 體이고, 사람이 이것을 행하면 仁은 사랑이 되고 義는 일의 마땅함이 되고 禮는 예의바른 행동이 되고 智는 시비를 판단하는 지혜가 되는데, 이것을 用이라 한다.

그러나 茶山은 본성을 인정하지 않고 행동에 나타나는 것만을 性이라 하여, 善을 좋아하고 惡을 미워하는 것을 天性으로 보았다. 그리하여 〈滕文公上〉의 孟子가 性善을 말씀한 것에 대해 《書經》〈召誥〉에서 말한 節性(성질을 절제함)과 《禮記》〈王制〉에서 말한 '修六禮以節民性(六禮를 닦아 백성들의 성질을 절제함)'과 《孟子》에서 말한 '動心忍性(마음을 동하고 성질을 참음)'은 人心의 嗜好이며, 《書經》〈西伯戡黎〉에서 말한 '不虞天性(天性을 헤아리지 않음)'과 子思의 '率性(본성을 따름)'과 《孟子》의 性善은 道心의 嗜好이다. 비록 말한 것은 똑같지 않으나 嗜好를 가지고 性이라 한 것은 똑같다 하였다.(《孟子要義》)

茶山이 말한 道心의 嗜好는 程朱學에서 주장하는 本然之性이요 人心의 嗜好는 氣質之性이다. 사람은 누구나 본래 선한 性을 부여받았지만 기질의 받음이 각기 달라 성질이 급한 사람도 있고 느린 사람도 있으며, 탐욕스런 사람도 있고 청렴한 사람도 있어 똑같지 않은바 이것이 氣質之性이다. 현실주의자인 茶山은 근본적으로 心性理氣

의 철학을 부정한 것으로 보인다. 물론 이것은 독창적인 것이 아니요, 당시 先秦儒學과 程朱學을 분리시킨 淸代 考證學의 영향을 받은 것으로 보인다. 이에 대해서는 《附按 說 論語集註》에서 이미 밝힌 바 있으므로 여기서는 이만 줄인다.

孟子의 民本主義는 義의 사상에서 나왔다고 보여진다. 그리고 富國强兵의 이익만을 추구하는 당시의 병폐를 바로잡기 위해 義와 利, 善과 利의 구별을 강조하였다.

첫 번째 章에 보이는 一喝이 바로 "王은 하필 利를 말씀하십니까. 또한 仁義가 있을 뿐입니다.〔王何必曰利 亦有仁義而已矣〕"였다. 이로 말미암아 《孟子》의 전체를 '遏人 慾 存天理'로 요약한다. 人慾을 막고 天理를 보존한다는 뜻이다. 天理는 바로 仁義이고 人慾은 利이다. 栗谷도 《擊蒙要訣》〈讀書章〉에서

《論語》 다음으로 《孟子》를 읽어 義와 利를 밝게 분별하며, 人慾을 막고 天理를 보존해야 한다는 말씀에 하나하나 밝게 살펴 확충해야 한다.〔次讀孟子 於明辨義利 遏人慾 存天理之說 一一明察而擴充之〕

하였다.

이렇듯 義를 강조한 孟子는 管仲과 武王에 대하여 孔子와 다른 평가를 하였다. 孔子는 齊 桓公을 霸者로 만든 管仲을 높이 평가하였으나 孟子는 管仲을 비하하였으며, 孔子는 武力으로 천하를 통일한 周 武王의 음악인 大武를 盡善하지 못한 것으로 폄하하였으나 孟子는 武王이 군주를 시해하였다는 齊 宣王의 물음에 "仁을 해치는 자를 賊이라 하고 義를 해치는 자를 殘이라 하고 殘賊한 사람을 一夫라 하니, 一夫인 紂王을 죽였다는 말은 들었어도 군주를 시해했다는 말은 듣지 못했습니다." 하였다. 이러한 革命主義的 思想은 후세 東坡 蘇軾으로부터도 비난을 받았다.

孟子는 도탄에 빠진 백성들을 구원하고 포악한 군주를 토벌한 湯王과 武王을 天吏라 하였으며, 군주의 벼슬자리를 天位, 군주가 맡기는 직책을 天職, 군주의 녹봉을 天祿이라 하고, 선행을 닦아 자연적으로 신분이 높아지는 것을 天爵이라 하였다. 이 경우의 天은 民을 기준한 것이다.

孟子는 또 "백성이 제일 귀하고 사직이 그 다음이고 군주가 가볍다.〔民爲貴 社稷次之 君爲輕〕" 하고, 또 "貴戚之卿은 나쁜 군주를 갈아치우고 賢者를 옹립해야 한다."고

강조하였다. 또한 孔子는 周나라 왕실을 높이는 것을 大義로 보았으나 孟子는 누구든 도탄에 빠진 백성을 구제하면 王者가 될 수 있다고 주장하였다. 당시 군주들의 시각에서 보면 가위 쿠데타적 발상이라고 볼 수밖에 없었을 것이다. 이러한 연유로 宋代의 명재상인 司馬光은 《孟子》를 좋아하지 않았으며, 明 太祖인 朱元璋은 《孟子》를 교과목에서 삭제하기도 하였다.

《孟子》는 仁義를 행하지 않는 군주를 도와주는 신하는 모두 나쁜 자라고까지 주장하였다. 그리하여 "전쟁을 잘하는 자는 극형을 받아야 하고, 외교를 잘하여 제후들과 연합하는 자가 그 다음의 형벌을 받아야 하고, 황무지를 개간하여 훌륭한 농업인에게 맡겨주어 농지를 나라를 부유하게 하는 자가 그 다음의 형벌을 받아야 한다.[善戰者服上刑 連諸侯者次之 辟草萊任土地者次之]"고까지 하였다. 또한 井田法 시행을 강조하였다. 과연 실용성이 있었는지는 알 수 없지만 '耕者九一'의 稅法을 시행하기 위해서였다.

楊伯峻은 富國强兵하는 자를 형벌에 처해야 한다는 孟子의 주장과 井田法을 비현실적이라 하여, '당시 우활하다는 지탄을 받았다.'는 司馬遷의 비판이 적중한 것으로 보았다. 그러나 소규모적이었지만 井田法은 滕 文公이 시행하여 당시 許行으로부터 仁政을 행하는 聖君이란 평가를 받았으며, 부국강병 역시 당시 제후들끼리의 쟁탈전이었던 만큼 孟子의 仁義思想보다 앞설 수는 없다고 생각한다.

《孟子》는 민주주의의 시대인 지금에 더욱 가치가 있다고 하겠다. 2,400년 전에 이러한 사상이 있었다는 것이 놀랍기만 하다. 요즘 각계각층의 인사들이 이 《孟子》를 읽고 반성해 주었으면 하는 마음 간절하다.

우리 선조들이 가장 많이 외고 읽은 책이 바로 《論語》와 《孟子》이다. 梅山 洪直弼은 外從弟 金鍈에게 답한 편지에서 다음과 같이 말하였다.

《鄒經(孟子)》은 몇 번이나 읽었는가? 孟子는 孔子와의 거리가 다소 멀어서 異端의 말이 시끄럽게 떠들어 서로 공격하는 때에 태어나 天理를 밝히고 人心을 바로잡으며 異端을 변론하고 부정한 학설을 물리치는 것을 자신의 임무로 삼아 털끝만한 차이에서 善과 이익을 분석하기를 마치 예리한 칼로 물건을 잘라 바로 두 쪽을 내듯이 하였으니, 단지 性善과 養氣가 聖門에 功이 있을 뿐만이 아니네.

지금 사람들은 곧 人慾을 막고 天理를 보존하는 것이 《孟子》의 宗旨가 된다고 말하나 《孟子》를 읽는 자들이 자기 일과는 무관한 것처럼 여기니, 程子가 말씀한 '비록 많이 읽으나 또한 무슨 소용이 있겠는가.'라는 것이네. 朱先生이 일찍이 말씀하기를 《孟子》는 단락마다 痛切하고 句句마다 的確하여 잘 읽으면 必然的인 효험이 있다.' 하셨네. 그러나 만약 辛苦하여 쾌활하지 못한 境界를 겪어보지 못하면 어떠한 것이 痛切한 것이며, 어떠한 것이 的確한 것이며, 어떠한 것이 필연적인 효험이 되는지를 모른다네.

단지 잘 읽을 뿐만 아니라 반드시 모름지기 외워야 하고, 단지 외울 뿐만 아니라 반드시 정밀하게 생각하여야 하고, 단지 정밀하게 생각할 뿐만 아니라 반드시 마음을 길러 이치를 함양하고 몸에 돌이켜 실천하여야 孟子께서 밝은 눈과 큰 膽力으로 苦心하여 강력히 변론한 뜻에 부응할 수 있네. 내 평생 이 《孟子》책을 몹시 좋아하였으나 읽기 전에도 똑같은 사람이요 이미 읽고 나서도 똑같은 사람이어서 우리 아우에게 말해줄 만한 것이 없네.〔鄒經讀至幾回否 孟子生於去聖稍遠 異言喧豗之日 以明天理正人心辨異端闢邪說爲己任 其所以析善利於毫釐之末者 如快刀切物 卽成兩片 非直性善養氣之爲有功於聖門也 今人便說遏人慾存天理 爲孟子宗旨 而讀者若無與於己事 程子所云雖多亦奚以爲者也 朱先生嘗云孟子段段痛切 句句的確 有必然之效 苟不經辛苦不快活境界 不知如何爲痛切 如何爲的確 如何爲必然之效也 不徒能讀 必須成誦 不徒能誦 必須精思 不徒精思 必須養心以涵其理 反躬以踐其實 克副其明目張膽苦口力辨之意焉 吾平生酷好是書 而未讀猶是人 已讀猶是人 無足爲吾弟道也〕《梅山集 答金鎀》

옛분들은 四書三經을 거의 모두 외웠다. 梅山은 역시 외종제 金鎀에게 준 편지에서

龜峯(宋翼弼), 重峯(趙憲), 晦谷(曺漢英) 등 諸賢들은 《朱子大全》한 질을 모두 외웠으니, 그 총명함과 역량을 진실로 따를 수가 없네. 그러나 《朱書百選》처럼 요약한 것은 반드시 외워야 하니, 외우면 자기의 소유가 되고 외지 못하면 자기의 소유가 되지 못하네. 그러나 한갓 외기만 하고 그 뜻을 연구하지 않으면 또한 盲人이 經을 외는 것과 다름이 없으니, 반드시 읽으면 외우고 외면 깊이 생각하여 聖賢의 책을 자기 입으로 말한 듯이 하고 經傳의 뜻을 자기 마음에서 나온 듯이 하여야 하니, 그런 뒤에야 비로소 참다운 독

서라고 할 수 있네.〔龜峯重峯晦谷諸賢 誦盡大全一部 其聰明力量 固不敢望 而如百選 約而又約者 必須成誦 誦則爲己有 不誦則非己有也 徒誦而不究厥旨 亦無異盲者之誦經 必要讀而誦 誦而思 使聖賢之書 若自我口 經傳之意 如出我心 然後方可謂眞讀書也〕

라고 하였다. 經傳을 대충 몇 번 읽어보고는 달통했다고 생각하는 오늘날의 학습 형태와는 너무도 달랐던 것이다.

3. 《附按說 孟子集註》의 특징

이 책의 특징은 작년에 출간한 바 있는《附按說 論語集註》와 크게 다르지 않다. 《孟子》의 주석서는 상대적으로《論語》에 비하여 적으며, 《孟子》가 직접 내용을 자세히 설명하였으므로 異說 역시《論語》에 비하여 적은 것이 사실이다. 이 책은 체제 역시《附按說 論語集註》를 그대로 따랐는바, 茶山의《孟子要義》와 壺山 朴文鎬의《孟子詳說》, 楊伯峻의《孟子譯註》등을 참고하였다. 그리고《論語集註》와 마찬가지로 內閣本 諺解와 栗谷 諺解를 참고하여 經文의 현토를 환원한 것이 있으며, 지난번 전통문화연구회에서 출간하였던《孟子集註》와 마찬가지로 集註의 현토는 艮齋 田愚 선생의 것을 대체로 따랐음을 밝혀둔다. 楊伯峻의《孟子譯註》는 焦循의 註 등을 참고하여 많은 도움을 받았다.

《附按說 論語集註》와 약간 다른 점이 있다면 각 章에 제목을 붙인 점이다. 예로부터〈梁惠王上〉의 7장을 '觳觫章'이라 하고〈公孫丑上〉의 2장을 '不動心章' 또는 '浩然章'이라 하였다. 이제 朱子의《語類》와 陶菴 李縡의《孟子講說》, 東巖 柳長源의《四書纂註增補》와 壺山의《孟子集註詳說》등을 참고하여 章의 이름을 붙였는데, 때로는 두 제목을 중복으로 표기하여 이용에 편리하게 하였다. 또한 章節이 길므로 章節을 다 표기해 주었다.

이 책에서 본인의 역주에 해당하는 부분은 按說과 각주이다. 按說에서는 經文의 해석에 대한 여러 설들을 소개하고 정리하였으며, 때로는 각 설에 대한 본인의 의견을 덧붙였다. 按說은 經文에 대한 주석이므로 經文과 集註의 사이에 배치하였다.

반면 각주는 集註에 대한 주석이라고 할 수 있다. 集註를 이해하는 데 도움이 되고자 인용문의 出典, 集註를 부연한 諸家의 설, 集註를 비판한 설, 大全本의 小註까지 다방면으로 900여 개의 상세한 주석을 달았다. 集註가 우리에게 워낙 친숙하다 보니, 사람들은 集註의 내용을 자신이 잘 이해하고 있다고 여기는 듯하다. 그러나 막상 그 내용에 대하여 질문을 해보면 제대로 이해하고 있지 못한 경우가 많다. 集註를 비판하거나 넘어서고자 한다면 먼저 그것을 제대로 이해해야 할 것이다.

자신의 견해를 덧붙인 《附按說 四書集註》를 내려던 본인의 오랜 염원이 내년 말이면 끝나리라고 생각된다.

지난번 《附按說 論語集註》 출간에 뜨거운 성원을 아끼지 않은 선후배 제현께 다시 한번 감사드린다. 인문학이 고사위기에 처한 우리나라의 척박한 토양에서 몇 분이나 관심 있게 읽어줄지 의문되지 않을 수 없으나 단 한 분이라도 본인의 苦心을 이해해주고 학습에 도움을 받는다면 더 이상 바랄 것이 없겠다.

《附按說 論語集註》와 마찬가지로 이 책 역시 (社)海東經史研究所의 理事 여러분의 적극적인 지원의 결과라 하겠다. 특히 權五春 理事長과 申正澤 理事님께 감사드린다. 원고정리와 校正을 맡아준 李常娥, 申相厚, 金炯奭, 朴成子, 尹銀淑 다섯 분에게 감사드린다. 특히 典故까지 일일이 찾아내어 수정해준 李常娥 氏의 노고를 치하하며, 이번에도 출간을 맡아준 한국인문고전연구소의 權熙俊 사장에게도 감사드리는 바이다.

2014년 甲午 菊秋에 海東經史研究所에서

成百曉

凡例

1. 本書는 한문문리습득을 위한 자습서나 강독교재로 활용할 수 있도록 만든 책으로, 이를 위하여 모든 원문에 懸吐하고 原義에 충실하게 번역하였다. 또 按說과 각주에 역자의 설명을 첨가하여 《孟子》나 《孟子集註》를 이해하고 연구하는 데 도움이 되도록 하였다.

2. 本書는 內閣本(學民文化社 影印本 2003)을 國譯底本으로 하고, 中國 中華書局의 《四書章句集注》와 日本의 漢文大系本 등을 교감에 참고하였다.

3. 모든 원문에 懸吐하되, 經文의 吐는 官本諺解를 위주로 하고 栗谷의 四書諺解를 참고하였다. 다만 필요에 따라 調整하였는데, 이에 대한 설명을 按說에 실었다. 集註의 吐는 艮齋(田愚)의 懸吐를 따랐으며 일부는 역주자가 새로이 현토하였다.

4. 번역은 原義에 충실하게 하여 문리습득과 원전강독에 도움이 되도록 하였으며, 필요한 경우 원문에 없는 내용을 〈 〉 안에 보충하였다.

5. 음이 두 개 이상인 글자와 음이 어려운 글자는 ( ) 안에 한글로 음을 표기하였다.

6. 원문의 글자 중 난해한 것은 字義와 음을 하단에 실었다.

7. 각 章에 제목을 붙여 내용을 알기 쉽게 하였는바, 제목은 《朱子語類》와 陶菴 李縡의 《孟子講說》, 東巖 柳長源의 《四書纂註增補》와 壺山 朴文鎬의 《孟子集註詳說》을 참고하였으며, 《孟子》는 문장이 길게 이어지므로 章과 節에 일련번호를 달아 讀者들의 편리를 도모하였다.

8. 集註는 각 節마다 맨 앞에 集註라고 표기하여 구분하였으며, 章下註는 따로 떼어 그 앞에 章下註라고 표기하여 구분하였다.

9. 集註에서 明道(程顥)와 伊川(程頤)을 구분하지 않고 程子曰이라고 표기하였는데, 臺灣 學生書局의 《朱子四書集註典據考》에 의거하고 《孟子集註詳說》을 참고하여 ( ) 안에 號(明道/伊川)를 써주었다. 그 외 尹氏, 謝氏 등 성씨만 밝힌 경우에도 ( ) 안에 이름을 써주었다.

10. 經文의 내용을 해설하거나 經文 해석의 異說을 소개하고자 할 때에는 經文의 밑에 按說로 실었으며, 集註에 대한 해설이나 出典 등은 각주로 자세하게 실었다.

11. 經文의 번역은 集註를 따랐으며, 經文과 集註를 번역하고 해설함에 있어 《朱子大全》, 《論孟精義》, 《四書或問》, 《朱子語類》, 《四書集註大全》 및 壺山(朴文鎬)의 《孟子集註詳說》, 沙溪(金長生)의 《經書辨疑》, 官本 및 栗谷諺解 등을 참고하였다. 그 외에 趙岐의 《孟子章句》, 楊伯峻의 《孟子譯註》 및 茶山(丁若鏞)의 《孟子要義》 등의 해석을 集註와 비교하고 소개하였다.

12. 人名은 성씨나 字·號로 표기되어 있는 경우, ( ) 안에 이름을 써주었다. 다만 茶山과 壺山은 자주 언급되므로 이름을 병기하지 않았다.

13. 書名은 完稱을 기본으로 하되, 몇 가지는 略稱으로 표기하였는바, 다음과 같다.

    《論孟精義》→《精義》　　《四書或問》→《或問》
    《朱子語類》→《語類》　　《四書集註大全》→《大全》

14. 趙岐의 註와 《四書集註大全》의 小註, 楊伯峻의 《孟子譯註》 및 壺山의 《孟子集註詳說》, 茶山의 《孟子要義》는 인용시 人名만 밝히고 書名은 따로 기재하지 않았다.

15. 本書에 사용된 부호는 다음과 같다.

    《 》: 書名　　　　〈 〉: 篇章節名, 작품명, 원문 보충자, 보충역
    〔 〕: 원문 병기　　( ): 한자의 음, 통용자, 간단한 주석
    〖 〗: 原註　　　　(誤字)〔正字〕: 교감표기

孟子集註

附 按說 【人】

萬章章句 上

集註 | 凡九章[1]이라
모두 9章이다.

| 舜往于田章(怨慕章) |

1-1. 萬章이 問曰 舜이 往于田하사 號泣于旻天하시니 何爲其號泣也잇고
孟子曰 怨慕也시니라

萬章이 물었다. "舜이 밭에 가서 하늘에 부르짖으며 우셨으니, 어찌하여 부르짖으며 우신 것입니까?"

孟子께서 말씀하셨다. "원망하여 사모하신 것이다."

集註 | 舜往于田은 耕歷山時也라 仁覆(부)閔下[2]를 謂之旻天이라 號泣于旻天은 呼

---

1   凡九章 : 〈萬章上〉에 대하여, 壺山은 "모두 世俗에 好事者들의 말을 분별하였고, 또 한 章 외에는 모
    두 萬章의 질문이다. 여러 편 가운데 별도로 한 例가 되니, 또한《論語》에〈季氏〉가 있는 것과 같은 文
    體이다.〔皆辨世俗好事者之說 且除一章外 皆萬章問也 於諸篇別爲一例 亦猶論語之有季氏文體
    云〕"하였다.

2   仁覆閔下 : 壺山은 "仁으로써 덮어주어 이 下民을 가엾게 여기는 것이다.〔仁以覆之 閔此下民〕"하였다.

··· 號 부르짖을 호 泣 울 읍 旻 하늘 민 怨 원망할 원 慕 사모할 모 覆 덮을 부 閔 불쌍할 민

天而泣也니 事見 (현)虞書大禹謨篇[3]하니라 怨慕는 怨己之不得其親[4]而思慕也라

'舜이 밭에 갔다.'는 것은 歷山에서 밭을 갈 때이다. 仁으로 덮어주어 아랫사람들을 불쌍히 여김을 '旻天'이라 이른다. '旻天에 號泣했다.'는 것은 하늘에 부르짖으며 운 것이니, 이 일이 《書經》〈虞書 大禹謨〉편에 보인다. '怨慕'는 자기가 어버이에게 사랑을 얻지 못함을 원망하고 사모한 것이다.

1-2. 萬章曰 父母愛之어시든 喜而不忘하고 父母惡(오)之어시든 勞而不怨이니 然則舜은 怨乎잇가 曰 長息이 問於公明高曰 舜이 往于田은 則吾旣得聞命矣어니와 號泣于旻天과 于父母는 則吾不知也로이다 公明高曰 是는 非爾所知也라하니 夫公明高는 以孝子之心이 爲不若是恝이라 我竭力耕田하여 共(恭)爲子職而已矣니 父母之不我愛는 於我에 何哉오하니라

萬章이 말하였다. "父母가 사랑하시면 기뻐하여 잊지 않고, 父母가 미워하시면 더욱 노력하고 원망하지 않아야 하니, 그렇다면 舜은 원망하셨습니까?"
孟子께서 말씀하셨다. "長息이 公明高에게 묻기를 '舜이 밭에 간 이유는 제가 이미 가르침을 들었지만 旻天과 父母에게 號泣한 것은 제가 알지 못하겠습니다.' 하자, 公明高가 말하기를 '이것은 네가 알 바가 아니다.' 하였으니, 저 公明高는 '효자의 마음이 이처럼 무관심할 수 없다. 나는 힘을 다해 밭을 갈아 공손히 자식이 된 직분을 할 따름이니, 부모께서 나를 사랑하지 않음은 나에게 무슨 죄가 있어서인가?'라고 여긴 것이다.

按說 | '勞而不怨'에 대하여, 楊伯峻은 '勞'를 憂(근심하다)의 뜻으로 보아 '근심하더라도 이로 인해 원망하지 않는다.'라고 번역하였다.

---

3 事見虞書大禹謨篇 :《書經》〈大禹謨〉에 "帝舜이 처음 歷山에서 밭에 가시어 날마다 하늘과 부모를 부르짖으며 우셨다.〔帝初于歷山 往于田 日號泣于旻天于父母〕"라고 보인다.

4 不得其親 : 壺山은 "어버이에게 사랑을 얻지 못하는 것이다.〔不得於親〕" 하였다.

··· 虞 나라이름 우 謨 가르칠 모 喜 기쁠 희 忘 잊을 망 命 가르침 명 恝 무관심할 괄 竭 다할 갈 共 공손 공(恭同) 職 직분 직

'聞命'은 '선생님의 가르침을 들었다.'는 뜻으로, 이에 대하여, 壺山은

　　聞命은 舜이 힘을 다해 자신의 직분을 바침을 이른다.〔聞命 蓋謂竭力供職也〕

하였다.

'我竭力耕田……於我何哉'에 대하여, 茶山은

　　'我竭力' 이하 22개의 글자는 바로 '怼'字의 주석이다. 자식이 부모에게 만약 "나는 다만 내
　　게 있는 도리를 다할 뿐이다. 부모가 사랑하지 않는 것이 나에게 무슨 상관이 있는가."라고 한
　　다면 어찌 큰 불효가 아니겠는가. 자식이 부모에 대해 차라리 원망할지언정 무관심할 수 없
　　으니, 이것이 舜이 원망하고 사모한 이유이다.〔我竭力以下二十二字 乃怼字之注脚 子之於
　　父母 若云我但盡在我之道而已 彼之不慈 干我甚事云爾 則豈非大不孝乎 子之於父
　　母 寧怨無怼 此舜之所以怨慕也〕

하였다. 茶山은 "《孟子》에 이런 문법이 많다." 하고, 예를 들어 〈梁惠王下〉 1장의

　　어찌 우리들로 하여금 이 곤궁함에 이르게 해서 父子間이 서로 만나보지 못하며 兄弟와 妻
　　子가 離散되게 하는가.〔夫何使我至於此極也 父子不相見 兄弟妻子離散〕

에서 '父子不相見 兄弟妻子離散'은 '極'의 주석이며, 〈公孫丑下〉 12장의

　　내 어찌 이 小丈夫와 같이 君主에게 간하다가 받아주지 않으면 노하여 悻悻 하게 그 얼굴빛
　　에 〈노기를〉 나타내어, 떠나면 종일토록 갈 수 있는 힘을 다한 뒤에 留宿하는 것처럼 하겠는
　　가.〔予豈若是小丈夫然哉 諫於其君而不受則怒 悻悻然見於其面 去則窮日之力而後
　　宿哉〕

에서 '諫於其君而不受則怒……宿哉'는 '小丈夫'의 주석이라고 하였다.

'於我何哉'에 대하여, 《集註》에는 '나에게 무슨 죄가 있어서인가?'로 해석하였으나 茶
山은 '나에게 무슨 관계가 있겠는가.'로 해석하였다. 이는 앞의 '孝子의 마음은 이와 같
이 무관심할 수 없다.'고 한 말을 이어 받은 것으로 "효자의 마음은 이와 같이 무관심할
수가 없다. '나는 힘을 다해 밭을 갈아 공손히 자식이 된 직분을 할 따름이니, 부모가 나
를 사랑하지 않음은 나와 무슨 상관이 있겠는가?'라고 여길 수 없다."는 것으로, 朱子의
해석보다 文理가 순하며 孟子의 '怨慕'라는 말씀과 더욱 부합된다고 생각되는바, 中國
本(《四書章句集注》)에도 이렇게 해석한 경우가 있음을 밝혀 둔다.

集註｜ 長息은 公明高弟子요 公明高는 曾子弟子라 于父母는 亦書辭니 言呼父母而泣也라 忍은 無愁之貌라 於我何哉는 自責不知己有何罪耳니 非怨父母也라

楊氏曰 非孟子深知舜之心이면 不能爲此言이라 蓋舜은 惟恐不順於父母요 未嘗自以爲孝也시니 若自以爲孝면 則非孝矣니라

長息은 公明高의 제자이고, 公明高는 曾子의 제자이다. '부모에게 〈號泣〉했다.'는 것 또한 《書經》의 말이니, 부모를 부르짖으며 운 것을 말한다. '忍'은 근심이 없는 모양이다. '於我何哉'는 자신에게 무슨 죄가 있어서인지 알지 못하겠다고 자책한 것이니, 부모를 원망한 것이 아니다.

楊氏(楊時)가 말하였다. "舜의 마음을 깊이 아신 孟子가 아니라면 이러한 말씀을 할 수 없었을 것이다. 舜은 오직 부모에게 順하지 못함을 두려워하였고 일찍이 스스로 효도한다고 여긴 적이 없으셨다. 만일 스스로 효도한다고 여긴다면 孝가 아니다."

1-3. 帝使其子九男二女로 百官牛羊倉廩을 備하여 以事舜於畎畝之中하시니 天下之士 多就之者어늘 帝將胥天下而遷之焉이러시니 爲不順於父母라 如窮人無所歸러시다

堯임금이 자식인 9남 2녀로 하여금 百官과 牛羊과 倉廩을 갖추어 舜을 畎畝의 가운데에서 섬기게 하시니, 천하의 선비가 찾아가는 자가 많았다. 이에 堯임금이 장차 天下의 人心을 살펴보아 帝位를 물려주려 하셨는데, 〈舜은〉 부모에게 順하지 못하였으므로 곤궁한 사람이 돌아갈 데가 없는 것처럼 여기셨다.

集註｜ 帝는 堯也라 史記云 二女妻之하여 以觀其內하고 九男事之[5]하여 以觀其外[6]라

---

5 九男事之:《書經》에는 '九男'의 내용이 보이지 않는다. 이에 대해 趙岐는 "孟子 때에 《書經》이 모두 120편이었고 없어진 《書經》에 〈舜典〉의 서술이 있었는데, 그 글을 亡失하였다. 孟子가 말씀한 舜의 여러 일은 모두 〈舜典〉의 내용으로 없어진 《書經》에 기재된 것이다.〔孟子時 尙書凡百二十篇 逸書有舜典之敍 亡失其文 孟子諸所言舜事 皆舜典逸書所載〕"하였다. 茶山은 "지금 사람들은 다만 〈堯典〉의 아래쪽 반을 〈舜典〉으로 알고 있으나, 趙岐의 이 註를 보면 〈舜典〉을 별도로 찾아야 한다.〔今人但以堯典之下半 認作舜典 觀此註 宜別求舜典〕"하였다.

6 史記云……以觀其外:《史記》〈五帝本紀〉에 "帝舜은 나이 20세에 孝行으로 알려졌다. 30세가 되었을 적에 帝堯가 신하들에게 등용할 만한 자를 묻자, 四岳이 모두 虞舜을 천거하여 '可하다' 하므로 이에

••• 愁 근심 수 貌 모양 모 倉 창고 창 廩 창고 름 備 갖출 비 畎 밭이랑 견 畝 밭이랑 묘(무) 就 나아갈 취
胥 볼 서 遷 옮길 천

하고 又言 一年에 所居成聚하고 二年에 成邑하고 三年에 成都라하니 是는 天下之士就
之也라 胥는 相視也[7]라 遷之는 移以與之也라 如窮人之無所歸는 言其怨慕迫切之
甚也라

帝는 堯임금이다. 《史記》〈五帝本紀〉에 이르기를 "두 딸을 舜에게 시집보내어 그 안을 관찰
하게 하고, 아홉 아들로 하여금 舜을 섬기게 하여 그 밖을 관찰하게 했다." 하였다. 또 이르
기를 "1년 만에 거주한 곳이 聚落(부락)을 이루었고 2년 만에 邑을 이루었고 3년 만에 都를
이루었다." 하였으니, 이것은 천하의 선비가 찾아간 것이다. '胥'는 살펴봄이다. '遷之'는
帝位를 옮겨 주는 것이다. 곤궁한 사람이 돌아갈 데가 없는 것처럼 여겼다.'는 것은 怨慕함
의 절박함이 심함을 말씀한 것이다.

1-4. 天下之士悅之는 人之所欲也어늘 而不足以解憂하시며 好色은 人
之所欲이어늘 妻帝之二女하사되 而不足以解憂하시며 富는 人之所欲이어
늘 富有天下하사되 而不足以解憂하시며 貴는 人之所欲이어늘 貴爲天子
하사되 而不足以解憂하시니 人悅之와 好色과 富貴에 無足以解憂者요 惟
順於父母라야 可以解憂러시다

천하의 선비가 자신을 좋아함은 사람들이 원하는 바인데도 족히 근심을 풀지 못하셨
으며, 아름다운 女色은 사람들이 원하는 바인데도 堯임금의 두 딸을 아내로 삼으셨으
나 족히 근심을 풀지 못하셨으며, 富는 사람들이 원하는 바인데도 富는 천하를 소유하
셨으나 족히 근심을 풀지 못하셨으며, 貴는 사람들이 원하는 바인데도 貴는 天子가 되
셨으나 족히 근심을 풀지 못하셨으니, 사람들이 좋아함과 아름다운 女色과 富와 貴에

帝堯가 두 딸을 帝舜에게 시집보내어 그 안(齊家)을 살펴보고, 아홉 아들로 하여금 함께 거처하게 하
여 그 밖(治外)을 관찰하였다. 帝舜이 嬀水 안에 거주할 적에 안의 행실을 더욱 삼가니, 帝堯의 두 딸
이 감히 자신들이 귀하다 하여 帝舜의 친척들을 교만하게 대하지 않아 매우 婦人의 道가 있었고, 帝堯
의 아홉 아들은 모두 舜을 섬김이 더욱 돈독했다.〔舜年二十以孝聞 三十而帝堯問可用者 四岳咸薦虞
舜曰可 於是堯乃以二女妻舜 以觀其內 使九男與處 以觀其外 舜居嬀汭 內行彌謹 堯二女不敢以
貴驕事舜親戚 甚有婦道 堯九男皆益篤〕" 하였다. 朱子는 "〈二女는〉 娥皇과 女英이다." 하였다.《朱
子大全 雜著 虞書》

7   胥 相視也：楊伯峻은 《爾雅》〈釋詁〉에 '胥는 皆(모두)의 뜻이다.〔胥 皆也〕' 하였으니, 引伸하여 盡의
     뜻이 있다. '胥天下'는 '盡天下(천하를 모두 다)'라는 말과 같다." 하였다.

··· 聚 부락 취 相 볼상 移 옮길 이 迫 절박할박 悅 기쁠열 解 풀 해 憂 근심 우 好 아름다울호 妻 아내삼을 처

족히 근심을 풀 만한 것이 없었고 오직 부모에게 順하여야 근심을 풀 수 있으셨다.

集註ㅣ孟子推舜之心如此하여 以解上文之意하시니라 極天下之欲이라도 不足以解憂요 而惟順於父母라야 可以解憂라하시니 孟子眞知舜之心哉신저

孟子께서 舜의 마음을 추측하기를 이와 같이 하여 윗글의 뜻을 해석하신 것이다. "천하의 욕망을 지극히 하였으나 족히 근심을 풀 수가 없었고, 오직 부모에게 順하여야 근심을 풀 수 있었다." 하셨으니, 孟子께서는 舜의 마음을 참으로 아신 것이다.

1-5. 人이 少則慕父母하다가 知好色則慕少艾(애)하고 有妻子則慕妻子하고 仕則慕君하고 不得於君則熱中이니 大孝는 終身慕父母하나니 五十而慕者를 予於大舜에 見之矣로라

사람들이 어릴 때에는 부모를 사모하다가 女色을 좋아할 줄 알면 젊고 예쁜 소녀를 사모하고, 妻子를 두면 妻子를 사모하고, 벼슬하면 군주를 사모하고, 군주에게 신임을 얻지 못하면 가슴속에 열병이 난다. 大孝는 종신토록 부모를 사모하니, 50세가 되어서도 부모를 사모한 자를 나는 大舜에게서 보았노라."

集註ㅣ言 常人之情은 因物有遷이나 惟聖人은 爲能不失其本心也라 艾는 美好也니 楚辭, 戰國策에 所謂幼艾 義與此同[8]이라 不得은 失意也라 熱中은 躁急心熱也라

---

8 楚辭戰國策……義與此同:《楚辭》〈九歌 少司命〉에 "長劍을 잡고 어린 사람〔幼艾〕을 보호하도다. 아름다운 司命이 홀로 백성의 바름이 된다.〔竦長劍兮擁幼艾 蓀獨宜兮爲民正〕" 하였다.《戰國策》〈趙策 三〉에 公子 魏牟가 趙나라를 방문했을 적에 趙王(孝成王)이 천하를 다스리는 방법을 묻자, 魏牟가 工人을 시켜 비단으로 冠을 만드는 것에 비유하여 "冠을 만들다 잘못하여 실패하면 王의 나라에 무슨 손해가 있기에 王은 반드시 훌륭한 工人을 기다린 뒤에 冠을 만들려 하십니까. 지금 천하를 다스리는 工人(정치가)이 훌륭한 사람이 아니면 社稷이 빈 그릇이 되고 先王이 血食하지 못하게 되는데, 王께서는 훌륭한 工人에게 정사를 맡겨 주지 않으시고 어리고 예쁜 사람〔幼艾〕에게 주십니다.〔爲冠而敗之 奚虧於王之國 而王必待工而后 乃使之 今爲天下之工 或非也 社稷爲虛器 先王不血食 而王不以予工 乃與幼艾〕" 하였다. 王逸의《楚辭》註에는 '幼艾'를 幼는 少(어린이), 艾는 長(어른)으로 訓하였으나 朱子는 "幼는 少(젊음)이고 艾는 아름다움이다. 幼艾란 말이《孟子》와《戰國策》에 보이니, 바로 최상의 美人(善人)을 가리킨 것이다. '正'은 공평함이다.……이는 神이 凶穢를 제거하고 善良한 사람을 보호해서 마땅히 백성들이 바름을 취하는 바가 됨을 말한 것이다.〔幼 少也 艾 美好也 語見孟子, 戰國策 卽指上美人也 正 平也……言……誅除凶穢 擁護良善 而宜爲民之所取正也〕" 하였다.《楚

··· 少젊을소 艾예쁠애 熱더울열 遷옮길천 躁조급할조

言五十者는 舜攝政時年五十也[9]라 五十而慕면 則其終身慕를 可知矣니라

보통 사람들의 情은 사물에 따라 옮겨감이 있으나 오직 聖人만은 능히 그 본심을 잃지 않음을 말씀한 것이다. '艾'는 아름답고 예쁨이니, 《楚辭》와 《戰國策》에 이른바 '幼艾'라는 것이 뜻이 이와 같다. '不得'은 失意이다. '熱中'은 조급하여 마음에 열병이 나는 것이다. 50세라고 말한 것은 舜이 攝政할 때의 연세가 50세였다. 50세가 되어서도 사모했다면 종신토록 사모했음을 알 수 있다.

章下註 │ ○ 此章은 言 舜不以得衆人之所欲으로 爲己樂하시고 而以不順乎親之心으로 爲己憂하시니 非聖人之盡性이면 其孰能之리오

○ 이 章은 舜이 衆人들의 원하는 바를 얻은 것으로써 자신의 樂을 삼지 않고, 어버이의 마음에 順하지 못함으로써 자신의 근심을 삼았음을 말씀한 것이니, 本性을 다한 聖人이 아니면 그 누가 이렇게 할 수 있겠는가.

│詩云娶妻如之何章(象憂亦憂章)│

2-1. 萬章이 問曰 詩云 娶妻如之何오 必告父母라하니 信斯言也인댄 宜莫如舜이어시니 舜之不告而娶는 何也잇고 孟子曰 告則不得娶하시리니 男女居室은 人之大倫也니 如告則廢人之大倫하여 以懟父母라 是以로 不告也시니라

萬章이 물었다. "《詩經》에 이르기를 '장가들려면 어떻게 하여야 하는가? 반드시 父母에게 아뢰어야 한다.' 하였으니, 진실로 이 말대로라면 의당 舜과 같은 분이 없어야 할 듯합니다. 그런데 舜이 부모에게 아뢰지 않고 장가든 것은 어째서입니까?"

辭集註》

9　言五十者 舜攝政時年五十也 : 趙岐는 《書經》〈舜典〉에 '舜이 태어난 지 30년에 부름을 받아 등용되고 20년 동안 在位하였다.' 하였으니, 在位 기간 동안에도 오히려 사모하였기 때문에 50이라고 했다.〔書曰舜生三十徵庸 二十在位 在位時尙慕 故言五十也〕" 하였다. '二十在位'의 '二十'이 《孟子注疏》의 여러 본에 '三十' 혹은 '五十'으로 되어 있으나, 阮元《校勘記》에 잘못을 지적하였고, 楊伯峻도 阮元을 따랐다.

••• 攝 대신할 섭　娶 장가들 취　信 진실로 신　廢 폐할 폐　懟 원망할 대

孟子께서 말씀하셨다. "부모에게 아뢰었다면 장가들 수가 없었을 것이다. 男女가〈혼인하여〉한 방에 거처함은 사람의 큰 윤리이니, 만일 부모에게 아뢰었다면 사람의 큰 윤리를 폐지하여 부모를 원망하였을 것이다. 이 때문에 아뢰지 않으신 것이다."

集註 | 詩는 齊國風南山之篇也라 信은 誠也니 誠如此詩之言也라 懟는 讐怨也라 舜이 父頑母嚚하여 常欲害舜하니 告則不聽其娶하리니 是는 廢人之大倫하여 以讐怨於父母也라

詩는〈齊風 南山〉篇이다. '信'은 진실로이니, 진실로 이 詩의 말과 같음이다. '懟'는 원망함이다. 舜이 아버지는 완악하고 어머니는 간악하여 항상 舜을 해치고자 하였으니, 부모에게 아뢰었다면 장가드는 것을 허락해 주지 않았을 것이다. 이는 인간의 큰 윤리를 폐지하여 부모를 원망하는 것이다.

2-2. 萬章曰 舜之不告而娶는 則吾旣得聞命矣어니와 帝之妻舜而不告는 何也잇고 曰 帝亦知告焉이면 則不得妻也시니라

萬章이 말하였다. "舜이 아뢰지 않고 장가드신 것은 제가 이미 가르침을 들었지만 堯임금이 舜에게 딸을 시집보내면서도 그 부모에게 말씀하지 않음은 어째서입니까?"
孟子께서 말씀하셨다. "堯임금 또한 고하면 딸을 시집보낼 수 없음을 아셨기 때문이다."

集註 | 以女爲人妻曰妻라
程子曰 堯妻舜而不告者는 以君治之而已니 如今之官府에 治民之私者亦多[10]니라

딸을〈시집보내어〉남의 아내가 되게 하는 것을 '妻'라 한다.

---

10 堯妻舜而不告者……治民之私者亦多:慶源輔氏(輔廣)는 "인군의 명령으로 다스려서 瞽瞍가 듣지 않음을 용납하지 않은 것을 이른다. '官府에서 백성의 사사로움을 다스린다.'는 것은, 혹 이치와 법에 당연한 일인데도 사사로움에 끌려서 즐거워하려 하지 않는 자가 있으면, 관청에서 법으로 다스려 반드시 그렇게 하게 한 것이다.(謂以君命治之 不容瞽瞍之不聽也 官府治民之私 或有理法當然而牽於私 不肯然者 則官司以法治之 必使之然也)" 하였다.

··· 誠 진실로 성 讐 원수 수 頑 완악할 완 嚚 완악할 은

程子(伊川)가 말씀하였다. "堯임금이 舜에게 딸을 시집보내면서 그 부모에게 고하지 않은 것은 군주로서 다스렸을 뿐이니, 예컨대 지금 官府(官廳)에서도 백성의 사사로운 일을 다스리는 경우가 많다."

2-3. 萬章曰 父母使舜으로 完廩(름)捐階하고 瞽瞍焚廩하며 使浚井하여 出커시늘 從而揜之하고 象曰 謨蓋都君은 咸我績이니 牛羊父母요 倉廩父母요 干戈朕이요 琴朕이요 弤朕이요 二嫂는 使治朕棲호리라하고 象이 往入舜宮한대 舜이 在牀琴이어시늘 象曰 鬱陶思君爾라하고 忸怩(뉵니)한대 舜曰 惟茲臣庶를 汝其于予治라하시니 不識케이다 舜이 不知象之將殺己與잇가 曰 奚而不知也시리오마는 象憂亦憂하시고 象喜亦喜하시니라

萬章이 말하였다. "〈전설에 舜의〉 父母가 舜으로 하여금 창고를 손질하게 하고 사다리를 치운 다음 瞽瞍가 창고에 불을 질렀으며, 舜에게 우물을 파게 하고는 舜이 나오시려 하자 따라서 흙을 덮고, 象이 말하기를 '꾀하여 都君을 생매장시킨 것은 모두 나의 공로이니, 牛·羊은 부모의 것이요 倉廩은 부모의 것이요 干·戈는 朕의 것이요 琴은 朕의 것이요 활은 朕의 것이요 두 형수는 朕의 침상을 다스리게 하겠다.' 하고는 象이 가서 舜의 집에 들어갔는데, 舜이 平牀에서 거문고를 타고 계셨다. 象이 말하기를 '울적〔鬱陶〕하게 都君이 그리웠습니다.' 하고 부끄러워하자, 舜이 말씀하시기를 '이 여러 신하들을 너는 내게 와서 다스리라.' 하셨다 하니, 알지 못하겠습니다. 舜은 象이 자신을 죽이려 한 것을 모르셨습니까?"
孟子께서 말씀하셨다. "어찌 알지 못하셨겠는가마는 象이 근심하면 또한 근심하시고 象이 기뻐하면 또한 기뻐하신 것이다."

按說 | '出'에 대하여, 楊伯峻은 趙岐의 註에 "舜에게 우물을 파게 하자 舜은 들어갔다가 곧바로 나왔으나 瞽瞍는 그가 이미 나왔다는 것을 알지 못하고 따라서 우물을 덮었다.〔使舜浚井 舜入而卽出 瞽瞍不知其已出 從而蓋揜其井〕"라고 한 것을 따라 "〈舜이 옆면의 굴을 통해 나왔다는 것도 모르고〉 舜이 이미 나온 뒤에 흙으로 우물을 덮어 버렸

··· 完 다스릴 완 廩 창고 름 捐 버릴 연 階 사다리 계 瞽 소경 고 瞍 소경 수 焚 태울 분 浚 팔 준 揜 가릴 엄 謨 꾀 모 蓋 덮을 개 績 공적 朕 나 짐 琴 거문고 금 弤 붉은칠한활 저 嫂 아주머니 수 棲 평상 서 牀 평상 상 鬱 막힐 울 陶 울적할 도 忸 부끄러울 뉵 怩 부끄러울 니 奚 어찌 해

다."라고 번역하였다. 반면에 또 "'出'은 瞽瞍 등이 나온 것으로 보아야 아래 문장의 '從而 揜之'의 '從而'와 서로 호응한다."는 내용의 다른 說도 언급하였다.

'謨蓋都君 咸我績'에 대하여, 楊伯峻은 '蓋'를 '害(해하다)'의 假借字로 본 阮元의 說을 취하였는데, 阮元은

'謨蓋都君'은 '우물'과 '창고'의 일을 겸하여 말한 것이니, '蓋'는 '害'로 訓해야 한다. 만일 '謨蓋'가 오로지 '우물을 덮은 것'이고 '창고에 불을 지른 것'을 겸하지 않는다면, '모두 나의 공로이다.〔咸我績〕'의 '咸'字가 붙을 곳이 없다."

하였다.

'惟玆臣庶 汝其于予治'에 대하여, 楊伯峻은 '惟'를 '생각하다〔思〕'의 뜻으로 보고, "이 신하와 백성들을 생각해 보았는데, 네가 나를 대신하여 관리해 주기를 바란다."라고 번역하였다. 壺山은

于予治는 나의 집에 함께 있으면서 다스림을 말한 것이다.〔于予治 言其同在予宮而治也〕

하였다.

'奚而'에 대하여, 楊伯峻은 '奚爲(어찌)'와 같은 말이라고 하였다.

集註 | 完은 治也라 捐은 去也라 階는 梯也라 揜은 蓋也라 按史記曰 使舜으로 上塗廩하고 瞽瞍從下하여 縱火焚廩이어늘 舜乃以兩笠으로 自捍而下去하여 得不死하며 後又使舜穿井이어늘 舜穿井에 爲匿空旁出이러니 舜旣入深에 瞽瞍與象으로 共下土實井이어늘 舜從匿空中出去라하니 卽其事也라 象은 舜異母弟也라 謨는 謀也라 蓋는 蓋井也라 舜所居에 三年成都라 故로 謂之都君이라 咸은 皆也라 績은 功也니 舜旣入井에 象이 不知舜已出하고 欲以殺舜爲己功也라 干은 盾也[11]요 戈는 戟也[12]라 琴은 舜

---

11 干 盾也 : 《周禮》〈夏官司馬 司兵〉에 "司兵이 다섯 가지 兵器와 다섯 가지 방패를 관장한다.〔司兵 掌五兵五盾〕" 하였는데, 鄭玄의 註에 "五盾은 방패〔干櫓〕의 등속이다.〔五盾 干櫓之屬〕" 하였다.

··· 梯 사다리 제 塗 바를 도 縱 놓을 종 笠 삿갓 립 捍 막을 한 穿 뚫을 천 匿 숨을 닉 旁 곁 방 盾 방패 순 戟 창극

所彈五弦琴也[13]요 孤는 琱弓也[14]니 象欲以舜之牛羊倉廩으로 與父母而自取此物
也라 二嫂는 堯二女也요 棲는 牀也니 象欲使爲己妻也라 象往舜宮하여 欲分取所有
라가 見舜生在牀彈琴하니 蓋旣出에 卽潛歸其宮也라 鬱陶는 思之甚而氣不得伸也
라 象言 己思君之甚이라 故로 來見爾라 忸怩는 慚色也라 臣庶는 謂其百官也니 象
素憎舜하여 不至其宮이라 故로 舜見其來而喜하여 使之治其臣庶也[15]라 孟子言 舜
非不知其將殺己언마는 但見其憂則憂하고 見其喜則喜하시니 兄弟之情이 自有所不
能已耳라 萬章所言은 其有無를 不可知[16]라 然이나 舜之心則孟子有以知之矣시니

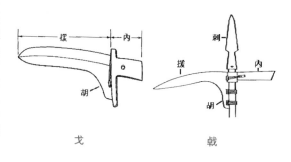

12 戈 戟也:《周禮》〈冬官考工記 冶氏〉의
註에 "戟은 지금의 三鋒戟으로, 內의
길이가 4寸 반이고 胡의 길이가 6寸, 援
의 길이가 7寸 반이다.〔戟 今三鋒戟也
內長四寸半 胡長六寸 援長七寸半〕"
하였으니, 戈와 戟은 똑같지 않다. 趙岐
의 註에 '戈는 戟이다.'라고 하였는데,
그 疏에 "戈와 유사하기 때문에 '戈는
戟이다.'라고 한 것이다.〔以其與戈相類
故云戈戟也〕"하였다. 戈와 戟의 차이
와 內·胡·援은 그림 참조.

戈   戟

13 琴 舜所彈五弦琴也:《史記》〈樂書〉에 "舜이 다섯 줄의 琴을 타고 南風의 詩를 노래했다.〔舜彈五弦
之琴 歌南風之詩〕" 하였다.

14 孤 琱弓也:《大全》에 "琱弓은 붉은 색을 칠한 활이니,《尙書》의 形弓이 이것이다.〔琱弓 漆赤弓 尙書
形弓 是也〕" 하였다.

15 舜見其來而喜 使之治其臣庶也:茶山은 "만약《集註》의 뜻과 같다면 舜이 堯임금의 아홉 아들과 百
官을 받아 사사로이 象에게 준 것이니, 事理에 맞지 않는다. 子噲도 燕나라를 남에게 줄 수 없으며, 子
之도 燕나라를 子噲에게 받을 수 없는 것이니, 쇠락한 周나라 天子의 命도 감히 태만히 할 수 없는데
하물며 堯임금 시대에 그리하겠는가. 이 章은 孟子의 친필이 아닌 듯하다.〔若如集義 則舜受堯之九男
百官 私自授象 不合事理 子噲不得與人燕 子之不得受燕於子噲 衰周天子之命 尙不敢慢 況於帝
堯乎 此章恐非孟子親筆〕" 하였다. 子噲는 전국 시대 燕나라의 王으로 정승인 子之에게 왕위를 선양
하였다가 나라가 큰 혼란에 빠져 멸망에 이르게 되었는바, 茶山이 인용한 내용은 위의 〈公孫丑下〉8장
에 보인다.

16 萬章所言……不可知:程子(伊川)는 "堯임금이 위에 계시면서 百官으로 하여금 畎畝의 가운데에서
舜을 섬기게 하였으니, 어찌 象이 형을 죽이고 두 형수로 하여금 침상을 다스리게 하도록 용납하겠는가.
《孟子》를 배우는 자는 〈보는 자의〉 뜻으로 〈작자의〉 뜻을 헤아려 맞추는 것이 옳다.〔堯在上而使百官
事舜于畎畝之中 豈容象得以殺兄而使二嫂治其棲乎 學孟子者 以意逆志 可也〕" 하였다.《精義》
茶山은 이 章의 내용이《書經》〈堯典〉과 맞지 않으므로 믿을 수 없다고 하였다. 茶山은 "舜이 처음 천
거되었을 적에 이미 '능히 孝로써 화합하여 점점 다스려서 간악한 데에 이르지 않게 하였다.' 하였는바,
瞽瞍가 기뻐함에 이른 것이 이미 堯임금의 두 딸이 舜에게 출가하기 전이었으니, '부모에게 아뢰지 않
고 장가들었다.'는 것은 원래 황당하다. 하물며《孟子》에서 말한 '창고를 손질하게 하고 우물을 파게 하

··· 彈 탈 탄 弦 줄 현 琱 새길 조 牀 평상 상 潛 몰래 잠 慚 부끄러울 참 素 본래 소 憎 미워할 증

他亦不足辨也니라

程子曰 象憂亦憂하시고 象喜亦喜하시니 人情, 天理 於是爲至니라

'完'은 다스림이다. '捐'은 버림이다. '階'는 사다리이다. '揜'은 덮음이다.
《史記》〈五帝本紀〉를 상고해보면 "舜으로 하여금 창고에 올라가 흙을 바르게 하고는 瞽瞍가 아래에서 불을 놓아 창고를 불태우자, 舜이 마침내 두 개의 삿갓으로 스스로 몸을 가리고 내려가서 죽지 않았다. 그 뒤 또 舜으로 하여금 우물을 파게 하였는데, 舜은 우물을 파면서 옆으로 나올 수 있는 숨은 구멍을 만들어 놓았다. 舜이 깊이 들어가자 瞽瞍가 象과 함께 흙을 내리부어 우물을 메우므로 舜이 숨겨놓았던 구멍을 통하여 밖으로 나갔다." 하였으니, 바로 이 일이다.

象은 舜의 배다른 아우이다. '謨'는 꾀함이다. '蓋'는 우물을 덮는 것이다. 舜이 거주한 곳에는 3년이면 都를 이루었기 때문에 舜을 '都君'이라 이른 것이다. '咸'은 모두이다. '績'은 功이니, 舜이 우물에 들어간 뒤에 象은 舜이 이미 나온 줄을 알지 못하고, 舜을 죽인 것을 자신의 공로로 삼고자 한 것이다. '干'은 방패요, '戈'는 창이다. '琴'은 舜이 타던 五弦琴이요 '弤'는 붉은 색을 칠한 활이니, 象이 舜의 牛·羊과 倉廩을 부모에게 주고 자기는 이 물건들을 취하고자 한 것이다. '두 형수'는 堯임금의 두 따님이요 '棲'는 寢牀이니, 象이 자신의 아내로 삼고자 한 것이다.

象이 舜의 집으로 가서 舜의 소유물을 나누어 취하고자 하다가 舜이 살아서 平牀에 앉아 琴을 타는 것을 보았으니, 이는 舜이 이미 나온 다음 즉시 몰래 자기 집으로 돌아가신 것이다. '鬱陶'는 생각하기를 심하게 해서 氣가 펴지지 못한 것이다. 象이 말하기를 "내가 君을 몹시 그리워하여 뵈러 왔다."고 한 것이다. '忸怩'는 부끄러워하는 빛이다. '臣庶'는 百官을 이르니, 象이 평소 舜을 미워하여 집에 찾아오지 않았으므로, 舜이 그가 온 것을 보시고는 기뻐하여 그로 하여금 여러 신하들을 다스리게 하신 것이다.

孟子께서 말씀하시기를 "舜은 象이 자기를 죽이려 함을 모르신 것은 아니지만 다만 그가

고 꾀하여 都君을 생매장시킨 일이 舜에게 시집온 뒤의 일이라면, 이는 瞽瞍가 이미 기뻐함에 이르고서 또다시 죽이려고 한 것이니, 이런 이치가 있겠는가. 진실로 이와 같다면 '능히 화합했다'고 말할 수 있겠는가. 대저 《書經》〈堯典〉의 글은 믿을 만한 것이니, 무릇 믿을 만한 經文에 위배되는 것은 모두 믿을 수 없다.〔舜之初薦也 已云克諧以孝 烝烝乂 不格姦 則瞽瞍底豫 已在二女釐降之前矣 不告而娶 原屬荒唐 況孟子所云完廩浚井 謨蓋都君之事 却在嬪虞之後 是瞽瞍旣底豫 而又復謀殺也 有是理哉 苟如是也 其可曰克諧乎 大抵帝典可信也 凡有乖於可信之經文者 悉不可信〕" 하였다.

··· 辨 변론할 변

근심함을 보면 근심하고 그가 기뻐함을 보면 기뻐하셨으니, 兄弟의 情이 자연히 그만둘 수 없는 바가 있는 것이다."라고 하신 것이다. 萬章이 말한 것은 그 사실의 有無를 알 수 없으나 舜의 마음은 孟子께서 아신 것이니, 다른 것은 족히 변론할 것이 못된다.

程子(伊川)가 말씀하였다. "象이 근심하면 또한 근심하고 象이 기뻐하면 또한 기뻐하셨으니, 人情과 天理가 이에 지극하다."

2-4. 曰 然則舜은 僞喜者與잇가 曰 否라 昔者에 有饋生魚於鄭子産이어늘 子産이 使校人으로 畜(혹)之池한대 校人이 烹之하고 反命曰 始舍之하니 圉圉焉이러니 少則洋洋焉하여 攸(悠)然而逝하더이다 子産曰 得其所哉인저 得其所哉인저 校人이 出曰 孰謂子産智오 子旣烹而食之어늘 曰 得其所哉인저 得其所哉인저하니 故로 君子는 可欺以其方이어니와 難罔以非其道니 彼以愛兄之道來라 故로 誠信而喜之시니 奚僞焉이시리오

萬章이 말하였다. "그렇다면 舜은 거짓으로 기뻐하신 것입니까?"

孟子께서 말씀하셨다. "아니다. 옛날에 살아있는 물고기를 鄭나라 子産에게 선물한 자가 있었다. 子産이 校人으로 하여금 이것을 못에서 기르게 하였는데, 校人이 삶아 먹고 復命하기를 '처음에 고기를 놓아주자 어릿어릿하더니, 조금 있다가는 洋洋해져서 攸攸(悠悠)히 가더이다.' 하니, 子産이 말하기를 '살 곳을 얻었구나, 살 곳을 얻었구나.' 하였다. 校人이 나와서 말하기를 '누가 子産을 지혜롭다고 말하는가. 내 이미 물고기를 삶아먹었는데, 子産은 「살 곳을 얻었구나, 살 곳을 얻었구나.」라고 했다.' 하였다. 그러므로 君子는 方道로써 속일 수는 있지만 方道가 아닌 것으로 터무니없이 속이기는 어려운 것이다. 저 象이 兄을 사랑하는 도리로써 왔으므로 舜이 진실로 믿고서 기뻐하셨으니, 어찌 거짓이셨겠는가."

按說 | '君子……難罔以非其道'는 《論語》〈雍也〉 24장에 "君子는 이치에 있는 말로 속일 수는 있으나 터무니없는 말로 속일 수는 없다.〔君子 可欺也 不可罔也〕"라고 보인다.

集註 | 校人은 主池沼小吏也라 圉圉는 困而未紓之貌요 洋洋則稍縱矣라 攸然而

··· 僞 거짓 위 饋 선물할 궤 畜 기를 혹 烹 삶을 팽 圉 어릿어릿할 어 攸 한가할 유(悠通) 逝 갈 서 罔 속일 망 沼 못 소 紓 풀 서 稍 점점 초 縱 풀어놓을 종

逝者는 自得而遠去也라 方은 亦道也라 罔은 蒙蔽也라 欺以其方은 謂誑之以理之
所有요 罔以非其道는 謂昧之以理之所無라 象以愛兄之道來하니 所謂欺之以其
方也라 舜本不知其僞라 故로 實喜之하시니 何僞之有리오

'校人'은 못을 주관하는 낮은 관리이다. '圉圉'는 지쳐서 기를 펴지 못하는 모양이요, '洋
洋'은 조금 펴진 것이다. '攸然而逝'는 自得하여 멀리 간 것이다. '方' 또한 道이다. '罔'은
덮어 씌워 가리는 것이다. '方道로써 속인다(欺)'는 것은 이치에 있는 바로써 속임을 이르
고, '方道가 아닌 것으로써 터무니없이 속인다(罔)'는 것은 이치에 없는 바로써 속임을 이
른다. 象이 兄을 사랑하는 도리로써 왔으니, 이것이 이른바 方道로써 속인다는 것이다. 舜
이 본래 그의 거짓을 몰랐으므로 실제로 기뻐하셨으니, 어찌 거짓됨이 있겠는가.

章下註ㅣ ○ 此章은 又言 舜遭人倫之變[17]而不失天理之常也시니라

○ 이 章은 또 舜이 人倫의 變故를 만났으나 天理의 떳떳함을 잃지 않으심을 말씀한 것이다.

∥象日以殺舜爲事章(封之有庳章)∥

3-1. 萬章이 問曰 象이 日以殺舜爲事어늘 立爲天子則放之는 何也잇고
孟子曰 封之也어시늘 或曰放焉이라하니라

萬章이 물었다. "象이 날마다 舜을 죽일 것을 일삼았는데, 舜이 즉위하여 天子가 되
셔서는 그를 〈죽이지 않고〉 추방(유치)한 것은 어째서입니까?"
孟子께서 말씀하셨다. "그를 봉해 주셨는데, 혹자가 '추방했다.'고 하는 것이다."

集註ㅣ 放은 猶置也니 置之於此하여 使不得去也라 萬章이 疑舜何不誅之오한대 孟
子言 舜實封之어시늘 而或者誤以爲放也라하시니라

'放'은 置(추방하여 한곳에 留置함)와 같으니, 이곳에 留置하여 떠나가지 못하게 하는 것
이다. 萬章이 "舜이 어찌하여 죽이지 않았습니까?" 하고 의심하자, 孟子께서 "舜이 실제로

---

17 舜遭人倫之變:壺山은 '人倫之變'에 대하여 "아버지는 장가드는 것을 허락하지 않고 아우는 장차 자기
를 죽이려 한 것이다.〔父不聽娶 弟將殺己〕" 하였다.

⋯ 蒙 덮어씌울 몽 蔽 가릴 폐 誑 속일 광 遭 만날 조 放 留置할 방 置 둘 치

는 그를 봉해 주신 것인데, 혹자들이 잘못 '추방했다.'라고 한다."라고 말씀하셨다.

3-2. 萬章曰 舜이 流共工于幽州하시고 放驩兜于崇山하시고 殺三苗于
三危하시고 殛鯀于羽山하사 四罪하신대 而天下咸服은 誅不仁也니 象이
至不仁이어늘 封之有庳하시니 有庳之人은 奚罪焉고 仁人도 固如是乎잇
가 在他人則誅之하고 在弟則封之온여 曰 仁人之於弟也에 不藏怒焉하
며 不宿怨焉이요 親愛之而已矣니 親之인댄 欲其貴也요 愛之인댄 欲其
富也라 封之有庳는 富貴之也시니 身爲天子요 弟爲匹夫면 可謂親愛之
乎아

萬章이 말하였다. "舜이 共工을 幽州에 유배하고 驩兜를 崇山으로 추방하고 三苗
의 군주를 三危에서 죽이고 鯀을 羽山에서 죽여 네 사람을 처벌하시자, 천하가 다 복
종한 것은 不仁한 자를 처벌했기 때문입니다. 象이 지극히 不仁하였는데도 그를 有庳
에 봉해 주셨으니, 有庳의 백성들은 무슨 죄입니까? 仁人도 진실로 이와 같단 말입니
까? 타인에 있어서는 죽이고 아우에 있어서는 봉해 주었군요."
孟子께서 말씀하셨다. "仁人은 아우에 대해서 노여움을 감추지 않으며 원망을 묵혀 두
지 않고, 그를 친히 하고 사랑할 뿐이니, 친히 한다면 그가 귀해지기를 바랄 것이요 사랑
한다면 그가 부유해지기를 바랄 것이다. 그를 有庳에 봉하심은 그를 부귀하게 하신 것
이니, 자신은 天子가 되고 아우는 匹夫가 된다면 아우를 친히 하고 사랑한다고 이를
수 있겠는가."

按說 | '殺三苗于三危'의 '殺'이 《書經》《舜典》에는 '竄(몰아내다)'으로 되어 있다.

集註 | 流는 徙也라 共工은 官名이요 驩兜는 人名이니 二人比周하여 相與爲黨하니라
三苗는 國名이니 負固不服하니라 殺은 殺其君也라 殛은 誅也[18]라 鯀은 禹父名이니 方

---

18 殛 誅也 : 沙溪(金長生)는 《書經》 蔡沈의 註에 '殛은 구속하여 곤궁하게 하는 것이다.' 하였고, 《語
類》에 伊川의 말씀을 인용하여 '殛은 죽이지 않은 것이니, 〈洪範〉의 殛死는 유배 가서 죽은 한 類일
뿐이다.〔書蔡氏註 殛 拘囚困苦之也 語類 引伊川說 以爲殛不是死 洪範殛死 只是貶死之類〕'하였

••• 流 귀양보낼 류 幽 그윽할 유 驩 즐길 환 兜 투구 도 崇 높을 숭 殛 죽일 극 鯀 이름 곤 庳 땅이름 비, 낮을 비
藏 감출 장 宿 묵을 숙 徙 귀양보낼 사 比 아첨할 비 負 믿을 부 方 거역할 방

命圯(비)族하고 治水無功[19]하니 皆不仁之人也라 幽州, 崇山, 三危, 羽山, 有庳는 皆
地名也[20]라 或曰 今道州鼻亭이 卽有庳之地也라하니 未知是否라 萬章이 疑舜不當
封象이니 使彼有庳之民으로 無罪而遭象之虐은 非仁人之心也라 藏怒는 謂藏匿其
怒요 宿怨은 謂留蓄其怨이라

'流'는 귀양보냄이다. '共工'은 官名이요 驩兜는 人名이니, 두 사람이 빌붙어 서로 黨을
하였다. 三苗는 國名이니, 〈이 나라 군주가〉 지형의 험고함을 믿고 복종하지 않았다. '殺'은
그 군주를 죽임이다. '殛'은 벰이다. 鯀은 禹王의 아버지 이름이니, 왕명을 거역하고 종족
을 해쳤으며 홍수를 다스림에 공이 없었으니, 모두 不仁한 사람들이었다. 幽州·崇山·三
危·羽山·有庳는 모두 地名이다. 혹자는 말하기를 "현재의 道州 鼻亭이 바로 有庳의 지
역이다." 하는데, 그 말이 옳은지는 알지 못하겠다.

萬章은 '舜이 象을 봉해주지 말았어야 하니, 저 有庳의 백성들로 하여금 죄 없이 象의 虐
政을 만나게 함은 仁人의 마음이 아니다.'라고 의심한 것이다. '藏怒'는 노여움을 감춤을
이르고, '宿怨'은 원한을 〈가슴속에〉 남겨둠(쌓아둠)을 이른다.

3-3. 敢問 或曰放者는 何謂也잇고 曰 象이 不得有爲於其國하고 天子
使吏로 治其國而納其貢稅焉이라 故로 謂之放이니 豈得暴彼民哉리오
雖然이나 欲常常而見之라 故로 源源而來하니 不及貢하여 以政接于有
庳라하니 此之謂也니라

〈萬章이 말하였다.〉"감히 묻겠습니다. 혹자가 '추방했다.'고 말하는 것은 어째서입

다.《經書辨疑》

19 方命圯族：方은 逆의 뜻으로 '方命'은 王命을 거역하는 것이고, '圯族'은 宗族에게 폐해를 끼치는 것이
다. 新安倪氏(倪士毅)는 "'方命圯族'은《書經》〈堯典〉에 보이니, '方命'은 윗사람의 명령을 거슬러 행
하지 않는 것이요, '圯'는 敗이고 '族'은 類이니, '方命圯族'은 여러 사람들과 화합하지 못하여 사람을
상하고 물건을 해침을 말한 것이다.〔方命圯族 見書堯典篇 方命者 逆上命而不行 也 圯敗族類 言與
衆不和 傷人害物也〕" 하였다.

20 幽州……皆地名也：趙氏(趙順孫)는 "幽州는 북쪽 변방의 땅이니, 舜임금이 冀州의 북쪽을 나누어
幽州를 만들었다. 崇山은 남쪽 변방에 있는 山이니, 지금의 澧州 慈利縣에 있다. 三危는 서쪽 변방의
땅으로, 〈禹貢〉에 '雍州에 있다.' 하고 혹자는 '燉煌이다.' 하니, 자세하지 않다. 羽山은 동쪽 변방의 땅
이니, 지금 海州 朐山縣에 있다.〔幽州 北裔之地 舜分冀北爲幽州 崇山 南裔之山 在今澧(예)州慈利
縣 三危 西裔之地 禹貢在雍州 或以爲燉煌 未詳 羽山 東裔之山 在今海州朐山縣〕" 하였다.

••• 圯 무너질 비 鼻 코 비 遭 만날 조 匿 숨길 닉 蓄 쌓을 축 納 들일 납, 바칠 납 貢 구실 공 暴 사나울 포
彼 저 피 接 접할 접

니까?"

孟子께서 말씀하셨다. "象이 그 나라에서 정사를 할 수 없게 하고, 天子가 관리로 하여금 그 나라를 다스리게 하고 세금만을 〈象에게〉 바치게 하였다. 그러므로 그를 추방했다고 하는 것이니, 어찌 저 백성들에게 포악하게 할 수 있었겠는가. 그러나 항상 그를 만나보고자 하셨으므로 끊임없이 오게 하셨으니, '朝貢할 시기에 미치지 아니하여 〈舜이〉 정사로 有庳의 군주를 접견했다.' 하였으니, 바로 이것을 말한 것이다."

按說 | 茶山은

有庳는 百越의 황무지이다. 舜이 이미 아우를 사랑하는 뜻으로 象을 봉하였다면 어찌 이런 땅에 봉하겠는가. 이 땅은 冀州에서 거리가 만 리가 넘는데 또 어찌 항상 그를 만나보고자 하여 끊임없이 오게 할 수 있었겠는가. 모두 이해할 수 없다.〔有庳者 百越蓁荒之地也 舜旣以愛弟之意封象 何乃封於此地 此地距冀州不下萬里 又何得常常欲見 使之源源而來乎 總不可曉〕

하였다. 楊伯峻은

有庳는 湖南省 道縣 북쪽으로 여겨진다. 그러나 舜은 蒲阪에 도읍하고 象은 道縣에 봉해졌으니, 육로로는 太行山이 가로막고 뱃길로는 洞庭湖의 물결이 막고 있으며 거리가 삼천 리인데 어찌 항상 볼 수 있고 끊임없이 오게 할 수 있겠는가. 이 때문에 閻若璩의 《四書釋地續》에서 이를 매우 의심한 것이다.

하였다.

集註 | 孟子言 象雖封爲有庳之君이나 然不得治其國이요 天子使吏代之治하고 而納其所收之貢稅於象하니 有似於放이라 故로 或者以爲放也라 蓋象至不仁하니 處之如此면 則旣不失吾親愛之心이요 而彼亦不得虐有庳之民也라 源源은 若水之相繼也라 來는 謂來朝覲也라 不及貢以政接于有庳는 謂不待及諸侯朝貢之期하고 而以政事로 接見有庳之君이니 蓋古書之辭[21]니 而孟子引以證源源而來之意하여

---

21 蓋古書之辭 : 茶山은 "'不及貢' 이하는 《書經》의 없어진 편의 글인 듯하다.〔不及貢以下 似逸篇之

··· 虐 모질 학 朝 조회할 조 覲 뵐 근 證 증명할 증

見其親愛之無已 如此也하시니라

孟子께서 말씀하기를 "象을 비록 有庳의 군주로 봉했으나 그 나라를 다스릴 수 없게 하고, 天子가 관리로 하여금 대신 다스리게 하고 여기에서 거두는 세금을 象에게 바치게 하였으니, 추방함과 유사함이 있었다. 이 때문에 혹자들이 추방했다고 한다." 하셨다. 象이 지극히 不仁하였으니, 대처하기를 이와 같이 한다면, 내가 그를 親愛하는 마음을 잃지 않고 저 또한 有庳의 백성들에게 포악하게 할 수 없는 것이다. '源源'은 물이 서로 이어짐과 같은 것이다. '來'는 와서 조회함을 이른다. '朝貢할 시기에 미치지 아니하여 〈舜이〉 정사로 有庳의 군주를 접견했다.'는 것은 제후들이 朝貢하는 시기에 미치기를 기다리지 않고, 〈舜이〉 정사로써 有庳의 군주를 접견함을 이르니, 이것은 아마도 옛 《書經》의 말인 듯한데, 孟子께서 이것을 인용하여 끊임없이 오게 한 뜻을 증명하여 친애하는 마음이 끝이 없음이 이와 같으셨음을 나타내신 것이다.

章下註 | ○ 吳氏曰 言 聖人은 不以公義廢私恩하고 亦不以私恩害公義하시니 舜之 於象에 仁之至요 義之盡也시니라

○ 吳氏(吳棫)가 말하였다. "聖人은 공적인 義로써 사사로운 은혜를 폐하지 않고, 또한 사사로운 은혜로써 공적인 義를 해치지 않으니, 舜이 象에 대한 것은 仁이 지극하고 義가 극진하신 것이다.

|咸丘蒙章(齊東野人章)|

4-1. 咸丘蒙이 問曰 語云 盛德之士는 君不得而臣하며 父不得而子라 舜이 南面而立이어시늘 堯帥(솔)諸侯하여 北面而朝之하시고 瞽瞍亦北面 而朝之어늘 舜이 見瞽瞍하시고 其容이 有蹙이라하여늘 孔子曰 於斯時也 에 天下殆哉岌岌乎인저하시니 不識케이다 此語 誠然乎哉잇가 孟子曰 否 라 此非君子之言이라 齊東野人之語也라 堯老而舜攝也러시니 堯典曰 二十有八載에 放勳이 乃徂落커시늘 百姓은 如喪考妣三年하고 四海는

文〕"하였다.

••• 帥 거느릴 솔 蹙 찌푸릴 축 殆 위태할 태 岌 위태할 급 攝 대신할 섭 載 해 재 放 클 방 勳 공훈 徂 죽을 조 考 죽은아버지고 妣 죽은어머니 비

遏密八音이라하며 孔子曰 天無二日이요 民無二王이라하시니 舜이 旣爲天
子矣요 又帥天下諸侯하여 以爲堯三年喪이면 是는 二天子矣니라

咸丘蒙이 물었다. "옛말에 이르기를 '德이 성대한 선비는 군주가 그를 신하로 삼을 수
없으며, 아버지가 자식으로 삼을 수 없다. 이 때문에 舜이 南面하고 서 계시자 堯임금
이 제후를 거느리고 北面하여 조회하시고, 瞽瞍 또한 北面하여 조회하니, 舜이 瞽瞍
를 보시고 불안하여 위축됨이 있었다.' 하였는데, 孔子께서 말씀하시기를 '이때에 천하
가 매우 위태로웠다.' 하셨다 하니, 알지 못하겠습니다. 이 말이 사실입니까?"

孟子께서 말씀하셨다. "아니다. 이것은 君子의 말이 아니요, 齊나라 동쪽 野人의 말이
다. 堯임금이 年老하자 舜이 攝政하신 것이다. 〈堯典〉에 이르기를 '舜이 攝政한 지
28년 만에 放勳(堯)이 마침내 별세하시니, 〈畿內의〉 백성들은 考妣를 잃은 듯이 3년
을 슬퍼하였고 四海에서는 八音을 연주하는 것을 그쳤다.' 하였으며, 孔子께서 말씀하
시기를 '하늘에는 두 해(태양)가 없고 백성에게는 두 왕이 없다.' 하셨으니, 舜이 이미 天
子가 되시고 또 천하의 제후들을 거느리고서 堯임금을 위해 삼년상을 하였다면, 이것은
天子가 둘인 것이다."

按說 | '百姓'에 대하여, 閻若璩는 《四書釋地又續》에서

百姓의 뜻은 두 가지가 있으니, 첫째는 百官을 가리켜 말한 것으로 《書經》에 '百姓'과 '黎
民'이 상대되고, 《禮記》〈大傳〉에 '百姓'과 '庶民'이 상대되는 것이 그것이다. 둘째는 평민
[小民]을 가리켜 말한 것으로 《書經》〈舜典〉에 '百姓이 친목하지 않고 五品이 순하지 않
다.[百姓不親 五品不遜]' 한 것이 그것이다. 四書에 百姓은 모두 25번 보이는데, 오직 '百
姓 如喪考妣'에서만 百官을 가리키니, 벼슬이 있는 선비는 천자를 위해 斬衰 삼년복을 입
는 것이 禮이다.

하였는데, 楊伯峻은 閻若璩의 說을 따랐다.

'天無二日 土無二王'은 《禮記》〈曾子問〉과 〈坊記〉에 보이는 孔子의 말씀이다.

集註 | 咸丘蒙은 孟子弟子也라 語者는 古語也라 蹙은 顰(빈)蹙不自安也라 岌岌은

··· 遏 그칠 알 密 조용할 밀 顰 찌푸릴 빈

不安之貌也니 言人倫²²乖亂하여 天下將危也라 齊東은 齊國之東鄙也라 孟子言
堯但老不治事어시늘 而舜攝天子之事耳요 堯在時에 舜未嘗卽天子位하시니 堯何
由北面而朝乎아하시고 又引書及孔子之言하여 以明之하시니라 堯典은 虞書篇名이라
今此文은 乃見於舜典하니 蓋古書는 二篇이 或合爲一耳라 言舜攝位二十八年而
堯死也라 徂는 升也요 落은 降也니 人死則魂升而魄降이라 故로 古者에 謂死爲徂落
이라 遏은 止也요 密은 靜也라 八音은 金石絲竹匏土革木²³樂器之音也라

咸丘蒙은 孟子의 제자이다. '語'는 옛말이다. '蹙'은 찌푸려 스스로 편안하지 못함이다.
'岌岌'은 불안한 모양이니, 인륜이 어그러지고 혼란하여 천하가 장차 위태로움을 말한 것
이다. '齊東'은 齊나라의 동쪽 시골이다. 孟子께서 말씀하시기를 "堯임금이 늙어서 정사를
다스리지 못하시자 舜이 天子의 일을 대행하였을 뿐이요, 堯임금이 살아계실 때에 舜이 일
찍이 天子의 지위에 나아가지 않으셨으니, 堯임금이 무슨 이유로 北面하여 조회했겠는가."
하시고, 또 《書經》과 孔子의 말씀을 인용하여 밝히신 것이다.
〈堯典〉은 《書經》〈虞書〉의 篇名이다. 지금 이 글은 바로 〈舜典〉에 보이니, 옛 《書經》은 두
편이 혹 합하여 하나였던 듯하다. 舜이 攝位한 지 28년 만에 堯임금이 죽었음을 말한 것이
다. '徂'는 오름이요 '落'은 내림이니, 사람이 죽으면 혼은 하늘로 올라가고 넋은 땅속으로
내려가므로 옛날에 죽음을 徂落이라 하였다. '遏'은 중지함이요, '密'은 고요함이다. '八音'
은 쇠〔金〕·돌〔石〕·실〔絲〕·대〔竹〕·박〔匏〕·흙〔土〕·가죽〔革〕·나무〔木〕로 만든 악기의 소
리이다.

4-2. 咸丘蒙曰 舜之不臣堯는 則吾旣得聞命矣어니와 詩云 普天之下
莫非王土며 率土之濱이 莫非王臣이라하니 而舜이 旣爲天子矣시니 敢問
瞽瞍之非臣은 如何잇고 曰 是詩也는 非是之謂也라 勞於王事而不得
養父母也하여 曰 此莫非王事어늘 我獨賢勞也라하니 故로 說詩者 不以

---

22 人倫:壺山은 "君臣과 父子이다." 하였다.

23 八音 金石絲竹匏土革木:新安倪氏(倪士毅)는 "金은 종, 石은 경쇠, 絲는 琴과 瑟, 竹은 퉁소와 젓대,
    匏는 笙簧과 피리, 土는 塤(질나팔), 革은 북, 木은 柷과 敔이다.〔金 鐘也 石 磬也 絲 琴瑟也 竹 簫篪
    (지)也 匏 笙竽也 土 塤(훈)也 革 鼓也 木 柷敔(축어)也〕" 하였다.

••• 乖 어그러질 괴 鄙 변방 비 虞 나라이름 우 魂 혼 혼 魄 넋 백 匏 박 포 革 가죽 혁 普 넓을 보 率 따를 솔
    濱 물가 빈

文害辭하며 不以辭害志요 以意逆志라야 是爲得之니 如以辭而已矣인
댄 雲漢之詩에 曰 周餘黎民이 靡有孑(혈)遺라하니 信斯言也인댄 是는 周
無遺民也니라

咸丘蒙이 말하였다. "舜이 堯임금을 신하 삼지 않으심은 제가 이미 가르침을 들었습니
다만, 《詩經》에 이르기를 '온 하늘의 아래가 왕의 토지 아님이 없으며 온 땅의 안이 왕
의 신하 아닌 자가 없다.' 하였으니, 舜이 이미 天子가 되셨으니, 감히 묻겠습니다. 瞽瞍
를 신하로 삼지 않음은 어째서입니까?"

孟子께서 말씀하셨다. "이 詩는 이것을 말한 것이 아니다. 〈이 詩를 지은 자가〉 王事
(國事)에 수고로워 부모를 봉양할 수 없어서 말하기를 '이것은 國事가 아님이 없는데
나만이 홀로 어질다 하여 수고롭다.'고 한 것이다. 그러므로 詩를 해설하는 자는 글자로
써 말을 해치지 말며 말(글)로써 본래의 뜻을 해치지 말고, 〈보는 자의〉 뜻으로써 〈작자
의〉 뜻에 맞추어야 詩를 알 수 있는 것이다. 만일 말만 가지고 볼 뿐이라면 〈雲漢〉의
詩에 이르기를 '周나라의 남은 黎民들이 孑遺가 없다.' 하였으니, 진실로 이 말대로라
면 이것은 周나라에 남은 백성이 없는 것이다.

> 按說 | '我獨賢勞'에 대하여, 楊伯峻은 《毛傳》에 "賢은 勞이다." 한 것을 취하여 '賢
> 勞'를 "수고롭다."로 번역하였다.
> '以意逆志'에 대하여, 楊伯峻은 '逆'을 '揣測(헤아림)'의 뜻으로 보고, "자기가 직접
> 체험하여 깨달은 것을 가지고 작자의 뜻을 헤아려 아는 것이다."라고 번역하였다.

集註 | 不臣堯는 不以堯爲臣하여 使北面而朝也라 詩는 小雅北山之篇也라 普는 徧
也요 率은 循也라 此詩는 今毛氏序云 役使不均하여 己勞於王事而不得養其父母
焉이라하고 其詩下文에 亦云 大夫不均하여 我從事獨賢이라하니 乃作詩者 自言 天下
皆王臣이어늘 何爲獨使我以賢才而勞苦乎아하니 非謂天子可臣其父也라 文은 字
也요 辭는 語也라 逆은 迎也라 雲漢은 大雅篇名也라 孑은 獨立之貌라 遺는 脫也라 言
說詩之法은 不可以一字而害一句之義하며 不可以一句而害設辭之志요 當以己
意로 迎取作者之志라야 乃可得之니 若但以其辭而已면 則如雲漢所言인댄 是周之

⋯ 逆 맞출 역 黎 검을 려 靡 없을 미 孑 외로울 혈 遺 남길 유 徧 두루 변(편) 循 따를 순 脫 벗을 탈

民이 眞無遺種矣라 惟以意逆之면 則知作詩者之志 在於憂旱이요 而非眞無遺民
也니라

'不臣堯'는 堯임금을 신하로 삼아 北面하여 조회하게 하지 않은 것이다. 詩는 〈小雅 北山〉
篇이다. '普'는 두루요 '率'은 따름이다. 이 詩는 지금 毛氏(毛亨)의 序에 이르기를 "役事
가 균등(공평)하지 못하여 자기만이 國事에 수고로워 그 부모를 봉양할 수 없기 때문이었
다." 하였고, 그 詩의 아랫글에 또한 이르기를 "大夫가 均平(공평)하지 못해서 나만 종사
하게 하여 홀로 어질다 한다." 하였으니, 이것은 바로 詩를 지은 자가 스스로 말하기를 "천
하가 모두 왕의 신하인데 어찌하여 유독 나로 하여금 어질고 재주 있다 하여 수고롭게 하는
가."라고 한 것이니, 天子가 아버지를 신하로 삼을 수 있음을 말한 것은 아니다.

'文'은 글자요, '辭'는 말이다. '逆'은 맞이함이다. 〈雲漢〉은 《詩經》〈大雅〉의 편명이다. '孑'
은 홀로 서 있는 모양이요, '遺'는 벗어남이다. 詩를 해설하는 방법은 한 글자로써 한 구절
의 뜻을 해치지 말고 한 구절로써 말을 한(글을 쓴) 뜻을 해치지 말 것이요, 마땅히 자신의
뜻으로써 작자의 뜻을 맞추어 취해야 비로소 詩를 알 수 있으니, 만일 다만 그 말만 가지고
볼 뿐이라면 〈雲漢〉에서 말한 바와 같을진댄 이는 周나라 백성들이 참으로 남은 종자가 없
는 것이다. 오직 보는 자의 뜻으로써 작자의 뜻을 맞춰보면 이 詩를 지은 자의 뜻이 가뭄을
걱정함에 있고, 참으로 遺民이 없는 것이 아님을 알게 될 것이다.

4-3. 孝子之至는 莫大乎尊親이요 尊親之至는 莫大乎以天下養이니 爲
天子父하니 尊之至也요 以天下養하시니 養之至也라 詩曰 永言孝思라
孝思維則이라하니 此之謂也니라

孝子의 지극함은 어버이를 높임보다 더 큰 것이 없고, 어버이를 높임의 지극함은 천하
로써 봉양함보다 더 큰 것이 없으니, 〈瞽瞍는〉 천자의 아버지가 되었으니 높임이 지극하
고, 〈舜은〉 천하로써 봉양하였으니 봉양함이 지극하신 것이다. 《詩經》에 이르기를 '효
도하는 마음을 길이 생각하기에 효도하는 마음이 법칙이 될 만하다.' 하였으니, 이것을
말한 것이다.

按說 | '永言孝思'에 대하여, 朱子는 앞의 〈公孫丑上〉 4장에 《詩經》의 '永言配命'을

··· 種씨종 旱 가물 한 尊높일존 養봉양할양 言생각할언, 어조사언

해석하면서 "言은 念과 같다." 하였는데, 여기에서도 言을 念으로 해석하여 《集註》에서 '長言孝思而不忘'으로 해석한 것으로 보인다. 官本諺解에서는 '기리 孝ᄒᆞ며 思ᄒᆞᄂᆞᆫ디라'로 해석하여 '言'字를 助辭로 보았으나, 壺山은 《集註》의 '長言孝思而不忘'을 들어

    '不忘'字는 '言'과 '思' 두 글자에 맞추어서 《詩經》에서 語助辭로 본 예를 따르지 않았으니, 이는 斷章取義[24]한 것이다.〔不忘字 襯言思二字 不依詩作語辭者 是斷章取義也〕

하였다. 壺山은 뒤이어 諺解에서 '言'字를 해석하지 않은 잘못을 지적하고,

    '言'字는 앞 편의 '配命' 註를 이어받아서 별도로 訓하지 않았는데, 官本諺解의 해석에서는 마침내 '言'字를 해석하지 않았다. 또 '孝思'는 마땅히 효도를 생각한다는 뜻이 되어야 하는데, 官本諺解에서는 '효도하고 또 생각함'으로 해석하였으니, 모두 미진한 듯하다.〔言字 蒙前篇配命註 不別訓之 而諺解遂不釋言字 且孝思 當爲以孝爲思之義 而諺解作孝且思 恐皆未盡〕

하였다. 이상의 설명으로 볼 때 '孝思'는 孝心의 뜻으로, '永言孝思'는 '길이 孝心을 생각한다.'로 보는 것이 좋을 듯하다. 참고로 栗谷諺解에서는 '기리 孝思를 念ᄒᆞ더라'로 해석하였다.

集註 | 言 瞽瞍旣爲天子之父면 則當享天下之養이니 此는 舜之所以爲尊親養親之至也라 豈有使之北面而朝之理乎아 詩는 大雅下武之篇이라 言 人能長言孝思而不忘이면 則可以爲天下法則也라

'瞽瞍가 이미 천자의 아버지가 되었으면 마땅히 천하의 봉양을 누려야 하니, 이것은 舜이 어버이를 높이고 어버이를 봉양하기를 지극히 하심이 되는 것이다. 어찌 자기 아버지로 하여금 北面하여 조회하게 할 리가 있겠는가.'라고 말씀한 것이다. 詩는 〈大雅 下武〉篇이니, 사람이 효도하는 마음을 길이 생각하여 잊지 않으면 천하의 법칙이 될 수 있음을 말씀한 것이다.

4-4. 書曰 祗載見(현)瞽瞍하사되 夒夒齊(재)栗하신대 瞽瞍亦允若이라하니

---

24 斷章取義 : 글을 인용할 적에 원래의 뜻대로 해석하지 않고 한 句를 잘라 다른 뜻을 취함을 이른다.

··· 祗 공경지 載 일 재 夒 공경 기 齊 공손할 재 栗 공경할 률 允 믿을 윤 若 순할 약

是爲父不得而子也니라

《書經》에 이르기를 〈舜이〉 공경히 섬겨 瞽瞍를 뵙되 공경하고 두려워하시자 瞽瞍 또한 믿고 따랐다.' 하였으니, 이것이 '아버지가 자식으로 삼을 수 없다'는 것이다."

按說 | '祇載'의 '載'를《集註》에 '事也'라 하였는데, 蔡沈은 '일'로 보아,《書經集傳》에 '祇載'를 '자식이 된 직분의 일을 공경히 하는 것'으로 보았고, 官本諺解와 栗谷諺解에서도 이를 따라 '일을 공경히 하다'로 해석하였으나, 壺山은《集註》의 '事'를 '섬기다'로 해석하여,

살펴보건대 諺解의 해석에 蔡氏의 이 설을 사용하였으나《集註》의 해석과 위배되니, 마땅히 다시 헤아려 보아야 할 듯하다.〔按諺解 蓋用蔡氏此說 然與集註之釋有違 恐合更商〕

하고

〈'祇載'는〉 공경히 섬기는 것이다.〔祇事之〕

하였다.《集註》에 '事之'라고 표기하지 않았으므로 '일'로 보는 것이 옳을 듯하나 또 뒤에 '敬事瞽瞍'라 하였으므로 壺山의 說을 따라 '공경히 섬김'으로 번역하였음을 밝혀 둔다. 茶山은《史記》〈五帝本紀〉에 "舜이 帝位에 오르자 天子의 旗를 세우고 가서 아버지 瞽叟를 뵈었는데, 공경하고 삼가 자식의 도리와 같이 하였다.〔舜之踐帝位 載天子旗 往朝父瞽叟 夔夔唯謹 如子道〕"한 것을 인용하여

'載'는 旗를 세우는 것이다.〔載者 載旗也〕

하였으며,《禮記》〈曲禮上〉에 "푸른 물새를 그린 깃발을 세운다.〔載靑旌〕"한 것과 《禮記》〈月令〉에 "푸른 깃발을 세운다.〔載靑旂〕"한 것을 예로 들었다.
'是爲父不得而子也'에 대하여, 楊伯峻은 俞樾의《孟子平議》의 說을 따라 '也'를 의문을 나타내는 어조사 '邪'로 보고, "이것이 바로 아버지가 그를 자식으로 삼지 못했다는 것이 아니겠는가."라고 번역하였다.

集註 | 書는 大禹謨篇也라 祇는 敬也요 載는 事也라 夔夔齊栗은 敬謹恐懼之貌라 允

··· 敬 공경 경 謹 삼갈 근 恐 두려울 공 懼 두려울 구

은 信也요 若은 順也라 言 舜敬事瞽瞍하여 往而見之에 敬謹如此하시니 瞽瞍亦信而
順之也라 孟子引此而言 瞽瞍不能以不善及其子하고 而反見化於其子하니 則是
所謂父不得而子者요 而非如咸丘蒙之說也니라

書는 〈大禹謨〉篇이다. '祗'는 공경함이요, '載'는 섬김이다. '夔夔齊栗'은 공경하고 삼가
고 두려워하는 모양이다. '允'은 믿음이요 '若'은 순함이다. 舜이 瞽瞍를 공경히 섬겨 가서
뵐 적에 공경하고 삼감이 이와 같으시니, 瞽瞍 또한 믿고 따랐음을 말한 것이다. 孟子께서
이 글을 인용하고 말씀하시기를 "瞽瞍가 不善으로써 자기 아들에게 미치지 못하고, 도리어
자기 아들에게 교화를 당하였으니, 이것이 이른바 '아버지가 자식으로 삼을 수 없다'는 것이
요, 咸丘蒙이 말한 것과 같은 것이 아니다." 하셨다.

|堯以天下與舜章(天與之章)|

5-1. 萬章曰 堯以天下與舜이라하니 有諸잇가 孟子曰 否라 天子不能以 天下與人이니라

萬章이 말하였다. "堯임금이 천하를 舜에게 주셨다 하니, 그런 일이 있었습니까?"
孟子께서 말씀하셨다. "아니다. 天子가 천하를 남에게 줄 수 없다."

按說 | '與'에 대하여, 壺山은

'與'는 사사로이 줌을 이르니, 사사로이 줌은 燕王 子噲가 子之에게 왕위를 준 것과 같은 따
위가 이것이다.〔與 謂私與也 私與 如子噲之類是也〕

하였다.

集註 | 天下者는 天下之天下요 非一人之私有故也라

天下는 천하 사람들의 천하요, 〈天子〉 한 사람의 私有物이 아니기 때문이다.

5-2. 然則舜有天下也는 孰與之잇고 曰 天與之시니라

··· 反 도리어반 見 당할견 與 줄여 孰 누구숙

〈萬章이 물었다.〉"그렇다면 舜이 천하를 소유한 것은 누가 주신 것입니까?"
孟子께서 말씀하셨다. "하늘이 주신 것이다."

> 集註 | 萬章問而孟子答也라
>
> 萬章이 물음에 孟子께서 대답하신 것이다.

5-3. 天與之者는 諄諄然命之乎잇가

〈萬章이 물었다.〉"하늘이 주었다는 것은 상세하게 말씀하여 명한 것입니까?"

> 集註 | 萬章問也라 諄諄은 詳語之貌라
>
> 萬章이 물은 것이다. '諄諄'은 상세히 말하는 모양이다.

5-4. 日 否라 天不言이라 以行與事로 示之而已矣시니라

孟子께서 말씀하셨다. "아니다. 하늘은 말씀하지 않는다. 행실과 일로써 보여주실 뿐이
다."

> 集註 | 行之於身을 謂之行이요 措諸天下를 謂之事라 言 但因舜之行事하여 而示以
> 與之之意耳라
>
> 몸에 행함을 '行'이라 이르고, 천하에 베풂을 '事'라 이른다. 다만 舜의 행실과 일로 인하여
> 그에게 주려는 뜻을 보여줄 뿐임을 말씀한 것이다.

5-5. 日 以行與事로 示之者는 如之何잇고 日 天子能薦人於天이언정 不能使天으로 與之天下며 諸侯能薦人於天子언정 不能使天子로 與之諸侯며 大夫能薦人於諸侯언정 不能使諸侯로 與之大夫니 昔者에 堯薦舜於天而天受之하시고 暴(폭)之於民而民受之하니 故로 日 天不言이라 以行與事로 示之而已矣라하노라

··· 諄 자세할순 示 보일 시 措 베풀조, 조처할조 薦 천거할천 暴 드러낼 폭

萬章이 물었다. "행실과 일로써 보여준다는 것은 어떻게 하는 것입니까?"

孟子께서 말씀하셨다. "天子가 사람을 하늘에 천거할 수는 있을지언정 하늘로 하여금 그에게 천하를 주게 할 수는 없으며, 諸侯가 사람을 天子에게 천거할 수는 있을지언정 天子로 하여금 그에게 諸侯를 주게 할 수는 없으며, 大夫가 사람을 諸侯에게 천거할 수는 있을지언정 諸侯로 하여금 그에게 大夫를 주게 할 수는 없는 것이다. 옛날에 堯임금이 舜을 하늘에 천거함에 하늘이 받아주시고, 백성들에게 드러냄에 백성들이 받아주었다. 그러므로 '하늘은 말씀하지 않는다. 행실과 일로써 보여주실 뿐이다.'라고 한 것이다."

> 集註 │ 暴은 顯也[25]라 言 下能薦人於上이언정 不能令上必用之라 舜爲天人所受하시니 是는 因舜之行與事而示之以與之之意也라
>
> '暴'은 드러냄이다. 아랫사람이 윗사람에게 사람을 천거할 수는 있지만 윗사람으로 하여금 반드시 쓰게 할 수는 없음을 말씀한 것이다. 舜이 하늘과 백성들에게 받아들여졌으니, 이것은 〈하늘이〉 舜의 행실과 일로 인하여 그에게 주려는 뜻을 보여준 것이다.

5-6. 曰 敢問薦之於天而天受之하시고 暴之於民而民受之는 如何잇고 曰 使之主祭而百神이 享之하니 是는 天受之요 使之主事而事治하여 百姓이 安之하니 是는 民受之也라 天與之하며 人與之라 故로 曰天子不能以天下與人이라하노라 舜이 相堯二十有八載하시니 非人之所能爲也라 天也라 堯崩커시늘 三年之喪을 畢하고 舜이 避堯之子於南河之南이어시늘 天下諸侯朝覲者 不之堯之子而之舜하며 訟獄者 不之堯之子而之舜하며 謳歌者 不謳歌堯之子而謳歌舜하니 故로 曰天也라 夫然後에 之中國하사 踐天子位焉하시니 而(如)居堯之宮하여 逼堯之子면 是는 簒也라 非天與也니라

萬章이 말하였다. "감히 묻겠습니다. 하늘에 천거함에 하늘이 받아주시고 백성들에게

---

25 暴 顯也:壺山은 "그 德을 드러냄이다.〔顯其德也〕" 하였다.

··· 顯 드러날 현 享 흠향할 향 相 도울 상 載 해 재 崩 천자가죽을 붕 畢 마칠 필 避 피할 피 覲 뵐 근 訟 송사 송 獄 감옥 옥 謳 노래 구 踐 밟을 천, 나아갈 천 逼 핍박할 핍 簒 빼앗을 찬

드러냄에 백성들이 받아주었다는 것은 어떻게 한 것입니까?"

孟子께서 말씀하셨다. "舜으로 하여금 제사를 주관하게 함에 온갖 神들이 흠향하였으니 이는 하늘이 받아주신 것이요, 일을 주관하게 함에 일이 잘 다스려져 백성들이 편안하였으니 이는 백성들이 받아준 것이다. 하늘이 받아주시고 백성들이 받아주었기 때문에 '天子가 천하를 남에게 줄 수 없다.'고 말한 것이다.

舜이 堯임금을 28년 동안 〈정승이 되어〉 도우셨으니, 이는 인력으로 할 수 있는 것이 아니요 하늘(天運)이다. 堯임금이 붕어하시자 삼년상을 마치고 舜이 堯임금의 아들을 피해 南河의 남쪽으로 가셨는데, 천하의 諸侯로서 조회하는 자들이 堯임금의 아들에게 가지 않고 舜에게 갔으며, 獄事를 송사하는 자들이 堯임금의 아들에게 가지 않고 舜에게 갔으며, 德을 謳歌하는 자들이 堯임금의 아들을 謳歌하지 않고 舜을 謳歌하였다. 그러므로 하늘이라고 말한 것이다. 그런 뒤에야 中國(서울)에 가서 天子의 지위에 나아가셨으니, 만일 堯의 궁궐에 거하여 堯의 아들을 핍박하였다면 이는 찬탈이요 하늘이 주신 것이 아니다.

> **按説** | '百神享之'에 대하여, 朱子는
>
> 陰과 陽이 조화롭고 바람과 비가 때에 맞은 것이 온갖 神이 흠향한 것이다.〔陰陽和 風雨時 便是百神享之〕《語類》
>
> 하였다.
>
> '堯임금이 붕어하시자 삼년상을 마치고 舜이 堯임금의 아들을 피해 南河의 남쪽으로 가셨다.'에 대하여, 茶山은 이 내용이 《書經》〈堯典〉과 맞지 않음을 지적하여,
>
> 殷나라 高宗 이전에는 天子의 후사가 된 자가 居喪하는 3년 동안 百官이 冢宰에게 명령을 들었다. 그러나 改元하고 卽位하는 것은 반드시 王이 崩한 다음 해에 있었으니, 어찌 삼년상을 마친 뒤에야 天子의 후사를 세우는 것을 의논하겠는가. 舜이 미천하게 지낸 것이 30년이고 부름을 받아 등용된 것이 30년이고 재위한 것이 50년이니, 분명히 정해진 수가 〈堯典〉에 실려 있다. 이제 〈堯典〉의 經文을 살펴보면 堯임금이 舜의 말이 功績을 이룰 수 있음을 본 것이 3년이고 섭정이 28년이니 30년의 숫자에 맞는다.〔3년은 공적을 고과한 해이니 堯임금이 이때에 讓位하였다. 그러므로 실로 30년을 넘지 않는다.〕 服喪 3년과 자리를 피한 1년은

끼어들 틈이 없다. 舜이 攝政한 28년 동안에 이미 始祖의 사당에서 帝位를 받았고 이미 方
岳을 巡守하였는데, 이때 와서 南河로 자리를 피하여 丹朱에게 양위했다면 거짓되고 성실
하지 않음이 이보다 심할 수 없다. 《孟子》의 이 장은 〈堯典〉과 맞지 않는다. 이로 미루어보
면 아랫장에서 말한 禹와 益의 일도 옳지 않은 듯하다. 나는 이 때문에 《孟子》가 모두 孟子
의 친필은 아니라고 말하는 것이다.〔殷高宗以前 嗣天子諒闇三年 百官聽於冢宰 然改元
卽位 必在王崩之明年 何至三年喪畢而後 乃議立嗣天子哉 舜側陋三十載 徵庸三十
載 在位五十載 明有定數 載於堯典 今考經文 言可績三載 攝政二十八載 以當三十之
數〔三載考績之年 堯乃讓位 故實不過三十年〕服喪三年 避位一年 其亦無隙可插矣 舜
攝政二十有八載 旣受終文祖矣 旣巡守方岳矣 至是避位南河 以讓丹朱 則詐僞不誠
莫此爲甚 孟子此章 與堯典不合 以此推之 則下章所言禹益之事 亦恐不然 余故曰
孟子非皆孟子之親筆〕

하였다.

'而居堯之宮'을 官本諺解에서 '~하시니 堯의 宮에 居ᄒᆞ야'라고 하여 '而'를 助辭로
보았으나, 古文에는 '如'字와 통용되었는바, '만일'로 해석하면 뜻이 명확하고 文法이
맞으므로 '如'字로 해석하였다. 楊伯峻도 이 '而'를 "如와 같다."하였으며, 뒤의 8장
'而主癰疽與侍人瘠環'의 경우도 이와 같다.

集註 | 南河는 在冀州之南[26]하니 其南은 卽豫州也라 訟獄은 謂獄不決而訟之也라

南河는 冀州의 남쪽에 있으니, 그 남쪽은 바로 豫州이다. '訟獄'은 獄事를 결단하지 못하
여 송사함을 이른다.

5-7. 太(泰)誓曰 天視 自我民視며 天聽이 自我民聽이라하니 此之謂也 니라

《書經》〈太誓〉에 이르기를 '하늘의 봄이 우리 백성의 봄으로부터 하며 하늘의 들음이
우리 백성의 들음으로부터 한다.' 하였으니, 이것을 이른 것이다."

---

26 南河 在冀州之南:新安倪氏(倪士毅)는 "冀州는 皇帝의 都邑이다. 河水가 그 남쪽에 있으므로 南河
라 한 것이다.〔冀州爲帝都 河在其南 故謂之南河〕" 하였다.

··· 冀 바랄 기 豫 즐길 예 誓 맹세할 서 自 부터 자

集註 | 自는 從也라 天無形하여 其視聽이 皆從於民之視聽하니 民之歸舜이 如此면
則天與之를 可知矣니라

'自'는 따름(부터)이다. 하늘이 형체가 없어 보고 들음을 모두 백성들의 보고 들음에서 하
니, 백성들이 舜에게 돌아감이 이와 같다면 하늘이 주신 것을 알 수 있다.

至於禹而德衰章

6-1. 萬章이 問曰 人이 有言호되 至於禹而德衰하여 不傳於賢而傳於
子라하니 有諸잇가 孟子曰 否라 不然也라 天이 與賢則與賢하고 天이 與
子則與子니라 昔者에 舜이 薦禹於天十有七年에 舜崩커시늘 三年之喪
을 畢하고 禹避舜之子於陽城이러시니 天下之民이 從之를 若堯崩之後에
不從堯之子而從舜也하니라 禹薦益於天七年에 禹崩커시늘 三年之喪을
畢하고 益이 避禹之子於箕山之陰이러니 朝覲訟獄者 不之益而之啓曰
吾君之子也라하며 謳歌者 不謳歌益而謳歌啓曰 吾君之子也라하니라

萬章이 물었다. "사람들이 말하기를 '禹王에 이르러 德이 쇠해서 賢者에게 자리를 물
려주지 않고 아들에게 물려주었다.' 하니, 그런 일이 있습니까?"
孟子께서 말씀하셨다. "아니다. 그렇지 않다. 하늘이 賢者에게 주게 하면 賢者에게 주
고, 하늘이 아들에게 주게 하면 아들에게 주는 것이다. 옛날에 舜임금이 禹를 하늘에
천거한 지 17년 만에 舜임금이 붕어하시자, 삼년상을 마치고 禹가 舜임금의 아들을 피
해 陽城으로 가셨는데, 천하의 백성들이 따라오기를 堯임금이 붕어한 뒤에 堯임금의

··· 衰 쇠할 쇠 箕 키 기 陰 산북쪽 음

아들을 따르지 않고 舜을 따르듯이 하였다. 禹王이 益을 하늘에 천거한 지 7년 만에
禹王이 붕어하시자, 삼년상을 마치고 益이 禹王의 아들을 피해 箕山의 북쪽으로 갔
는데, 조회하고 옥사를 송사하는 자들이 益에게 가지 않고 啓에게 가며 말하기를 '우리
임금님의 아들이다.' 하였으며, 德을 謳歌하는 자들이 益을 謳歌하지 않고 啓를 謳
歌하며 말하기를 '우리 임금님의 아들이다.' 하였다.

> 集註 | 陽城, 箕山之陰은 皆嵩山下深谷中可藏處라 啓는 禹之子也라
> 楊氏曰 此語는 孟子必有所受라 然이나 不可考矣로다 但云 天與賢則與賢하고 天與
> 子則與子라하시니 可以見堯舜禹之心이 皆無一毫私意也시니라
>
> 陽城과 箕山의 북쪽은 모두 嵩山 아래 깊은 골짝의 가운데로 몸을 숨길 만한 곳이다. 啓는
> 禹王의 아들이다.
> 楊氏(楊時)가 말하였다. "이 말씀은 孟子께서 반드시 전수받은 바가 있었을 것이나 상고할
> 수가 없다. 다만 '하늘이 賢者에게 주게 하면 賢者에게 주고 하늘이 아들에게 주게 하면 아
> 들에게 준다.' 하셨으니, 堯·舜·禹의 마음이 모두 털끝만큼의 사욕이 없으셨음을 볼 수 있
> 다."

6-2. 丹朱之不肖에 舜之子亦不肖하며 舜之相堯와 禹之相舜也는 歷年
이 多하여 施澤於民이 久하고 啓는 賢하여 能敬承繼禹之道하며 益之相
禹也는 歷年이 少하여 施澤於民이 未久하니 舜禹益相去久遠과 其子之
賢不肖 皆天也라 非人之所能爲也니 莫之爲而爲者는 天也요 莫之致
而至者는 命也니라

丹朱가 불초함에 舜의 아들 또한 불초했으며, 舜이 堯를 도운 것과 禹가 舜을 도운
것은 지나온 햇수가 많아서 백성들에게 은택을 베푼 지가 오래되었고, 啓는 어질어 능
히 禹의 道를 공경히 승계하였으며, 益이 禹를 도운 것은 지나온 햇수가 적어서 백성
들에게 은택을 베푼 지가 오래지 못했으니, 舜·禹·益의 거리가 오래고 멂과 그 아들의
어질고 불초함이 다 천운이다. 인력으로 할 수 있는 것이 아니다. 그렇게 함이 없는데도
그렇게 되는 것은 天(천운)이요, 이르게 함이 없는데도 이르는 것은 命이다.

••• 嵩 산이름 숭 藏 감출 장 澤 은택 택 啓 열 계 致 이르게할 치

按說 | '丹朱'에 대하여, 楊伯峻은

본명은 '朱'인데, 뒷날 丹에 봉해졌으므로 丹朱라고 호칭했다.

하였다.

'能敬承繼禹之道'에 대하여, 官本諺解는 '能히 敬承ᄒ야 禹의 道를 繼ᄒ며'로 해석하였고, 栗谷諺解는 '能히 敬ᄒ야 禹의 道를 니으시며'로 해석하였는데, 壺山은

'能敬承繼禹之道'를 官本諺解의 해석에서는 '능히 공경히 받들어서 禹王의 道를 계승한 것'으로 보았으니, 마땅히 다시 살펴보아야 할 듯하다.〔能敬承繼禹之道 諺釋作能敬承而繼禹之道 恐合更商〕

하여, '承繼'를 栗谷諺解에서처럼 한 단어로 보아야 함을 강조하였다.

'相去久遠'에 대하여, 沙溪(金長生)는

栗谷(李珥)은 "'遠'은 '速'字의 誤字인 듯하다." 하였는데, 景任(鄭經世)이 말하기를 "만약 栗谷의 말씀과 같다면 마땅히 '舜·禹·益이 정승 노릇한 것'〔爲相〕이라고 말해야 할 터인데, 이제 '相去'라고 말했으면 '久遠'으로 읽는 것이 옳으니, 歷年의 많고 적음이 相去가 매우 멂을 말한 것이다. 만약 '相去久速'이라고 하면 글뜻이 옳지 않을 듯하다." 하였다. 내(沙溪)가 살펴보건대 栗谷의 뜻은 舜임금과 禹王의 사이는 相去가 오래고 禹王과 益의 사이는 相去가 빠르다고 여긴 것이니, 뜻이 매우 평탄하고 순하여 글뜻이 옳지 않음을 발견할 수 없다. 또 景任은 歷年이 많고 적은 사이에 相去가 매우 멂을 가지고 말하였으니, 만약 '遠'字만 말했으면 다소 통하지만 '久'字와 아울러 말하면 끝내 적절하지 않다.〔栗谷云 遠疑速字之誤 景任曰 若如栗谷說 則當言舜禹益爲相 今旣曰相去 則作久遠爲是 謂歷年之多少相去遠甚也 若曰相去久速 則恐文義不然 愚按栗谷之意 以爲舜禹之間 相去則久 禹益之間 相去則速也 意甚平順 未見其文義不然 且景任以歷年多少之間 相去甚遠爲言 若單說遠字 則稍通 而并與久字爲說 則終不襯貼〕《經書辨疑》

하였고, 壺山 또한

살펴보건대 '舜禹益相去久速'과 '其子之賢不肖' 두 句는 그 윗글을 총괄하여 거둔 것이니, 愚伏(鄭經世)의 말씀은 끝내 이해할 수 없다.〔按舜禹益相去久速 其子之賢不肖二句 是總收其上文者也 愚伏說 果不可曉〕

하여, '相去久速'으로 보았다.

集註 | 堯舜之子는 皆不肖하고 而舜禹之爲相은 久하니 此堯舜之子所以不有天下 而舜禹有天下也며 禹之子는 賢하고 而益相은 不久하니 此啓所以有天下而益不有 天下也라 然이나 此皆非人力所爲而自爲요 非人力所致而自至者라 蓋以理言之하 면 謂之天이요 自人言之하면 謂之命이니 其實則一而已니라

堯와 舜의 아들은 모두 불초하였고 舜과 禹가 성승 노릇한 것은 오래였으니, 이는 堯와 舜 의 아들이 천하를 소유하지 못하고 舜과 禹가 천하를 소유하게 된 이유이다. 禹의 아들은 어질고 益이 정승 노릇한 것은 오래지 못하였으니, 이는 啓가 천하를 소유하고 益이 천하를 소유하지 못한 이유이다. 그러나 이는 다 인력으로 한 것이 아니요 저절로 된 것이며, 인력 으로 이르게 한 것이 아니요 저절로 이른 것이다. 理로써 말하면 天이라 이르고 사람으로써 말하면 命이라 이르니, 그 실제는 하나일 뿐이다.

6-3. 匹夫而有天下者는 德必若舜禹而又有天子薦之者라 故로 仲尼 不有天下하시니라

匹夫로서 천하를 소유하는 자는 德이 반드시 舜·禹와 같고 또 天子가 천거해줌이 있 어야 한다. 그러므로 仲尼가 천하를 소유하지 못하신 것이다.

集註 | 孟子因禹益之事하여 歷擧此下兩條하여 以推明之하시니라 言 仲尼之德이 雖 無愧於舜禹나 而無天子薦之者라 故로 不有天下하시니라

孟子께서 禹와 益의 일로 인하여 이 아래 두 조항을 차례로 들어서 미루어 밝히신 것이다. 仲尼의 德은 비록 舜과 禹에게 부끄러움(뒤짐)이 없었으나 天子가 천거해줌이 없었으므로 천하를 소유하지 못하였음을 말씀하신 것이다.

6-4. 繼世以有天下에 天之所廢는 必若桀紂者也라 故로 益, 伊尹, 周 公이 不有天下하시니라

··· 愧 부끄러울 괴 廢 폐할 폐

대를 이어 천하를 소유할 적에 하늘이 폐하는(버리는) 바는 반드시 桀·紂와 같은 자이다. 그러므로 益과 伊尹과 周公이 천하를 소유하지 못한 것이다.

集註 | 繼世而有天下者는 其先世皆有大功德於民이라 故로 必有大惡如桀紂라야 則天乃廢之요 如啓及太甲成王은 雖不及益伊尹周公之賢聖이나 但能嗣守先業이면 則天亦不廢之라 故로 益伊尹周公이 雖有舜禹之德이나 而亦不有天下하시니라

대를 이어 천하를 소유하는 자는 그 先代가 모두 백성들에게 큰 공덕이 있었다. 그러므로 반드시 桀·紂와 같은 큰 악행이 있어야 하늘이 비로소 그를 폐하는 것이요, 啓와 太甲과 成王 같은 이는 비록 益과 伊尹과 周公의 어짊과 성스러움에 미치지 못하였으나 다만 선대의 업을 이어 지키면 하늘이 또한 폐하지 않았다. 그러므로 益과 伊尹과 周公이 비록 舜·禹의 덕을 가지고 있었으나 또한 천하를 소유하지 못한 것이다.

6-5. 伊尹이 相湯하여 以王於天下러니 湯崩커시늘 太丁은 未立하고 外丙은 二年이요 仲壬은 四年이러니 太甲이 顚覆湯之典刑이어늘 伊尹이 放之於桐三年한대 太甲이 悔過하여 自怨自艾(예)하여 於桐에 處仁遷義三年하여 以聽伊尹之訓己也하여 復歸于亳(박)하니라

伊尹이 湯王을 도와 천하에 왕 노릇하게 하였는데, 湯王이 붕어하시자 太丁은 즉위하지 못하고 죽었고, 外丙은 2년이요 仲壬은 4년을 하였다. 太甲이 湯王의 떳떳한 법을 전복시키므로 伊尹이 그를 桐땅에 3년 동안 유폐시키니, 太甲이 자신의 과오를 뉘우쳐 스스로 원망하고 스스로 다스려 桐 땅에서 仁에 처하고 義에 옮기기를 3년 동안 하여, 伊尹이 자기를 훈계한 것을 따라서 다시 亳邑으로 돌아왔다.

集註 | 此는 承上文하여 言伊尹不有天下之事하시니라 趙氏曰 太丁은 湯之太子니 未立而死하고 外丙은 立二年이요 仲壬은 立四年이니 皆太丁弟也요 太甲은 太丁子也라하고 程子曰 古人이 謂歲爲年하니 湯崩時에 外丙은 方二歲요 仲壬은 方四歲요

⋯ 嗣 이을 사 顚 엎어질 전 覆 뒤엎을 복 刑 법 형 桐 오동나무 동 悔 뉘우칠 회 艾 다스릴 예 亳 땅이름 박

惟太甲差長이라 故로 立之也라하시니 二說이 未知孰是[27]라 顚覆은 壞亂也라 典刑은
常法也라 桐은 湯墓所在라 艾는 治也라 說文云 艾草也라하니 蓋斬絶自新之意[28]라
亳은 商所都也[29]라

이것은 윗글을 이어서 伊尹이 천하를 소유하지 못한 일을 말씀한 것이다. 趙氏(趙岐)는 말
하기를 "太丁은 湯王의 太子이니 즉위하지 못하고 죽었으며, 外丙은 재위 2년, 仲壬은 재
위 4년이니 두 사람은 다 太丁의 아우이며, 太甲은 太丁의 아들이다." 하였고, 程子(伊川)
는 말씀하기를 "옛사람은 歲를 年이라 하였으니, 湯王이 붕어할 때에 外丙은 나이가 2세였
고 仲壬은 4세였으며, 오직 太甲이 나이가 조금 많았으므로 그를 세웠다." 하였으니, 두 분
의 말씀이 누가 옳은지는 알 수 없다. '顚覆'은 壞亂함이다. '典刑'은 떳떳한 법이다. 桐은
湯王의 묘소가 있는 곳이다. '艾'는 다스림이다. 《說文解字》에 "艾는 풀을 베는 것이다."

---

27 二說 未知孰是:農巖(金昌協)은 "'外丙 2년, 仲壬 4년'은 분명히 在位한 年數이다. 만약 그 태어난
   나이를 말하여 지금 2세와 4세라면 仲壬이 外丙의 형이 되어야 하니, 어떻게 두 살 아래의 아우를 먼
   저 말한 뒤에 그 형을 말했겠는가.〔外丙二年 仲壬四年 明是在位年數 若言其生 方二歲四歲 則仲壬
   當爲外丙之兄 何得先言二歲之弟而後言其兄耶〕" 하였다.《農巖雜識 內篇1》 茶山은 "太丁·外丙·
   仲壬 삼형제의 서열과 나이는 모두《史記》〈殷本紀〉·《竹書紀年》·《帝王世紀》등 여러 책에 기재되어
   있어 분명히 징험할 수 있다. 그런데 程子는 도리어 '湯王이 붕어할 때에 外丙은 나이가 2세였고 仲壬
   은 4세였다' 하였으니, 형이 2세인데 그 아우가 이미 4세인 경우는 세상에 없다. 만약 外丙이 아우인데
   孟子가 가장 어린 자부터 거꾸로 열거했다면 더욱 통하기 어렵다. 어째서인가? 太甲의 나이가 가장 많
   았다면 본래 殷王의 元子이니 서열이 마땅히 즉위해야 하는데 外丙·仲壬 등을 어찌 굳이 일일이 열거
   하겠는가. 梅賾이 위조한 孔安國의《書傳》에 '湯王이 죽자 太甲이 이어 즉위하였다.'라고 잘못 말하였
   는데, 程子가 이에 근거해 말한 것일 뿐이다.〔太丁外丙仲壬三兄弟 序次年數 俱載殷本紀竹書紀年帝
   王世紀諸書 鑿鑿可徵 而程子乃云 湯崩之時 外丙二歲 仲壬四歲 世未有其兄二歲 而其弟已四歲
   者 若云 外丙是弟 而孟子自最幼者而逆數之 則又益難通 何者 太甲旣最長 則自是殷王元子 序
   次當立 外丙仲壬之等 何必歷數 梅賾僞造孔傳 謬云 湯沒而太甲嗣立 程子據此而爲言耳〕" 하였다.
   《史記》〈殷本紀〉에는 "湯王이 崩하였는데, 太子인 太丁이 서지 못하고 卒하였다. 이에 太丁의 아우 外
   丙을 세우니 이가 外丙 임금이다. 外丙 임금이 즉위한 지 3년 만에 崩하자, 外丙의 아우 中壬(仲壬)을
   세우니 이가 中壬 임금이다. 中壬 임금이 즉위한 지 3년 만에 崩하자, 伊尹이 太丁의 아들 太甲을 세웠
   다.〔湯崩 太子太丁未立而卒 於是迺立太丁之弟外丙 是爲帝外丙 帝外丙卽位三年崩 立外丙之弟
   中壬 是爲帝中壬 帝中壬卽位四年崩 伊尹迺立太丁之子太甲〕" 하였는데, 孫奭은《孟子正義》에서
   "《史記》에는 '外丙이 즉위한 지 3년 만에 崩하였다.' 하였고, 이제《孟子》에서는 '外丙은 2년'이라 하였
   으니, 이는《史記》에서《孟子》를 상고하지 않은 잘못이다.〔史記乃云 外丙卽位三年 今孟子云 外丙二
   年 蓋史記不稽孟子之過也〕" 하였다.
28 艾治也……蓋斬絶自新之意:艾는 刈·乂와 통용되며, 풀을 베는 것으로, 자신의 잘못을 잘라내어 스
   스로 새로워지는 뜻이 된다.《詩經》〈小雅 小旻〉의 '或肅或艾'에 대한《集傳》에도 "艾는 乂와 같으니,
   다스림이다.〔艾與乂同 治也〕"라고 보인다.
29 亳 商所都也:楊伯峻은 "亳은 지금의 河南省 偃師縣 서쪽이며, 尸鄕이라고도 한다." 하였다.

··· 差 조금차 壞 무너질괴 亂 어지러울란 墓 무덤묘 艾 풀벨삼 斬 벨참

하였으니, 惡의 싹을 잘라내어 스스로 새로워진다는 뜻이다. 毫은 商나라가 도읍한 곳이다.

6-6. 周公之不有天下는 猶益之於夏와 伊尹之於殷也니라

周公이 천하를 소유하지 못하심은 益이 夏나라에 있어서와 伊尹이 殷나라에 있어서와 같다.

集註 | 此는 復言周公所以不有天下之意하시니라

이는 다시 周公이 천하를 소유하지 못하신 이유의 뜻을 말씀한 것이다.

6-7. 孔子曰 唐虞는 禪하고 夏后, 殷, 周는 繼하니 其義一也라하시니라

孔子께서 말씀하시기를 '唐·虞는 禪位하였고 夏后와 殷·周는 繼承하였으니, 그 義가 똑같다.' 하셨다."

集註 | 禪은 受也라 或禪或繼 皆天命也니 聖人이 豈有私意於其間哉시리오

'禪'은 물려받음이다. 혹은 禪位하고 혹은 繼承함이 다 天命이니, 聖人이 어찌 그 사이에 사사로운 마음을 두셨겠는가.

章下註 | ○ 尹氏曰 孔子曰 唐虞는 禪하고 夏后殷周는 繼하니 其義一也[30]라하시고 孟子曰 天與賢則與賢하고 天與子則與子라하시니 知前聖之心者는 無如孔子요 繼孔子者는 孟子而已矣시니라

○ 尹氏(尹焞)가 말하였다. "孔子께서 '唐·虞는 禪位하였고 夏后와 殷·周는 繼承하였으니, 그 義가 똑같다.' 하셨고, 孟子께서 '하늘이 賢者에게 주게 하면 賢者에게 주고 하늘이 아들에게 주게 하면 아들에게 준다.' 하셨으니, 前聖의 마음을 안 자는 孔子만한 분이 없고, 孔子를 계승한 자는 孟子일 뿐이다."

---

30 其義一也:南軒張氏(張栻)는 "하나란 무엇인가? 또한 天命을 받들 뿐이다.〔一者 何也 亦曰奉天命而已矣〕" 하였다.

··· 猶 같을 유 禪 선양할 선, 물려줄 선

|伊尹割烹要湯章|

7-1. 萬章이 問曰 人이 有言호되 伊尹이 以割烹要湯이라하니 有諸잇가

萬章이 물었다. "사람들이 말하기를 '伊尹이 고기를 자르고 요리함으로써 湯王에게 등용되기를 구하였다.' 하니, 그러한 일이 있었습니까?"

集註 | 要는 求也라 按史記컨대 伊尹이 欲行道以致君而無由하여 乃爲有莘氏之媵臣[31]하여 負鼎俎하고 以滋味說(세)湯하여 致於王道라하니 蓋戰國時에 有爲此說者하니라

'要'는 구함이다. 《史記》《殷本紀》를 상고해보면 "伊尹이 道를 행하여 훌륭한 君主를 만들고자 하였으나 방법이 없자, 마침내 有莘氏의 媵臣이 되어 鼎과 俎를 지고 〈찾아가서〉 맛있는 음식으로 湯王을 설득하여 王道에 이르게 했다." 하였으니, 戰國時代에 이러한 말을 하는 자가 있었다.

7-2. 孟子曰 否라 不然하니라 伊尹이 耕於有莘之野而樂(락)堯舜之道焉하여 非其義也며 非其道也어든 祿之以天下라도 弗顧也하며 繫馬千駟라도 弗視也하고 非其義也며 非其道也어든 一介를 不以與人하며 一介를 不以取諸人하니라

孟子께서 말씀하셨다. "아니다, 그렇지 않다. 伊尹이 有莘의 들에서 밭을 갈면서 堯·舜의 道를 좋아하여 그 義가 아니고 그 道가 아니면 천하로써 녹을 주더라도 돌아보지 않고 말 千駟를 매어놓아도 돌아보지 않았으며, 그 義가 아니고 그 道가 아니면 지푸라기 하나도 남에게 주지 않았으며 지푸라기 하나도 남에게서 취하지 않았다.

集註 | 莘은 國名이라 樂堯舜之道者는 誦其詩하고 讀其書[32]하여 而欣慕愛樂之也라

31　有莘氏之媵臣:莘은 國名으로 有莘의 有는 朝代의 앞에 쓰이는 助詞인바, 有虞·有宋·有明 등이 그 예이다. 媵臣은 시집오는 夫人을 따라온 신하를 이른다.

32　誦其詩 讀其書:新安陳氏(陳櫟)는 "'詩'는 康衢의 가요와 舜임금·皐陶의 노래와 같은 따위이고 '書'는 二典과 三謨와 같은 것이니, 반드시 이와 같이 해석하여야 이 句가 비로소 진실해진다.〔詩 如康衢

…　割 벨 할 烹 요리할 팽 要 구할 요 莘 나라이름 신 媵 잉첩 잉 鼎 솥 정 俎 도마 조 滋 맛있을 자 顧 돌아볼 고 繫 맬 계 駟 사마 사 介 지푸라기 개 欣 기쁠 흔

駟는 四匹也라 介는 與草芥之芥로 同하니 言其辭受取與를 無大無細히 一以道義而
不苟也라

莘은 나라 이름이다. '堯·舜의 道를 즐거워하였다.'는 것은 그 詩를 외고 그 글을 읽어 흠
모하고 사랑하고 좋아한 것이다. '駟'는 말 네 필이다. '介'는 草芥라는 芥와 같으니, 사양
하고 받고 취하고 줌을 크고 작은 것 할 것 없이 한결같이 道義로써 하고 구차히 하지 않음
을 말씀한 것이다.

7-3. 湯이 使人以幣聘之하신대 囂(효)囂然曰 我何以湯之聘幣爲哉리오 我豈若處畎畝之中하여 由是以樂堯舜之道哉리오하니라

湯王이 사람을 시켜 폐백을 가지고 가서 伊尹을 초빙하자, 囂囂然히 말하기를 '내 湯
王의 초빙하는 폐백을 어디에 쓰겠는가. 내 어찌 畎畝의 가운데에 처하여 이대로 堯·
舜의 道를 즐기는 것만 하겠는가.' 하였다.

集註 | 囂囂는 無欲自得之貌라

'囂囂'는 욕심이 없이 스스로 만족해하는 모양이다.

7-4. 湯이 三使往聘之하신대 旣而요 幡然改曰 與我處畎畝之中하여 由是以樂堯舜之道로는 吾豈若使是君으로 爲堯舜之君哉며 吾豈若使是民으로 爲堯舜之民哉며 吾豈若於吾身에 親見之哉리오

湯王이 세 번 사람을 보내어 초빙하시자, 이윽고 幡然히 마음을 고쳐 생각하기를 '내
가 畎畝의 가운데 처하여 이대로 堯·舜의 道를 즐기기보다는 내 어찌 이 군주로 하여
금 堯·舜과 같은 군주가 되게 하는 것만 하며, 내 어찌 이 백성들로 하여금 堯·舜의
백성이 되게 하는 것만 하며, 내 어찌 내 몸에 직접 이것을 보는 것만 하겠는가.

之謠 舜皐之歌之類 書 如二典三謨是也 必如此解 此句方實)" 하였다. 康衢의 가요는 堯임금 때의
태평성대를 노래한 것이고, 二典은 《書經》의 〈堯典〉·〈舜典〉이고, 三謨는 〈大禹謨〉·〈皐陶謨〉·〈益
稷〉을 이른다.

··· 幣 폐백 폐 聘 초빙할 빙 囂 만족할 효 畎 밭두둑 견 畝 밭이랑 묘(무) 幡 뒤집을 번

集註 | 幡然은 變動之貌라 於吾身親見之는 言 於我之身에 親見其道之行이요 不徒 誦說向慕之而已也라

'幡然'은 변동하는 모양이다. '내 몸에 직접 본다.'는 것은 내 몸에 직접 그 道가 행해짐을 보고, 한갓 외우고 말하며 향하고 흠모할 뿐만이 아님을 말한 것이다.

7-5. 天之生此民也는 使先知로 覺後知하며 使先覺으로 覺後覺也시니 予는 天民之先覺者也로니 予將以斯道로 覺斯民也니 非予覺之요 而 誰也리오

하늘이 이 백성(사람)을 내심은 먼저 안 자로 하여금 늦게 아는 자를 깨우치며, 먼저 깨달은 자로 하여금 뒤늦게 깨닫는 자를 깨우치게 하신 것이다. 나는 하늘이 낸 백성 중에 먼저 깨달은 자이니, 내 장차 이 道로써 이 백성들을 깨우칠 것이니, 내가 이들을 깨우치지 않고 그 누가 하겠는가.' 하였다.

集註 | 此亦伊尹之言也라 知는 謂識其事之所當然이요 覺은 謂悟其理之所以然[33] 이라 覺後知後覺은 如呼寐者而使之寤也라 言天使者는 天理當然하여 若使之也라 程子曰 予天民之先覺은 謂我乃天生此民中에 盡得民道而先覺者也라 既爲先覺 之民인댄 豈可不覺其未覺者리오 及彼之覺하여는 亦非分我所有以予之也라 皆彼 自有此理어늘 我但能覺之而已니라

이 또한 伊尹의 말이다. '知'는 일의 당연한 바를 아는 것을 이르고, '覺'은 이치의 所以然을 깨닫는 것을 이른다. 後知와 後覺을 깨우친다는 것은 마치 잠자는 자를 불러 잠을 깨게함과 같은 것이다. '하늘이 시켰다.'고 말한 것은 天理에 당연하여 마치 그렇게 시킴과 같은 것이다.

程子(明道)가 말씀하였다. "'나는 하늘이 낸 백성 중에 먼저 깨달은 자'라는 것은 내가 바로 하늘이 낸 이 백성 중에 사람의 道를 다 알아서 먼저 깨달은 자임을 이른 것이다. 이미 먼저 깨달은 사람이 되었다면 아직 깨닫지 못한 자들을 어찌 깨우치지 않을 수 있겠는가. 저들이

---

33 知……謂悟其理之所以然: '所當然'은 사람이 당연히 해야 할 道理로 忠孝와 五倫과 같은 것이고, '所以然'은 所當然이 나오게 된 所以로 仁·義·禮·智의 본성과 같은 것이다.

··· 蠻 변할변 徒 한갓도 誦 외울송 覺 깨달을각 誰 누구수 悟 깨달을오 寐 잘매 寤 잠깰오

깨우침에 미쳐서는 또한 내가 소유한 것을 나누어 그들에게 준 것이 아니라, 다 저들이 본래 이 理를 간직하고 있었는데, 내가 다만 그를 깨우쳐 주었을 뿐인 것이다."

7-6. 思天下之民이 匹夫匹婦 有不被堯舜之澤者어든 若己推(퇴)而內 (納)之溝中하니 其自任以天下之重이 如此라 故로 就湯而說(세)之하여 以伐夏救民하니라

〈伊尹은 생각하기를〉'천하의 백성들이 匹夫(한 지아비)와 匹婦(한 지어미)라도 堯·舜의 혜택을 입지 못하는 자가 있으면 마치 자신이 그를 밀쳐 도랑 가운데로 들어가게 한 것'과 같이 여겼으니, 그가 천하의 重任으로써 自任함이 이와 같았다. 그러므로 湯王에게 나아가 설득하여 夏나라를 정벌해서 백성들을 구제한 것이다.

集註 | 書曰 昔先正保衡[34]이 作[35]我先王하여 曰 予弗克俾厥后爲堯舜이면 其心愧 恥 若撻于市하며 一夫不獲이어든 則曰 時予之辜라하니 孟子之言이 蓋取諸此하시니 라 是時에 夏桀이 無道하여 暴虐其民이라 故로 欲使湯伐夏以救之하니라
徐氏曰 伊尹이 樂堯舜之道로되 堯舜揖遜이어늘 而伊尹이 說湯以伐夏者는 時之不 同이니 義則一也니라

《書經》에 이르기를 "옛 先正(先賢)인 保衡(伊尹)이 우리 선왕을 진작시켜 '내 능히 우리 군주를 堯·舜과 같은 임금으로 만들지 못하면 그 마음에 부끄러워함이 시장에서 종아리를 맞는 것과 같았다.' 하였으며, 한 지아비라도 살 곳을 얻지 못하면 '이것은 나의 죄이다.' 라 고 했다." 하였으니, 孟子의 말씀은 여기에서 취한 것이다. 이때에 夏나라의 桀王이 無道 하여 백성들에게 포학하게 하였다. 그러므로 湯王으로 하여금 夏나라를 정벌하여 백성들을 구제하게 하고자 한 것이다.

徐氏(徐度)가 말하였다. "伊尹이 堯·舜의 道를 좋아하였는데, 堯·舜은 揖하고 양보하였

---

34 昔先正保衡 : '先正'은 先臣·先賢과 같은 뜻이다. '保衡'은 阿衡이라고도 하는데 殷나라의 官名으로 임금을 도와 국정을 총괄하였는바, 伊尹이 이 벼슬을 하였다. 《史記》〈殷本紀〉에 "伊尹의 이름은 阿衡 이다.〔伊尹名阿衡〕" 하고, 《書經》의 孔穎達의 疏에 "保衡과 阿衡은 모두 伊尹이다.〔保衡, 阿衡 俱伊 尹也〕" 하여 保衡을 伊尹의 號로 보기도 한다.

35 作 : 壺山은 "興起함이다.〔興起之也〕" 하였다.

··· 被 입을 피 推 밀 퇴 內 넣을 납(納通) 溝 도랑 구 衡 저울대 형 俾 하여금 비 愧 부끄러울 괴 撻 종아리칠 달 獲 얻을 획 時 이 시 辜 죄 고 揖 읍할 읍 遜 사양할 손

으나 伊尹이 湯王을 설득하여 夏나라를 정벌하게 한 것은 때가 같지 않았기 때문이니, 의리는 똑같은 것이다."

7-7. 吾未聞枉己而正人者也로니 況辱己以正天下者乎아 聖人之行이 不同也라 或遠, 或近하며 或去, 或不去나 歸는 潔其身而已矣니라

나는 자신을 굽히고서 남을 바로잡았다는 자는 들어보지 못하였으니, 하물며 자신을 욕되게 하고서 천하를 바로잡은 자에 있어서랴. 聖人의 행실은 똑같지 않아서 혹은 멀리 은둔하고 혹은 가까이 군주를 모시며 혹은 떠나가고 혹은 떠나가지 않았으나 귀결은 그 몸을 깨끗이 하는 것일 뿐이다.

集註 | 辱己는 甚於枉己하고 正天下는 難於正人하니 若伊尹이 以割烹要湯이면 辱己甚矣니 何以正天下乎리오 遠은 謂隱遁也요 近은 謂仕近君也라 言 聖人之行이 雖不必同이나 然其要歸는 在潔其身而已니 伊尹이 豈肯以割烹要湯哉리오

자신을 욕되게 함은 자신을 굽힘보다 심하고, 천하를 바로잡음은 남을 바로잡음보다 어려우니, 만일 伊尹이 割烹(고기를 자르고 요리함)으로써 湯王에게 등용되기를 구하였다면 자신을 욕되게 함이 심한 것이니, 어떻게 천하를 바로잡을 수 있었겠는가. '遠'은 은둔함을 이르고 '近'은 벼슬하여 군주를 가까이 함을 이른다. 聖人의 행실이 비록 반드시 똑같지는 않으나 그 귀결은 몸을 깨끗이 함에 있을 뿐이니, 伊尹이 어찌 割烹으로써 湯王에게 등용되기를 구하였겠느냐고 말씀한 것이다.

7-8. 吾는 聞其以堯舜之道로 要湯이요 未聞以割烹也로라

나는 堯·舜의 道로써 湯王에게 등용되기를 구했다는 말은 들었고, 割烹으로써 했다는 말은 들어보지 못하였다.

集註 | 林氏曰 以堯舜之道要湯者는 非實以是要之也요 道在此而湯之聘自來耳

··· 枉 굽힐 왕 潔 깨끗할 결 遁 숨을둔 肯 즐길긍 聘 초빙할빙

니 猶子貢言 夫子之求之는 異乎人之求之也³⁶라
愚謂 此語는 亦猶前章所論父不得而子之意³⁷니라

林氏(林之奇)가 말하였다. "'堯·舜의 道로써 湯王에게 등용되기를 구했다.'는 것은 실제 이것으로써 구한 것이 아니요, 道가 이곳에 있음에 湯王의 초빙이 저절로 왔을 뿐이니, 子貢이 '夫子의 구하심은 일반인의 구함과 다르다.'고 말한 것과 같은 것이다."
내가 생각하건대 이 말씀은 앞장에서 말한 '아버지가 자식으로 삼을 수 없다.'는 뜻과 같다.

7-9. 伊訓曰 天誅造攻을 自牧宮은 朕載自亳이라하니라

〈伊訓〉에 이르기를 '하늘의 토벌이 처음 내림을 牧宮에서부터 한 것은 내(伊尹)가 亳邑에서부터 시작했다.' 하였다."

按說ㅣ 하늘의 토벌이 桀王의 궁궐인 牧宮에 처음 내려진 것은 내(伊尹)가 맨처음 亳邑에서 일할 때부터였으며, 군대를 동원하여 토벌하는 날에 처음 이루어진 것이 아니라는 뜻이다. 《集註》에는 이를 "無道한 桀王을 처음 공격함은 내가 그 일을 亳邑에서 시작함으로부터 비롯되었다."고 해석하였는데, 沙溪(金長生)는 이에 대하여

《書經》의 註에는 "공격할 수 있는 단서를 만든 것은 桀이 鳴條에서 惡을 쌓음에서 말미암고, 湯王이 德을 닦은 것은 亳邑에서 시작하였음을 말한 것이다." 하였다. 本註(《集註》)의 이른바 '造攻'은 湯王을 위주하여 말하였고, 《書經》의 註는 桀王을 위주하여 말하였으니, 뜻이 똑같지 않다.〔書註 造可攻之釁者 由桀積惡於鳴條 而湯德之修 始於亳都也 本註所謂造攻 主湯言之 書註 主桀言之 意不同〕《經書辨疑》

---

36 子貢言……異乎人之求之也 : 이 내용은 子禽이 "夫子께서 이 나라에 이르셔서 반드시 그 나라의 政事를 들으시니, 구해서 되는 것입니까? 아니면 주어서 되는 것입니까?" 하고 묻자, 子貢이 대답한 것으로 《論語》〈學而〉10장에 보인다.

37 前章所論父不得而子之意 : 앞의 4장에서 '父不得而子'를 사람들은 "瞽瞍가 舜을 아들로 대하지 못하여 北面하고 섬겼다." 하였는데, 孟子는 이를 부정하면서도, "아버지인 瞽瞍가 아들인 舜에게 교화되었으니 '父不得而子'라고 할 수 있다." 하여 이 말을 완전히 부정하지는 않았으며, 여기에서도 '要湯'을 사람들은 "伊尹이 맛있는 요리로 湯王에게 등용되기를 구했다." 하였는데, 孟子는 이를 부정하면서도, "伊尹이 堯·舜의 道로써 湯王에게 구했다는 말은 들었다." 하여 이 말 역시 완전히 부정하지는 않았으므로, '父不得而子'의 뜻과 같다고 한 것이다.

··· 誅 토벌주 造 비로소조 朕 나짐 載 비로소재 亳 땅이름박

하였다. 壺山은

> 살펴보건대 '造攻'은 《書經》의 註를 따라 '나라는 반드시 스스로 정벌한 뒤에 남이 정벌한 다.(國必自伐而後人伐之)'는 뜻과 같이 읽더라도 무방할 듯하나, '天誅' 두 글자는 지금 《書經》에 없는 글이어서 그 文勢가 끝내 이 註를 따라 읽는 것만 못하다. '天誅攻桀'은 湯 王을 위주하여 말한 것이고 '朕載自亳'은 伊尹을 위주하여 말한 것이다.(按造攻 依書註 讀如國必自伐而後人伐之之意 恐亦無妨 但天誅二字 是今書所無 而其文勢終不如 依此註讀之耳 蓋天誅攻桀 主湯言 朕載自亳 主伊尹言云)'

하였다.

集註 | 伊訓은 商書篇名이니 孟子引以證伐夏救民之事也라 今書에 牧宮을 作鳴 條[38]하니라 造, 載는 皆始也[39]라 伊尹이 言 始攻桀無道는 由我始其事於亳也니라

〈伊訓〉은 〈商書〉의 편명이니, 孟子께서 인용하여 夏나라를 정벌해서 백성을 구원한 일을 증명하신 것이다. 지금 《書經》에는 '牧宮'이 鳴條로 되어 있다. '造'와 '載'는 모두 시작이다. 伊尹이 말하기를 "無道한 桀王을 처음 공격함은 내가 그 일을 亳邑에서 시작함으로부터 비롯되었다."라고 한 것이다.

|孔子曰有命章(孔子主癰疽章)|

8-1. 萬章이 問曰 或謂孔子於衛에 主癰疽(옹저)하시고 於齊에 主侍人瘠 環이라하니 有諸乎잇가 孟子曰 否라 不然也라 好事者 爲之也니라

萬章이 물었다. "혹자가 이르기를 '孔子께서 衛나라에서는 癰疽를 주인으로 삼으셨 고, 齊나라에서는 侍人(內侍)인 瘠環을 주인으로 삼으셨다.' 하니, 이러한 일이 있었 습니까?"

---

38 今書牧宮 作鳴條:《書經》〈伊訓〉에 "공격을 시작함은 鳴條로부터 비롯되었는데 우리(湯王)가 德을 닦은 것은 亳邑으로부터 시작하였다.(造攻 自鳴條 朕哉自亳)"라고 보인다. 《大全》에 "牧宮은 桀의 宮 이다.(牧宮 桀宮也)" 하였다.

39 造載 皆始也:壺山은 "'載'에는 始와 事의 두 뜻이 있으므로 아래《集註》에 '始其事(그 일을 시작함)' 로 해석하였다.(載有始事二義 故下以始其事釋之)" 하였다.

··· 條 가지 조 癰 종기옹 疽 종기 저 瘠 수척할 척 環 고리 환

孟子께서 말씀하셨다. "아니다. 그렇지 않다. 일을 좋아하는 자들이 지어낸 말이다.

集註 | 主는 謂舍於其家하여 以之爲主人也라 癰疽는 瘍醫也[40]요 侍人은 奄人也[41]라 瘠은 姓이요 環은 名이니 皆時君所近狎之人也라 好事는 謂喜造言生事之人也라

'主'는 그 집에 머물러 그를 주인으로 삼음을 이른다. '癰疽'는 종기를 치료하는 의원이고 '侍人'은 奄人(內侍)이다. 瘠은 성이고 環은 이름이니, 癰疽와 瘠環은 모두 당시 군주들이 가까이 하고 친히 하던 사람이다. '일을 좋아한다.'는 것은 말을 지어내어 일 만들기를 좋아하는 사람을 이른다.

8-2. 於衛에 主顏讎由러시니 彌子之妻는 與子路之妻로 兄弟也라 彌子謂子路曰 孔子主我하시면 衛卿을 可得也라하여늘 子路以告한대 孔子曰 有命이라하시니 孔子進以禮하시며 退以義하사 得之不得에 曰 有命이라하시니 而(如)主癰疽與侍人瘠環이시면 是는 無義無命也니라

衛나라에 계실 적에 顏讎由를 주인으로 삼으셨는데, 彌子의 아내는 子路의 아내와 형제간이었다. 彌子가 子路에게 이르기를 '孔子께서 나를 주인으로 삼으시면 衛나라의 卿을 얻을 수 있을 것이다.' 하자, 子路가 이 말을 아뢰니, 孔子께서 말씀하시기를 '天命에 달려 있다.' 하셨다. 孔子는 나아갈 때에 禮로써 하시며 물러날 때에 義로써 하시어 벼슬을 얻고 얻지 못함에 '天命에 달려 있다.' 하셨으니, 만일 癰疽와 侍人인 瘠環을 주인으로 삼으셨다면 이는 義도 없고 命도 없는 것이다.

按說 | '得之不得'에 대하여, 楊伯峻은

---

40 癰疽 瘍醫也 : 瘍醫는 지금의 외과 의사로, 《周禮》〈天官冢宰〉에 下士 8명을 瘍醫로 삼는다고 하였는데, 그 註에 "瘍은 종기이다.〔瘍 創癰也〕" 하였다. 楊伯峻은 癰疽를 《史記》〈孔子世家〉에는 '雍渠', 《韓非子》에는 '雍鉏', 《說苑》〈至公〉에는 '雍睢'로 표기했다." 하였다.

41 侍人 奄人也 : 楊伯峻은 "侍人은 《說苑》〈至公〉에 '寺(시)人'이라 하였기 때문에 朱子의 《集註》에 '侍人은 奄人(內侍)이다.' 한 것이다. 癰疽 역시 寺人(환관)이었으나 말하지 않은 것은 아마도 그가 다른 사람들에게 잘 알려졌었기 때문일 것이다. 고대에는 환관과 왕래하는 일을 추한 일로 여겼다." 하였다.

··· 舍 머물 사 瘍 종기양 醫 의원의 奄 내시 엄 狎 친할 압 讎 원수 수 彌 더할 미

이 '之'字는 '與'字의 뜻으로 쓰였다.

하였다.

'而主癰疽與侍人瘠環'에서 '而'는 '如'字와 통용되므로 '만일'로 해석하였는바, 앞의
5장 '而居堯之宮'에서 이미 설명하였다.

集註 | 顔讎由는 衛之賢大夫也니 史記에 作顔濁鄒하니라 彌子는 衛靈公幸臣彌子
瑕也라

徐氏曰 禮는 主於辭遜이라 故로 進以禮하고 義는 主於斷制라 故로 退以義[42]하니 難
進而易退者也라 在我者는 有禮義而已요 得之不得은 則有命存焉이니라

顔讎由는 衛나라의 어진 大夫이니, 《史記》〈孔子世家〉에 '顔濁鄒'로 되어 있다. 彌子는
衛나라 靈公의 총애하는 신하인 彌子瑕이다.

徐氏(徐度)가 말하였다. "禮는 사양함을 주장하기 때문에 나아가기를 禮로써 하는 것이요,
義는 결단하고 제재함을 주장하기 때문에 물러가기를 義로써 하는 것이니, 나아감을 어렵
게 여기고 물러감을 쉽게 여기는 것이다. 나에게 있는 것은 禮義가 있을 뿐이요, 벼슬을 얻
고 얻지 못함은 天命이 있는 것이다."

8-3. 孔子不悅於魯衛하사 遭宋桓司馬將要而殺之하여 微服而過宋하시니 是時에 孔子當阨하사되 主司城貞子爲陳侯周臣하시니라

孔子께서 魯나라와 衛나라에 〈머물기를〉 좋아하지 않으시어 〈魯·衛를 떠나 宋나라
로 가셨다가〉 宋나라 桓司馬가 장차 길을 가로막고 죽이려 함을 만나서 微服 차림으
로 宋나라를 지나가셨으니, 이때에 孔子께서 困厄을 당하셨으나 陳侯 周의 신하가
된 司城貞子를 주인으로 삼으셨다.

按說 | '主司城貞子爲陳侯周臣'에 대하여 司城貞子가 陳侯 周의 신하로 보는 해석
과 主司城貞子와 爲陳侯周臣을 두 사건으로 보는 해석이 있다. 官本 및 栗谷諺解에

---

42 禮……退以義:朱子는 "〈君子가 벼슬할 적에〉 세 번 揖하고 나아가며, 한 번 사양하고 물러간다.〔三揖
而進 一辭而退〕" 하였다.《語類》

··· 濁흐릴 탁 鄒 나라이름 추 瑕흠 하 遜사양할 손 遭만날 조 要맞이할 요 服옷 복 阨곤할 액

'司城이언 貞子ㅣ 陳侯周의 臣 되얌ᄂᆞ닌 主ᄒ시니라'로 해석하였는바, '陳侯 周의 신하가 된 司城貞子를 주인으로 삼았다.'는 뜻으로 전자의 해석에 해당한다. 그런데 《集註》에 "司城貞子는 宋나라 大夫의 어진 자이다."라고 하고, 陳侯 周의 신하가 된 까닭을 분명하게 설명하지 않아 의문의 여지가 있다. 그리하여 新安陳氏(陳櫟)는

> 文勢를 가지고 살펴보면 〈孔子가〉 宋나라를 떠나실 때를 당하여 司城貞子를 주인으로 정하시고, 陳나라에 가서 陳侯 周의 신하가 되신 듯하다.〔以文勢觀 似是臨去宋時 主於司城貞子 適陳 爲陳侯周臣〕

라고 해석하여 후자의 해석을 취하였다. 壺山도 몇 가지 문제점을 지적하면서

> 살펴보건대 《集註》의 說(司城貞子는 宋나라 大夫라는 說)과 같다면 新安陳氏의 설이 옳고, 만약 《集註》에〉 인용한 《史記》의 〈陳나라에 이르시어 司城貞子를 주인으로 삼으셨다.'고 한〕說과 같다면 諺解의 해석이 옳다. 貞子가 宋나라 신하이면 孔子가 陳나라에 이르러 그 사람을 주인 삼을 이유가 없으니, 아마도 貞子가 宋나라에서 나가 陳나라에서 벼슬하였거나 아니면 본래 陳나라의 신하였던가 보다. 이미 〈貞子가〉 陳나라에서 벼슬했으면 또 어찌 陳侯 周의 신하가 되었다고 말할 필요가 있겠는가. 또 孔子가 陳나라에서 벼슬한 일이 없고, 설령 있더라도 굳이 陳侯 周의 신하가 되었다고 말하여 마치 남의 가신이 된 것처럼 하지는 않았을 것이다. 그렇다면 〈爲陳侯周臣〉이 다섯 글자는 우선 제쳐놓는 것이 옳을 듯하다.〔按如集註上說 則陳氏是也 若如所引史記說 則諺解是也 夫貞子旣是宋臣 則孔子無緣至陳而主其人 豈貞子自宋而出仕於陳歟 抑本陳臣歟 旣仕於陳 則又何消言爲陳侯周臣耶 且孔子無仕陳之事 使其有之 必不當言爲陳侯周臣 有如爲人家臣者然耳 然則此五字 姑闕之爲可也耶〕

하여 전자와 후자의 해석이 모두 온당하지 않다고 보았다. 楊伯峻은

> 《史記》〈孔子世家〉에 "孔子가 마침내 陳나라에 이르러 司城貞子의 집에 머무셨다.〔孔子遂至陳 主於司城貞子家〕" 하였으니, 司城貞子는 陳나라 사람이다.……趙岐의 註에 宋나라 卿이라 한 것은 잘못인 듯하다.

하였으며, "司城貞子의 집에 머무시고 陳侯 周의 신하가 되셨다."라고 번역하여 후자의 해석을 취하였다. 본인은 《集註》의 '宋大夫'는 '陳大夫'의 오기로 보인다. 司城貞子는 원

래 宋나라 사람이었으나 陳나라에 가서 벼슬하였으므로 孟子가 특별히 '陳侯 周의 신하가 되었다.'라고 말씀하신 듯하다.

集註 | 不悅은 不樂居其國也라 桓司馬는 宋大夫向魋(상퇴)也라 司城貞子는 亦宋大夫之賢者也[43]라 陳侯名周[44]라 按史記컨대 孔子爲魯司寇하시니 齊人이 饋女樂以間之어늘 孔子遂行하사 適衛月餘에 去衛適宋이러시니 司馬魋欲殺孔子어늘 孔子去至陳하사 主於司城貞子하시니라 孟子言 孔子雖當阨難이나 然猶擇所主하시니 況在齊衛無事之時에 豈有主癰疽侍人之事乎리오

'不悅'은 그 나라에 머무는 것을 즐거워하지 않는 것이다. 桓司馬는 宋나라 大夫 向魋이다. 司城貞子 또한 宋나라 大夫의 어진 자이다. 陳侯의 이름이 周이다. 《史記》〈孔子世家〉를 상고해보면 孔子께서 魯나라의 司寇가 되셨는데, 齊나라 사람들이 美女 樂師를 보내어 이간질하자, 孔子께서 마침내 魯나라를 떠나 衛나라로 가시어 한 달 남짓 있다가 衛나라를 떠나 宋나라로 가셨다. 이때 司馬 魋가 孔子를 죽이고자 하므로 孔子는 宋나라를 떠나 陳나라에 이르시어 司城貞子를 주인으로 삼으셨다. 孟子께서 말씀하시기를 "孔子는 비록 곤액과 어려움을 당하셨으나 그런데도 주인 삼을 상대를 선택하셨으니, 하물며 齊나라와 衛나라에서 無事할 때에 어찌 癰疽와 侍人인 瘠環을 주인 삼는 일이 있었겠느냐."라고 하신 것이다.

8-4. 吾聞 觀近臣호되 以其所爲主요 觀遠臣호되 以其所主라하니 若孔子主癰疽與侍人瘠環이시면 何以爲孔子리오

---

43 司城貞子 亦宋大夫之賢者也 : 雙峰饒氏(饒魯)는 "司馬와 司城은 모두 宋나라의 官名이고 다른 나라에는 없었다. 宋나라는 王者의 후손이므로 天子의 禮를 모방하여 司馬와 司城이 있었던 것이다.〔司馬司城 皆是宋之官 他國則無 宋是王者後 故倣天子禮 有司馬司城〕"하였다. 新安倪氏(倪士毅)는 "宋나라는 武公의 諱를 피하여 司空을 고쳐 司城이라 했다.〔宋以武公諱 改司空 爲司城〕"하였다.

44 陳侯名周 : 壺山은 《春秋左傳》을 가지고 살펴보면 이는 바로 陳 湣公 越이다. 陳侯 周는 《論語》와 《孟子》에 이렇게 쓴 법이 없으니, 아마도 그가 나라를 잃었기 때문에 폄하하여 이름한 것이거나, 비록 나라를 잃었으나 실로 德을 잃음이 없기 때문에 여기에서 중하게 여긴 것인가 보다.〔以左傳考之 是陳 湣公越也 陳侯周 論孟無此書法 豈爲其失國 故貶而名之歟 雖失國 實無失德 故於此取重歟〕"하였다.

··· 樂 즐길락 向 성상 魋 이름퇴 按 살필안 司 맡을사 寇 도적구 饋 줄궤 間 이간질할간 適 갈적

내 들으니 '近臣을 관찰할 적에는 누구의 주인이 되었는가로써 하고, 遠臣을 관찰할 적에는 누구를 주인 삼는가로써 한다.' 하였으니, 만일 孔子께서 癰疽와 侍人인 瘠環을 주인 삼으셨다면 어떻게 孔子라 할 수 있겠는가."

> **集註** | 近臣은 在朝之臣이요 遠臣은 遠方來仕者라 君子小人이 各從其類라 故로 觀其所爲主與其所主者하면 而其人을 可知니라
>
> '近臣'은 조정에 있는 신하이고 '遠臣'은 먼 지방에서 와서 벼슬하는 자이다. 君子와 小人이 각기 그 부류를 따르므로, 그 주인 된 바와 주인 삼는 바를 보면 그 사람을 알 수 있는 것이다.

|百里奚自鬻章|

9-1. 萬章이 問曰 或曰 百里奚自鬻(육)於秦養牲者하여 五羊之皮로 食(사)牛하여 以要秦穆公이라하니 信乎잇가 孟子曰 否라 不然하니라 好事者爲之也니라

萬章이 물었다. "或者가 이르기를 '百里奚가 秦나라의 희생을 기르는 자에게 스스로 팔려가서 다섯 장의 양가죽을 받고 소를 먹여 秦 穆公에게 등용되기를 구했다.' 하니, 이것이 사실입니까?"

孟子께서 말씀하셨다. "아니다. 그렇지 않다. 일을 만들어내기 좋아하는 자들이 지어낸 말이다.

> **按說** | '百里奚自鬻於秦養牲者 五羊之皮 食牛'에 대하여, 官本諺解의 해석은 '百里奚 秦ㅅ 養牲ᄒᆞᄂᆞᆫ 者의게 스스로 ᄒᆞ야 五羊의 皮로 牛를 食ᄒᆞ야'라고 하였는데, 栗谷諺解에는 '百里奚ㅣ 秦牲 치ᄂᆞᆫ 者의게 스스로 폴리이되 五羊의 皮로 ᄒᆞ야 쇼를 머겨'라고 하였다. 壺山은
>
> > 살펴보건대 栗谷諺解에는 '自鬻'으로부터 '之皮'까지를 한 句를 삼았으니, '五羊之皮' 네 글자는 불쑥 튀어나와 이어받은 것이 없기 때문에 그 文勢를 순히 하여 '五羊之皮'를 宮之

··· 奚 어찌 해 鬻 팔 육 牲 짐승 생 皮 가죽 피 食 먹일 사 穆 시호 목, 화목할 목

奇의 경우와 같이 사람의 姓名으로 본 것이다. 그 句法은 또 윗장의 '陳侯 周의 신하가 된 司城貞子를 주인 삼으셨다.〔主司城貞子爲陳侯周臣〕'는 官本諺解의 句讀와 서로 유사하다. 그러나 또 '五羖'라고 말하였으니, 《集註》의 定論을 따라 '五羊之皮'를 犧牲을 기르는 것에 대한 품삯으로 보는 것만 못하다.〔按栗谷諺解 以自鬻至之皮 爲一句 蓋五羊之皮四字 突兀無承接 故順其文勢 而以五羊之皮 爲人姓名 如宮之奇也 其句法 則又與上章主司城 至周臣 諺解之讀相類 然又有云五羖 則不如從集註定論 以五羊之皮 爲養牲之雇直也〕

하였다. 壺山은 栗谷諺解의 '五羊의 皮'를 사람의 姓名으로 보고, 아래 '宮之奇'의 경우처럼 '之'를 虛字로 본 것이다. 이는 〈離婁下〉24장의 '庾公之斯'와 '尹公之他'의 경우와 같다 하겠다. 다만 栗谷諺解의 '五羊의 皮로 ᄒᆞ야'가 과연 사람의 姓名으로 해석한 것인지는 확실하지 않다. '다섯 羊의 가죽으로 하여'라고 볼 수도 있기 때문이다.

集註┃百里奚는 虞之賢臣이라 人言 其自賣於秦養牲者之家하여 得五羊之皮而爲之食牛하여 因以干秦穆公也라하니라

百里奚는 虞나라의 賢臣이다. 사람들이 말하기를 "秦나라의 희생을 기르는 자의 집에 스스로 팔려가서 다섯 장의 양가죽을 받고 그를 위해 소를 먹여 주고는 인하여 이로써 秦穆公에게 등용되기를 요구했다." 하였다.

9-2. 百里奚는 虞人也니 晉人이 以垂棘之璧과 與屈産之乘으로 假道於虞하여 以伐虢(곽)이어늘 宮之奇는 諫하고 百里奚는 不諫하니라

百里奚는 虞나라 사람이니, 晉나라 사람이 垂棘에서 나온 璧玉과 屈 땅에서 생산된 乘(네 필의 名馬)을 가지고 虞나라에 길을 빌려 虢나라를 정벌하려 하자, 宮之奇는 이것을 간하였고 百里奚는 간하지 않았다.

按說┃이 일은 《春秋左傳》僖公 2년 조에 다음과 같이 보인다.

晉나라 荀息이 屈 땅에서 생산된 네 필의 名馬와 垂棘에서 나온 璧玉을 가지고 虞나라

••• 虞 나라이름 우 賣 팔 매 干 구할 간 棘 멧대추나무 극 璧 둥근옥 벽 屈 땅이름 굴 乘 말네마리 승 假 빌릴 가 虢 나라 곽 諫 간할 간

에게 길을 빌려 虢나라를 정벌할 것을 請하자, 晉나라 獻公이 "이것은 나의 보물이다." 하
니, 荀息이 대답하기를 "만약 虞나라에게 길을 빌릴 수 있다면 이것은 밖의 창고에 잠시 보
관하는 것과 같습니다." 하였다.……마침내 獻公은 荀息을 虞나라로 보내 길을 빌리게 하였
다.……虞公은 길을 허락하고 또 앞장서서 虢나라를 공격할 것을 請하였다. 宮之奇가 諫하
였으나 虞公은 듣지 않고 마침내 군대를 일으켰다. 여름에 晉나라 里克과 荀息이 군대를 거
느리고 虞나라 군대와 회동하여 虢나라를 정벌해서 下陽을 멸망시켰다.〔晉荀息請以屈産
之乘與垂棘之璧 假道於虞以伐虢 公曰 是吾寶也 對曰 若得道於虞 猶外府也……乃
使荀息假道於虞……虞公許之 且請先伐虢 宮之奇諫 不聽 遂起師 夏 晉里克, 荀息
帥師會虞師 伐虢 滅下陽〕

또 5년 조에 다음과 같이 보인다.

晉侯가 다시 虞나라에 길을 빌려 虢나라를 치려 하니, 宮之奇가 諫하기를 "虢나라는 虞나
라의 울타리이니, 虢나라가 망하면 虞나라도 반드시 따라 망할 것입니다. 晉나라에게 길을 열
어주어서도 안 되고 침략을 익숙하게 해주어서도 안 됩니다. 한 번 길을 빌려준 것도 심하다
할 수 있는데 다시 빌려주어서야 되겠습니까. 속담에 볼의 살과 아래턱뼈는 서로 의지하고, 입
술이 없어지면 이가 시리다는 것은 虞나라와 虢나라를 두고 한 말입니다." 하였다.……虞公
이 듣지 않고 晉나라 사신에게 길을 허락하였다. 宮之奇는 집안 식구들을 거느리고 떠나갔
다.……겨울 12월 丙子日 초하루에 晉軍이 虢나라를 멸망시키니, 虢公 醜가 京師로 달아
났다. 晉軍이 돌아올 적에 虞나라에 머물다가 마침내 虞나라를 습격하여 멸망시키고 虞公
을 사로잡았다.〔晉侯復假道於虞 以伐虢 宮之奇諫曰 虢 虞之表也 虢亡 虞必從之 晉
不可啓 寇不可翫 一之謂甚 其可再乎 諺所謂輔車相依 脣亡齒寒者 其虞虢之謂也
……弗聽 許晉使 宮之奇以其族行……冬十二月丙子朔 晉滅虢 虢公醜奔京師 師還
館于虞 遂襲虞 滅之 執虞公〕

集註┃虞, 虢은 皆國名이라 垂棘之璧은 垂棘之地所出之璧也요 屈産之乘은 屈地
所生之良馬也라 乘은 四匹也라 晉欲伐虢할새 道經於虞라 故로 以此物借道하니 其
實은 欲幷取虞라 宮之奇는 亦虞之賢臣이니 諫虞公하여 令勿許로되 虞公不用이라가
遂爲晉所滅하니라 百里奚는 知其不可諫이라 故로 不諫而去之秦하니라

••• 經 지날 경 借 빌릴 차 幷 아우를 병

虞와 虢은 모두 나라 이름이다. '垂棘之璧'은 垂棘의 땅에서 나온 璧玉이요, '屈産之乘'은 屈 땅에서 생산된 좋은 말이다. '乘'은 4필이다. 晉나라가 虢나라를 치고자 할 적에 길이 虞나라를 경유하므로 이 물건들로써 길을 빌렸으니, 실제는 虞나라까지 아울러 취하고자 한 것이다. 宮之奇 또한 虞나라의 賢臣이니, 虞公에게 간하여 허락하지 말도록 하였으나 虞公이 쓰지(듣지) 않았다가 虞나라는 마침내 晉나라에게 멸망당하였다. 百里奚는 虞公이 간할 수 없는 인물임을 알았으므로 간하지 않고 떠나 秦나라로 간 것이다.

9-3. 知虞公之不可諫而去之秦하니 年已七十矣라 曾不知以食牛로 干秦穆公之爲汚也면 可謂智乎아 不可諫而不諫하니 可謂不智乎아 知虞公之將亡而先去之하니 不可謂不智也니라 時擧於秦하여 知穆公之可與有行也而相之하니 可謂不智乎아 相秦而顯其君於天下하여 可傳於後世하니 不賢而能之乎아 自鬻以成其君을 鄕黨自好者도 不爲온 而謂賢者爲之乎아

〈百里奚는〉 虞公이 간할 수 없는 인물임을 알고 떠나 秦나라로 가니, 이때 나이가 이미 70세였다. 일찍이 소를 먹이는 것으로 秦 穆公에게 등용되기를 구하는 것이 더러운 일이 됨을 몰랐다면 그를 지혜롭다 이를 수 있겠는가. 간할 수 없는 인물이기에 간하지 않았으니, 지혜롭지 않다고 이를 수 있겠는가. 虞公이 장차 멸망할 줄을 알고 먼저 그곳을 떠났으니, 지혜롭지 않다고 이를 수 없다. 당시에 秦나라에 등용되어 穆公이 더불어 道를 행할 만한 인물임을 알고 그를 도왔으니, 지혜롭지 않다고 이를 수 있겠는가. 秦나라를 도와 그 군주를 천하에 드러내어 後世에 전할 만하게 하였으니, 어질지 않고서 이렇게 할 수 있겠는가. 스스로 팔려가서 군주를 〈賢者로〉 만드는 것은 鄕黨에 자기 지조를 아끼는 자들도 하지 않는데, 하물며 賢者가 이런 짓을 한다고 이르겠는가."

按說 | '曾'에 대하여, 楊伯峻은

乃(마침내)의 뜻이고, 竟(마침내)의 뜻이다.

하였다.

··· 好 아낄 호

'有行'에 대하여, 楊伯峻은

'有爲(훌륭한 일을 함)'와 같다.

하였다.

集註 | 自好는 自愛其身之人也라 孟子言 百里奚之智如此하니 必知食牛以干主
之爲汚요 其賢又如此[45]하니 必不肯自鬻以成其君也[46]라 然이나 此事는 當孟子時하
여 已無所據하니 孟子直以事理로 反覆推之하여 而知其必不然耳시니라

'自好'는 그 몸(지조)을 스스로 아끼는 사람이다. 孟子께서 말씀하시기를 "百里奚의 지혜
가 이와 같았으니 필시 소를 먹여 군주에게 등용되기를 구하는 것이 더러운 일이 됨을 알았
을 것이요, 그 어짊이 또 이와 같았으니 필시 스스로 팔려가 군주를 〈霸者로〉 만들려 하지
않았을 것이다." 하셨다. 그러나 이 일은 孟子 때에 이미 근거할 바가 없었으니, 孟子께서
는 다만 事理로써 반복하여 미루어 반드시 그렇지 않았을 것임을 아셨을 뿐이다.

章下註 | ○范氏曰 古之聖賢이 未遇之時에 鄙賤之事를 不恥爲之하니 如百里奚爲
人養牛는 無足怪也라 惟是人君이 不致敬盡禮면 則不可得而見이니 豈有先自汚
辱하여 以要其君哉리오 莊周曰 百里奚는 爵祿이 不入於心이라 故로 飯牛而牛肥하
여 使穆公으로 忘其賤而與之政[47]이라하니 亦可謂知百里奚矣로다 伊尹, 百里奚之
事는 皆聖賢出處之大節이라 故로 孟子不得不辨이시니라
尹氏曰 當時好事者之論이 大率類此하니 蓋以其不正之心으로 度(탁)聖賢也니라

○范氏(范祖禹)가 말하였다. "옛 聖賢들은 不遇할 때에 비천한 일을 하는 것을 부끄러워
하지 않았으니, 예컨대 百里奚가 남을 위하여 소를 기름은 이상할 것이 없다. 다만 人君이

---

45 百里奚之智如此……其賢又如此 : 壼山은 "智는 知로써 말한 것이고 賢은 行으로써 말한 것이다.〔智
    以知言 賢 以行言〕" 하였다.

46 成其君也 : 新安陳氏(陳櫟)는 "그 군주의 霸業을 성취한 것이다.〔成就其君之霸業〕" 하였다.

47 莊周曰……忘其賤而與之政 : 《莊子》〈田子方〉에 "百里奚는 爵祿이 마음속에 들어오지 않았으므로
    소를 먹이자 소가 살져서 秦 穆公으로 하여금 百里奚의 미천한 신분을 잊고 정사를 맡기게 하였고, 有
    虞氏(舜)는 死生이 마음속에 들어오지 않았으므로 사람들을 감동시킬 수 있었다.〔百里奚爵祿不入於
    心 故飯牛而牛肥 使秦穆公忘其賤 與之政也 有虞氏 死生不入於心 故足以動人〕"라고 보인다.

⋯ 肯 즐길 긍 據 의거할 거 直 다만 직 鄙 비루할 비 怪 괴이할 괴 汚 더러울 오 飯 먹일 반 度 헤아릴 탁

敬을 지극히 하고 禮를 다하지 않으면 그를 만나볼 수 없으니, 어찌 먼저 스스로 더럽히고 욕되게 하여 군주에게 등용되기를 구하겠는가. 莊周가 말하기를 '百里奚는 爵祿이 마음속에 들어오지 않았으므로 소를 먹임에 소가 살져서 穆公으로 하여금 그의 신분이 천함을 잊고 그에게 政事를 맡기게 했다.' 하였으니, 또한 百里奚를 잘 알았다고 이를 만하다. 伊尹과 百里奚의 일은 모두 聖賢의 出處의 큰 節(일)이다. 그러므로 孟子께서 분변하지 않을 수 없으셨던 것이다."

尹氏(尹焞)가 말하였다. "당시에 일을 만들어내기 좋아하는 자들의 의논이 대부분 이와 같았으니, 이는 자신의 바르지 못한 마음으로 聖賢을 헤아린 것이다."

萬章章句 下

集註 | 凡九章이라
모두 9章이다.

|伯夷目不視惡色章(孔子集大成章)|

1-1. 孟子曰 伯夷는 目不視惡色하며 耳不聽惡聲하고 非其君不事하며 非其民不使하여 治則進하고 亂則退하여 橫政之所出과 橫民之所止에 不忍居也하며 思與鄕人處호되 如以朝衣朝冠으로 坐於塗炭也러니 當紂之時하여 居北海之濱하여 以待天下之淸也하니 故로 聞伯夷之風者는 頑夫廉하며 懦夫有立志하나라

孟子께서 말씀하셨다. "伯夷는 눈으로는 나쁜 빛을 보지 않고 귀로는 나쁜 소리를 듣지 않으며, 섬길 만한 군주가 아니면 섬기지 않고 부릴 만한 백성이 아니면 부리지 아니하여, 세상이 다스려지면 나아가고 혼란하면 물러가서 나쁜 政事가 나오는 곳과 나쁜 백성들이 거주하는 곳에는 차마 거처하지 못하였으며, 鄕人들과 거처하는 것을 마치 朝服과 朝冠으로 塗炭에 앉은 듯이 생각하였는데, 紂王의 때를 당하여 北海 가에 살면서 천하가 깨끗해지기를 기다렸다. 그러므로 伯夷의 風度를 들은 자들은 완악한 지아비는 청렴해지고 나약한 지아비는 立志를 갖게 된다.

⋯ 橫멋대로할횡 塗진흙도 炭숯탄 濱물가빈 頑완악할완, 탐할완 廉청렴할렴 懦나약할나

萬章章句 下 · 077

集註 | 橫은 謂不循法度라 頑者는 無知覺이요 廉者는 有分辨[48]이라 懦는 柔弱也라 餘는 並見(현)前篇하니라

'橫'은 법도를 따르지 않음을 이른다. '頑'은 知覺이 없는 것이요, '廉'은 分辨이 있는 것이다. '懦'는 柔弱함이다. 나머지는 모두 前篇(公孫丑上)에 보인다.

1-2.

伊尹曰 何事非君이며 何使非民이리오하여 治亦進하며 亂亦進하여 曰 天之生斯民也는 使先知로 覺後知하며 使先覺으로 覺後覺이시니 予는 天民之先覺者也로니 予將以此道로 覺此民也라하며 思天下之民이 匹夫匹婦 有不與(예)被堯舜之澤者어든 若己推(퇴)而內(납)之溝中하니 其自任以天下之重也니라

伊尹은 생각하기를 '어느 사람을 섬긴들 군주가 아니며 어느 사람을 부린들 백성이 아니겠는가.' 하여, 세상이 다스려져도 나아가고 혼란해도 나아가서 말하기를 '하늘이 이 백성을 낸 것은 먼저 안 자로 하여금 뒤늦게 아는 자를 깨우쳐주며 먼저 깨달은 자로 하여금 뒤늦게 깨닫는 자를 깨우치게 하신 것이니, 나는 하늘이 낸 백성 중에 먼저 깨달은 자이니, 내 장차 이 道로써 이 백성들을 깨우치겠다.' 하였으며, 천하의 백성 중에 匹夫·匹婦라도 참예하여 堯·舜의 혜택을 입지 못한 자가 있으면 마치 자신이 그를 밀어 도랑 가운데로 넣은 것과 같이 생각하였으니, 이는 天下의 중함으로써 自任한 것이다.

集註 | 何事非君은 言所事卽君이요 何使非民은 言所使卽民이니 無不可事之君이며 無不可使之民也라 餘見前篇하니라

'何事非君'은 섬기는 바가 바로 군주임을 말하고 '何使非民'은 부리는 바가 바로 백성임을

---

48 頑者……有分辨: 茶山은 "'頑'은 마땅히 完·刓 등의 글자와 통하여 보아야 한다. 무릇 물건이 둥글둥글하여 모난 곳이 없는 것을 '完'이라 하고 물건이 마멸되어 모난 곳이 없는 것을 '刓'이라 하는데, '頑'은 이 두 뜻을 겸하였다.……'頑夫'는 이익을 탐하고 염치가 없으며 둥글고 모난 데가 없는 사람이다. '廉'은 圭角이 예리하고 모가 반듯하여 날카롭고 준엄한 것이다. '頑'은 圓과 같고 '廉'은 方과 같다.〔頑當與完刓等字通看 凡物之圓圖圖無稜角者 謂之完 物之磨滅無方隅者 謂之刓 頑者 兼有此義 ……頑夫者 貪汙無恥 圓轉沒棱之人也 廉者 圭角銛銳 觚稜方直 劂劂乎其峭截者也 頑猶圓也 廉猶方也〕" 하였다. 楊伯峻은 '頑'字는 옛날에는 모두 '貪(탐낼 탐)'자였다는 毛奇齡의 說을 취하였다.

··· 循 따를순 推 밀퇴 溝 도랑구

말하니, 섬기지 못할 군주가 없으며 부릴 수 없는 백성이 없는 것이다. 나머지는 前篇(公孫
丑上, 萬章上)에 보인다.

1-3. 柳下惠는 不羞汚君하며 不辭小官하며 進不隱賢하여 必以其道하며 遺佚而不怨하며 遺窮而不憫하며 與鄕人處호되 由由然不忍去也하여 爾爲爾요 我爲我니 雖袒裼裸裎於我側인들 爾焉能浼(매)我哉리오하니 故로 聞柳下惠之風者는 鄙夫寬하며 薄夫敦하나라

柳下惠는 더러운 군주를 〈섬김을〉 부끄러워하지 않으며, 작은(낮은) 벼슬을 사양하지
않으며, 나아가면 어짊을 숨기지 아니하여 반드시 그 도리대로 하며, 〈벼슬길에서〉 버림
을 받아도 원망하지 않고 곤궁을 당해도 걱정하지 않으며, 鄕人들과 더불어 처하되 由
由(悠悠)하게 차마 떠나지 못해서 말하기를 '너는 너이고 나는 나이니, 〈네가〉 비록 내
옆에서 옷을 걷고 벗는다 한들 네가 어찌 나를 더럽히겠는가.' 하였다. 그러므로 柳下
惠의 風度를 들은 자들은 비루한 지아비는 너그러워지며 薄한 지아비는 인심이 후해
진다.

> 集註 | 鄙는 狹陋也라 敦은 厚也라 餘見前篇하나라
>
> '鄙'는 좁고 누추함이다. '敦'은 厚함이다. 나머지는 前篇(公孫丑上)에 보인다.

1-4. 孔子之去齊에 接淅而行하시고 去魯에 曰 遲遲라 吾行也여하시니 去父母國之道也라 可以速而速하며 可以久而久하며 可以處而處하며 可以仕而仕는 孔子也시니라

孔子께서 齊나라를 떠나실 적에 〈밥을 지으려고〉 쌀을 담갔다가 건져 가지고 떠나셨
고, 魯나라를 떠나실 적에는 말씀하시기를 '더디고 더디다. 내 걸음이여.' 하셨으니, 이
는 父母의 나라를 떠나는 도리이다. 속히 떠날 만하면 속히 떠나고 오래 머물 만하면
오래 머물며, 은둔할 만하면 은둔하고 벼슬할 만하면 벼슬한 것은 孔子이시다."

··· 羞 부끄러울 수 汚 더러울 오 佚 빠질 일 憫 근심할 민 袒 벗을 단 裼 벗을 석 裸 벗을라 裎 벗을 정
浼 더럽힐 매 鄙 비루할 비 敦 도타울 돈 狹 좁을 협 陋 더러울 루 接 받을 접 淅 쌀뜨물 석 遲 더딜 지

> 按說│ '可以速而速'의 '而'에 대하여, 楊伯峻은 "용법이 '則'과 같다." 하였다.

集註│ 接은 猶承也요 淅은 漬米水也니 漬米將炊而欲去之速이라 故로 以手承水取米而行하여 不及炊也라 舉此一端하여 以見(현)其久速仕止 各當其可也하니라

或曰 孔子去魯에 不稅(脫)冕而行[49]하시니 豈得爲遲리오한대 楊氏曰 孔子欲去之意 久矣로되 不欲苟去라 故로 遲遲其行也하시니 膰肉不至면 則得以微罪行矣라 故로 不稅冕而行하시니 非速也니라

'接'은 承(받음)과 같고 '淅'은 쌀을 담근 물이니, 쌀을 담가 장차 밥을 지으려다가 속히 떠나고자 하셨으므로 손으로 물을 받아 쌀을 건져 가지고 떠나시어 미처 밥을 짓지 못한 것이다. 이 한 가지를 들어 오래 머물고 속히 떠나며 벼슬하고 그만두는 것이 각각 그 可함에 마땅하셨음을 나타낸 것이다.

혹자가 말하기를 "孔子께서 魯나라를 떠나실 적에 면류관을 벗지 않고 떠나셨으니, 어찌 더디다고 할 수 있겠습니까?" 하자, 楊氏(楊時)가 대답하였다. "孔子께서는 떠나고자 하신 뜻이 오래되었으나 〈명분이 없이〉 구차히 떠나고자 하지 않으셨으므로 그 걸음을 더디고 더디게 하신 것이다. 제사 지낸 고기가 이르지 않으면 작은 죄(잘못)로써 떠날 수 있었다. 그러므로 면류관을 벗지 않고 떠나신 것이니, 이것은 速한 것이 아니다."

1-5. 孟子曰 伯夷는 聖之淸者也요 伊尹은 聖之任者也요 柳下惠는 聖之和者也요 孔子는 聖之時者也시니라

孟子께서 말씀하셨다. "伯夷는 聖人의 淸한 자요, 伊尹은 聖人의 自任한 자요, 柳下惠는 聖人의 和한 자요, 孔子는 聖人의 時中인 자이시다.

> 按說│ '聖'에 대하여, 壺山은
>
> 한 가지 德이 極에 나아간 것을 모두 聖이라 이른다.〔一德之造極 皆可謂之聖〕
>
> 하였다.

---

49 孔子去魯 不稅(脫)冕而行 : 이 내용은 아래 〈告子下〉 6장에 자세히 보인다.

··· 淅 담글 지 炊 불땔 취, 밥지을 취 稅 벗을 탈(脫通) 冕 면류관 면 膰 제사고기 번

集註 | 張子曰 無所雜者는 淸之極이요 無所異者는 和之極이니 勉而淸은 非聖人之淸이요 勉而和는 非聖人之和라 所謂聖者는 不勉不思而至焉者[50]也라

孔氏曰 任者는 以天下爲己責也니라

愚謂 孔子는 仕止久速이 各當其可하시니 蓋兼三子之所以聖者而時出之[51]니 非如三子之可以一德名也니라

或疑伊尹出處合乎孔子어늘 而不得爲聖之時는 何也오 程子曰 終是任底意思在하니라

張子(張載)가 말씀하였다. "잡됨이 없는 것은 淸이 지극한 것이요 乖異함이 없는 것은 和가 지극한 것이니, 억지로 힘써서 淸한 것은 聖人의 淸이 아니요 억지로 힘써서 和한 것은 聖人의 和가 아니다. 이른바 聖은 힘쓰지 않고 생각하지 않고서도 이른다는 것이다."

孔氏(孔文仲)가 말하였다. "'任'은 天下를 자신의 책임으로 삼는 것이다."

내(朱子)가 생각하건대 孔子께서는 벼슬하고 그만두고 오래 머물고 속히 떠나심이 각각 그 可함에 마땅하셨으니, 이는 세 분의 聖을 겸하여 때에 맞게 나온 것이니, 세 분이 한 가지 德으로써 이름할 수 있는 것과는 같지 않다.

혹자가 의심하기를 "伊尹의 出處가 孔子에게 합하는데도 聖人의 時中이 되지 못함은 어째서입니까?" 하자, 程子(明道)가 말씀하였다. "끝내 自任하는 意思가 있었기 때문이다."

1-6. 孔子之謂集大成이니 集大成也者는 金聲而玉振之也라 金聲也者는 始條理也요 玉振之也者는 終條理也니 始條理者는 智之事也요 終條理者는 聖之事也니라

孔子를 일러 集大成이라 하니, 集大成은 〈음악을 연주할 적에〉 金(鐘)으로 소리를 퍼뜨리고 玉(磬)으로 거두는 것이다. 金으로 소리를 퍼뜨리는 것은 條理를 시작함이요 玉으로 거두는 것은 條理를 끝냄이니, 條理를 시작하는 것은 智의 일이요 條理를 끝

---

50 不勉不思而至焉者 : '힘쓰지 않고도 道에 맞고 생각하지 않고도 아는 것〔不勉而中 不思而得〕'으로 '生而知之'와 '安而行之'의 聖人을 가리키는바, 《中庸》 20장에 보인다.

51 兼三子之所以聖者而時出之 : 壺山은 "깨끗할 만하면 깨끗하고 自任할 만하면 自任하고 和할 만하면 和한 것이다.〔可以淸而淸 可以任而任 可以和而和〕" 하였다.

••• 雜 섞일 잡 疑 의심할 의 底 어조사 저 聲 소리퍼뜨릴 성 振 거둘 진

내는 것은 聖의 일이다.

按說 | '金聲而玉振'에 대하여, 程子(伊川)는

金으로 소리를 퍼뜨리고 玉으로 거둠은 이는 孟子가 배우는 자를 위하여 終과 始의 뜻을
말씀하신 것이다. 致知에서 시작함은 智의 일이요 아는 바를 행하여 그 極에 이름은 聖의
일이니, 《周易》에 이르기를 "그칠 데를 알아 그치고 끝마칠 데를 알아 끝마친다."는 것이 이
것이다.〔金聲而玉振之 此孟子爲學者 言終始之義也 始於致知 智之事也 行所知而至
其極 聖之事也 易曰 知至至之 知終終之 是也〕《二程遺書》

하였다. 趙岐는 '振'을 揚(드날림)이라고 하였는데, 茶山은

'聲'은 퍼뜨림이고 '振'은 들어 올림〔擧〕이다. 무릇 음악은 한 章 안에 각각 두 節이 있다. 처
음에 鍾師가 종을 쳐 음악을 퍼뜨리면 노랫소리가 이에 發하고 絲(현악기)와 竹(대나무로
만든 관악기)이 따라서 動하여 宮音으로 음악을 興起한다.〔宮·商·角·徵·羽는 각각 本音
을 本宮으로 삼는다.〕五音이 서로 울려 文理가 一周하면 音調가 쇠하여 다하니, 이것을 始
條理라고 한다. 이에 磬師가 磬을 쳐서 음악을 들어 올리면〔'振'은 擧(들어 올림)이니, 쇠하였
는데 다시 흥기시킨다는 뜻이다.〕노랫소리가 다시 일어나고 絲·竹이 따라 動하여 宮音으로
음악을 興起한다. 五音이 서로 울려 文理가 다시 一周하면 音調가 이에 끝나니, 이를 일
러 終條理라고 한다.〔만약 '振'을 收라고 하면 《書經》〈益稷〉에 '夔가 鳴球(玉磬의 이름)를 치
며 琴瑟을 어루만졌다.'고 한 말과 서로 맞지 않는다.〕始와 終이 갖추어지면 1章이라 부른다. 章
은 音이 열 개이다.〔《說文解字》에 '음악이 끝나는 것이 1章이다. 章은 音과 十에서 뜻을 취한 會
意자이다.' 하였다.〕五聲이 두 번 一周하니, 그 音이 열 개가 아니겠는가.……이른바 '條理'
는 絲와 竹의 曲折과 文理이고, 金과 玉의 두 聲은 興動시키고 들어 일으켜서〔振起〕곡조
를 통솔하는 것에 불과하다.……'玉振'이란 음악이 쇠한 뒤에 다시 일으키는 것이니, 쇠하였
다가 다시 일어나므로 條理가 있을 수 있다.〔終條理이다.〕만약 마침내 거두어 그친다면 어
찌 다시 條理가 있겠는가. '玉振'의 해석은 趙岐의 註를 따라야 한다.〔聲者宣也 振者擧也
凡樂一章之內 各有二節 其始也 鍾師擊鍾以聲之 則歌聲乃發 絲竹隨動 起之以宮〔
宮商角徵羽 各以本音爲本宮〕五音繁會 文理一周 音調衰歇 此之謂始條理也 於是磬
師擊磬以振之〔振者擧也 有衰而復興之意〕則歌聲再起 絲竹隨動 起之以宮 五音繁會

文理再周 音調乃関 此之謂終條理也〔若以振爲收 則與虁鳴球拊瑟之語 不相合〕始終
旣具 乃稱一章 章者音十也〔說文云樂竟爲一章 從音從十〕五聲再周 厥音非十乎……
所謂條理 卽絲竹之曲折文理 金玉二聲 不過興動振起 以之領調而已……玉振者 旣
衰而復興也 衰而復興 故得有條理〔終條理〕若遂收止 則豈復有條理乎 玉振之解 當
從趙注〕

하여, '玉振'을 음악의 1節이 끝나면 玉으로 2節을 다시 일으키는 것으로 보았다.

集註 | 此는 言 孔子集三聖之事하여 而爲一大聖之事니 猶作樂者集衆音之小成
而爲一大成也라 成者는 樂之一終이니 書所謂簫韶九成[52]이 是也라 金은 鐘屬이요
聲은 宣也니 如聲罪致討之聲이라 玉은 磬也요 振은 收也니 如振河海而不洩之振이
라 始는 始之也요 終은 終之也라 條理는 猶言脈絡[53]이니 指衆音而言也라 智者는 知
之所及이요 聖者는 德之所就也라 蓋樂有八音하니 金石絲竹匏土革木이라 若獨奏
一音이면 則其一音이 自爲始終而爲一小成이니 猶三子之所知 偏於一하여 而其
所就亦偏於一也라 八音之中에 金石爲重이라 故로 特爲衆音之綱紀요 又金始震
而玉終詘(屈)然也[54]라 故로 並奏八音이면 則於其未作에 而先擊鎛(박)鐘하여 以宣

---

52 書所謂簫韶九成:《書經》〈益稷〉에 보이는 내용으로, 蔡沈의《書經集傳》에 "'簫'는 古文에 箾로 썼으
니……'箾韶'는 舜임금 음악의 총칭이다.……'九成'은 음악이 아홉 번 끝난 것이다. 功이 아홉 번 펴졌
기 때문에 음악을 아홉 번 연주한 것이니, 九成은《周禮》에 이른바 '九變'이란 것과 같다.〔簫 古文作箾
……箾韶 蓋舜樂之總名也……九成者 樂之九成也 功以九敍 故樂以九成 九成 猶周禮所謂九變
也〕"하였다. 아홉 가지 功은 金·木·水·火·土·穀의 六府와 正德·利用·厚生의 三事가 제대로 이루
어지는 것으로《書經》〈大禹謨〉에 보인다.

53 條理 猶言脈絡 : 南軒張氏(張栻)는 "條理는 차례가 있어 문란하지 않음을 이른다.〔有倫緒而不紊之
謂〕"하였다.

54 金始震而玉終詘(屈)然也:《禮記》〈聘義〉에 "옛날 君子는 德을 玉에 견주었으니, 따뜻하면서 윤택함
은 仁이고, 치밀하면서 단단함은 智이고, 모나면서 상하지 않음은 義이고, 드리움에 떨어질 듯함은 禮
이고, 두드렸을 적에 그 소리가 맑고 드날려 길며 끝날 적에 소리가 딱 멈춤은 樂이다.〔昔者 君子比德
於玉焉 溫潤而澤 仁也 縝密以栗 知(智)也 廉而不劌(궤) 義也 垂之如隊(墜) 禮也 叩之 其聲淸越
以長 其終詘然 樂也〕"하였다. 鄭玄의 註에 "'越'은 드날린다는 뜻이요 '詘然'은 끊어져 그치는 모양
이다.〔越 猶揚也 詘然 絶止貌〕"하였다. 朱子는 "쇳소리는 큼과 줄어듦이 있는데 처음에는 크게 울리
다가 마지막에는 작아져서 여운이 있고, 옥소리는 始終이 한결같은데 마지막 두드림에 그 소리가 딱 끊
어져 그쳐서 여운이 없다.〔金聲有洪殺 始震終細 玉聲則始終如一 叩之 其聲詘然而止〕"하였다.《語
類》

••• 簫 퉁소 소 韶 풍류 소 鐘 쇠북 종 磬 경쇠 경 洩 샐 설 脈 줄기 맥 絡 이을 락 匏 박 포 震 진동할 진
詘 끊길 굴(屈通) 鎛 쇠북 박

其聲하고 俟其旣闋(결)而後에 擊特磬⁵⁵하여 以收其韻하나니 宣以始之하고 收以終之하여 二者之間에 脈絡通貫하여 無所不備하면 則合衆小成而爲一大成이니 猶孔子之知無不盡而德無不全也라 金聲玉振, 始終條理는 疑古樂經之言이라 故로 兒(倪)寬云 唯天子建中和之極하여 兼總條貫하여 金聲而玉振之라하니 亦此意也⁵⁶니라

이것은 孔子께서 세 聖人(伯夷·伊尹·柳下惠)의 일을 모아 한 大聖이 되신 일을 말한 것이니, 풍악을 일으키는 자가 衆音의 小成을 모아서 한 大成을 만드는 것과 같다. '成'은 음악이 한 번 끝남이니, 《書經》에 말한 '簫韶九成(簫韶를 아홉 번 연주하다)'이 이것이다. '金'은 鐘의 등속이고 '聲'은 퍼뜨림이니, 《春秋左傳》에 '聲罪致討(죄를 소리내어 토벌한다)'의 聲字와 같다. '玉'은 경쇠이고 '振'은 거둠이니, 《中庸》에 '振河海而不洩(河海를 거두어도 새지 않는다)'의 振字와 같다. '始'는 그것을 시작함이요, '終'은 그것을 끝냄이다. '條理'는 脈絡이란 말과 같으니, 여러 音을 가리켜 말한 것이다. '智'는 앎이 미치는 것이요, '聖'은 德이 성취된 것이다.

악기에는 八音이 있으니, 金·石·絲·竹·匏·土·革·木이다. 만일 한 音(악기)을 홀로 연주하게 되면 그 한 音이 스스로 始와 終이 되어 한 小成이 되니, 이는 마치 세 분의 아는 바가 하나에 편벽되어서 그 성취한 바가 또한 하나에 편벽됨과 같은 것이다. 八音 가운데에 金과 石이 중하므로 특별히 여러 音의 綱紀(큰 강령)가 되고, 또 金은 처음에 울리고 玉은 끝에 거둔다. 그러므로 八音을 한꺼번에 연주하게 되면 풍악을 일으키기 전에 먼저 特鐘을 쳐서 그 소리를 퍼뜨리고, 이미 끝나기를 기다린 뒤에 特磬을 쳐서 그 韻을 거두는 것이다. 소리를 퍼뜨려 시작하고 소리를 거두어 끝내어 두 가지 사이에 脈絡이 관통하여 갖추어지지 않음이 없으면 여러 小成을 합하여 하나의 大成이 되니, 孔子의 앎이 다하지 않음이 없어서 德이 완전하지 않음이 없음과 같은 것이다. 金聲玉振과 始終條理는 의심컨대 옛《樂

---

55 特磬 : 新安陳氏(陳櫟)는 "'特'은 오로지이니, 경쇠만 치는 것을 '特磬'이라 한다.〔特 專也 單擊磬曰特磬〕"하였다. '特'은 한 架子에 하나의 경쇠를 매단 것으로 연주를 그칠 때에 치는바, 여러 개의 경쇠를 매단 編磬과 상대되는 말이다.

56 故……亦此意也 : 新安倪氏(倪士毅)는 "前漢의 倪寬이 武帝와 함께 封禪의 의식을 논할 적에 이 말이 있었으니 반드시 자기의 말이 아닐 것이요, 또 孟子의 말씀을 순수하게 들지 않았으며 또 내용이 간략하고 정밀하다. 그러므로 이것이 옛날《樂經》의 말인 듯하다고 의심한 것이다.〔前漢兒(倪)寬 與武帝 論封禪儀 而有是言 必非其自言 又不純擧孟子之言 且簡約精密 故疑其爲古樂書之言也〕"하였다.

··· 闋 마칠결 韻 소리운 貫 꿸관 兒 성예(倪同)

《經》의 말인 듯하다. 그러므로 漢나라 兒寬이 이르기를 "오직 天子만이 中和의 極을 세워서 條貫(條理)을 겸하여 총괄해서 金으로 소리를 퍼뜨리고 玉으로 거둔다." 하였으니, 또한 이러한 뜻이다.

1-7. 智를 譬則巧也요 聖을 譬則力也니 由(猶)射於百步之外也하니 其至는 爾力也어니와 其中은 非爾力也니라

智를 비유하면 공교함이요 聖을 비유하면 힘이니, 百步 밖에서 활을 쏘는 것과 같으니, 〈과녁이 있는 곳에〉 이름은 너의 힘이지만 과녁에 맞추는 것은 너의 힘이 아니다."

集註 ┃ 此는 復以射之巧力으로 發明聖智二字之義하사 見孔子巧力俱全而聖智兼備하시고 三子則力有餘而巧不足이라 是以로 一節이 雖至於聖이나 而智不足以及乎時中也니라

이것은 다시 활쏘기의 공교함과 힘을 가지고 聖‧智 두 글자의 뜻을 發明하여, 孔子는 재주(공교함)와 힘이 모두 온전하여 聖과 智를 겸비하셨고, 세 분은 힘은 有餘하나 재주가 부족하였기 때문에 한 부분은 비록 聖에 이르렀으나 지혜가 時中에 미칠 수 없음을 나타낸 것이다.

章下註 ┃ ○ 此章은 言 三子之行은 各極其一偏[57]하고 孔子之道는 兼全於衆理하니 所以偏者는 由其蔽於始라 是以로 缺於終이요 所以全者는 由其知之至라 是以로 行之盡이라 三子는 猶春夏秋冬之各一其時요 孔子則太和元氣之流行於四時也니라

○ 이 章은 세 분의 행실은 각기 그 한 쪽에 지극하였고 孔子의 道는 모든 이치에 겸하여 온전하셨음을 말하였으니, 〈세 분이〉 한쪽에 치우치게 된 이유는 처음(知)에 가려졌기 때문에

---

57 三子之行 各極其一偏：茶山은 "經文의 '集大成' 이하의 문장은 단지 孔子가 이룬 德이 세 사람보다 크다고 찬미한 것이다. 만약 '세 사람은 한 音을 獨奏하고 孔子는 八音을 合奏하였으며, 세 사람은 힘은 있으나 공교함이 없었고 孔子는 공교함으로 맞출 수 있었다.'고 한다면 모두 본뜻이 아니다. 伯夷와 柳下惠는 혹 치우쳐 한 音을 연주하였다고 할 수 있지만 伊尹과 같은 경우 어찌 八音을 갖추지 못했다고 말할 수 있겠는가.〔此集大成以下 只是贊美孔子所成之德大於三子而已 若謂三子獨奏一音 孔子合奏八音 三子有力而無巧 孔子以巧而能中 則皆非本旨 伯夷柳惠 或可曰偏奏一音 如伊尹者 惡得云八音不具乎〕" 하였다.

··· 譬 비유할비 巧 공교할교 俱 함께구 偏 한쪽 편 蔽 가릴 폐 缺 이지러질 결

종말(行)에 결함이 있는 것이요, 〈孔子가〉 온전하게 된 이유는 그 앎이 지극하셨기 때문에 행실이 극진한 것이다. 세 분은 春·夏·秋·冬이 각기 그 철을 하나씩 갖고 있는 것과 같고, 孔子는 太和元氣가 四時에 유행함과 같다.

|班爵祿章|

2-1. 北宮錡(의)問日 周室班爵祿也는 如之何잇고

北宮錡가 물었다. "周나라 왕실에서 爵祿을 반열함은 어떻게 했습니까?"

> 集註 | 北宮은 姓이요 錡[58]는 名이니 衛人이라 班은 列也라
>
> 北宮은 姓이요 錡는 이름이니, 衛나라 사람이다. '班'은 반열이다.

2-2. 孟子日 其詳은 不可得而聞也로라 諸侯惡(오)其害己也하여 而皆 去其籍이어니와 然而軻也 嘗聞其略也로라

孟子께서 말씀하셨다. "그 상세한 내용은 내 얻어듣지 못하였다. 諸侯들이 그것이 자신들에게 방해되는 것을 싫어하여 그 典籍을 모두 없애버렸지만 그러나 내가 일찍이 그 대략을 들었노라.

> 集註 | 當時諸侯 兼幷僭竊이라 故로 惡周制妨害己之所爲也라
>
> 당시 諸侯들이 兼幷하고 참람한 짓을 하였다. 그러므로 周나라의 제도가 자신들의 하는 바에 방해됨을 싫어한 것이다.

2-3. 天子一位요 公一位요 侯一位요 伯一位요 子男同一位니 凡五等 也라 君一位요 卿一位요 大夫一位요 上士一位요 中士一位요 下士一

---

58 錡:《大全》에는 音이 '魚와 綺의 번절음(의)이다.〔魚綺反〕'하였으나, 楊伯峻은 音이 '奇(기)'라 하였다.

··· 錡 가마솥 의 班 반열 반 籍 서적 적 僭 참람할 참 竊 훔칠 절 妨 해로울 방

位니 凡六等이라

天子가 한 位요 公이 한 位요 侯가 한 位요 伯이 한 位요 子·男이 똑같이 한 位이니, 모두 다섯 등급이다. 君이 한 位요 卿이 한 位요 大夫가 한 位요 上士가 한 位요 中士가 한 位요 下士가 한 位이니, 모두 여섯 등급이다.

集註 | 此는 班爵之制也라 五等은 通於天下하고 六等은 施於國中이라

이것은 爵位를 반열한 제도이다. 〈앞의〉 다섯 등급은 天下에 공통되고, 〈뒤의〉 여섯 등급은 國中에 시행되었다.

2-4. 天子之制는 地方千里요 公侯는 皆方百里요 伯은 七十里요 子男은 五十里니 凡四等이라 不能五十里는 不達於天子하여 附於諸侯하나니 曰附庸이니라

天子의 제도는 땅(田地)이 方千里요 公과 侯는 모두 方百里요 伯은 70리요 子와 男은 50리이니, 모두 네 등급이다. 채 50리가 못되는 나라는 天子에게 직접 통하지 못하여 諸侯에게 붙으니, 이것을 附庸國이라 한다.

集註 | 此以下는 班祿之制也라 不能은 猶不足也라 小國之地 不足五十里者는 不能自達於天子하고 因大國하여 以姓名通하니 謂之附庸이라 若春秋邾儀父(보)之類[59] 是也라

이 이하는 祿을 반열하는 제도이다. '不能'은 不足과 같다. 小國의 땅이 채 50리가 못되는 나라는 직접 天子에게 통하지 못하고 大國을 인하여 姓名으로써 통하니, 이것을 附庸國이라 이른다. 예컨대 《春秋》에 邾나라 儀父와 같은 類가 이것이다.

2-5. 天子之卿은 受地視侯하고 大夫는 受地視伯하고 元士는 受地視子

---

59 春秋邾儀父之類:《春秋左傳》隱公 元年에 "隱公이 邾 儀父와 蔑 땅에서 會盟했다.〔公及邾儀父 盟于蔑〕"라고 보인다.

··· 達 통할 달 附 붙일 부 庸 따를 용 邾 나라이름 주 父 남자이름 보(甫通) 視 견줄 시

男이니라

天子의 卿은 땅을 받음을 侯에 비하고, 大夫는 땅을 받음을 伯에 비하고, 元士는 땅을 받음을 子·男에 비한다.

集註 | 視는 比也라
徐氏曰 王畿之內에 亦制都鄙受地也라 元士는 上士也라

'視'는 比함이다.
徐氏(徐度)가 말하였다. "王畿의 안 또한 都鄙(采地)를 만들어 땅을 받는 것이다. '元士'는 上士이다."

2-6. 大國은 地方百里니 君은 十卿祿이요 卿祿은 四大夫요 大夫는 倍上士요 上士는 倍中士요 中士는 倍下士요 下士與庶人在官者는 同祿하니 祿足以代其耕也니라

큰 나라(제후국)는 땅이 方百里니, 군주는 卿의 祿의 10배요 卿의 祿은 大夫의 4배요 大夫는 上士의 배요 上士는 中士의 배요 中士는 下士의 배요 下士와 庶人으로서 관직에 있는 자는 祿이 같으니, 祿이 충분히 그 경작하는 수입을 대신할 만하였다.

按說 | 朱子는

'君十卿祿'의 祿은 지금의 俸祿과 같으니, 군주의 소득으로 사사로이 사용할 수 있는 것이다. 貢賦, 賓客, 朝覲, 祭饗, 交聘, 往來로 말하면 또 별도로 公用의 재물이 있으니 이른바 祿이 아니다.〔君十卿祿 祿者 猶今之俸祿 蓋君所得 得爲私用者 至於貢賦賓客朝覲 祭饗交聘往來 又別有財儲公用 非所謂祿也〕《語類》

하였다.

集註 | 十은 十倍之也요 四는 四倍之也요 倍는 加一倍也라

徐氏曰 大國은 君田이 三萬二千畝니 其入이 可食(사)二千八百八十人이요 卿田은
三千二百畝니 可食二百八十八人이요 大夫田은 八百畝니 可食七十二人이요 上士
田은 四百畝니 可食三十六人이요 中士田은 二百畝니 可食十八人이요 下士與庶人
在官者田은 百畝니 可食九人至五人이라 庶人在官은 府史胥徒[60]也라

愚按 君以下所食之祿은 皆助法之公田이니 藉農夫之力以耕하여 而收其租하고 士
之無田與庶人在官者는 則但受祿於官을 如田之入而已니라

'十'은 10배요 '四'는 4배요 '倍'는 1배를 가하는 것(두 배)이다.

徐氏(徐度)가 말하였다. "大國(公·侯의 나라)은 군주의 토지가 3만 2,000畝이니 그 수입
이 2,880명을 먹일 만하고, 卿의 토지는 3,200畝이니 288명을 먹일 만하고, 大夫의 토지는
800畝이니 72명을 먹일 만하고, 上士의 토지는 400畝이니 36명을 먹일 만하고, 中士의 토
지는 200畝이니 18명을 먹일 만하고, 下士와 庶人으로서 관직에 있는 자의 토지는 100畝
이니 9명 내지 5명을 먹일 만하다. '庶人으로서 관직에 있다.'는 것은 府·史·胥·徒의 아
전들이다."

내가 상고해보건대 君 이하가 먹는 바의 祿은 모두 助法의 公田이니 농부의 힘을 빌어 경
작하여 그 租稅를 거두는 것이요, 士로서 토지가 없는 자와 庶人으로서 관직에 있는 자는
다만 관청에서 祿을 받기를 토지의 수입과 같이 할 뿐이다.

2-7. 次國은 地方七十里니 君은 十卿祿이요 卿祿은 三大夫요 大夫는 倍 上士요 上士는 倍中士요 中士는 倍下士요 下士與庶人在官者는 同祿하 니 祿足以代其耕也니라

다음의 나라는 땅이 方 70리이니, 군주는 卿의 祿의 10배요 卿의 祿은 大夫의 3배요
大夫는 上士의 배요 上士는 中士의 배요 中士는 下士의 배요 下士와 庶人으로서
관직에 있는 자는 祿이 같으니, 祿이 충분히 그 경작하는 수입을 대신할 만하였다.

---

60 府史胥徒:《周禮》〈天官冢宰〉에 "卿인 大(太)宰가 1명이고 中大夫인 小宰가 2명이고……府가 6명이
고 史가 12명이고 胥가 12명이고 徒가 120명이다.〔大宰卿一人 小宰中大夫二人……府六人 史十有二
人 胥十有二人 徒百有二十人〕" 하였다.《大全》에 "府는 창고를 다스리고, 史는 文書를 맡고, 胥와 徒
는 백성으로서 徭役을 지는 자이다.〔府治藏 史掌書 胥, 徒民服徭役者〕" 하였다.

··· 胥 하급관리 서 徒 일꾼 도 租 구실조

徐氏曰 次國은 君田이 二萬四千畝니 可食二千一百六十人이요 卿田은 二千四百
畝니 可食二百十六人이라

'三'은 3배를 이른다.

徐氏(徐度)가 말하였다. "次國(伯의 나라)은 군주의 토지가 2만 4,000畝이니 2,160명을 먹
일 만하고, 卿의 토지는 2,400畝이니 216명을 먹일 만하다."

2-8. 小國은 地方五十里니 君은 十卿祿이요 卿祿은 二大夫요 大夫는 倍
上士요 上士는 倍中士요 中士는 倍下士요 下士與庶人在官者는 同祿하
니 祿足以代其耕也니라

작은 나라는 땅이 方 50리이니, 군주는 卿의 祿의 10배요 卿의 祿은 大夫의 2배요
大夫는 上士의 배요 上士는 中士의 배요 中士는 下士의 배요 下士와 庶人으로서
관직에 있는 자는 祿이 같으니, 祿이 충분히 그 경작하는 수입을 대신할 만하였다.

集註 | 二는 卽倍也라

徐氏曰 小國은 君田이 一萬六千畝니 可食千四百四十人이요 卿田은 一千六百畝
니 可食百四十四人이라

'二'는 바로 倍이다.

徐氏(徐度)가 말하였다. "小國(子·男의 나라)은 군주의 토지가 1만 6,000畝이니 1,440명
을 먹일 만하고, 卿의 토지는 1,600畝이니 144명을 먹일 만하다."

2-9. 耕者之所獲은 一夫百畝니 百畝之糞에 上農夫는 食(사)九人하고 上
次는 食八人하고 中은 食七人하고 中次는 食六人하고 下는 食五人이니 庶
人在官者는 其祿이 以是爲差니라

경작하는 자의 소득은 한 家長이 100畝를 받으니, 100畝를 가꿈에 上農夫는 9명을
먹일 수 있고, 上農夫의 다음은 8명을 먹일 수 있고, 中農夫는 7명을 먹일 수 있고, 中

··· 獲 얻을 획 糞 거름 분 食 먹일 사 差 다를 차, 차등할 차

農夫의 다음은 6명을 먹일 수 있고, 下農夫는 5명을 먹일 수 있으니, 庶人으로서 관직에 있는 자는 그 祿을 이에 따라 차등하였다."

按説 | '耕者之所獲(경작하는 자의 소득)'에 대하여,《周禮》〈地官司徒 大司徒〉에

무릇 나라를 세울 적에 土圭尺을 가지고 땅을 헤아려 구역을 만든다. 諸公의 땅은 封疆(경계)이 方 500리이니 그 먹는 것이 절반이고, 諸侯의 땅은 封疆이 方 400리이니 먹는 것이 3분의 1이고, 諸伯의 땅은 封疆이 方 300리이니 먹는 것이 3분의 1이고, 諸子의 땅은 封疆이 方 200리이니 먹는 것이 4분의 1이고, 諸男의 땅은 封疆이 方 100리이니 먹는 것이 4분의 1이다.〔凡建邦國 以土圭 土其地而制其域 諸公之地 封疆方五百里 其食者半 諸侯之地 封疆方四百里 其食者參之一 諸伯之地 封疆方三百里 其食者參之一 諸子之地 封疆方二百里 其食者四之一 諸男之地 封疆方百里 其食者四之一〕

하였으며,《禮記》〈王制〉에는 다음과 같이 보인다.

王者(천자)의 제도에 祿爵은 公·侯·伯·子·男 모두 다섯 등급이고, 이 다섯 등급 諸侯의 祿爵은 上大夫인 卿과 下大夫와 上士와 中士와 下士 모두 다섯 등급이다. 天子의 田地는 方千里이고 公과 侯의 田地는 方百里이고 伯은 70리이고 子와 男은 50리이니, 50리가 되지 못하는 나라는 天子國에 조회하지 못하여 諸侯에게 붙으니, 이것을 附庸이라 한다. 天子國 三公의 田地는 公과 侯에 견주고, 天子國 卿의 田地는 伯에 견주고, 天子國 大夫의 田地는 子와 男에 견주고, 天子國 元士의 田地는 附庸國의 君主에 견준다. 王者의 제도에 농부에게는 田地 100畝를 주니, 100畝를 나누어 줌에 上農夫는 9명을 먹이고, 그 다음은 8명을 먹이고, 그 다음은 7명을 먹이고, 그 다음은 6명을 먹이고, 下農夫는 5명을 먹이니, 庶人으로서 관직에 있는 자는 그 祿을 이에 따라 차등한다. 諸侯國의 下士는 祿을 받는 것을 上農夫에 견주니, 祿이 충분히 경작을 대신할 만하다. 中士는 下士의 배이고, 上士는 中士의 배이고, 下大夫는 上士의 배이고, 卿은 大夫의 네 배이고, 君은 卿의 열 배이다. 次國의 卿은 大夫의 세 배이고, 君은 卿의 열 배이다. 小國의 卿은 大夫의 배이고, 君은 卿의 열 배이다.〔王者之制祿爵 公, 侯, 伯, 子, 男, 凡五等 諸侯之上大夫卿, 下大夫, 上士, 中士, 下士 凡五等 天子之田 方千里 公侯田 方百里 伯 七十里 子男 五十里 不能五十里者 不合於天子 附於諸侯 曰附庸 天子之三公之田 視公侯 天子之卿 視伯

天子之大夫 視子男 天子之元士 視附庸 制農田百畝 百畝之分 上農夫 食(사)九人 其

次 食八人 其次 食七人 其次 食六人 下農夫 食五人 庶人在官者 其祿 以是爲差也

諸侯之下士 視上農夫 祿足以代其耕也 中士倍下士 上士倍中士 下大夫倍上士 卿四

大夫祿 君十卿祿 次國之卿 三大夫祿 君十卿祿 小國之卿 倍大夫祿 君十卿祿〕

그러나 方千里와 方百里의 '方'을 정방형의 한 변의 길이로 볼 경우 方百里는 方千里의
10분의 1이 아니고 100분의 1이 되는데, 기록마다 각기 달라 10분의 1로 계산한 곳도 있
고 100분의 1로 계산한 곳도 있어 정확히 단정하기 어렵다. 천자국은 方千里여서 兵車 萬
乘이 나오고 큰 제후국은 方百里여서 兵車 千乘이 나온다는 것 역시 10분의 1로 계산한
것인바, 朱子 역시 아래 《集註》에서 "상고할 수 없다."고 하였다.

集註 | 獲은 得也라 一夫一婦 佃田百畝하여 加之以糞하니 糞多而力勤者 爲上農이
니 其所收可供九人이요 其次는 用力不齊라 故로 有此五等이라 庶人在官者는 其受
祿不同하여 亦有此五等也니라

'獲'은 얻음이다. 한 지아비와 한 지어미가 토지 100畝를 가꾸어서 거름을 加하니, 거름이
많고 힘이 부지런한 자는 上農夫가 되니 그 수입이 9명에게 공급할 만하고, 그 다음은 힘을
씀이 똑같지 않으므로 이 다섯 등급이 있는 것이다. 庶人으로서 관직에 있는 자는 그 祿을
받음이 똑같지 않아 또한 이 다섯 등급이 있는 것이다.

章下註 | ○愚按 此章之說은 與周禮王制로 不同하니 蓋不可考라 闕之可也니라
程子曰 孟子之時는 去先王未遠하고 載籍이 未經秦火로되 然而班爵祿之制를 已
不聞其詳이라 今之禮書[61]는 皆掇拾於煨燼之餘하고 而多出於漢儒一時之傅會하
니 奈何欲盡信而句爲之解乎아 然則其事를 固不可一一追復矣[62]로다

---

[61] 今之禮書 : 禮書는 禮經으로 원래 《儀禮》, 《周禮》, 《禮記》의 三禮를 가리키나, 여기서는 특히 《周禮》
와 《禮記》의 〈王制〉를 가리킨 것이다.

[62] 固不可一一追復矣 : 一本에는 '一一'이 '一二'로 잘못되어 있다. 茶山은 "《周禮》는 원래 시행되지 못한
법이다. 孟子의 시대에 典籍이 흩어지고 멸실되어 전해들은 것이 각각 달라 반드시 《周禮》와 서로 맞지
만은 않으니, 하물며 《禮記》 〈王制〉에 있어서랴. 국가를 다스리는 자는 여러 글을 모두 살펴 適中한 것
을 헤아려 제도를 세우는 것이 옳을 것이다. 어찌 굳이 몇 조목이 맞지 않는다고 하여 타고 남은 잿더미
의 버려진 물건(책)으로 여기겠는가.〔周禮原是未及施行之法 孟子之時 典籍散滅 傳聞各殊 不必與

··· 佃 농사지을 전 闕 빼놓을 궐 經 지날 경 掇 주울 철 拾 주울 습 煨 불탈 외 燼 불탈 신 傅 붙일 부

○내가 상고하건대 이 章의 말은 《周禮》 및 《禮記》의 〈王制〉와 똑같지 않으니, 상고할 수 없다. 빼놓는 것이 可할 것이다.

程子(明道)가 말씀하였다. "孟子 때에는 先王과의 거리가 멀지 않았고 전적들이 秦나라의 불태움을 겪지 않았는데도 爵祿을 반열하는 제도에 대해 이미 그 상세함을 듣지 못하였다. 지금의 禮書들은 모두 불타 없어진 뒤에 주위 모은 것이고 대부분 漢儒들이 일시적으로 傅會한 것에서 나왔으니, 어찌하여 이것을 모두 믿어 句마다 해석을 하고자 한단 말인가. 그렇다면 그 일을 진실로 일일이 다시 회복할 수 없는 것이다."

|敢問友章(友其德章)|

3-1. 萬章이 問曰 敢問友하노이다 孟子曰 不挾長하며 不挾貴하며 不挾兄弟而友니 友也者는 友其德也니 不可以有挾也니라

萬章이 물었다. "감히 벗에 대해서 묻습니다."

孟子께서 말씀하셨다. "나이가 많음을 믿지 않고 귀함을 믿지 않고 兄弟間을 믿지 않고 벗해야 하니, 벗하는 것은 그 德을 벗하는 것이니 믿는 것이 있어서는 안 된다.

按說 | '不挾長'에 대하여, 壺山은

살펴보건대 '長'字에 音을 달지 않았으니, 아마도 如字인 平聲으로 읽어서 앞편의 '惡乎長'을 '所長'의 뜻으로 삼은 것처럼 보았나보다. 그러나 뒤편 '挾長' 註에서 上聲이라고 하였고, 또 一本에 去聲이라 하였는바, 두 곳의 挾長을 다르게 볼 수가 없을 듯하니 다시 살펴보아야 한다.〔按長字 不著音 豈欲讀以如字平聲 如前篇惡乎長之爲所長之義歟 雖然 後篇挾長註 旣著曰上聲 又一作去聲 兩處挾長 恐不可異同看 更詳之〕

하였다. '長'은 '길다' 또는 '잘하다〔所長〕'의 뜻으로 읽을 경우 平聲이고, '어른' 또는 '나이가 많다'의 뜻으로 읽을 경우 上聲이고, '넉넉하다' 또는 '興旺하다'로 읽을 경우 去聲이다.

周禮相合 況於王制乎 爲國家者 通執諸文 權其中而立制 斯可矣 何必以數目之不合 指之爲煨燼之棄物乎" 하였다.

··· 挾 낄 협

'不挾兄弟而友'에 대하여, 壺山은

> '挾兄弟'는 陸氏가 朱子에게 대한 것과 같은 것이 이것이다. '而友' 두 글자는 앞 '不挾長'
> 과 '不挾貴' 두 句를 아울러 받는다.〔挾兄弟 蓋如陸氏之於朱子 是也 而友二字 并統上
> 不挾長不挾貴二句〕

하였다. '陸氏'는 陸九齡·陸九淵 형제를 가리키는바, 이들은 朱子의 性理說을 공동으
로 집중 논박하였다. 楊伯峻은 趙岐가

> '兄弟'는 兄弟 중에 富貴한 자가 있는 것이다.〔兄弟 兄弟有富貴者〕

라고 한 것을 취하고, 또 趙岐와는 다른 說로 江永의《群經補義》에

> 古人들은 혼인으로 형제가 되었으니, 예컨대 張子가 二程에 있어서나 程允夫가 朱子에 있
> 어서, 모두 외종형제 관계가 있는 것과 같다. 이미 벗이 되었으면 師道가 있으니, 나와 그가
> 인척이라고 해서 의문이 있어도 下問하지 않으려고 해서는 안 된다.

한 說을 소개하였다. 下問은 아랫사람에게 물음을 이른다.

集註 | 挾者는 兼有而恃之之稱[63]이라

> '挾'은 소유하고 믿는 것을 겸한 칭호이다.

3-2. 孟獻子는 百乘之家也라 有友五人焉하더니 樂正裘와 牧仲이요 其三人은 則子忘之矣로라 獻子之與此五人者友也는 無獻子之家者也니 此五人者 亦有獻子之家면 則不與之友矣리라

孟獻子는 百乘의 집안이었다. 벗 다섯 명이 있었는데 樂正裘와 牧仲이요, 그 세 사
람은 내 그 이름을 잊었노라. 獻子가 이 다섯 사람과 벗한 것은 〈意中에〉 獻子(자신)
의 집안을 의식함이 없었던 자이니, 이 다섯 사람들 또한 〈意中에〉 獻子의 집안을 의식

---

63 挾者 兼有而恃之之稱:慶源輔氏(輔廣)는 "소유하고 믿는 두 가지의 뜻을 겸하여야 비로소 挾이라 이
르니, 다만 소유하기만 하고 믿지 않으면 挾이라 하지 않는다.〔兼夫有與恃二者之意 方謂之挾 但有之
而不恃 則未謂之挾也〕" 하였다.

··· 恃 믿을시 裘 갖옷구 牧 성목

하고 있었다면 獻子는 이들과 더불어 벗하지 않았을 것이다.

按說 | '無獻子之家者也'와 '亦有獻子之家'의 '無'와 '有'에 대하여, '부귀한 집안이 없음과 있음'으로 해석하는 說과 '집안을 의식함이 없음과 있음'으로 해석하는 說이 있고, 또 '無獻子之家者也'와 '不與之友矣'의 주체를 孟獻子로 보느냐 五人으로 보느냐 하는 문제가 있다. '의식함이 없음과 있음'으로 해석한 것은 《集註》에 인용한 張子의 說이고, '집안이 없음과 있음'으로 해석한 說 중 하나가 范氏(范祖禹)의 說인데, 주자는 이에 대하여

范氏의 論에 '이 다섯 사람은 자신들의 賢能함을 믿고 남에게 교만하고자 하였으나 도움이 없음에 굴하여 부득이 獻子를 벗하였다. 만일 그들도 百乘의 집안이 있었다면 또 장차 그 부귀까지 아울러 믿어 獻子와 벗하지 않았을 것이다.'라 하였으니, 이것이 어찌 賢者의 마음 이겠는가. 또한 반드시 그렇지 않을 것이다. 張子의 說은 좋으나 글이 지나치게 공교하여 《孟子》의 다른 글과 비슷하지 않고, 이른바 '亦有獻子之家'에서 그 '亦'字 또한 통하지 않는다. 상고할 수 없으니, 우선 張子의 說을 따르고 의심나는 것을 남겨두어 아는 자를 기다리는 것이 可하다.[范氏之論 則是五人者 爲欲挾其賢以驕人 而屈於無資 故不得已而友獻 子 若亦有百乘之家 則且又將幷其富貴而挾之 而不與獻子爲友也 是豈賢者之心哉 其亦必不然矣 至於張子之說則善矣 然詞亦傷巧 與孟子他文不類 而所謂亦有獻子 之家者 其亦字亦未通 蓋不可考矣 姑從張子之說 而闕其疑 以俟知者可也]《或問》

하였다. '집안이 없음과 있음'으로 해석한 范氏의 說은 '不與之友矣'의 주체를 五人으로 보았는데, 이 점을 朱子는 글의 뜻에 맞지 않다고 여겼고, '의식함이 없음과 있음'으로 본 張子의 說은 뜻은 좋으나 문장의 해석이 순하지 않다고 본 것이다. 또 '집안이 없음과 있음'으로 해석하면 '無獻子之家者也'의 주체는 五人이 되어야 하지만, '의식함이 없음과 있음'으로 볼 때는 '無獻子之家者也'의 주체가 五人과 獻子 모두 가능한데 張子의 說에 서는 주체를 獻子로 보았다.

栗谷諺解는 '의식함이 없음과 있음'으로 보았는바, '獻子의 이 다섯 사람으로 더브러 友홈은 獻子의 집을 업시녀기는 者ㅣ니 이 다섯 사람이 또훈 獻子의 집을 잇게 녀기면 더브러 友티 아니후리라'로 해석하였다. 尤菴(宋時烈)도

'無'字는 바로 '忘'字의 뜻이고 '有'字는 '無'字를 상대하여 말한 것이다.〔無字 是忘字之

義 有字 對無字而言〕《宋子大全 答洪虞卿》

하여 '의식함이 없음과 있음'으로 보았다. 반면 官本諺解는 '獻子의 이 五人者로 더블어

友ㅎ욤애 獻子의 家ㅣ 업슨 者ㅣ니 이 五人者ㅣ 또혼 獻子의 家를 有ㅎ면 곧 더블어 友

티 아니ㅎ리라'로 해석하여 '無'와 '有'의 의미가 분명하지 않다. 또 栗谷諺解는 '獻子之

與此五人者友也ㄴ 無獻子之家者也ㅣ니'로 懸吐하여 無獻子之家者也의 주체를 獻子

로 보는 張子의 설과 부합하는 반면, 官本諺解는 '獻子之與此五人者로 友也애 無獻

子之家者也ㅣ니'로 懸吐하여 無獻子之家者也의 주체가 獻子인지 五人인지가 분명하

지 않다. 그래서 壺山은

'友也애'는 官本諺解의 諺讀(懸吐)이 분명하지 못하다.〔友也 諺讀未瑩〕

하였다. 壺山은 '無獻子之家者也'와 '不與之友矣'의 주체를 獻子로 하면 范氏의 說의

오류를 피할 수 있고, '집안이 없음과 있음'의 說을 취하면 해석이 순하지 못한 문제를 해

결할 수 있는데, 官本諺解의 뜻이 이와 같다고 보고 다음과 같이 설명하였다.

살펴보건대 尤翁의 說은 바로 張子의 뜻이니 "無字와 상대했다."는 것은 마음에 잊지 못하

여 그 세력을 의뢰하고자 함을 말한 것이다. 그러나 本文의 '亦'字의 뜻으로 보면 끝내 有無

(집안이 있음과 없음)의 뜻으로 삼은 듯하니, 朱子가 말씀한 '통하지 않는다'는 뜻이 옳다.

范氏가 五人을 위주하여 말한 것은 이 節의 큰 뜻을 완전히 잃었고, 張子가 '有·無' 두 글

자를 해석한 것(의식함이 있음과 없음)은 비록 지나치게 공교하나 獻子를 위주하여 말씀한

것은 진실로 맞다. 官本諺解에는 또 范氏와 張子의 뜻을 전혀 취하지 않고, 有無의 뜻(집

안이 있음과 없음)으로 해석하였으니, 이 節은 獻子를 위주하여 귀함을 믿지 않은 일을 말

한 것이다. '저 세력이 없는 賢者를 취하여 벗으로 삼은 뒤에야 비로소 귀함을 믿지 않음을

볼 수 있으니, 만약 세력이 있으면서 어질면 이는 獻子의 同流여서 자신이 귀함을 믿지 않음

을 보일 수 없기 때문에 獻子가 이들과 벗하지 않았다.'고 한다면, 이는 有意의 사사로움을

면치 못하여 中人 이하의 일인 것이다. 그러나 이 節은 본래 獻子를 위하여 도모한 것이요

聖人을 위하여 말씀한 것이 아니다. 그렇다면 이와 같이 벗을 취하는 것도 본래 어짊이 됨에

문제될 것이 없으니, 官本諺解의 뜻은 아마도 이와 같은 듯하다.〔按尤翁說 卽張子之意也

對無 謂不忘於心而欲資其勢也 然以本文亦字意觀之 終似作有無之義 朱子所云未

通 是也 范氏主五人言 全失此節之大意 張子釋有無二字 雖傷巧 其主獻子言 固得
之 而諺解又不全用其意 而釋作有無之義 蓋此節 主獻子而言其不挾貴之事者也 彼
無勢而賢者 取以爲友然後 乃見其不挾貴 若有勢而賢 則是獻子之同流也 不足以見
其不挾貴 故獻子不與之友 是未免有意之私而中人以下之事 然此節 本爲獻子謀 而
不爲聖人設也 則如此取友 自不害其爲賢 諺解之意 豈如是歟〕

壺山의 說에 따르면 "獻子가 이 다섯 사람과 벗한 것은 자기와 같은 집안이 없었기 때문
이니, 이 다섯 사람들이 또한 獻子와 같은 집안이 있었다면 獻子는 이들과 더불어 벗하지
않았을 것이다."라고 해석할 수 있다. 獻子가 자신의 동류와 벗하지 않은 것은 私意에 해
당하므로 온당치 않아 보이지만, 이 내용은 聖人의 일이 아니라 獻子에 대해 말한 것이므
로 무방하다는 것이다.

集註 | 孟獻子는 魯之賢大夫仲孫蔑也라

張子曰 獻子는 忘其勢하고 五人者는 忘人之勢하니 不資其勢而利其有然後에 能
忘人之勢라 若五人者 有獻子之家면 則反爲獻子之所賤矣리라

孟獻子는 魯나라의 어진 大夫인 仲孫蔑이다.
張子(張載)가 말씀하였다. "孟獻子는 자신의 세력을 잊었고 다섯 사람은 남의 세력을 잊었
으니, 그의 세력을 이용하고 그의 소유함을 이롭게 여기지 않은 뒤에야 남의 세력을 잊을 수
있는 것이다. 만일 이들 다섯 사람이 獻子의 집안을 意中에 의식하고 있었다면 도리어 獻
子에게 천히 여김을 받았을 것이다."

3-3. 非惟百乘之家 爲然也라 雖小國之君이라도 亦有之하니 費惠公曰
吾於子思則師之矣요 吾於顔般則友之矣요 王順長息則事我者也라
하니라

비단 百乘의 집안만이 그러한 것이 아니라 비록 小國의 군주 중에도 또한 그러한 경우
가 있었으니, 費惠公이 말하기를 '내가 子思에 있어서는 스승으로 섬기고 顔般에 있
어서는 벗으로 대하고 王順과 長息은 나를 섬기는 자이다.' 하였다.

••• 蔑 없을 멸 資 의뢰할 자 費 쓸 비 般 즐길 반

集註 | 惠公은 費邑之君也[64]라 師는 所尊也요 友요 所敬也요 事我者는 所使也라

惠公은 費邑의 군주이다. '師'는 높이는 바요, '友'는 공경하는 바요, '나를 섬긴다.'는 것은 내가 부리는 바이다.

3-4. 非惟小國之君이 爲然也라 雖大國之君이라도 亦有之하니 晉平公之於亥唐也에 入云則入하며 坐云則坐하며 食云則食하여 雖疏食(사)菜羹이라도 未嘗不飽하니 蓋不敢不飽也라 然이나 終於此而已矣요 弗與共天位也하며 弗與治天職也하며 弗與食天祿也하니 士之尊賢者也라 非王公之尊賢也니라

비단 小國의 군주만이 그러한 것이 아니라 비록 大國의 군주 중에도 그러한 경우가 있었다. 晉 平公이 亥唐에 대하여 亥唐이 들어오라고 하면 들어가고 앉으라고 하면 앉고 먹으라고 하면 먹어서 비록 거친 밥과 나물국이라도 일찍이 배불리 먹지 않은 적이 없었으니, 이는 감히 배불리 먹지 않을 수가 없었던 것이다. 그러나 이에 그쳤을 뿐이었고, 그(亥唐)와 더불어 天位를 함께하지 않았으며 그와 더불어 天職을 다스리지 않았으며 그와 더불어 天祿을 먹지 않았으니, 이는 士가 賢者를 높이는 것이요 王公이 賢者를 높이는 것이 아니다.

集註 | 亥唐은 晉賢人也라 平公이 造之에 唐言入이라야 公乃入하고 言坐라야 乃坐하고 言食이라야 乃食也라 疏食는 糲飯也라 不敢不飽는 敬賢者之命也라
○范氏曰 位曰天位요 職曰天職이요 祿曰天祿[65]이라하니 言 天所以待賢人하여 使

---

64 惠公 費邑之君也:茶山은 王應麟이 '費는 魯나라 季氏의 邑인데 참칭한 것인 듯하다.'라고 한 것과, 毛奇齡이 費를 季氏의 邑이 아닌 또 다른 '작은 나라'라고 한 것을 인용하고, "費의 행적이 《春秋》에 보이지 않으니, 우선 의심나는 것은 제쳐놓아야 한다.[費之跡 不見春秋 且當闕疑]" 하였다. 楊伯峻은 "費는 작은 나라 이름이다." 하였다. 壺山은 "國이라고 말하지 않고 邑이라고 말한 것은 春秋시대에 費가 실로 魯나라 邑이어서이니, 惠公은 아마도 또한 楚나라 葉公의 무리인가 보다. 아니면 지금 費邑이 옛날 나라였을 때의 군주를 이른 것인가.[不云國而云邑者 春秋時 費實魯邑也 惠公豈亦楚葉公之流歟 抑謂今費邑 昔爲國時之君歟]" 하였다.

65 位曰天位……祿曰天祿:西山眞氏(眞德秀)는 "지위로써 처우하고 관직으로써 맡기고 녹으로써 길러주는 것이다.[位以處 職以任 祿以養]" 하였다.

··· 亥 돼지 해 疏 거칠 소 食 밥 사 菜 나물 채 羹 국 갱 飽 배부를 포 糲 현미 려

治天民이니 非人君所得專者也니라

亥唐은 晉나라의 賢人이다. 平公이 그의 집에 찾아갔을 적에 亥唐이 들어오라고 말해야 平公이 그제야 들어가고 앉으라고 말해야 그제야 앉고 먹으라고 말해야 그제야 먹은 것이다. '疏食'는 거친 밥이다. 감히 배불리 먹지 않을 수 없었던 것은 賢者의 命을 공경한 것이다.

○ 范氏(范祖禹)가 말하였다. "지위를 '天位'라 하고 직책을 '天職'이라 하고 祿을 '天祿'이라 하였으니, 이는 하늘이 賢人을 대우하여 天民(하늘이 낸 백성)을 다스리게 한 것이니, 군주가 마음대로 할 수 있는 것이 아님을 말한 것이다."

3-5. 舜이 尙見(현)帝어시늘 帝館甥于貳室하시고 亦饗舜하사 迭爲賓主하시니 是는 天子而友匹夫也니라

舜임금이 위로 올라가 堯임금을 뵈었는데, 堯임금이 사위인 舜을 貳室에 머물게 하시고 舜에게서도 음식을 얻어먹어 번갈아 賓·主가 되셨으니, 이는 天子로서 匹夫와 벗한 것이다.

> 按說 | '尙見帝'의 '見'의 音을 官本諺解에는 '견'으로 표시하였으나, 謁見의 뜻으로 보아 '현'으로 읽었다.

集註 | 尙은 上也니 舜上而見於帝堯也라 館은 舍也라 禮에 妻父曰外舅니 謂我舅者를 吾謂之甥이라하니 堯以女妻舜이라 故로 謂之甥이라 貳室은 副宮也니 堯舍舜於副宮하고 而就饗其食[66]하시니라

'尙'은 위로 올라감이니, 舜이 위로 올라가서 堯임금을 뵌 것이다. '館'은 舍(머물게 함)이다. 禮에 "妻父를 外舅라 하니, 나를 舅라고 하는 자를 나는 甥이라 한다." 하였으니, 堯임금이 딸을 舜에게 시집보냈으므로 甥이라 이른 것이다. '貳室'은 副宮이니, 堯임금이 舜을 副宮에 거처하게 하고 〈舜의 宮으로〉 찾아가서 그 음식을 드신 것이다.

---

66 堯舍舜於副宮 而就饗其食:壺山은 "貳室에 사위를 머물게 했으면 堯임금이 주인이 된 것인데, 또 舜임금에게 나아가 음식을 먹었으면 舜임금이 주인이 된 것이다.〔館甥于貳室 則堯爲主 旣又就饗於舜 則舜爲主〕" 하였다.

··· 尙 올라갈상 館 머물관 甥 사위생, 생질생 貳 버금 이 饗 음식얻어먹을 향 迭 갈마들 질 舍 머물 사
舅 외삼촌 구, 장인 구 副 버금 부

3-6. 用下敬上을 謂之貴貴요 用上敬下를 謂之尊賢이니 貴貴, 尊賢이 其義一也니라

아랫사람으로서 윗사람을 공경함을 貴貴(귀한 사람을 귀하게 여김)라 이르고, 윗사람으로서 아랫사람을 공경함을 尊賢(어진이를 높임)이라 이르니, 貴貴와 尊賢이 그 義가 똑같다."

集註 | 貴貴, 尊賢은 皆事之宜者라 然이나 當時에 但知貴貴而不知尊賢이라 故로 孟子曰 其義一也라하시니라

'貴貴'와 '尊賢'은 모두 일의 마땅함이다. 그러나 당시에 단지 貴貴만을 알고 尊賢을 알지 못하였다. 그러므로 孟子께서 "그 義가 똑같다."라고 하신 것이다.

章下註 | ○ 此는 言 朋友는 人倫之一이니 所以輔仁이라 故로 以天子友匹夫而不爲詘(屈)이요 以匹夫友天子而不爲僭이니 此는 堯舜所以爲人倫之至하여 而孟子言必稱之也시니라

○ 이는 朋友는 人倫의 하나이니 仁을 돕는 것이므로, 天子로서 匹夫를 벗하여도 굽힘이 되지 않고 匹夫로서 天子를 벗하여도 참람함이 되지 않음을 말씀한 것이다. 이는 堯·舜이 人倫의 지극함이 되어 孟子께서 말씀마다 반드시 堯·舜을 칭하신 이유이다.

|萬章問交際章|

4-1. 萬章이 問曰 敢問交際는 何心也잇고 孟子曰 恭也니라

萬章이 물었다. "감히 여쭙겠습니다. 교제는 무슨 마음으로 합니까?"
孟子께서 말씀하셨다. "공손함이다."

集註 | 際는 接也니 交際는 謂人以禮儀幣帛으로 相交接也라

際는 接함이니, '交際'는 사람이 禮儀와 幣帛을 가지고 서로 사귀고 접함을 이른다.

··· 輔 도울 보 詘 굽힐 굴 僭 참람할 참 際 사귈 제 幣 비단 폐

4-2. 曰 卻之卻之 爲不恭은 何哉잇고 曰 尊者賜之어든 曰 其所取之者
義乎아 不義乎아하여 而後受之라 以是爲不恭이니 故로 弗卻也니라

萬章이 말하였다. "예물을 물리치는 것을 不恭하다고 하는 것은 어째서입니까?"
孟子께서 말씀하셨다. "존귀한 자가 물건을 주면 받는 자가 〈그 물건을 대하면서〉 그가
이것을 취한 것이 義에 맞았는가 義에 맞지 않았는가를 생각하여, 義에 맞은 뒤에야 받
기 때문에 이것을 不恭이라 하니, 이 때문에 물리치지 않는 것이다."

> 按說 | '尊者'에 대하여, 楊伯峻은
>
> 長者와는 다르다. 尊者는 지위로 말한 것이며 長者는 나이를 가지고 말한 것이다.
>
> 하였다.

集註 | 卻은 不受而還之也라 再言之는 未詳이라 萬章疑 交際之間에 有所卻者면 人
便以爲不恭은 何哉오 孟子言 尊者之賜[67]에 而心竊計其所以得此物者未知合義
與否하여 必其合義然後에 可受요 不然則卻之矣니 所以卻之爲不恭也니라

'卻'은 받지 않고 되돌려 보냄이다. 두 번 '卻之'라고 말한 것은 未詳이다. 萬章이 의심하
기를 "교제하는 사이에 예물을 물리치는 자가 있으면 사람들이 곧 不恭하다고 말하는 것은
어째서입니까?" 하자, 孟子께서 말씀하시기를 "존귀한 자가 물건을 하사할 적에 〈받는 자
가〉 마음속으로 그가 이 물건을 얻은 것이 의리에 합하였는지 알지 못하겠다고 속으로 계산
하여, 반드시 義에 합한 뒤에야 받고 그렇지 않으면 물리치니, 이 때문에 물리침을 不恭이
라 하는 것이다." 하셨다.

4-3. 曰 請無以辭卻之요 以心卻之曰 其取諸民之不義也라하고 而以
他辭로 無受 不可乎잇가 曰 其交也以道요 其接也以禮면 斯는 孔子도
受之矣시니라

---

67 尊者之賜:壺山은 "諸侯가 士에게 하사함을 위주하여 말한 것이다.〔蓋主諸侯之賜於士而言〕" 하였
다.

··· 卻 물리칠 각 弗 아닐 불 竊 몰래 절

萬章이 말하였다. "청컨대 말로써 물리치지 말고 마음속으로 물리치기를 '그가 백성들에게서 취한 것이 의롭지 못하다.' 하고는 다른 말로 〈구실을 삼아〉 받지 않는 것이 불가합니까?"

孟子께서 말씀하셨다. "그 사귐을 道로써 하고 그 接함을 禮로써 하면 이는 孔子도 받으셨다."

按說 | '其取諸民之不義也'의 '民之'에 대하여 壺山은

'民之'의 之는 '者'와 같다.〔民之之之 猶者也〕

하였다. 官本諺解에는 '其取諸民之不義也而以他辭로'라고 懸吐하고 '그 民의게 取홈이 義 아니라 ᄒ야 他辭로써'로 해석하였고, 栗谷諺解에는 '其取諸民之不義也ㅣ라 ᄒ야 而以他辭'라고 懸吐하고 '그 民의게 取홈이 義 아니라 ᄒ야 다른 말로써'로 해석하였다. 壺山은

'不義也'에 마땅히 句를 떼어야 하니, 官本諺解는 자세하지 못하다.〔不義也 當句絶 諺解欠詳〕

하였다. 官本諺解와 栗谷諺解는 句를 뗀 것은 다르지만 해석은 다르지 않다.

集註 | 萬章以爲 彼旣得之不義면 則其餽를 不可受니 但無以言辭間而卻之요 直以心度(탁)其不義하여 而託於他辭以卻之니 如此可否邪아하니라 交以道는 如餽贐, 聞戒, 周其飢餓[68]之類요 接以禮는 謂辭命恭敬之節이라 孔子受之는 如受陽貨蒸豚[69]之類也라

萬章이 묻기를 "저가 이미 얻기를 의롭지 않게 했다면 그가 주는 것을 받을 수 없으니, 다만 言辭로써 트집 잡아 물리치지 말고, 다만 마음속으로 그의 不義함을 헤아리고서 다른 말을 핑계대어 물리칠 것이니, 이와 같이 함이 可합니까?" 한 것이다. 道로써 사귄다는 것은 노

---

68 餽贐……周其飢餓 : '餽贐'은 노자를 주는 것이고 '聞戒'는 자신을 해치려는 자가 있어 경계한다는 말을 듣고 사람을 고용하여 자기 몸을 보호하는 것으로, 이 두 가지는 앞의 〈公孫丑下〉 3장에 보이며, '周其飢餓'는 굶주림을 구휼하는 것으로 뒤의 〈告子下〉 14장에 보인다.

69 受陽貨蒸豚 : 위 〈滕文公下〉 7장에 보인다.

••• 餽 선물할궤 直 다만직 度 헤아릴탁 託 가탁할탁 贐 노자신 周 구휼할주 餓 굶주릴아 蒸 찔증 豚 돼지돈

자를 주며 경계한다는 말을 듣고 비용을 주며 飢餓를 구휼해 주는 종류와 같은 것이요, 禮로써 접한다는 것은 辭命이 恭敬한 예절을 이른다. 孔子께서 받았다는 것은 陽貨의 삶은 돼지고기를 받은 것과 같은 類이다.

4-4. 萬章曰 今有禦人於國門之外者 其交也以道요 其餽也以禮면 斯可受禦與잇가 曰 不可하니 康誥曰 殺越人于貨하여 閔不畏死를 凡民이 罔不譈라하니 是는 不待教而誅者也니 (殷受夏 周受殷 所不辭也 於今爲烈) 如之何其受之리오

萬章이 말하였다. "이제 國門의 밖에서 사람을 저지하여 强盜짓을 한 자가 그 사귐을 道로써 하고 그 줌을 禮로써 한다면 이 강도질한 물건을 받을 수 있습니까?"
孟子께서 말씀하셨다. "不可하다. 《書經》〈康誥〉에 이르기를 '사람을 죽여 쓰러뜨리고 재화를 취하고서 완강하여 죽음을 두려워하지 않는 자를 모든 사람들이 원망하지 않는 이가 없다.' 하였으니, 이는 굳이 가르치기를 기다리지 않고 죽일 자이다. 어찌 이것을 받을 수 있겠는가."

按說 | '殺越人于貨'에 대하여, 官本諺解에는 '人을 貨에 殺ᄒ야 越ᄒ야'로 풀이하여 사람을 재화 때문에 죽인 것으로 보았으나, 栗谷諺解에는 '人을 殺越ᄒ고 貨를 가져'로 해석하였다. '于'는 取(취함)의 뜻이 있으며, 《集註》에도 '因取其貨'라 하였으므로 위와 같이 해석하였다. 壺山은

《集註》의 '因取其貨'의〉 '取'字는 '于'字를 해석한 것인데, 官本諺解의 해석엔 '於'字의 뜻으로 삼았으니, 註의 뜻을 잃은 것이다.〔取字釋于字 諺釋作於義 失註意矣〕

하였다. 楊伯峻은 '越'은 허사로 뜻이 없고 '于貨'는 《詩經》〈七月〉의 '于貉(가서 狐狸를 취하다)'과 같은 것으로 '그 재화를 취하다〔取其貨〕'는 말이라고 하였다.
'殷受夏……於今爲烈'에 대하여, 朱子는 뜻이 통하지 않는다 하여 빼놓고 해석하지 않았으나, 趙岐는

三代가 이 法을 서로 전수하여 굳이 말하여 물을 것이 없으니, 지금에 烈이 되었다. 烈은 명

··· 禦 막을 어 越 넘어질 월 于 가서취할 우 貨 재화 화 閔 완강할 민(暋通) 譈 원망할 대

백한 法이다.〔三代相傳以此法 不須辭問也 於今爲烈 烈 明法〕

하였다. 茶山은

趙岐의 註가 명백하여 의심할 것이 없는 듯하다. 《滕文公上》 2장에〕 滕나라 사람이 喪禮
에 대해 말하기를 '우리들이 전수받은 바가 있다.' 하였으니, 法을 서로 전수하는 것을 '受'
라 한다. 獄事를 판결하는 법에 반드시 죄인의 진술〔爰辭〕이 있다. 《周禮》 〈秋官司寇 大司
寇〉에 〈곤궁한 백성이〉 朝廷의 문 밖에 설치한 붉은 돌〔肺石〕에 서면, 士(獄官)가 그 하소
연〔辭〕을 듣는다.' 하였고, 〈秋官司寇 大司寇〉의 獄事를 다스리는 법에 '첫째, 진술〔辭〕을
듣는다.' 하였다.……오직 사람을 저지하여 强盜짓을 한 도적만은 그 진술을 받지 않고 바로
斬刑을 시행하니, 이것이 이른바 '三代가 서로 전수한, 말〔辭〕하지 않는 바'라는 것이다. 반
드시 잘려나간 簡이나 闕文이 있는 것은 아닌 듯하다.〔趙註明白 恐無可疑 滕人說喪禮曰
吾有所受 法之相傳 謂之受也 斷獄之法 必有爰辭 周禮大司寇云 立於肺石 士聽其
辭 小司寇聽獄之法 一曰辭聽……惟禦人之賊 不受其辭 直行斬殺 此所謂三代相傳
所不辭也 恐未必有斷簡闕文〕

하였다. 楊伯峻 역시 "殷나라는 夏나라의 이러한 법률을 계승하였고 周나라는 殷나라의
이러한 법률을 계승하여 바꾸지 않았다. 지금은 强盜殺人이 더욱 심해졌다." 라고 번역하
였다.

《或問》에 묻기를

'殷受夏 周受殷 所不辭也 於今爲烈'에 대해 趙氏(趙岐)가 이룬 說이 있고, 혹자는 또
이르기를 "만약 義理에 있어 받을 만하면 三代에는 남의 天下를 받으면서도 사양하지 않았
지만, 지금 남을 막고 강탈하는 자는 포학하고 맹렬하여 의롭지 못함이 이와 같으니, 어떻게
그의 선물을 받을 수 있겠는가. '烈'은 《毛詩序》에 이른바 '厲王의 烈'이라 한 것과 같으니
暴烈의 뜻이다." 하고, 혹자는 또 이르기를 "'烈'은 빛남이니, 三代가 서로 받아 빛나서 지금
에 이르렀다." 하니, 이 세 가지 說 중에 하나를 선택하여 따르면 되는데, 어찌 빼놓고 설명하
지 않음에 이르렀습니까?〔殷受夏, 周受殷 所不辭也 於今爲烈 趙氏有成說矣 或者又
謂若義在可受 則三代受人之天下而不辭 今禦人者 乃爲暴烈不義如此 如何而可受
其餽乎 烈 如詩序所謂厲王之烈者 暴烈之意云爾 或又以爲烈 光也 三代相受而烈光
至今也 是三說者 擇一而從之可也 何至闕而不爲之說乎〕

하니, 朱子는

本文의 이 14字를 익숙히 읽어보니, 본래 위아래 글과 서로 연결되지 않는다. 趙氏의 說과 같이 보면 '辭受' 두 글자가 위아래 문장과 또한 비슷하지 않고, 혹자의 두 說 또한 억지로 힘을 허비했음을 느끼니, 李氏(李郁)의 빼놓아야 한다는 說의 나음을 따르는 것만 못하다.〔熟讀本文此十四字 自與上下文不相屬 如趙氏之說 則辭受二字 與上下文亦不相似 或者二說 亦覺費力 不若從李氏闕之之愈也〕

하였다.

集註 | 禦는 止也니 止人而殺之하고 且奪其貨也라 國門之外는 無人之處也라 萬章以爲 苟不問其物之所從來하고 而但觀其交接之禮면 則設有禦人者 用其禦得之貨하여 以禮餽我면 則可受之乎아하니라 康誥는 周書篇名이라 越은 顚越也라 今書에 閔은 作瞽하고 無凡民二字하니라 譈는 怨也라 言 殺人而顚越之하고 因取其貨하여 閔然不知畏死를 凡民이 無不怨之라 孟子言 此乃不待敎戒而當卽誅者也니 如何而可受之乎아하시니라 商〔殷〕受至爲烈十四字는 語意不倫하니 李氏以爲 此必有斷簡或闕文者 近之어니와 而愚는 意其直爲衍字耳라 然이나 不可考하니 姑闕之可也니라

'禦'는 저지함이니, 사람을 저지하여 죽이고 또 그 재화를 빼앗는 것이다. '國門의 밖'은 사람이 없는 곳이다. 萬章이 말하기를 "만일 그 물건의 所從來를 따지지 않고, 다만 그 사귀고 접하는 禮만 본다면 설령 사람을 저지하여 강도질한 자가 그 강도질하여 얻은 재화를 사용해서 禮로써 나에게 준다면 그것을 받을 수 있습니까?" 한 것이다. 康誥는 《書經》〈周書〉의 篇名이다. '越'은 넘어뜨림이다. 지금 《書經》에 '閔'은 '瞽'으로 되어 있고, '凡民' 두 글자는 없다. '譈'는 원망함이다. 사람을 죽여 그를 쓰러뜨리고 인하여 그 재물을 취하고서 완강하여 죽음을 두려워할 줄 모르는 자를 모든 사람들이 원망하지 않는 자가 없다고 말한 것이다.

孟子께서 말씀하시기를 "이것은 바로 가르침과 경계를 기다리지 않고 마땅히 즉시 죽여야 할 자이니, 어찌 받을 수 있겠는가." 하신 것이다. '殷受'로부터 '爲烈'까지의 열네 글자는 말뜻이 차례가 없으니, 李氏(李郁)가 "이것은 반드시 잘려나간 簡(竹簡·木簡)이나 혹은

··· 奪 빼앗을 탈 顚 넘어질 전 瞽 완강할 민 倫 차례 륜 闕 빠질 궐 衍 남을 연

闕文이 있을 것이다."라고 한 것이 이치에 가깝지만 나는 다만 衍字가 될 뿐이라고 생각한다. 그러나 상고할 수 없으니, 우선 빼놓는 것이 可하다.

4-5. 曰 今之諸侯 取之於民也 猶禦也어늘 苟善其禮際矣면 斯는 君子도 受之라하시니 敢問何說也니잇고 曰 子以爲 有王者作인댄 將比今之諸侯而誅之乎아 其敎之不改而後에 誅之乎아 夫謂非其有而取之者를 盜也는 充類至義之盡也라 孔子之仕於魯也에 魯人이 獵較(각)이어늘 孔子亦獵較하시니 獵較도 猶可온 而况受其賜乎아

萬章이 말하였다. "지금의 諸侯들이 백성들에게 취함은 강도질한 것과 같은데, '진실로 그 禮와 交際를 잘하면 이는 君子도 받는다.' 하시니, 감히 여쭙겠습니다. 무슨 말씀입니까?"

孟子께서 말씀하셨다. "자네가 생각하기에 王者가 나온다면 장차 지금의 제후들을 連合하여 죽이겠는가? 가르쳐도 고치지 않은 뒤에 죽이겠는가? 자신의 소유가 아닌데 취하는 자를 도둑이라 이르는 것은 종류를 미루어 義의 지극함에 이른 것이다. 孔子께서 魯나라에서 벼슬하실 적에 魯나라 사람들이 獵較을 하자 孔子 또한 獵較을 하셨으니, 獵較하는 것도 可한데 하물며 주는 것을 받음에 있어서이겠는가."

按說 | '其敎之不改而後'에 대하여, 壺山은

'其敎'의 '其'는 '抑'과 같다.[其敎之其 猶抑也]

하였다. '抑'은 선택의문을 만드는 접속사로, '~인가, 아니면 ~인가?'의 용법으로 쓰인다.

集註 | 比는 連也라 言 今諸侯之取於民이 固多不義라 然이나 有王者起면 必不連合而盡誅之요 必敎之不改而後에 誅之니 則其與禦人之盜不待敎而誅者로 不同矣라 夫禦人於國門之外와 與非其有而取之는 二者固皆不義之類라 然이나 必禦人이라야 乃爲眞盜요 其謂非有而取를 爲盜者는 乃推其類하여 至於義之至精至密之處而極言之耳니 非便以爲眞盜也라 然則今之諸侯 雖曰取非其有나 而豈可遽以

··· 比 연결할 비 獵 사냥 렵 較 다툴 각, 비교할 교 遽 갑자기 거

同於禦人之盜也哉아 又引孔子之事하여 以明世俗所尙을 猶或可從이니 況受其賜를
何爲不可乎아 獵較은 未詳이라 趙氏以爲 田獵相較(각)하여 奪禽獸以祭니 孔子不
違는 所以小同於俗也라하고 張氏以爲 獵而較(교)所獲之多少也라하니 二說이 未知
孰是⁷⁰로라

‘比’는 連함이다. ‘지금 諸侯들이 백성들에게 취함이 진실로 의롭지 않은 것이 많으나 王
者가 나온다면 반드시 이들을 連合하여 다 베지는(죽이지는) 않을 것이요, 반드시 가르쳐
도 고치지 않은 뒤에 벨 것이니, 그렇다면 사람을 저지한 강도로서 가르침을 기다리지 않고
죽여야 할 자와는 똑같지 않은 것이다. 國門의 밖에서 사람을 저지하는 것과 자신의 소유가
아닌데 취하는 것은 이 두 가지가 진실로 다 不義의 종류이다. 그러나 반드시 사람을 저지
하여야 진짜 강도가 되는 것이요, 자신의 소유가 아닌데 취하는 자를 도둑이라 이르는 것은
바로 그 종류를 미루어서 義의 지극히 精하고 지극히 치밀한 곳에 이르러 極言했을 뿐이니,
곧바로 진짜 강도라고 말한 것은 아니다. 그렇다면 지금의 제후들이 비록 자신의 소유가 아
닌 것을 취했다 하나 어찌 대번에 사람을 저지한 강도와 똑같이 대할 수 있겠는가.’라고 말
씀한 것이다. 또 孔子의 일을 인용하여 ‘세속에서 숭상하는 바도 혹 따를 수 있는데, 하물며
주는 것을 받는 것이 어찌 不可하겠는가.’라고 밝히신 것이다.

‘獵較’은 未詳이다. 趙氏(趙岐)는 이르기를 “田獵에 서로 다투어서 禽獸를 빼앗아 제사하
는 것이니, 孔子께서 이것을 어기지 않으심은 다소 세속과 같이 하려 하신 것이다.” 하였고,
張氏(張鎰)는 이르기를 “사냥하여 잡은 짐승의 많고 적음을 비교한 것이다.” 하였으니, 두
說 중에 어느 것이 맞는지 알지 못하겠다.

4-6. 曰 然則孔子之仕也는 非事道與잇가 曰 事道也시니라 事道어시니
奚獵較也잇고 曰 孔子先簿正祭器하사 不以四方之食으로 供簿正하시니
라 曰 奚不去也시니잇고 曰 爲之兆也시니 兆足以行矣로되 而不行而後에

---

⁷⁰ 二說 未知孰是:壺山은 “‘況’字를 가지고 보면 다투어서 빼앗는 뜻이 우세한 듯하니, ‘較’은 다투어 이
김을 이른다. ‘祭’는 다투어 빼앗아 짐승을 나열해서 先代에 처음 수렵을 한 사람에게 제사하는 것이다.
奪이 受보다 심하므로 ‘況’字를 놓은 것이다.〔以況字觀之 較奪之義似長 較 謂角勝也 祭蓋角奪而
羅列之 以祭先代始爲田獵之人耳 奪甚於受 故下況字〕” 하였다. ‘獵較’을 官本諺解에는 ‘獵에 較하
시니’로, 栗谷諺解에는 ‘獵하여 較하시니’로 풀이하였다.

••• 獲 잡을 획 奚 어찌 해 簿 문서부 兆 조짐조

去하시니 是以로 未嘗有所終三年淹也시니라

萬章이 물었다. "그렇다면 孔子께서 벼슬하신 것은 道를 〈행함을〉 일삼으신 것이 아닙니까?"

孟子께서 말씀하셨다. "道를 일삼으신 것이다."

"道를 일삼으셨는데 어찌하여 獵較을 하셨습니까?"

"孔子께서 먼저 문서로 祭器를 바루어서 〈공급하기 어려운〉 四方의 귀한 음식으로 簿書에 비로잡은 祭器에 공급하지 않게 하신 것이다."

"어찌하여 떠나가지 않으셨습니까?"

"〈道를 행할 수 있는〉 조짐을 보이신 것이니, 조짐이 충분히 道를 행할 수 있는데도 道가 행해지지 않은 뒤에야 떠나셨다. 이 때문에 일찍이 3년을 마치도록 淹滯한(머문) 곳이 있지 않으신 것이다.

集註 | 此는 因孔子事而反覆辯論也라 事道者는 以行道爲事也라 事道奚獵較也는 萬章問也라 先簿正祭器는 未詳이라 徐氏曰 先以簿書로 正其祭器하여 使有定數하여 而不以四方難繼之物實之니 夫器有常數하고 實有常品이면 則其本正矣라 彼獵較者 將久而自廢矣라하니 未知是否也[71]라 兆는 猶卜之兆니 蓋事之端也[72]라 孔子所以不去者는 亦欲小試行道之端하여 以示於人하여 使知吾道之果可行也니 若其端이 旣可行이로되 而人不能遂行之然後에 不得已而必去之하시니 蓋其去雖不輕이나 而亦未嘗不決이라 是以로 未嘗終三年留於一國也시니라

---

71 先簿正祭器……未知是否也 : 趙岐는 "孔子가 쇠퇴한 세상에 벼슬하면서 잘못된 것을 갑자기 바꿀 수 없었으므로 점진적으로 바로잡으려 하였다. 먼저 簿書를 만들어서 종묘 제사의 祭器를 바로잡고 舊禮에 나아가 國中에서 祭物을 취하여 갖추었으며, 사방의 진귀한 음식으로 簿書에 바로잡은 祭器에 올리지 않았다. 진귀한 음식은 항상 장만하기가 어려워, 끊어지면 不敬이 됨을 헤아렸기 때문에 獵較을 해서 제사를 지낸 것이다.〔孔子仕於衰世 不可卒暴改戾 故以漸正之 先爲簿書 以正其宗廟祭祀之器 卽其舊禮 取備於國中 不以四方珍食 供其所簿正之器 度珍食難常有 乏絶則爲不敬 故獵較以祭也〕"하였는데, 茶山 또한 이 說을 취하였는바, 이 책의 經文 번역에도 趙岐의 說을 채택하였다.

72 兆……蓋事之端也 : 趙岐는 "'兆'는 始이다. 孔子는 매번 벼슬할 적에 항상 그 일에 대해 근본을 바로고 始端을 만들어 순차대로 다스리고자 하셨다.〔兆 始也 孔子每仕 常爲之正本造始 欲以次治之〕"하였다. 楊伯峻도 趙岐의 說을 취하여 '兆'를 始로 보고, "孔子께서 벼슬을 하신 것은 먼저 한 번 시행해 보시고자 하신 것이다."로 번역하였다.

··· 淹 지체할엄 覆 반복할복 實 채울실 廢 폐할폐 卜 점복 試 시험할시

이것은 孔子의 일로 인하여 반복해서 변론하신 것이다. '事道'는 道를 행함을 일삼는 것이다. '道를 행함을 일삼았는데 어찌하여 獵較을 하였느냐?'는 것은 萬章의 물음이다. '先簿正祭器'는 未詳이다. 徐氏(徐度)는 말하기를 "먼저 문서로써 祭器를 바루어서 일정한 數가 있게 하여 계속 공급하기 어려운 四方의 물건으로 담지 않게 하셨다. 그릇에 일정한 數가 있고 담는 데에 일정한 물품이 있게 하면 그 근본이 바르게 되니, 저 獵較은 장차 오래되면 저절로 없어질 것이다." 하였으니, 그 말이 옳은지는 알지 못하겠다. '兆'는 卜(점)의 조짐과 같으니, 일의 단서이다. 孔子께서 떠나가지 않으신 까닭은 또한 道를 행하는 단서(조짐)를 조금 시험하여 사람들에게 보여주시어 우리 道가 과연 행할 수 있음을 알게 하려고 하신 것이니, 만일 그 단서가 이미 행할 수 있는데도 사람들이 마침내 행하지 않은 뒤에야 부득이하여 반드시 떠나셨다. 떠나가기를 비록 가벼이 하지 않으셨으나 또한 일찍이 결단하지 않으신 적이 없으셨다. 이 때문에 일찍이 3년을 마치도록 한 나라에 머무신 적이 있지 않으신 것이다.

4-7. 孔子有見行可之仕_{하시며} 有際可之仕_{하시며} 有公養之仕_{하시니} 於季桓子_엔 見行可之仕也_요 於衛靈公_엔 際可之仕也_요 於衛孝公_엔 公養之仕也_{니라}

孔子께서는 道를 행함이 가능한 것을 보신 벼슬도 있으셨으며, 交際하는 것이 可한 벼슬도 있으셨으며, 公養으로 하신 벼슬도 있으셨으니, 季桓子에 있어서는 道를 행함이 가능한 것을 보신 벼슬이었고, 衛 靈公에 있어서는 交際가 可한 벼슬이었고, 衛 孝公에 있어서는 公養으로 하신 벼슬이었다."

集註 | 見行可는 見其道之可行也라 際可는 接遇以禮也요 公養은 國君養賢之禮也[73]라 季桓子는 魯卿季孫斯也라 衛靈公은 衛侯元也라 孝公은 春秋, 史記에 皆無之하니 疑出公輒也[74]라 因孔子仕魯하여 而言 其仕有此三者라 故로 於魯則兆足以

---

73 際可……國君養賢之禮也 : 楊伯峻은 "'際可'와 '公養'은 서로 비슷한 듯하나, '際可'는 한 사람을 獨對하는 禮遇이고, '公養'은 齊나라 稷下의 賢者들의 경우처럼 당시 일반인에 대한 禮待일 수 있다." 하였다.

74 孝公……疑出公輒也 : 慶源輔氏(輔廣)는 "혹 글자가 잘못되었거나 혹은 당시의 사람이 出公을 孝公

••• 際사귈제 輒문득첩

行矣而不行然後去요 而於衛之事엔 則又受其交際問餽而不卻之一驗也라

'見行可'는 그 道를 행할 수 있음을 본 것이다. '際可'는 접대하기를 禮로써 하는 것이요, '公養'은 國君이 어진이를 기르는 禮이다. 季桓子는 魯나라의 卿인 季孫斯이다. 衛 靈公은 衛나라 임금인 元이다. 孝公은 《春秋》와 《史記》에 모두 〈이러한 인물이〉 없으니, 의심컨대 出公인 輒인 듯하다. 孔子께서 魯나라에서 벼슬하심을 인하여, 말씀하시기를 "그 벼슬에 이 세 가지가 있었다. 그러므로 魯나라에 있어서는 조짐이 충분히 행할 수 있는데도 행해지지 않은 뒤에 떠나가셨고, 衛나라에 있어서의 일은 또 그 交際와 선물을 받고 물리치지 않으신 한 증거이다." 하셨다.

章下註 | ○尹氏曰 不聞孟子之義면 則自好者 爲於(오)陵仲子[75]而已니 聖賢辭受進退는 惟義所在니라
愚按 此章文義는 多不可曉하니 不必强爲之說이니라

○尹氏(尹焞)가 말하였다. "孟子의 義를 듣지 못하면 자신의 지조를 아끼는 자들이 於陵仲子〈의 행위〉를 할 뿐이니, 聖賢의 사양하고 받음과 나아가고 물러감은 오직 義가 있는 바를 따를 뿐이다."
내가(朱子) 상고하건대 이 章의 글 뜻은 알 수 없는 부분이 많으니, 굳이 억지로 해설할 필요가 없다.

| 爲貧而仕章(抱關擊柝章) |

5-1. 孟子曰 仕非爲貧也로되 而有時乎爲貧하며 娶妻非爲養也로되 而有時乎爲養이니라

孟子께서 말씀하셨다. "벼슬함은 가난을 위해서가(가난 때문이) 아니지만 때로는 가난을 위한 경우가 있으며, 아내를 얻음은 봉양을 위해서가 아니지만 때로는 봉양을 위한 경우가 있다.

이라고 부른 듯하니, 모두 상고할 수 없다.〔或是字誤 或是當時人 呼出公爲孝公 皆不可考〕" 하였다.

75 自好者 爲於陵仲子 : '自好者'는 자신의 지조를 아끼는 자로, 앞의 〈萬章上〉 9장에 '鄕黨自好者'라고 보이며, '於陵仲子'는 〈滕文公下〉 10장에 자세히 보인다.

··· 餽 선물할 궤 好 아낄 호 辭 사양할 사 受 받을 수 曉 깨달을 효 貧 가난할 빈 娶 장가들 취

集註 │ 仕本爲行道로되 而亦有家貧親老하여 或道與時違而但爲祿仕者하니 如娶妻本爲繼嗣로되 而亦有爲不能親操井臼하여 而欲資其饋養者니라

벼슬함은 본래 道를 행하기 위해서이나 또한 집이 가난하고 父母가 늙어 혹 道가 때와 맞지 않아 다만 祿仕를 하는 자가 있으니, 예를 들면 아내를 데려옴은 본래 〈자식을 낳아〉 後嗣를 잇기 위해서이나 또한 우물에서 물을 긷고 절구질하는 일을 친히 잡을 수가 없어서 그녀의 음식 봉양을 의뢰하고자 하는 자가 있음과 같은 것이다.

5-2. 爲貧者는 辭尊居卑하며 辭富居貧이니라

가난을 위해서 벼슬하는 자는 높은 자리를 사양하고 낮은 자리에 처하며, 祿俸이 많음을 사양하고 적음에 처해야 한다.

集註 │ 貧富는 謂祿之厚薄이라 蓋仕不爲道면 已非出處之正이라 故로 其所居但當如此니라

'貧'과 '富'는 祿의 많고 적음을 이른다. 벼슬이 道를 위한 것이 아니면 이미 出處의 正道가 아니므로, 처하는 바를 다만 이와 같이 할 뿐이다.

5-3. 辭尊居卑하며 辭富居貧은 惡(오)乎宜乎오 抱關擊柝이니라

높은 자리를 사양하고 낮은 자리에 처하며, 祿俸이 많음을 사양하고 적음에 처함은 어떻게 하여야 마땅한가? 關門을 안고(지키고) 木柝을 치는 일이다.

集註 │ 柝은 夜行所擊木也라 蓋爲貧者는 雖不主於行道나 而亦不可以苟祿이라 故로 惟抱關擊柝之吏 位卑祿薄하여 其職易稱하니 爲所宜居也라
李氏曰 道不行矣요 爲貧而仕者는 此其律令也니 若不能然이면 則是貪位慕祿而已矣니라

'柝'은 밤에 다니면서 치는 나무(목탁)이다. 가난을 위해서 벼슬하는 자는 비록 道를 행함을 주장하지 않으나 또한 구차히 祿만을 취할 수가 없다. 그러므로 오직 關門을 안고 목탁

··· 嗣 이을 사, 아들 사 操 잡을 조 井 우물 정 臼 절구 구 薄 적을 박 抱 안을 포 關 관문 관 柝 목탁 탁
稱 걸맞을 칭

을 치는 관리는 지위가 낮고 祿이 적어서 그 직책을 해내기 쉬우니, 처하기에 적당한 것이다. 李氏(李郁)가 말하였다. "道가 행해지지 않는데 가난을 위해서 벼슬하는 자는 이것이 그 律令(法則)이니, 만일 이렇게 하지 않는다면 이것은 지위를 탐하고 祿을 사모하는 것일 뿐이다."

5-4. 孔子嘗爲委吏矣사 曰 會計를 當而已矣라하시고 嘗爲乘田矣사 曰 牛·羊을 茁(쵤)壯長而已矣라하시니라

孔子께서 일찍이 委吏가 되시어 말씀하시기를 '會計를 마땅하게 할 뿐이다.' 하셨고, 일찍이 乘田이 되시어 말씀하시기를 '소와 양을 잘 키울 뿐이다.' 하셨다.

集註ㅣ此는 孔子之爲貧而仕者也라 委吏는 主委積(자)之吏也요 乘田은 主苑囿芻牧之吏也라 茁은 肥貌라 言 以孔子大聖으로도 而嘗爲賤官하사되 不以爲辱者는 所謂爲貧而仕하여 官卑祿薄而職易稱也니라

이것은 孔子가 가난을 위하여 벼슬하신 경우이다. '委吏'는 委積(창고)를 주관하는 관리요, '乘田'은 苑囿와 芻牧을 주관하는 관리이다. '茁'은 살진 모양이다. 孔子 같은 大聖으로서도 일찍이 천한 관원이 되셨으나 이것을 욕되게 여기지 않은 것은 이른바 가난을 위한 벼슬이어서 관직이 낮고 祿이 적어서 직책을 해내기 쉬웠기 때문임을 말씀한 것이다.

5-5. 位卑而言高 罪也요 立乎人之本朝而道不行이 恥也니라

지위가 낮으면서 말을 높게 하는 것이 죄요, 남의 本朝(조정)에 서 있으면서 道가 행해지지 않는 것이 부끄러운 일이다."

集註ㅣ以出位爲罪면 則無行道之責이요 以廢道爲恥면 則非竊祿之官이니 此는 爲貧者之所以必辭尊富而寧處貧賤也니라

지위를 벗어남으로써 죄를 삼는다면 道를 행할 책임이 없는 것이요, 道를 폐함으로써 부끄러움을 삼는다면 祿을 훔쳐 먹는 관원이 아니니, 이것이 가난을 위하여 벼슬하는 자가 반드시 높은 자리와 많은 祿俸을 사양하고 貧賤에 편안히 처하는 이유이다.

··· 委 창고 위 茁 살찔 촬, 자랄 촬 壯 장성할 장 積 저축할 자 苑 동산 원 囿 동산 유 芻 꼴 추 肥 살질 비 竊 훔칠 절 寧 편안할 녕

章下註 | ○尹氏曰 言 爲貧者는 不可以居尊이요 居尊者는 必欲以行道니라

○尹氏(尹焞)가 말하였다. "가난을 위해서 벼슬하는 자는 높은 자리에 처해서는 안되고, 높은 자리에 처한 자는 반드시 道를 행하고자 해야 함을 말씀한 것이다."

|士不託諸侯章(亟餽鼎肉章)|

6-1. 萬章曰 士之不託諸侯는 何也잇고 孟子曰 不敢也니라 諸侯失國而後에 託於諸侯는 禮也요 士之託於諸侯는 非禮也니라

萬章이 물었다. "선비가 諸侯에게 의탁하지 않음은 어째서입니까?"
孟子께서 말씀하셨다. "감히 하지 못하는 것이다. 諸侯가 나라를 잃은 뒤에 諸侯에게 의탁함은 禮요, 선비가 諸侯에게 의탁함은 禮가 아니다."

集註 | 託은 寄也니 謂不仕而食其祿也라 古者에 諸侯出奔他國하여 食其廩餼(름희)를 謂之寄公[76]이라 士無爵土하여 不得比諸侯하니 不仕而食祿이면 則非禮也라

'託'은 의탁함이니, 벼슬하지 않으면서 그 祿을 먹음을 이른다. 옛날에 諸侯가 他國으로 달아나 그 나라 창고(國庫)의 곡식을 먹는 사람을 寄公이라 하였다. 선비는 작위와 토지가 없어서 諸侯에게 견줄 수 없으니, 벼슬하지 않으면서 祿을 먹는다면 禮가 아니다.

6-2. 萬章曰 君이 餽之粟則受之乎잇가 曰 受之니라 受之는 何義也잇고 曰 君之於氓也에 固周之니라

萬章이 물었다. "군주가 곡식을 주면 그것을 받습니까?"
孟子께서 말씀하셨다. "받는다."
"받는 것은 무슨 義입니까?"
"군주는 백성에 대해서 진실로 구휼해 주는 것이다."

---

76 寄公:《禮記》〈郊特牲〉에 "諸侯는 寓公(寄公)을 신하로 삼지 않는다. 그러므로 옛날 寓公은 代를 잇지 않는다.〔諸侯不臣寓公 故古者寓公不繼世〕"하였다. 《大全》에 "'寓'는 붙여 사는 것이다.〔寓 寄也〕"하였다. 《禮記》〈喪大記〉에 "군주의 초상에 아직 小斂을 하지 않았으면 寄公과 國賓을(國賓은 외국에서 사신으로 온 卿大夫) 위하여 나가서 맞이한다.〔君之喪 未小斂 爲寄公國賓 出〕"하였다.

··· 託 의탁할 탁 寄 붙일 기 廩 창고 름 餼 쌀 희 餽 줄 궤 粟 곡식 속 氓 백성 맹 周 구휼할 주

集註 | 周는 救也라 視其空乏이면 則周卹(恤)之 無常數하니 君待民之禮也라

'周'는 구휼함이다. 〈백성들이〉 空乏(식량이 떨어져 궁핍)함을 보면 〈군주가〉 구휼해 주는 것이 일정한 數가 없으니, 이것은 군주가 백성을 대하는 禮이다.

6-3. 曰 周之則受하고 賜之則不受는 何也잇고 曰 不敢也니라 曰 敢問 其不敢은 何也잇고 曰 抱關擊柝者 皆有常職하여 以食於上하나니 無常 職而賜於上者를 以爲不恭也니라

萬章이 물었다. "구휼해 주면 받고 하사해 주면 받지 않는 것은 어째서입니까?"
孟子께서 말씀하셨다. "감히 하지 못하는 것이다."
"감히 여쭙겠습니다. 감히 하지 못하는 것은 어째서입니까?"
"關門을 안고 목탁을 치는 자가 다 일정한 직책이 있어서 윗사람에게 祿을 먹으니, 일정한 직책이 없으면서 윗사람에게 하사받는 것을 不恭하다고 하는 것이다."

集註 | 賜는 謂予之祿이 有常數하니 君所以待臣之禮也라

'賜'는 祿을 주는 것이 일정한 數가 있음을 이르니, 군주가 신하를 대하는 禮이다.

6-4. 曰 君이 餽之則受之라하시니 不識케이다 可常繼乎잇가 曰 繆公之 於子思也에 亟(기)問하시고 亟餽鼎肉이어늘 子思不悅하사 於卒也에 摽使 者하여 出諸大門之外하시고 北面稽首再拜而不受하시고 曰 今而後에 知君之犬馬畜伋이라하시니 蓋自是로 臺無餽也하니 悅賢不能擧요 又不 能養也면 可謂悅賢乎아

萬章이 물었다. "군주가 구휼해 주면 받겠다 하시니, 알지 못하겠습니다. 항상 계속할 수 있습니까?"
孟子께서 말씀하셨다. "繆公이 子思에 대해서 자주 문안하시고 자주 삶은 고기를 주

··· 乏 다할 핍 卹 구휼할 휼 繆 나쁜시호 목(穆通) 亟 자주 기 鼎 솥 정 摽 손저을 표 稽 조아릴 계 畜 기를 휵
伋 이름 급 臺 하인 대

시자, 子思가 기뻐하지 아니하여 맨 마지막에는 손을 저어 使者를 대문 밖으로 내보내시고, 北面하여 머리를 조아려 再拜하며 받지 않으시고, 말씀하시기를 '지금에야 군주께서 개와 말로 나(伋)를 기름을 알았습니다.' 하셨으니, 이 뒤로부터 하인들이 물건을 갖다 줌이 없었으니, 賢者를 좋아하나 들어 쓰지 못하고 또 봉양하지도 못한다면 賢者를 좋아한다고 이를 수 있겠는가."

按說 | '亟問 亟餽鼎肉'에 대하여, 楊伯峻은

옛 사람들은 안부를 묻거나 문안을 드릴 때 대부분 선물을 보내어 정성스러운 마음을 나타냈으니, 여기의 '자주 문안하다(亟問)'와 '자주 삶은 고기를 주다(亟餽鼎肉)'는 한 가지 일인데 나누어 말한 것이다.

하였다.
'稽首再拜'에 대하여, 楊伯峻은

머리가 땅에 닿도록 절하는 것을 '稽首'라 하고, 무릎을 꿇고 두 손을 맞잡은 뒤에 머리를 손까지 숙여 가슴과 평행하게 하는 것을 '拜'라 한다.……再拜稽首를 吉拜라 하는데 禮物을 받아들임을 표시하고, 稽首再拜를 凶拜라 하는데 여기서는 禮物을 거절함을 나타낸다.

하였다.
'臺無餽也'에 대하여, 趙岐는

〈그 뒤로〉臺(下吏)가 음식을 가지고 오지 않았으니, 繆公이 노여워한 것이다.(臺不持餽來 繆公慍也)

하였고,《集註》에는 '繆公이 부끄러워하고 깨달아 이 뒤로부터는 하인으로 하여금 와서 물건을 갖다 주게 하지 않은 것이다.'라고 하였는데, 茶山은

참으로〈朱子의 說처럼〉繆公이 부끄러워하고 깨달았다면, 臺가 음식을 가지고 오지도 않고 푸줏간 사람이 고기를 대주거나 창고지기가 곡식을 대주지도 않는 그런 이치가 있겠는가. 趙岐의 說이 나은 듯하다.(誠若愧悟 則旣不臺餽 又不庖廩 有是理乎 趙說似長)

하였다. 楊伯峻은

'臺'는 '始'로 읽어야 한다. '蓋自是臺無餽'는 '魯 繆公이 이때부터 비로소 물건을 갖다 주는 일이 없었다.'고 한 것이다. 《說文解字》에 '始는 女의 처음이니,[77] 女가 뜻이고 台가 음인 形聲字이다.〔始 女之初也 從女 台聲〕' 하였는데, 臺와 台는 옛날에 음이 같았다.

라고 한 楊樹達의 說을 취하였다.

集註 | 亟는 數(삭)也라 鼎肉은 熟肉也라 卒은 末也라 摽는 麾也라 數以君命來餽면 當拜受之니 非養賢之禮라 故로 不悅而於其末後復來餽時에 麾使者出하고 拜而辭之하시니라 犬馬畜伋은 言不以人禮待己也라 臺는 賤官이니 主使令者[78]라 蓋繆公 愧悟하여 自此로 不復令臺來致餽也라 擧는 用也라 能養者 未必能用이어든 況又不能養乎아

'亟'는 자주이다. '鼎肉'은 삶은 고기이다. '卒'은 맨 마지막이다. '摽'는 손을 젓는 것이다. 자주 군주의 命으로 와서 물건을 주면 〈신하가〉 마땅히 그것을 절하고 받아야 하니, 이는 賢者를 봉양하는 禮가 아니다. 그러므로 子思가 기뻐하지 아니하여 맨 마지막에 다시 와서 물건을 줄 때에 使者를 손 저어 내보내시고 절하며 사양하신 것이다. '개와 말로 나를 기른다.'는 것은 사람의 禮로써 자신을 대접하지 않음을 말씀한 것이다. '臺'는 천한 관리이니, 使令을 주관하는(맡은) 자이다. 繆公이 부끄러워하고 깨달아 이 뒤로부터는 하인으로 하여금 와서 물건을 갖다 주게 하지 않은 것이다. '擧'는 등용함이다. 봉양을 잘하는 자가 반드시 등용하지는 못하는데, 하물며 또 봉양하지도 못함에 있어서랴.

6-5. 曰 敢問 國君이 欲養君子인댄 如何라야 斯可謂養矣리잇고 曰 以君

77 女의 처음이니 : 徐鍇의 《說文繫傳》에 《周易》〈序卦傳〉에 '천지가 있은 뒤에 만물이 있고, 만물이 있은 뒤에 남녀가 있고, 남녀가 있은 뒤에 부부가 있다.' 하였고, 또 《周易》〈坤卦 象〉에 '지극하다, 坤의 元이여! 만물이 의뢰하여 생겨난다.' 하였으니 坤은 母道이다.〔易曰 有天地然後 有萬物 有萬物然後 有男女 有男女然後 有夫婦 又曰 至哉 坤元 萬物資生 坤母道也〕' 하였다.

78 臺……主使令者 : 《春秋左傳》昭公 7년에 "벼슬하는 사람에 열 등급의 차등이 있으니…… 王은 公을 신하로 삼고 公은 大夫를 신하로 삼고 大夫는 士를 신하로 삼고 士는 皁를 신하로 삼고 皁는 輿를 신하로 삼고 輿는 隷를 신하로 삼고 隷는 僚를 신하로 삼고 僚는 僕을 신하로 삼고 僕은 臺를 신하로 삼는다.〔人有十等……王臣公 公臣大夫 大夫臣士 士臣皁(조) 皁臣輿 輿臣隷 隷臣僚 僚臣僕 僕臣臺〕" 하였다.

••• 數 자주 삭 麾 손저을 휘 愧 부끄러울 괴 悟 깨달을 오

命將之어든 再拜稽首而受하나니 其後에 廩人이 繼粟하며 庖人이 繼肉하여 不以君命將之니 子思以爲 鼎肉이 使己僕僕爾亟拜也라 非養君子之道也라하시니라

萬章이 말하였다. "감히 여쭙겠습니다. 國君이 君子를 봉양하고자 하면 어떻게 하여야 봉양한다고 이를 수 있겠습니까?"

孟子께서 말씀하셨다. "〈하인들이〉 군주의 命에 따라 물건을 가져오면 〈신하가〉 再拜하고 머리를 조아리며 받으니, 그 뒤에는 계속해서 廩人이 곡식을 대주며 庖人이 고기를 대주어서 군주의 명령에 의해 갖다 주지 않아야 한다. 子思는 '삶은 고기가 자기로 하여금 번거롭게 자주 절하게 하니, 君子를 봉양하는 禮가 아니다.'라고 여기신 것이다.

> 集註 | 初以君命來餽면 則當拜受니 其後에 有司各以其職으로 繼續所無요 不以君命來餽하여 不使賢者有亟拜之勞也라 僕僕은 煩猥貌라
>
> 처음에 군주의 명령에 따라 와서 물건을 주면 신하가 마땅히 절하고 받아야 하니, 그 뒤에는 有司들이 각각 자기 직책에 따라 없는 것을 계속해서 대주고, 군주의 명령으로 와서 물건을 주지 아니하여 賢者로 하여금 자주 절하는 수고로움이 있지 않게 하는 것이다. '僕僕'은 번거롭고 자잘한 모양이다.

6-6. 堯之於舜也에 使其子九男으로 事之하며 二女로 女焉하시고 百官牛羊倉廩을 備하여 以養舜於畎畝之中이러시니 後에 擧而加諸上位하시니 故로 曰王公之尊賢者也라하노라

堯임금은 舜에게 아홉 아들로 하여금 섬기게 하며 두 딸을 시집보내시고, 百官과 牛羊과 倉廩을 갖추어 舜을 畎畝의 가운데에서 봉양하게 하셨는데, 뒤에 들어서 윗자리에 올려놓으셨다. 그러므로 이것을 王公이 賢者를 높인 것이라고 말하는 것이다."

> 按說 | '擧而加諸上位'에 대하여, 楊伯峻은
>
> '加'는 위 〈公孫丑上〉 2장의 '夫子加齊之卿相'의 '加'와 같은 뜻이니, '거하다〔居〕'의 뜻

··· 廩 창고 름 庖 푸줏간 포 將 보낼 장 僕 두려울 복, 마부 복 煩 번거로울 번 猥 외람될 외, 번거로울 외
 畎 밭두둑 견 畝 밭이랑 묘(무)

이다.

하였다.

集註 | 能養, 能擧는 悅賢之至也라 惟堯舜이 爲能盡之하시니 而後世之所當法也
니라

능히 봉양하고 능히 들어 씀은 賢者를 좋아함이 지극한 것이다. 이는 오직 堯·舜만이 능히
다하셨으니, 後世에서 마땅히 본받아야 할 것이다.

|不見諸侯章|

7-1. 萬章曰 敢問不見諸侯는 何義也잇고 孟子曰 在國曰市井之臣이요
在野曰草莽之臣이라 皆謂庶人이니 庶人이 不傳質(贄)爲臣하여는 不敢
見於諸侯 禮也니라

萬章이 말하였다. "감히 여쭙겠습니다. 〈선비가〉 諸侯를 만나보지 않는 것은 무슨 義
입니까?"
孟子께서 말씀하셨다. "國都(서울)에 있는 자를 '市井之臣'이라 하고 초야에 있는 자
를 '草莽之臣'이라 하는데, 이들은 모두 庶人이라 이른다. 庶人이 폐백을 올려 신하가
되지 않았으면 감히 諸侯를 만나보지 않는 것이 禮이다."

按說 | '傳質(贄)'에 대하여, 楊伯峻은

庶人은 폐백으로 집오리를 사용하였다.《孟子音義》에 "폐백을 가지고 뵙기를 청할 적에 반
드시 명을 전달하는 자를 통하여 전하였기 때문에 '傳贄'라고 한 것이다." 했다.

하였다.

集註 | 傳은 通也라 質者는 士執雉하고 庶人執鶩하여 相見以自通者也라 國內莫非
君臣이나 但未仕者는 與執贄在位之臣으로 不同이라 故로 不敢見也니라

··· 莽 풀 망 傳 바칠 전 質 폐백 지(贄通) 雉 꿩 치 鶩 집오리 목

'傳'은 통함이다. '質'는, 士는 꿩을 잡고 庶人은 집오리를 잡아 서로 만나보면서 스스로 통하는 것이다. 國內는 君臣間 아님이 없으나 다만 벼슬하지 않는 자는 執贄하여 지위에 있는 신하와 같지 않다. 그러므로 감히 만나보지 않는 것이다.

7-2. 萬章曰 庶人이 召之役則往役하고 君이 欲見之하여 召之則不往見之는 何也잇고 曰 往役은 義也요 往見은 不義也니라

萬章이 물었다. "庶人이 〈군주가〉 불러 부역을 시키면 가서 부역을 하고, 군주가 자신을 만나보고자 하여 부르면 가서 만나 보지 않음은 어째서입니까?"
孟子께서 말씀하셨다. "가서 부역함은 義요, 가서 만나봄은 義가 아니기 때문이다.

集註 | 往役者는 庶人之職이요 不往見者는 士之禮라

가서 부역함은 庶人의 직책이요, 가서 만나보지 않음은 선비의 禮이다.

7-3. 且君之欲見之也는 何爲也哉오 曰 爲其多聞也며 爲其賢也니이다 曰 爲其多聞也인댄 則天子도 不召師온 而況諸侯乎아 爲其賢也인댄 則吾未聞欲見賢而召之也케라 繆公이 亟見於子思하고 曰 古에 千乘之國이 以友士하니 何如하니잇고 子思不悅曰 古之人이 有言曰 事之云乎언정 豈曰友之云乎리오하시니 子思之不悅也는 豈不曰 以位則子는 君也요 我는 臣也니 何敢與君友也며 以德則子는 事我者也니 奚可以與我友리오 千乘之君이 求與之友로되 而不可得也온 而況可召與아

또 군주가 그를 만나보고자 함은 어째서인가?"
萬章이 말하였다. "聞見이 많기 때문이며 어질기 때문입니다."
孟子께서 말씀하셨다. "聞見이 많기 때문이라면 天子도 스승을 부르지 못하는데, 하물며 諸侯에 있어서이겠는가. 어질기 때문이라면 나는 賢者를 만나보고자 하면서 불렀다는 말을 들어보지 못하였다. 〈옛날에 魯나라〉 繆公이 자주 子思를 뵙고 말하기를 '옛날에 千乘의 國君이 선비를 벗하였으니, 어떻습니까?' 하자, 子思께서 기뻐하지 않

··· 役 부역 역 亟 자주 기 奚 어찌 해

으며 말씀하시기를 '옛사람이 말하기를 「섬겼다고 할지언정 어찌 벗했다고 하겠는가.」 하였습니다.' 하셨으니, 子思께서 기뻐하지 않으신 까닭은 어찌 '지위로 보면 그대는 군주이고 나는 신하이니 내 어찌 감히 군주와 벗할 수 있으며, 德으로 보면 그대는 나를 섬기는 자이니 어찌 나와 더불어 벗할 수 있겠는가.'라고 생각하신 것이 아니겠는가. 千乘의 군주가 그와 벗하기를 구하여도 될 수 없는데, 하물며 함부로 부를 수 있겠는가.

按說 | '事之云乎 豈曰友之云乎'의 '云乎'에 대하여, 楊伯峻은

'云乎'는 어조사이다.〔云乎 辭也〕

하였다.

集註 | 孟子引子思之言而釋之하여 以明不可召之意하시니라

孟子께서 子思의 말씀을 인용하고 이것을 해석하여 부를 수 없는 뜻을 밝히신 것이다.

7-4. 齊景公이 田할새 招虞人以旌한대 不至어늘 將殺之러니 志士는 不忘在溝壑이요 勇士는 不忘喪其元이라하시니 孔子는 奚取焉고 取非其招不往也시니라

齊 景公이 사냥할 적에 虞人을 旌(깃발)으로 불렀는데 오지 않자 장차 죽이려 하였다. 〈孔子께서 虞人을 칭찬하시기를〉'志士는 〈죽어서〉 시신이 도랑에 버려짐을 잊지 않고 勇士는 〈싸우다가〉 자기 머리를 잃을 것을 잊지 않는다.' 하셨으니, 孔子께서는 무엇을 취하신 것인가? 자기의 〈신분에 맞는〉 부름이 아니면 가지 않음을 취하신 것이다."

按說 | '孔子奚取焉'에서 取한다 함은 그 점을 좋게 여김을 이른다.

集註 | 說見前篇하니라

해설이 前篇(滕文公下)에 보인다.

··· 釋 풀 석 虞 관직이름 우 旌 깃발 정 溝 도랑 구 壑 구렁 학 元 머리 원

7-5. 曰 敢問招虞人何以니잇고 曰 以皮冠이니 庶人은 以旃이요 士는 以 旂요 大夫는 以旌이니라

萬章이 말하였다. "감히 여쭙겠습니다. 虞人을 부를 때는 무엇을 사용합니까?"
孟子께서 말씀하셨다. "皮冠을 사용하니, 庶人은 旃을 사용하고 士는 旂를 사용하고 大夫는 旌을 사용한다.

> 集註ㅣ皮冠[79]은 田獵之冠也니 事見春秋傳[80]하니라 然則皮冠者는 虞人之所有事 也[81]라 故로 以是招之라 庶人은 未仕之臣이라 通帛曰旃이라 士는 謂已仕者라 交龍 爲旂요 析羽而注於旂干(竿)之首曰旌[82]이라

'皮冠'은 田獵할 때에 쓰는 冠이니, 이 일은 《春秋左傳》昭公 20년 조에 보인다. 그렇다면 皮冠은 虞人이 종사하는 바가 있는 것이다. 그러므로 이것으로 부르는 것이다. '庶人'은 아직 벼슬하지 않은 신하이다. 通帛(통째로 된 명주 비단)을 '旃'이라 한다. '士'는 이미 벼슬한 자를 이른다. 交龍(용 두 마리)을 두 마리를 그린 것을 '旂'라 하고, 꿩의 깃털을 쪼개어서 깃대의 머리에 단 것을 '旌'이라 한다.

7-6. 以大夫之招로 招虞人이어늘 虞人이 死不敢往하니 以士之招로 招

---

79 皮冠 : 壺山은 "〈皮冠〉은 가죽으로 만드니, 화살을 막는 것이다.〔以皮爲之 蓋禦矢也〕"하였고, 楊伯峻은 周柄中의 《孟子辨正》을 인용하여 '禮冠 위에 덮어쓰는 것'이라고 하였다.

80 事見春秋傳 : 《春秋左傳》昭公 20년에 다음과 같이 보인다. "齊 景公이 沛에서 사냥할 적에 虞人을 활로써 불렀는데 나오지 않았다. 齊 景公이 사람을 시켜 그를 잡아오게 하자, 虞人이 해명하기를 '옛날 우리 先君께서 사냥하실 적에 旃으로써 大夫를 부르고 弓으로써 士를 부르고 皮冠으로써 虞人을 부르셨습니다. 臣은 皮冠을 보지 못했기 때문에 감히 나아가지 못한 것입니다.' 하니, 마침내 그를 풀어주었다.〔齊侯田于沛 招虞人以弓 不進 公使執之 辭曰 昔我先君之田也 旃以招大夫 弓以招士 皮冠以招虞人 臣不見皮冠 故不敢進 乃舍之〕"

81 虞人之所有事也 : '有事'는 종사함이 있는 것으로, 虞人을 부를 적에 사냥할 때 쓰는 皮冠을 사용하는 이유는 그가 이 冠을 쓰고 사냥에 종사하기 때문임을 말한 것이다.

82 交龍爲旂 析羽而注於旂干之首曰旌 : 《周禮》〈春官宗伯 司常〉에 "해와 달을 그린 것을 常이라 하고, 交龍을 그린 것을 旂라 하고, 通帛을 旜(旃)이라 하고, 색깔 있는 실로 짜서 만든 것을 物이라 하고, 곰과 범을 그린 것을 旗라 하고, 새와 새매를 그린 것을 旟라 하고, 거북과 뱀을 그린 것을 旐라 하고, 꿩의 깃털을 쪼개지 않고 그대로 깃대에 단 것을 旞라 하고, 꿩의 깃털을 쪼개어 단 것을 旌이라 한다.〔日月爲常 交龍爲旂 通帛爲旜 雜帛爲物 熊虎爲旗 鳥隼爲旟 龜蛇爲旐 全羽爲旞 析羽爲旌〕"하였다.

⋯ 旃 깃발 전 旂 깃발 기(旗通) 旌 깃발 정 田 사냥 전 獵 사냥 렵 帛 흰비단 백 析 쪼갤 석 注 매달 주 干 장대 간(竿通)

庶人이면 庶人이 豈敢往哉리오 況乎以不賢人之招로 招賢人乎아

大夫의 부름으로써 虞人을 불렀는데 虞人이 죽어도 감히 가지 않았으니, 士의 부름으로써 庶人을 부른다면 庶人이 어찌 감히 갈 수 있겠는가. 하물며 어질지 않은 사람의 부름으로써 賢人을 부름에 있어서랴.

> 集註ㅣ 欲見而召之는 是不賢人之招也라 以士之招로 招庶人이면 則不敢往이요 以不賢人之招로 招賢人이면 則不可往矣니라
>
> 만나보고자 하면서 부른다면 이것은 어질지 않은 사람의 부름인 것이다. 士의 부름으로써 庶人을 부르면 감히 가지 못하는 것이요, 어질지 못한 사람의 부름으로써 賢人을 부르면 갈 수 없는 것이다.

7-7. 欲見賢人而不以其道면 猶欲其入而閉之門也니라 夫義는 路也요 禮는 門也니 惟君子能由是路하며 出入是門也니 詩云 周道如底(지)하니 其直如矢로다 君子所履요 小人所視라하니라

賢人을 만나보고자 하면서 그 道로써 하지 않는다면 마치 문에 들어가고자 하면서 문을 닫는 것과 같다. 義는 〈사람이 걸어가야 할〉 길이요 禮는 〈사람이 출입하는〉 문이니, 오직 君子만이 능히 이 길을 따르며 이 문으로 출입한다. 《詩經》에 이르기를 '周道(큰길)가 평탄함이 숫돌과 같으니, 그 곧음이 화살과 같도다. 君子(爲政者)가 밟는 바요 小人(백성)이 우러러보는 바이다.' 하였다."

> 集註ㅣ 詩는 小雅大東之篇이라 底는 與砥同하니 礪石也니 言其平也요 矢는 言其直也라 視는 視以爲法也라 引此하여 以證上文能由是路之義[83]하시니라
>
> 詩는 〈小雅 大東〉篇이다. '底'는 砥와 같으니 숫돌이니, 그 평평함을 말한 것이요, '矢'는 그 곧음을 말한 것이다. '視'는 보고서 본받음이다. 이것을 인용하여 윗글의 '능히 이 길을

---

83 以證上文能由是路之義 : 慶源輔氏(輔廣)는 "周道가 君子의 밟는 바라는 것을 가지고 '義로운 길이 賢者가 따르는 바임을 증명한 것이다.〔以周道爲君子所履 證義路爲賢者所由〕" 하였다.

… 閉 닫을 폐 周 두루 주 底 숫돌 지(砥同) 矢 화살 시 履 밟을 리 礪 숫돌 려

따른다.'는 뜻을 증명하신 것이다.

7-8. 萬章曰 孔子는 君이 命召어시든 不俟駕而行하시니 然則孔子非與잇 가 曰 孔子는 當仕有官職而以其官召之也시니라

萬章이 말하였다. "孔子께서는 군주가 명하여 부르면 말에 멍에하기를 기다리지 않고 가셨으니, 그렇다면 孔子께서 잘못하신 것입니까?"
孟子께서 말씀하셨다. "孔子께서는 마침 벼슬길에 나아가 맡은 관직이 있었는데, 그 관 직으로 불렀기 때문이셨다."

> 按說 | '孔子……不俟駕而行'은 《論語》〈鄕黨〉 13장에 그대로 보인다.

集註 | 孔子方仕而任職이어시늘 君이 以其官名召之라 故로 不俟駕而行하시니라
徐氏曰 孔子, 孟子易地則皆然이시리라

孔子는 벼슬길에 나아가 직책을 맡고 계셨는데, 군주가 그 官名으로 불렀기 때문에 말에 멍 에하기를 가다리지 않고 가신 것이다.
徐氏(徐度)가 말하였다. "孔子와 孟子께서 처지를 바꾸었다면 모두 그러하셨을 것이다."

章下註 | ○ 此章은 言不見諸侯之義 最爲詳悉하니 更合陳代, 公孫丑所問[84]者而 觀之하면 其說이 乃盡이니라

○ 이 章은 諸侯를 만나보지 않는 義를 말씀한 것이 가장 상세하니, 다시 陳代와 公孫丑가 물은 것을 합하여 살펴보면 그 말이 비로소 극진하게 될 것이다.

|一鄕善士章(尙友章)|

8-1. 孟子謂萬章曰 一鄕之善士라야 斯友一鄕之善士하고 一國之善

84　陳代公孫丑所問 : 앞의 〈滕文公下〉 1장과 7장에 각각 보이는바, 陳代가 '不見諸侯 宜若小然'이라고 물은 것과 公孫丑가 '不見諸侯 何義'라고 물은 것을 이른다.

··· 俟 기다릴 사 駕 말멍에할 가 悉 다할 실

士라야 斯友一國之善士하고 天下之善士라야 斯友天下之善士니라

孟子께서 萬章에게 이르시기를 "한 고을의 善士여야 한 고을의 善士를 벗할 수 있고, 一國의 善士여야 一國의 善士를 벗할 수 있고, 天下의 善士여야 天下의 善士를 벗할 수 있는 것이다.

集註 | 言 己之善이 蓋於一鄕然後에 能盡友一鄕之善士[85]니 推而至於一國天下에 도 皆然하니 隨其高下하여 以爲廣狹[86]也니라

자신의 善이 한 고을을 덮을 만한 뒤에야 한 고을의 善士를 다 벗할 수 있다. 이를 미루면 一國과 天下에 이르러서도 모두 그러하니, 그 〈人品의〉 高下에 따라 넓고 좁음을 삼음을 말씀하였다.

8-2. 以友天下之善士로 爲未足하여 又尙論古之人하나니 頌其詩하며 讀其書호되 不知其人이 可乎아 是以로 論其世也니 是尙友也니라

天下의 善士를 벗하는 것으로 만족스럽지 못하게 여겨 또다시 위로 올라가서 옛사람을 논하니, 그의 詩를 외우며 그의 글을 읽으면서도 그의 사람됨을 알지 못한다면 되겠는가. 이 때문에 그 當世〈에 行事의 자취〉를 논하는 것이니, 이는 위로 올라가서 벗하는 것이다."

按說 | '論其世也'에 대하여, 趙岐는

그 글을 읽는 자가 아직도 古人의 高下(先後)를 알지 못함을 염려했기 때문에 그 시대를 논하여 구별한 것이다. 三皇 시대의 인물이 上이 되고 五帝 시대의 인물이 다음이 되고 三王

---

85 己之善……能盡友一鄕之善士 : 茶山은 이 章의 뜻을 두 가지로 보았는데, 하나는 朱子의 說로 '반드시 한 고을을 통틀어 제일가는 善士인 연후에야 비로소 한 고을의 모든 수많은 善士와 모두 벗할 수 있다.〔必也通一鄕第一善士 然後能盡友擧一鄕許多善士〕'는 것이고, 다른 한 說은 '자신의 德이 한 고을 가운데 善士가 되기에 충분한 뒤에야 비로소 한 고을의 善士 가운데 자신과 德이 같은 자와 벗할 수 있다.〔己之德 足爲一鄕中善士 然後方得友一鄕中善士之與己同德者〕'는 것이다.

86 廣狹 : 茶山은 "'廣狹'의 뜻은 '사람의 많고 적음'으로 보아야 할 듯하다.〔廣狹之義 恐當以衆寡看矣〕" 하였다.

··· 蓋 덮을 개 隨 따를 수 廣 넓을 광 狹 좁을 협 尙 윗상, 오를상 頌 외울 송(誦通)

시대의 인물이 下가 된다.〔讀其書者 猶恐未知古人高下 故論其世以別之也 在三皇之
世爲上 在五帝之世爲次 在三王之世爲下〕

하였고, 朱子는 '그 당시 行事(행실과 일)의 자취를 논하는 것〔論其當世行事之迹〕'이라
하였다. 茶山은

朱子의 '行事之迹' 네 글자는 〈쓸데없이〉 덧붙여진 것이 아니겠는가. '世' 한 글자가 이런
뜻을 포함할 수 없다.〔行事之迹四字 非添出乎 世一字無以含此意思〕

하였으니, 朱子는 '論其世'를 古人의 개인적 행적을 논함으로써 그 인물됨을 아는 것으
로 해석한 반면, 茶山은 趙岐의 說을 취하여,《詩經》·《書經》의 각 편이 지어진 시기, 當
時 시대적 상황, 왕·제후·대부의 世系 등을 파악하는 것으로 해석한 것이다. 또 茶山은

그 詩를 외우며 그 글을 읽으면서도 그 時世를 소홀히 여기는 것은 후세의 弊習이다. 趙岐
의 註를 어찌 없앨 수 있겠는가.〔誦其詩讀其書而漫其時世者 後世之弊習也 趙註其可
沒乎〕

하였다.

集註 | 尙은 上同하니 言進而上也라 頌은 誦通이라 論其世는 論其當世行事之迹也
라 言 旣觀其言이면 則不可以不知其爲人之實이라 是以로 又考其行也라 夫能友
天下之善士면 其所友衆矣로되 猶以爲未足하여 又進而取於古人하니 是能進其取
友之道하여 而非止爲一世之士矣니라

'尙'은 上과 같으니, 나아가 위로 올라감을 말한다. '頌'은 誦과 통한다. '그 當世를 논한
다.'는 것은 그 당시 行事(행실과 일)의 자취를 논하는 것이다. 이미 그의 말(글)을 관찰하
였으면 그의 사람됨의 실제를 알지 않을 수 없기 때문에 또다시 그 行實을 상고함을 말씀한
것이다. 능히 天下의 善士와 벗한다면 벗 삼은 사람이 많은데도 오히려 만족스럽지 못하게
여겨서 또 나아가 古人에게서 취하니, 이는 능히 그 벗을 취하는 道를 진전하여 다만 一世
의 선비를 벗할 뿐만이 아닌 것이다.

··· 迹 자취 적 考 상고할 고 猶 오히려 유

9-1. 齊宣王이 問卿한대 孟子曰 王은 何卿之問也시니잇고 王曰 卿이 不同乎잇가 曰 不同하니 有貴戚之卿하며 有異姓之卿하니이다 王曰 請問貴戚之卿하노이다 曰 君有大過則諫하고 反覆之而不聽則易位니이다

齊宣王이 卿을 묻자, 孟子께서 "王은 어떤 卿을 물으십니까?" 하고 反問하셨다.

王이 말씀하기를 "卿이 똑같지 않습니까?" 하였다.

孟子께서 말씀하셨다. "똑같지 않으니, 貴戚의 卿도 있으며 異姓의 卿도 있습니다."

王이 말씀하였다. "貴戚의 卿을 묻습니다."

孟子께서 말씀하셨다. "君主가 큰 잘못이 있으면 諫하고 반복하여도 듣지 않으면 君主의 자리를 바꿉니다."

集註 | 大過는 謂足以亡其國者라 易位는 易君之位하고 更(경)立親戚87之賢者라 蓋與君有親親之恩하고 無可去之義하니 以宗廟爲重하여 不忍坐視其亡이라 故로 不得已而至於此也니라

'大過'는 충분히 그 나라를 망칠 수 있는 잘못을 이른다. '易位'는 군주의 자리를 바꾸고 친척 중에 어진 자로 바꾸어 세우는 것이다. 이것은 군주와 親親(친족을 친애함)의 은혜가 있고 떠날 수 있는 義가 없으니, 宗廟를 중하게 여겨 차마 앉아서 그 망함을 볼 수 없으므로 부득이하여 이에 이르는 것이다.

9-2. 王이 勃然變乎色한대

王이 勃然히 얼굴빛을 변하자,

集註 | 勃然은 變色貌라

'勃然'은 얼굴빛을 변하는 모양이다.

---

87 親戚 : 新安陳氏(陳櫟)는 "옛 사람의 이른바 '親戚'은 모두 天倫의 親屬(일가친족)을 가리킨 것이다.〔古人所謂親戚 並指天屬之親〕" 하였다.

··· 異 괴이할 이 戚 친척 척 更 바꿀 경 勃 변색할 발

9-3. 曰 王은 勿異也하소서 王이 問臣하실새 臣이 不敢不以正對호이다

孟子께서 말씀하셨다. "王은 괴이하게 여기지 마소서. 王께서 臣에게 물으셨기에 臣이 감히 바른대로 대답하지 않을 수 없었습니다."

> 按說 | '不敢不以正對'에 대하여, 楊伯峻은
>
> 《論語》〈述而〉33장에 '진실로 저희 弟子들이 배울 수 없는 점입니다.〔正唯弟子不能學也〕'에 대한 鄭玄의 註에 '魯나라에서는 正을 誠으로 읽는다.' 하였으니, 여기의 '正'도 誠(진실, 성실)으로 읽어야 한다.
>
> 하였다.

集註 | 孟子言也라

孟子께서 말씀하신 것이다.

9-4. 王이 色定然後에 請問異姓之卿한대 曰 君有過則諫하고 反覆之而不聽則去니이다

王이 얼굴빛이 안정된 뒤에 異姓의 卿에 대해 묻자, 孟子께서 말씀하셨다. "君主가 잘못이 있으면 간하고, 반복하여도 듣지 않으면 떠나갑니다."

集註 | 君臣은 義合하니 不合則去니라

君臣間은 義로써 합하였으니, 〈道가〉 합하지 않으면 떠나가는 것이다.

章下註 | ○ 此章은 言 大臣之義는 親疏不同이라 守經‚ 行權이 各有其分[88]하니 貴戚

---

88 守經行權 各有其分 : 新安陳氏(陳櫟)는 "친한 자는 權道를 행할 수 있고 소원한 자는 오직 經道를 지켜야 하는 것이다.〔親者 可以行權 疏者 惟當守經〕" 하였다. '經'은 經常的인 正道이고 '權'은 부득이하여 사세를 저울질해서 행하는 權道로, 군주의 잘못을 간하여 듣지 않으면 떠나는 것은 經道이고, 부득이하여 군주를 바꿔 세우는 것은 權道이다.

…   諫 간할 간 疏 소원할 소 經 떳떳할 경 權 저울질할 권, 권도 권

之卿은 小過를 非不諫也로되 但必大過而不聽이라야 乃可易位요 異姓之卿은 大過를 非不諫也로되 雖小過而不聽이라도 已可去矣라 然이나 三仁[89]은 貴戚이로되 不能行之於紂하고 而霍光은 異姓이로되 乃能行之於昌邑[90]하니 此又委任權力之不同이니 不可以執一論也니라

○ 이 章은 大臣의 義理는 親疏가 똑같지 않으므로 經道(正道)를 지키고 權道를 행함이 각기 그 분별이 있음을 말씀하신 것이다. 貴戚의 卿은 작은 잘못을 간하지 않는 것이 아니나 다만 반드시 큰 잘못을 〈간해도 군주가〉 듣지 않아야 자리를 바꿀 수 있는 것이요, 異姓의 卿은 큰 잘못을 간하지 않는 것이 아니나 비록 작은 잘못을 〈간하여 군주가〉 듣지 않더라도 이미 떠날 수 있는 것이다. 그러나 三仁은 貴戚인데도 이것을 紂王에게 행하지 못하였고, 霍光은 異姓이었으나 도리어 이것을 昌邑王에게 행하였으니, 이는 또 委任한 權力이 똑같지 않았기 때문이니, 한 가지만을 고집하여 논할 수는 없다.

---

89 三仁 : 殷나라 말기의 세 仁者로 比干·箕子·微子를 가리키는바, 《論語》〈微子〉 1장에 자세히 보인다.

90 霍光……乃能行之於昌邑 : 霍光은 前漢의 名將으로 武帝의 顧命을 받고 昭帝를 보필하였다. 昭帝가 죽은 다음 아들이 없어 昌邑王 劉賀를 후계자로 맞이하였으나 劉賀가 酒色에 빠지자 즉시 축출하고 宣帝를 옹립하여 國基를 튼튼히 하였다. 《大全》에는 《漢書》〈霍光傳〉의 기록을 다음과 같이 인용하고 있다. "昌邑王 賀는 武帝의 손자이고 昌邑 哀王의 아들이다. 즉위하여 음란한 짓을 행하니, 霍光이 걱정스럽고 답답하여 은밀히 친분이 있는 옛 관리인 大司農 田延年에게 묻자, 田延年이 대답하기를 '將軍이 국가의 柱石이 되었으니, 이 사람이 不可함을 아신다면 어찌 太后에게 여쭙고 다시 賢者를 선택하여 세우지 않습니까?' 하였다. 霍光이 '지금 내가 이와 같이 하고자 하는데, 옛날에도 일찍이 이런 일이 있었는가?' 하니, 田延年이 대답하기를 '伊尹이 殷나라에 정승으로 있을 적에 太甲을 폐위하여 종묘를 편안히 하자, 세상에서는 그의 충성을 칭찬하였으니, 장군께서 만약 능히 이것을 행하신다면 또한 漢나라의 伊尹입니다.' 하였다. 霍光은 마침내 田延年을 給事中으로 등용하여 은밀히 車騎將軍 張安世와 계책을 도모하였다. 霍光이 여러 신하들과 함께 太后를 뵙고 昌邑王이 종묘를 받들 수 없는 상황을 자세히 아뢰자, 皇太后가 마침내 수레를 타고 未央宮 承明殿에 행차하여 昌邑王을 불러 앞에 엎드려 詔命을 듣게 하였다. 霍光이 여러 신하와 함께 連名하여 왕의 잘못을 아뢰어 尙書令이 이 글을 다 읽자, 霍光이 창읍왕으로 하여금 일어나 절하고 詔命을 받게 하고는 즉시 그의 손을 잡아 玉璽를 맨 끈을 풀어 벗기고 昌邑王을 부축하여 대궐에서 내려가 昌邑王의 邸宅으로 보냈다.〔昌邑王賀 武帝之孫 昌邑哀王之子也 卽位 行淫亂 光憂懣 獨以問所親故吏大司農田延年 延年曰 將軍爲國柱石 審此人不可 何不建白太后 更選賢而立之 光曰 今欲如是 於古嘗有否 延年曰 伊尹相殷 廢太甲 以安宗廟 世稱其忠 將軍若能行此 亦漢之伊尹也 光乃引延年給事中 陰與車騎將軍張安世 圖計 光與群臣 俱見白太后 具陳昌邑王不可以承宗廟狀 皇太后乃車幸未央承明殿 召昌邑王 伏前聽詔 光與群臣 連名奏王 尙書令讀畢 光令王起拜受詔 乃卽持其手 解脫其璽組 扶王下殿 送至昌邑邸〕"

··· 霍 성곽

告子章句 上

集註 | 凡二十章[91]이라

모두 20章이다.

|性猶杞柳章|

1-1. 告子曰 性은 猶杞柳也요 義는 猶桮棬也니 以人性爲仁義는 猶以杞柳爲桮棬이니라

告子가 말하였다. "性은 杞柳(땅버들)와 같고 義는 땅버들로 만든 그릇과 같으니, 사람의 本性을 가지고 仁義를 행함은 杞柳를 가지고 그릇을 만드는 것과 같다."

> 按説 | '杞柳'와 '桮棬'에 대하여, 朱子는
>
> 杞柳는 지금의 상자를 만드는 버들인데 북쪽 지방 사람들은 이것으로 화살을 만들고 柳箭이라 이르니, 바로 땅버들이다.[杞柳 只是而今做合箱底柳 北人以此爲箭 謂之柳箭 卽蒲柳也]《語類》

---

91 凡二十章:勿軒熊氏(熊禾)는 "首章에서 6장까지는 性을 말하였고, 7장부터 19장까지는 心을 말하였고, 마지막 章은 學을 말하였다.〔首章至六章言性 七章至十九章言心 末章言學〕" 하였다.

⋯ 杞 땅버들 기 桮 그릇 배 棬 그릇 권

하였다. 新安陳氏(陳櫟)는

'義猶桮棬也'는 '義' 위에 '仁'字가 빠졌다.〔義猶桮棬也 義上脫一仁字〕

하였다.

'桮'는 杯와 같다. 楊伯峻은《禮記》〈玉藻〉에 "어머니가 돌아가시면 차마 쓰시던 땅버들로 만든 그릇으로 마시지 못한다.〔母沒而杯圈不能飮焉〕"라고 한 것의 '杯圈'이 바로 여기의 '桮棬'이라 하였다.

集註ㅣ性者는 人生所稟之天理也라 杞柳는 柜柳요 桮棬은 屈木所爲니 若巵匜之屬이라 告子言 人性이 本無仁義하여 必待矯揉[92]而後成이라하니 如荀子性惡之說[93]也라

性은 사람이 태어날 때에 받은 바의 天理이다. '杞柳'는 柜柳요 '桮棬'은 나무를 굽혀 만든 것이니, 巵와 匜의 등속이다. 告子가 "人性은 본래 仁義가 없어서 반드시 矯揉하기를 기다린 뒤에야 이루어진다."라고 말하였으니, 荀子의 性惡說과 같다.

1-2. 孟子曰 子能順杞柳之性而以爲桮棬乎아 將戕賊杞柳而後에 以爲桮棬也니 如將戕賊杞柳而以爲桮棬이면 則亦將戕賊人하여 以爲仁義與아 率天下之人而禍仁義者는 必子之言夫인저

孟子께서 말씀하셨다. "그대는 杞柳의 성질을 順히 하여 桮棬을 만드는가? 장차 杞柳를 해친 뒤에야 桮棬을 만들 것이니, 만일 장차 杞柳를 해쳐서 桮棬을 만든다면 또한 장차 사람을 해쳐서 仁義를 하겠는가? 천하 사람을 몰아서 仁義를 해칠 것은 반드시 그대의 이 말일 것이다."

集註ㅣ言 如此면 則天下之人이 皆以仁義爲害性而不肯爲하리니 是는 因子之言而爲仁義之禍也라

---

92 矯揉:'矯'는 굽은 것을 바로잡음을 이르고, '揉'는 곧은 것을 휨을 이른다.
93 荀子性惡之說:《荀子》〈性惡篇〉에 "사람의 性은 惡하니, 그 善한 것은 僞(人爲)이다.〔人之性惡 其善者僞也〕"라고 보인다.
··· 稟 받을 품 柜 버들 거 巵 술잔 치 匜 술그릇 이 矯 바로잡을 교 揉 휠 유 荀 성 순 戕 해칠 장 賊 해칠 적 肯 즐길 긍

'이와 같다면 천하 사람들이 모두 仁義를 本性을 해치는 것이라고 여겨서 즐겨 하려하지 않을 것이니, 이는 그대의 말로 인하여 仁義의 禍가 되는 것이다.' 라고 말씀한 것이다.

|湍水章|

2-1. 告子曰 性은 猶湍水也라 決諸東方則東流하고 決諸西方則西流하나니 人性之無分於善不善也 猶水之無分於東西也니라

告子가 말하였다. "性은 여울물과 같다. 이것을 東方으로 터놓으면 동쪽으로 흐르고 西方으로 터놓으면 서쪽으로 흐르니, 人性이 善과 不善에 구분이 없음은 마치 물이 東·西에 분별이 없는 것과 같다."

集註 | 湍은 波流瀠回之貌也라 告子因前說而小變之[94]하니 近於揚子善惡混之說[95]하니라

'湍'은 물결이 맴도는 모양이다. 告子가 앞의 말을 따르면서 약간 변화시켰으니, 揚子(揚雄)의 '善과 惡이 뒤섞여 있다.' 는 말에 가깝다.

2-2. 孟子曰 水信無分於東西어니와 無分於上下乎아 人性之善也 猶水之就下也니 人無有不善하며 水無有不下니라

孟子께서 말씀하셨다. "물은 진실로 東·西에 분별이 없지만 上·下에도 분별이 없단 말인가? 人性의 善함은 물이 아래로 내려가는 것과 같으니, 사람은 不善한 사람이 없으며 물은 아래로 내려가지 않는 것이 없다.

---

94 告子因前說而小變之 : '앞의 말을 따름'은 여기에서도 앞 장과 마찬가지로 性을 氣로 여김을 의미하고, '약간 변화시킴'은 앞 장에서는 性惡을, 이 장에서는 性無善惡을 주장함을 가리킨다.

95 揚子善惡混之說 : 揚子는 前漢 말기의 학자인 揚雄을 가리키는데, 그가 지은 《法言》〈修身〉에 "사람의 性은 善과 惡이 뒤섞여 있으니, 善을 닦으면 善한 사람이 되고 惡을 닦으면 惡한 사람이 된다. 氣란 〈통솔하는 것에 따라〉 善으로도 가고 惡으로도 가는 말(馬)일 것이다.〔人之性也 善惡混 修其善則爲善人 修其惡則爲惡人 氣也者 所以適善惡之馬也與〕"라고 보인다.

··· 湍 여울물 단 決 터놓을 결 波 물결 파 瀠 돌아흐를 형 混 섞일 혼 就 나아갈 취

集註 | 言 水誠不分東西矣어니와 然이나 豈不分上下乎아 性卽天理니 未有不善者
也니라

'물은 진실로 東·西에 분별이 없지만 그러나 어찌 上·下에 분별이 없겠는가.'라고 말씀한
것이다. 性은 바로 天理이니, 不善함이 있지 않다.

2-3. 今夫水를 搏而躍之면 可使過顙이며 激而行之면 可使在山이어니와
是豈水之性哉리오 其勢則然也니 人之可使爲不善이 其性이 亦猶是
也니라

지금 물을 쳐서 튀어 오르게 하면 이마를 지나게 할 수 있으며, 激하여 흘러가게 하면
산에 있게 할 수 있지만 이것이 어찌 물의 本性이겠는가. 그 勢가 그러한 것이니, 사람
이 不善을 하게 함은 그 性이 또한 이와 같은 것이다."

집註 | 搏은 擊也라 躍은 跳也라 顙은 額也라 水之過額在山은 皆不就下也라 然이나
其本性은 未嘗不就下요 但爲搏擊所使而逆其性耳니라

'搏'은 침이다. '躍'은 뜀(튐)이다. '顙'은 이마이다. 물이 이마를 지나고 산에 있음은 모두
아래로 내려가지 않는 것이다. 그러나 그 本性은 일찍이 아래로 내려가지 않는 것이 아니
요, 다만 치고 격함에 부림을 당하여 그 本性을 거슬렀을 뿐이다.

章下註 | ○ 此章은 言 性本善故로 順之而無不善이요 本無惡故로 反之[96]而後에 爲
惡이니 非本無定體하여 而可以無所不爲也니라

○ 이 章은 性이 본래 善하기 때문에 順히 하면 不善함이 없고, 본래 惡함이 없기 때문에
반대로 한 뒤에야 惡을 하니, 본래 정해진 體가 없어서 하지 못하는 바가 없는 것이 아님을
말씀한 것이다.

---

96 反之:新安陳氏(陳櫟)는 "'反之'는 '逆之'라는 말과 같으니, 張子(張載)의 이른바 '잘 되돌린다.'는 말
    과는 같지 않다. 저 張子의 말씀은 바로 회복함을 말한 것이다.〔反之 猶云逆之 與張子所謂善反之不
    同 彼乃復之之謂〕" 하였다. '善反之'는 본성을 잘 회복하여 보존함을 이른다.

… 搏 칠박 躍 뛸약 顙 이마상 激 격할격 擊 칠격 跳 뛸도 額 이마액

|生之謂性章|

3-1. 告子曰 生之謂性이니라

告子가 말하였다. "生(타고난 본능)을 性이라 한다."

按說 | '生之謂性'에 대하여, 《大全》에

타고난 것(生)을 일러 氣라 하고, 타고나게 한 理를 일러 性이라 한다.(生之謂氣 生之理之謂性)

하였다. 여기에서 말한 生은 사람이나 동물의 본능을 가리킨 것이다.

集註 | 生은 指人物之所以知覺運動者而言[97]이라 告子論性前後四章이 語雖不同이나 然其大指는 不外乎此[98]하니 與近世佛氏所謂作用是性[99]者로 略相似하니라

---

97 生 指人物之所以知覺運動者而言 : 朱子는 "'生之謂性'은 다만 氣에 나아가 말한 것이니, 이는 사람도 허다한 知覺과 運動이 있고 물건(동물)도 허다한 知覺과 運動이 있어서 사람과 물건이 똑같음을 말한 것이다. 그러나 사람이 물건과 다른 이유는 사람은 바른 氣를 얻었으므로 허다한 道理를 온전히 얻었고, 물건은 氣가 어두워 理 또한 어두운 것인데, 告子가 이를 모른 것이다.(生之謂性 只是就氣上說得 蓋謂人也有許多知覺運動 物也有許多知覺運動 人物只一般 却不知人所以異於物者 以其得正氣 故其得許多道理 如物則氣昏而理亦昏了)" 하였다.《語類》

98 然其大指 不外乎此 : 朱子는 告子가 性을 논한 여러 章의 大旨가 이 '生之謂性'이라는 말에 근본한다고 하면서 다음과 같이 부연하였다. "告子는 理가 性이 됨을 모르고서 마침내 사람의 몸에 나아가 능히 지각·운동을 할 수 있는 것을 가리켜 性에 해당시켰으니, 이른바 '生'이라는 것이 이것이다. 처음에는 性이 다만 지각·운동을 할 수 있어서 가르침이 아니면 이루어지지 않는다고 보았기 때문에 杞柳의 비유를 하였다. 그러다가 孟子의 말씀에 굽히고 나서는 자신의 說이 惡에 치우친 것을 병통으로 여기고 다시 이어 湍水의 비유를 해서, 性이 다만 지각·운동을 할 수 있을 뿐 善과 惡의 구분이 있는 것은 아니라고 보았다. 다시 孟子께서 자신의 뜻을 깨닫지 못했다고 여겨, 또 이 장에서 자신이 논의를 세운 본뜻을 지극히 하여 다 말하였고, 孟子께서 이를 꺾으심에 미쳐서는 그 說이 다시 궁하였으나 끝내 자신이 틀렸음을 깨닫지 못하였다. 그가 食色을 가지고 性이라고 말한 것도 生을 性이라 하는 것과 대체로 같으며 公都子가 인용한 바도 湍水의 비유에 덧붙인 의논이다. 이로써 살펴보면 告子가 性을 논한 모든 것이 生의 한 글자에서 벗어나지 않음이 분명하다.(告子不知理之爲性 乃卽人之身 而指其能知覺運動者以當之 所謂生者是也 始而見其但能知覺運動 非敎不成 故有杞柳之譬 旣屈於孟子之言 而病其說之偏於惡也 則又繼而爲湍水之喩 以見其但能知覺運動 而非有善惡之分 又以孟子爲未喩己之意也 則又於此章極其立論之本意而索言之 至於孟子折之 則其說又窮 而終不悟其非也 其以食色爲言 蓋猶生之云爾 而公都子之所引 又湍水之餘論也 以是考之 凡告子之論性 其不外乎生之一字明矣)"《或問》

99 作用是性 : 禪家의 말로, 눈으로 보고 귀로 들으며 손으로 잡고 발로 걷는 등의 모든 作用(본능)을 性이

⋯ 指 가리킬 지, 뜻 지 外 벗어날 외 略 대략 략

'生'은 사람과 물건(동물)이 知覺하고 운동하는 것을 가리켜 말한 것이다. 告子가 性을 논한 앞뒤의 네 章이 말은 비록 똑같지 않으나 그 大指는 이에서 벗어나지 않으니, 近世에 佛家의 이른바 '作用하는 것이 性이다.'라는 것과 대략 비슷하다.

3-2. 孟子曰 生之謂性也는 猶白之謂白與아 曰 然하다 白羽之白也 猶白雪之白이며 白雪之白이 猶白玉之白與아 曰 然하다

孟子께서 말씀하셨다. "生을 性이라 함은 白色을 白色이라고 이르는 것과 같은가?"
告子가 말하였다. "그러하다."
"그렇다면 白羽의 白色이 白雪의 白色과 같으며, 白雪의 白色이 白玉의 白色과 같은가?"
"그러하다."

> 集註 | 白之謂白은 猶言凡物之白者를 同謂之白이요 更無差別也라 白羽以下는 孟子再問에 而告子曰然이라하니 則是謂凡有生者는 同是一性矣니라

'白之謂白'은 모든 물건의 白色을 똑같이 白色이라 이르고 다시 차별이 없다는 말과 같다. '白羽' 이하는 孟子께서 다시 물으심에 告子가 "그렇다."고 대답하였으니, 그렇다면 이는 모든 生을 가지고 있는 것은 똑같이 한 性이라고 말한 것이다.

3-3. 然則犬之性이 猶牛之性이며 牛之性이 猶人之性與아

〈孟子께서 말씀하셨다.〉 "그렇다면 개의 性이 소의 性과 같으며, 소의 性이 사람의 性과 같은가?"

라 한다. 朱子는 〈告子의 說은〉 바로 禪家에서 '부처란 무엇인가? 性을 보면 부처가 된다. 性이란 무엇인가? 作用하는 것이 性이다.'라고 하는 說과 같다. 이는 눈이 보고 귀가 듣고 손이 잡고 발이 움직이고 달리는 것이 모두 性이라고 말한 것인데, 이리저리 반복하여 말하였으나 다만 形而下를 말한 것이다.〔正如禪家說 如何是佛 曰見性成佛 如何是性 曰作用是性 蓋謂目之視 耳之聽 手之執捉 足之運奔 皆性也 說來說去 只說得箇形而下者〕하였다.《語類》 또 말씀하기를 "예컨대 손은 잡을 수 있지만 만약 칼을 잡고 함부로 사람을 죽이더라도 이것을 性이라 할 수 있겠는가.〔且如手執捉 若執刀胡亂殺人 亦可爲性乎〕"하였다.《語類 釋氏》

··· 差 다를 차

集註 | 孟子又言 若果如此면 則犬牛與人이 皆有知覺하고 皆能運動하니 其性이 皆無以異矣라하시니 於是에 告子自知其說之非하고 而不能對也하니라

孟子께서 또 말씀하시기를 "만일 이와 같다면 개와 소와 사람이 모두 知覺이 있고 모두 運動할 수 있으니, 그 性이 모두 다름이 없을 것이다." 하시니, 이에 告子가 스스로 자신의 말이 틀렸음을 알고서 대답하지 못한 것이다.

章下註 | ○愚按 性者는 人之所得於天之理也요 生者는 人之所得於天之氣也니 性은 形而上者也요 氣는 形而下者也라[100] 人物之生이 莫不有是性하고 亦莫不有是氣어니와 然이나 以氣言之하면 則知覺運動은 人與物이 若不異也로되 以理言之하면 則仁義禮智之稟이 豈物之所得而全哉[101]아 此는 人之性이 所以無不善而爲萬物之靈也라 告子不知性之爲理하고 而以所謂氣者로 當之라 是以로 杞柳湍水之喩와 食色無善無不善之說이 縱橫繆戾하고 紛紜舛錯이로되 而此章之誤 乃其本根

---

100 性 形而上者也……形而下者也 : 新安陳氏(陳櫟)는《周易》〈繫辭傳上〉에 이르기를 '形而上을 道라 이르고 形而下를 器라 이른다.'고 하였으니, '上字는 上聲으로 읽는다. 有形 이상은 바로 無形의 理이니 性은 바로 理이고, 有形 이하는 바로 有形의 器이니 氣는 形體가 있는 것이다.〔易大傳曰 形而上者 謂之道 形而下者 謂之器 上字 上聲讀 有形以上 便是無形之理 性卽理也 有形以下 便是有形之器 氣 有形者也〕'하였다.

101 以氣言之……豈物之所得而全哉 : 雲峰胡氏(胡炳文)는 "《大學》과《中庸》의 首章과《或問》에 모두 '사람과 물건의 태어남이 理는 같고 氣는 다르다.'고 하였는데, 여기에서는 '氣는 같고 理는 다르다.'고 말한 것은 어째서인가? 朱子가 일찍이 말씀하기를 '萬物의 근원이 하나임을 論하면 理는 같고 氣는 다르며, 萬物이 體가 다름을 보면 氣는 오히려 서로 비슷하나 理는 서로 같지 않다.'고 하셨으니, 氣가 다른 것은 순수함과 잡박함이 똑같지 않은 것이요, 理가 다른 것은 편벽되고 온전함이 혹 다른 것이다. 일찍이 이 말씀으로 미루어 보건대 大本과 大原에서 큰 造化가 流行하여 萬物에 부여하는 것을 말한다면 어찌 일찍이 사람과 물건을 나눌 수 있겠는가. 이는 理가 같은 것이다. 다만 사람은 氣의 바르고 通한 것을 얻었고, 물건은 氣의 편벽되고 막힌 것을 얻었으니, 이는 氣가 다른 것이다. 사람과 물건이 이 氣를 얻어 태어나면 사람이 知覺運動을 할 수 있고 물건 또한 知覺運動을 할 수 있으니, 이는 또 氣가 같은 것이다. 그러나 사람은 氣의 온전함을 얻었기 때문에 理를 얻음도 또한 온전하고, 물건은 氣의 편벽됨을 얻었기 때문에 理를 얻음도 또한 편벽되니, 그렇다면 사람과 물건이 또 다르지 않을 수 없는 것이다. 理가 같고 氣가 다름은 이는 사람과 물건이 처음 태어남을 가지고 말한 것이고, 氣가 같고 理가 다름은 이는 사람과 물건이 태어난 이후를 가지고 말한 것이니, 朱子의 말씀이 정밀하다.〔大學中庸首章或問 皆以爲人物之生 理同而氣異 而此以爲氣同而理異 何也 朱子嘗曰 論萬物之一原 則理同而氣異 觀萬物之異體 則氣猶相近而理絶不同 氣之異者 粹駁之不齊 理之異者 偏全之或異也 嘗因是而推之 蓋自大本大原上 說大化流行 賦予萬物 何嘗分人與物 此理之同也 但人得其氣之正且通者 物得氣之偏且塞者 此氣之異也 人旣得此氣以生 則人能知覺運動 物亦能知覺運動 此又其氣之同也 然人得其氣之全 故於理亦全 物得其氣之偏 故於理亦偏 則人與物又不能不異矣 理同而氣異 是從人物有生之初說 氣同而理異 是從人物有生之後說 朱子之說 精矣〕"하였다.

••• 靈 영특할령 喩 비유할유 縱 세로종 橫 가로횡 繆 어그러질류 戾 어그러질려 紛 어지러울분 紜 어지러울운 舛 어그러질천 錯 어그러질착

이니 所以然者는 蓋徒知知覺運動之蠢然者 人與物同하고 而不知仁義禮智之粹然者 人與物異也¹⁰²라 孟子以是折之하시니 其義精矣로다

○내(朱子)가 살펴보건대 性은 사람이 하늘에서 얻은 바의 理이고 生은 사람이 하늘에서 얻은 바의 氣이니, 性은 形而上인 것이요 氣는 形而下인 것이다. 사람과 물건(동물)이 태어날 적에 이 性을 가지고 있지 않은 것이 없고 또한 이 氣를 가지고 있지 않은 것이 없다. 그러나 氣로써 말한다면 知覺·運動은 사람과 물건이 다르지 않은 듯하나 理로써 말한다면 仁義禮智의 本性을 받음이 어찌 물건이 얻어서 온전히 할 수 있는 것이겠는가. 이는 사람의 性이 不善함이 없어서 萬物의 靈長이 되는 이유이다. 告子는 性이 理가 됨을 알지 못하고 이른바 '氣'라는 것을 가지고 性에 해당시켰다. 이 때문에 杞柳·湍水의 비유와 性은 食과 色이며 善도 없고 不善도 없다는 등의 말이 縱橫으로 어긋나고 어지럽게 잘못된 것인데, 이 章의 오류가 바로 그 뿌리이다. 이렇게 된 까닭은 다만 知覺·運動의 움직임은 사람과 물건이 똑같다는 것만 알고, 仁義禮智의 순수한 것은 사람과 물건이 다름을 몰랐기 때문이다. 孟子께서 이것으로써 꺾으셨으니, 그 뜻이 정밀하다.

食色性也章

4-1. 告子曰 食色이 性也니 仁은 內也라 非外也요 義는 外也라 非內也니라

告子가 말하였다. "食과 色이 性이니, 仁은 內面에 있는 것이라 外面에 있는 것이 아니요, 義는 外面에 있는 것이라 內面에 있는 것이 아니다."

集註 | 告子以人之知覺運動者로 爲性이라 故로 言 人之甘食悅色者卽其性이라 故

---

102 蓋徒知知覺運動之蠢然者……人與物異也 : 朱子는 "氣가 서로 비슷하다는 것은 예컨대 추위와 따뜻함을 알고 굶주림과 배부름을 알고, 살기를 좋아하고 죽음을 싫어하고, 이로운 데로 나아가고 해로움을 피하는 것과 같은 것이 사람과 물건이 모두 똑같다는 것이다. 理가 같지 않다는 것은 예컨대 벌과 개미의 君臣은 오직 이 義에만 조금 밝고 虎狼의 父子는 오직 이 仁에만 조금 밝을 뿐, 다른 것은 다시 미루어 가지 못하는 것과 같은 것이다.〔氣相近 如知寒暖 識饑飽 好生惡死 趨利避害 人與物都一般 理不同 如蜂蟻之君臣 只是他義上 有一點子明 虎狼之父子 只是他仁上 有一點子明 其他 更推不去〕"하였다.《語類》

··· 蠢 움직일 준, 미련할 준 悅 기쁠 열

로 仁愛之心은 生於內하고 而事物之宜는 由乎外[103]하니 學者但當用力於仁이요 而不必求合於義也니라

告子는 사람이 知覺하고 運動하는 것을 性이라고 여겼다. 그러므로 말하기를 "사람이 음식을 좋아하고 女色을 좋아함이 바로 그 性이다. 그러므로 仁愛의 마음은 내면에서 생기고 사물의 마땅함은 외면에서 말미암는 것이니, 배우는 자들은 다만 마땅히 仁에 힘을 쓸 것이요 굳이 義에 합하기를 구할 것이 없다."라고 한 것이다.

4-2. 孟子曰 何以謂仁內義外也오 曰 彼長而我長之라 非有長於我也니 猶彼白而我白之라 從其白於外也라 故로 謂之外也라하노라

孟子께서 말씀하셨다. "어찌하여 仁은 내면에 있고 義는 외면에 있다고 이르는가?"
告子가 말하였다. "저가 어른이면 내가 그를 어른으로 여길 뿐, 나에게 그를 어른으로 여기는 마음이 본래부터 있는 것이 아니다. 이는 마치 저것이 白色이면 내가 그것을 白色이라고 여기기 때문에 그 白色을 외면에서 따르는 것과 같다. 그러므로 이것을 외면에 있다고 말하는 것이다."

集註 | 我長之는 我以彼爲長也요 我白之는 我以彼爲白也라

'我長之'는 내가 저를 어른이라고 여기는 것이요, '我白之'는 내가 저것을 白色이라고 여기는 것이다.

4-3. 曰 (異於)白馬之白也는 無以異於白人之白也어니와 不識케라 長馬之長也 無以異於長人之長與아 且謂長者義乎아 長之者義乎아

---

103 仁愛之心……由乎外:朱子는 "告子가 앞에서는 '義는 땅버들로 그릇을 만드는 것과 같다.' 하고, 아래에서는 '사람의 本性을 가지고 仁義를 행한다.' 하였으니, 그 뜻은 아마도 仁義가 本性에서 나왔다고 여긴 듯하다. 다만 아래 글에서는 또 仁을 가리켜 내면에 있다고 하였으니, 告子는 본래 仁과 義 모두를 외면에 있는 것으로 여기다가 孟子의 말씀을 들은 후에 책망을 약간 받아 들여 仁을 내면에 있는 것으로 여긴 듯하다.……그러나 또한 仁을 본성에 있는 것으로 여기지는 않고, 다만 義에 비하여 다소 내면에 있다고 한 듯하다.〔告子先云 義猶栖桊 而下云以人性爲仁義 其意蓋謂仁義出於本性 但下文又指仁爲在內 疑告子本皆以仁義爲外 旣得孟子說 略認責以爲內……似亦不以仁爲性之所有 但比義差在內耳〕" 하였다.《朱子大全 答鄭子上》

孟子께서 말씀하셨다. "말(馬)의 白色을 白色이라고 함은 사람의 白色을 白色이라고 하는 것과 다를 것이 없지만, 알지 못하겠다. 말의 나이 많은 것을 많게(쓸모없게) 여김이 사람의 나이 많은 것을 많게 여겨 존경하는 것과 차이가 없단 말인가. 또 나이 많은 것을 義라고 하겠는가? 나이 많게 여기는 것을 義라고 하겠는가?"

集註 | 張氏曰上異於二字는 宜衍이라하고 李氏曰 或有闕文焉이라하니라

愚按 白馬, 白人은 所謂彼白而我白之也요 長馬, 長人은 所謂彼長而我長之也라
白馬, 白人은 不異하나 而長馬, 長人은 不同하니 是乃所謂義也라 義不在彼之長이요 而在我長之之心하니 則義之非外 明矣니라¹⁰⁴

張氏(張鎰)는 "위에 나오는 '異於' 두 글자는 아마도 衍文일 것이다." 하였고, 李氏(李郁)는 "혹 闕文이 있는 듯하다." 하였다.

내가 상고하건대 말을 白色이라 하고 사람을 白色이라 함은 이른바 '저가 白色이므로 내가 그것을 白色이라고 한다.'는 것이요, 나이 많은 말을 쓸모없게 여기고 나이 많은 사람을 어른으로 섬김은 이른바 '저가 어른이므로 내가 그를 어른으로 여긴다.'는 것이다. 말을 희다 하고 사람을 희다 함은 다르지 않으나, 나이 많은 말을 쓸모없게 여기고 나이 많은 사람을 〈어른이라 하여〉 공경함은 똑같지 않으니, 이것이 바로 이른바 '義'라는 것이다. 義는 저의 나이 많음에 있지 않고 내가 그를 어른으로 여기는 마음에 있는 것이니, 그렇다면 義가 외면에 있는 것이 아님이 분명하다.

4-4. 曰 吾弟則愛之하고 秦人之弟則不愛也하나니 是는 以我爲悅者也라 故로 謂之內요 長楚人之長하며 亦長吾之長하나니 是는 以長爲悅者也라 故로 謂之外也라하노라

告子가 말하였다. "내 아우이면 사랑하고 秦나라 사람의 아우이면 사랑하지 않으니, 이는 나를 위주로 하여 기쁨을 삼는 것이므로 내면에 있다고 이른 것이요, 楚나라의 어

---

104 義不在彼之長……明矣 : 慶源輔氏(輔廣)는 "어느 누가 나이 많은 사람을 어른으로 존경하는 마음으로 늙은 말을 어른으로 존경하겠는가. 그러한 까닭은 바로 내 마음의 義가 똑같지 않음이 있기 때문이니, 義는 일의 마땅함을 따라 制裁하기 때문이다.〔人孰以長人之心長馬乎 其所以然者 乃吾心之義 有不同耳 義 蓋隨事之宜而裁之也〕" 하였다.

··· 衍 남을 연 闕 빠질 궐

른을 어른으로 여기며 또한 내 어른도 어른으로 여기니, 이는 어른을 위주로 하여 기쁨을 삼는 것이므로 외면에 있다고 이른 것이다."

> 按說 | 秦나라와 楚나라는 모두 中原에서 멀리 떨어져 있는 나라로, 秦나라 사람과 楚나라 사람은 소원한 사람을 뜻한다.

集註 | 言 愛主於我라 故로 仁在內요 敬主於長이라 故로 義在外라

'사랑은 나를 위주로 하므로 仁은 내면에 있고, 敬은 어른을 위주로 하므로 義는 외면에 있다.'고 말한 것이다.

4-5. 曰 耆(嗜)秦人之炙 無以異於耆吾炙하니 夫物이 則亦有然者也니 然則耆炙도 亦有外與아

孟子께서 말씀하셨다. "秦나라 사람의 불고기를 좋아함이 나의 불고기를 좋아함과 다를 것이 없으니, 사물(어른으로 여김과 불고기를 좋아함)이 또한 그러한 것이 있는 것이다. 그렇다면 불고기를 좋아함도 또한 외면에 있는가."

集註 | 言 長之, 耆之 皆出於心也라
林氏曰 告子以食色爲性이라 故로 因其所明者而通之하시니라

'어른으로 여김'과 '불고기를 좋아함'이 모두 마음에서 나옴을 말씀한 것이다.
林氏(林之奇)가 말하였다. "告子가 食과 色을 性이라 하였기 때문에 그가 잘 알고 있는 것(음식)을 인하여 통하게 하신 것이다."

章下註 | ○ 自篇首로 至此四章히 告子之辯이 屢屈而屢變其說하여 以求勝하고 卒不聞其能自反而有所疑也하니 此正其所謂不得於言勿求於心[105]者니 所以卒於

---

105 不得於言 勿求於心 : 告子의 말로, 앞의 〈公孫丑上〉 2장에 자세히 보인다.

··· 耆 즐길 기(嗜通) 炙 불고기 자 屢 여러 루 屈 굽힐 굴

鹵莽而不得其正也¹⁰⁶니라

○篇 머리로부터 이 4장에 이르기까지 告子의 변론이 여러 번 굽혔는데, 여러 번 그 말을 바꾸어 이기기를 구하였고, 끝내 스스로 돌이켜 의심한 바가 있다는 말을 듣지 못했으니, 이것이 바로 이른바 '말에 이해되지 않거든 마음에 알기를 구하지 말라.'는 것이다. 이 때문에 그 말이 鹵莽함(거칠고 소략함)에 마쳐서 그 마음이 올바름을 얻지 못했던 것이다.

|孟季子問章(義內章)|

5-1. 孟季子問公都子曰 何以謂義內也오

孟季子가 公都子에게 물었다. "어찌하여 義가 내면에 있다 이르는가?"

集註 | 孟季子는 疑孟仲子之弟也니 蓋聞孟子之言而未達이라 故로 私論之하니라

孟季子는 孟仲子의 아우인 듯하니, 그가 孟子의 말씀을 듣고 통달하지(이해되지) 못하였으므로 사사로이 논한 것이다.

5-2. 曰 行吾敬故로 謂之內也니라

公都子가 말하였다. "내 〈마음의〉 敬을 행하기 때문에 내면에 있다고 이르는 것이다."

集註 | 所敬之人이 雖在外나 然知其當敬하여 而行吾心之敬以敬之면 則不在外也니라

공경하는 바의 사람은 비록 외면에 있으나 마땅히 공경해야 함을 알아서 내 마음의 공경을 행하여 공경하니, 그렇다면 외면에 있는 것이 아니다.

5-3. 鄕人이 長於伯兄一歲면 則誰敬고 曰 敬兄이니라 酌則誰先고 曰

---

106 卒於鹵莽而不得其正也 : 壺山은 "鹵莽는 言에 속하고 不正은 心에 속한다.〔鹵莽屬言 不正屬心〕"하였다. 鹵莽는 노무 또는 노망으로 읽는다.

··· 鹵 거칠로 莽 거칠무 伯 맏 백 酌 술따를 작

先酌鄉人이니라 所敬은 在此하고 所長은 在彼하니 果在外라 非由內也로다

〈孟季子가 말하였다.〉 "鄉人이 伯兄보다 나이가 한 살이 더 많으면 누구를 공경하겠는가?"

公都子가 대답하였다. "兄을 공경해야 할 것이다."

"술을 따를 때에는 누구에게 먼저 하겠는가?"

"鄉人에게 먼저 술을 따라야 할 것이다."

"그렇다면 공경하는 것은 여기(伯兄)에 있고 어른으로 여기는 것은 저기(鄉人)에 있으니, 義는 과연 외면에 있는 것이요 내면에서 나오는 것이 아니구나."

> 集註 | 伯은 長也라 酌은 酌酒也라 此皆季子問에 公都子答이요 而季子又言 如此면 則敬長之心이 果不由中出也라

'伯'은 長(큼)이다. '酌'은 술을 따름이다. 이것은 모두 季子가 물음에 公都子가 답한 것이요, 季子가 또 말하기를 "이와 같다면 어른을 공경하는 마음은 과연 안(心中)에서 나오지 않는다."라고 한 것이다.

5-4. 公都子不能答하여 以告孟子한대 孟子曰 敬叔父乎아 敬弟乎아하면 彼將曰敬叔父라하리라 曰弟爲尸則誰敬고하면 彼將曰敬弟라하리라 子曰 惡(오)在其敬叔父也오하면 彼將曰在位故也라하리니 子亦曰 在位故也라하라 庸敬은 在兄하고 斯須之敬은 在鄉人하니라

公都子가 답변하지 못하여 孟子께 아뢰자, 孟子께서 말씀하셨다. " 자네가 그에게 '叔父를 공경하겠는가? 아우를 공경하겠는가?' 하고 물으면 저가 장차 대답하기를 '叔父를 공경해야 할 것이다.'라고 할 것이다. '아우가 尸童이 되면 누구를 공경하겠는가?' 하고 물으면 저가 장차 대답하기를 '아우를 공경해야 할 것이다.'라고 할 것이다. 자네가 말하기를 '叔父를 공경함이 어디에 있는가?' 하고 되물으면 저가 장차 〈아우가 尸童의〉 자리에 있기 때문이다.'라고 대답할 것이니, 자네 역시 〈鄉人이 賓客의〉 자리에 있기

··· 尸시동시 庸떳떳할용

때문이다.'라고 말하라. 평상시의 공경은 兄에게 있고 잠시의 공경은 鄕人에게 있는 것이다."

集註 | 尸는 祭祀所主以象神이니 雖弟子爲之나 然敬之를 當如祖考也라 在位는 弟在尸位하고 鄕人在賓客之位也라 庸은 常也요 斯須는 暫時也라 言 因時制宜 皆由中出也[107]라

'尸'는 제사지낼 적에 神主로 삼아 神을 상징하는 것이니, 비록 아우와 아들이 尸童이 되더라도 그를 공경하기를 마땅히 祖·考와 같이 해야 한다. '在位'는 아우가 尸童의 자리에 있고 鄕人이 賓客의 자리에 있는 것이다. '庸'은 常(평상시)이고 '斯須'는 잠시이다. 때에 따라 마땅하게 制裁함이 모두 안에서 나옴을 말씀한 것이다.

5-5. 季子聞之하고 曰 敬叔父則敬하고 敬弟則敬하니 果在外라 非由內也로다 公都子曰 冬日則飮湯하고 夏日則飮水하나니 然則飮食도 亦在外也로다

孟季子가 이 말을 듣고 말하였다. "叔父를 공경하게 되면 叔父를 공경하고 아우를 공경하게 되면 아우를 공경하니, 義는 과연 외면에 있다. 내면에서 나오는 것이 아니로구나."

公都子가 말하였다. "겨울철에는 따뜻한 물을 마시고 여름철에는 찬물을 마시니, 그렇다면 마시고 먹는 것도 또한 외면에 있는 것이로다."

---

107 因時制宜 皆由中出也:趙氏(趙順孫)는 "때에 따라 마땅하게 制裁함이 이른바 '義'이다. 兄과 叔父를 마땅히 공경해야 하는 것은 이는 떳떳한 이치이다. 그러나 만약 아우가 시동의 자리에 있으면 제사할 때에 잠시 祖·考와 같이 보는 의리로써 制裁하여 아우를 공경해야 하고, 鄕人이 賓客의 자리에 있으면 잔치할 때에 잠시 賓客을 높이는 예의로써 제재하여 鄕人을 공경해야 하니, 이는 모두 잠시의 공경일 뿐이다. 혹은 평상시에 공경하고 혹은 잠시 공경하는 것을 때에 따라 마땅하게 제재함은 모두 내 마음에 근본한다. 그러므로 '안에서 나온다.'고 한 것이다.〔因時制宜 所謂義也 兄叔父之當敬 此理之常 若弟在尸位 則祭時暫當裁以視如祖考之義而敬弟 鄕人在賓位 則宴時暫裁以尊賓之儀而敬鄕人 此皆暫時之敬耳 或常或暫 因時而裁制其宜 皆本於吾心爾 故曰由中出也〕" 하였다.

··· 象 상징할상, 코끼리 상 考 죽은아버지고 暫 잠시 잠

142 · 附 按說 孟子集註

集註 | 此亦上章耆炙之義[108]니라

이 역시 윗장의 불고기를 좋아한다는 뜻이다.

章下註 | ○范氏曰 二章問答이 大指略同하니 皆反覆譬喩하여 以曉當世하여 使明仁義之在內하시니 則知人之性善[109]하여 而皆可以爲堯舜矣리라

○范氏(范祖禹)가 말하였다. "두 章의 문답이 大指가 대략 같으니, 모두 반복하여 비유해서 當世를 깨우쳐 仁義가 내면에 있음을 알게 한 것이니, 그렇다면 사람의 性이 善함을 알아서 모두 堯·舜이 될 수 있을 것이다."

|性無善無不善章(好是懿德章)|

6-1. 公都子曰 告子曰 性은 無善, 無不善也라하고

公都子가 말하였다. "告子는 말하기를 '性은 善함도 없고 不善함도 없다.' 하고,

---

108 此亦上章耆炙之義 : 雲峰胡氏(胡炳文)는 《集註》에 '이 역시 불고기를 좋아한다는 뜻'이라고 말한 것은 불고기는 외면에 있으나 이것을 좋아함은 마음에 있고, 차가운 물과 따뜻한 물은 외면에 있으나 마실 만하고 마실 만하지 못함을 헤아리는 것은 마음에 있으니, 그렇다면 事物의 마땅함은 외면에 있으나 事物의 마땅함을 헤아리는 것은 마음에 있는 것이다.〔集註以爲此亦耆炙之義者 炙在外 而耆之在乎心 水與湯在外 而斟酌其可飮不可飮 在乎心 然則事物之宜 在乎外 而所以斟酌事物之宜 則在乎心也〕하였다.

109 知人之性善 : 性善에 관한 설명은 〈滕文公上〉 1장에 "孟子께서 性의 善함을 말씀하시되 말씀마다 반드시 堯·舜을 칭하셨다.〔孟子道性善 言必稱堯舜〕"라고 한 부분과 이 편 다음 장의 "그 情으로 말하면 善하다고 할 수 있으니, 이것이 내가 말하는 善하다는 것이다.……仁·義·禮·智가 밖으로부터 나를 녹여(나에게 침투해) 들어오는 것이 아니요, 내가 본래 소유하고 있지만 사람들이 생각하지 못할 뿐이다.〔乃若其情則可以爲善矣 乃所謂善也……仁義禮智 非由外鑠我也 我固有之也 弗思耳矣〕"라고 한 것 등을 참조할 수 있다. 朱子는 "性命의 理는 그 所以然을 궁구하여 논하면 진실로 쉽게 말할 수 없는 점이 있지만, 이미 그러한 大體에 있어서는 배우는 자가 진실로 알지 않으면 안 된다. 반드시 이를 안 뒤에야 天理와 人欲에 賓과 主의 구분이 있고 선과 악을 따르는 것에 順과 逆의 다름이 있음을 알게 된다. 董仲舒의 이른바 '天性에 밝아 자신이 物보다 귀함을 안 뒤에야 능히 仁義를 알고 仁義를 능히 안 뒤에야 禮節을 중하게 여기고 禮節을 중하게 여긴 뒤에야 善에 편안히 거하고 善에 편안히 거한 뒤에야 기꺼이 이치를 따른다.' 한 것과, 程子(明道)의 이른바 '性의 善함을 아는 것은 忠信을 근본으로 하니 이것이 먼저 그 큰 것을 세우는 것이다.' 한 것이 모두 이(性의 善함)를 이른 것이다.〔性命之理 若究其所以然而論之 則誠有不易言者 若其大體之已然 則學者固不可以不知也 蓋必知此 然後知天理人欲 有賓主之分 趨善從惡 有順逆之殊 董子所謂 明於天性 知自貴於物 然後能知仁義 知仁義 然後重禮節 重禮節 然後安處善 安處善 然後樂循理 程子所謂 知性善 以忠信爲本 此先立其大者 皆謂此也〕"하였다.《或問》

··· 譬 비유할 비 喩 비유할 유 曉 깨우칠 효

集註 | 此亦生之謂性, 食色性也之意니 近世蘇氏胡氏之說이 蓋如此하니라[110]

이 또한 生을 性이라 하고 食과 色을 性이라 한 뜻이니, 近世에 蘇氏(蘇軾)와 胡氏(胡安國, 胡宏)의 말이 이와 같다.

6-2. 或曰 性은 可以爲善이며 可以爲不善이니 是故로 文武興則民이 好善하고 幽厲興則民이 好暴라하고

혹자는 말하기를 '性은 善을 할 수도 있고 不善을 할 수도 있다. 그러므로 文王과 武王이 일어나면 백성들이 善을 좋아하고 幽王과 厲王이 일어나면 백성들이 포악함을 좋아한다.' 하며,

集註 | 此는 卽湍水之說也라

이것은 바로 〈제2장의〉 '여울물과 같다.'는 말이다.

6-3. 或曰 有性善하며 有性不善하니 是故로 以堯爲君而有象하며 以瞽瞍爲父而有舜하며 以紂爲兄之子요 且以爲君이로되 而有微子啓, 王子比干이라하나니

혹자는 말하기를 '性이 善한 이도 있고 性이 不善한 이도 있다. 그러므로 堯를 군주로 삼았는데도 象이 있었으며, 瞽瞍를 아버지로 삼았는데도 舜이 있었으며, 紂王을 兄의

---

110 近世蘇氏胡氏之說 蓋如此:新安陳氏(陳櫟)는 "蘇東坡(蘇軾)는 性을 논하여 이르기를 '堯·舜으로부터 이래로 孔子에 이르기까지 부득이하여 中이라 하고 一이라 하였으며, 일찍이 善과 惡을 나누어 말씀하지 않았는데, 孟子께서 性이 善하다고 말씀한 뒤로부터 一과 中이 支離하게 되었다.' 하였다. 胡文定公(胡安國)은 性을 논하여 이르기를 '性은 善하다고 말할 수가 없으니, 조금이라도 善하다고 말할 때에는 惡과 상대가 되어서 本然의 性이 아니다. 孟子께서 「性이 善하다.」고 말씀한 것은 다만 찬탄한 말씀으로 性이 좋다고 말씀한 것뿐이니, 佛敎에서 「좋다, 좋다!〔善哉 善哉〕」라고 하는 것과 같다.' 하였다. 五峯(胡宏)은 性을 논하여 이르기를 '무릇 사람이 태어날 적에는 순수한 天地의 마음이다. 道義가 완전히 갖추어져서 오로지 주장함도 없고 주장하지 않음도 없으니, 善과 惡으로 구분할 수 없고 옳고 그름으로 나눌 수 없다.' 했다.〔蘇東坡論性 謂自堯舜以來 至孔子 不得已而曰中曰一 未嘗分善惡言也 自孟子道性善 而一與中支矣 胡文定公論性 謂性不可以善言 纔說善時 便與惡對 非本然之性矣 孟子道性善 只是贊歎之辭 說好箇性 如佛言善哉善哉 五峯論性云 凡人之生 粹然天地之心 道義全具 無適無莫 不可以善惡辨 不可以是非分〕" 하였다.

··· 幽 어두울 유 厲 사나울 려 瞽 소경 고 瞍 소경 수

아들로 삼고 또 군주로 삼았는데도 微子 啓와 王子 比干이 있었다.' 하니,

按說 | '或'字에 대하여, 尤菴(宋時烈)은

두 '或'字가 만약 모두 告子이면 마땅히 '又曰'로 뒤를 이어야 하고 '或曰'이라고 말해서는
안 된다.〔兩或字 若皆是告子 則當以又曰承之 不當云或曰也〕《宋子大全 答三錫》)

하였다. 壺山은

살펴보건대 '여울물과 같다.'는 것이 비록 또한 告子의 말이나, 그가 주장하여 독자적으로
얻은 묘한 말은 '生을 性이라 한다.'고 한 句이다. 여울물과 같다는 말은 당시 사람들도 이렇
게 주장한 자가 있었고 반드시 告子 혼자만 말한 것이 아니다. 그러므로 善함도 없고 不善
함도 없다는 말에만 告子를 해당시키고, 아래 두 節은 '或曰'이라고 칭하여 그 일을 넓혔으
니, 尤翁의 뜻은 이와 같은 것이다.〔按湍水雖亦告子之說 其所主以爲獨得之妙者 是生
之謂性一句也 湍水之說 則時人亦有爲之者 非必告子之所獨 故於無善無不善 特以
告子當之 下兩節則稱或曰 以廣其事 尤翁之意 蓋如是耳〕

하였다.

集註 | 韓子性有三品之說[111]이 蓋如此하니라 按此文하면 則微子, 比干이 皆紂之叔

---

111 韓子性有三品之說 : 韓子(韓愈)의 〈原性〉에 "性은 태어남과 더불어 함께 생겨난 것이요,……性의 品
類는 上·中·下 세 가지가 있으니, 上品인 자는 善할 뿐이요 中品인 자는 인도하여 위(善)로 갈 수도 있
고 아래(惡)로 갈 수도 있으며 下品인 자는 惡할 뿐이다.〔性也者 與生俱生也……性之品有上中下三
上焉者 善焉而已矣 中焉者 可導而上下也 下焉者 惡焉而已矣〕"라고 보인다. 이에 대하여 茶山은
"孔子가 '性은 서로 비슷하나 익힘(습관)에 따라 서로 멀어지게 된다. 오직 上智와 下愚는 변화되지 않
는다.(《論語》〈陽貨〉2, 3장)' 하였는데, 韓愈가 이 문장을 잘못 읽어 三品說을 만든 것이다. 孔子의 말
씀은 대체로 '堯·舜과 桀·紂가 性은 모두 서로 가까운데 善人과 친숙하게 지내면 善하게 되고 惡人과
친숙하게 지내면 惡하게 된다. 오직 지혜로운 자는 비록 惡人과 친숙히 지내더라도 변화되지 않으며, 어
리석은 자는 비록 善人과 친숙히 지내더라도 변화되지 않는다.'고 한 것이다. 저 智와 愚의 명칭을 궁구
해 보면 자신의 일을 도모하기를 잘하고 못하는 데서 비롯되었으니, 이른바 '臧武仲의 지혜와 甯武子
의 어리석음'과 같은 것이다. 어찌 性品의 高下에 대한 명칭이겠는가.〔孔子曰 性相近也 習相遠也 惟
上智與下愚不移 韓子誤讀此文 爲三品之說也 孔子之言 蓋云堯舜桀紂 性皆相近 習於善人則爲善
習於惡人則爲惡 惟智明者 雖與惡人相習 不爲所移 愚暗者 雖與善人相習 不爲所移也 原夫智愚
之名 起於謀身之工拙 若所謂臧武仲之智 甯武子之愚 豈性品高下之名乎〕"하였다. 臧武仲의 지혜
와 甯武子의 어리석음은 《論語》〈憲問〉 8장과 〈公冶長〉 20장에 각각 보인다.

父로되 而書稱微子爲商王元子라하니 疑此或有誤字라

韓子(韓愈)의 "性은 〈上·中·下의〉 三品이 있다."는 말이 이와 같다. 이 글을 살펴보면 微子와 比干이 모두 紂王의 叔父인데, 《書經》〈微子之命〉에는 "微子는 商王의 元子이다."라고 칭했으니, 의심컨대 여기에 혹 誤字가 있는 듯하다.

6-4. 今日 性善이라하시니 然則彼皆非與잇가

지금 〈선생님께서〉 性이 善하다고 말씀하시니, 그렇다면 저들은 모두 틀린 것입니까?"

6-5. 孟子曰 乃若其情則可以爲善矣니 乃所謂善也니라

孟子께서 말씀하셨다. "그 情으로 말하면 善을 할 수 있으니, 이것이 내가 말하는 '善하다.'는 것이다.

集註 | 乃若은 發語辭[112]라 情者는 性之動也라 人之情은 本但可以爲善이요 而不可以爲惡이니 則性之本善을 可知矣니라

'乃若'은 發語辭이다. '情'은 性이 動한 것이다. 사람의 情은 본래 다만 善을 할 수 있고 惡을 할 수 없으니, 그렇다면 性이 본래 善함을 알 수 있는 것이다.

6-6. 若夫爲不善은 非才之罪也니라

不善을 하는 것으로 말하면 타고난 材質의 죄가 아니다.

---

112 乃若 發語辭:慶源輔氏(輔廣)는 "先儒들이 모두 '若'字를 '順'으로 訓하여, 〈乃若其情 則可以爲善을〉 '그 本然의 情을 順히 하면 善하지 않음이 없음을 말한 것이다.' 하였는바, 굳이 이와 같이 말할 필요가 없을 듯하다. 情은 본래 善하여 順하기를 기다리지 않고도 善하다. 또 여기의 '乃若'은 아래 글의 '若夫'라는 글자와 相對가 되므로 發語辭로 단정한 것이다.〔先儒皆訓若爲順 言順其本然之情 則無不善 恐不必如此說 蓋情自善 不待順之而善也 且此乃若 正與下文若夫字相對 故斷以爲發語辭〕" 하였다. 楊伯峻은 "程瑤田의 《論學小記》에 '乃若은 전환하는 말〔轉語〕이다.' 하였다. 살펴보건대 '若夫'나 '至於' 등의 말에 해당한다." 하였다. 《漢語大詞典》에 若夫는 "句의 첫머리나 문장의 단락의 시작 부분에 사용하여, 별도로 한 가지 일을 제기함을 표시한다.〔用於句首或段落的開始 表示另提一事〕" 하였다.

按說 | '才'에 대하여, 《說文解字》에

才는 草木이 처음 나오는 모습이다.〔才 艸木之初也〕

하였다. 《語類》에 혹자가 묻기를

《集註》에 '才는 材質과 같다.' 하였는데 '才'와 '材'의 구별은 무엇입니까?〔集注言 才猶材質 才與材字之別如何〕

하니, 朱子가 대답하기를

'才'字는 義理에 나아가 말한 것이고 '材'字는 適用에 나아가 말한 것이다. 맹자가 앞에서 "사람들은 牛山이 민둥산이 된 것을 보고 일찍이 훌륭한 재목이 있지 않았다고 한다." 하였으니, 이때 木변의 '材'字를 쓴 것은 바로 適用을 가리킨 말이고, "하늘이 재주를 내림이 이와 같이 다른 것이 아니다."의 '才'는 바로 義理에 나아가 말한 것이다.〔才字是就理義上說 材字是就用上說 孟子上說 人見其濯濯也 則以爲未嘗有材 是用木旁材字 便是指適用底說 非天之降才爾殊 便是就理義上說〕

하였다. 또 묻기를

'才'字는 그 작용할 수 있는 것을 가지고 말한 것이고, 材質은 形體를 합하여 말한 것입니까?〔才字是以其能解作用底說 材質是合形體說否〕

하니, 朱子가 대답하기를

이는 形體를 겸하여 말하였으니, 바로 좋은 재목(재질)을 말한 것이다.〔是兼形體說 便是說那好底材〕

하였다. 또 묻기를

'材料'라고 말하는 것과 비슷합니까?〔如說材料相似否〕

하니, 朱子가 대답하기를 "그렇다." 하였다. 또 朱子는

情은 性이 동하여 함이 있는 것이고 才는 性이 갖추어 능히 하는 것이니, 性은 형용할 수 있는 形象·聲臭가 없기 때문에 두 가지를 가지고 말한 것이다.〔情則性之動而有爲 才則性之具而能爲者也 性無形象聲臭之可形容也 故以二者言之〕《或問》

하였다. 壺山은

> 살펴보건대 여기에서 情을 바꾸어 才라고 말씀한 것은 그 일을 넓힌 것이니, 이리보나 저리 보나 性이 善함을 알 수 있다고 말함과 같은 것이다.〔按此變情言才者 所以廣其事也 猶言以此以彼 可知性之善云爾〕

하였다. 한편 楊伯峻은

> 사람이 처음 태어났을 때의 性도 '才'라 할 수 있다.〔人初生之性 亦可曰才〕

하였다.

集註│才는 猶材質이니 人之能也라 人有是性이면 則有是才하니 性旣善이면 則才亦善이라 人之爲不善은 乃物欲陷溺而然이니 非其才之罪也니라

'才'는 材質과 같으니, 사람의 능함이다. 사람이 이 性을 가지고 있으면 이 材質을 가지고 있으니, 性이 이미 善하면 材質 또한 善하다. 사람이 不善을 함은 바로 物欲에 빠져서 그러한 것이니, 材質의 죄가 아니다.

6-7. 惻隱之心을 人皆有之하며 羞惡之心을 人皆有之하며 恭敬之心을 人皆有之하며 是非之心을 人皆有之하니 惻隱之心은 仁也요 羞惡之心은 義也요 恭敬之心은 禮也요 是非之心은 智也니 仁義禮智 非由外鑠我也라 我固有之也언마는 弗思耳矣라 故로 曰 求則得之하고 舍則失之라하니 或相倍蓰而無算者는 不能盡其才者也니라

惻隱之心을 사람마다 다 가지고 있으며 羞惡之心을 사람마다 다 가지고 있으며 恭敬之心을 사람마다 다 가지고 있으며 是非之心을 사람마다 다 가지고 있으니, 惻隱之心은 仁이요 羞惡之心은 義요 恭敬之心은 禮요 是非之心은 智이니, 仁·義·禮·智가 밖으로부터 나를 녹여(나에게 침투해) 들어오는 것이 아니요 내가 본래 소유하고 있지만 사람들이 생각하지 않아서 모를 뿐이다. 그러므로 말하기를 '구하면 얻고 버리면 잃는다.'라고 하는 것이니, 혹은 〈善·惡의〉 차이가 서로 倍가 되고 다섯 倍가 되어서 계산할 수 없음에 이르는 것은 그 材質을 다하지 못했기 때문이다.

··· 陷 빠질 함 鑠 녹일 삭 舍 버릴 사 倍 갑절 배 蓰 다섯갑절 사 算 셀 산

按說 | '仁義禮智 非由外鑠我也'에 대하여, 慶源輔氏(輔廣)는

仁·義·禮·智는 性이고 惻隱으로부터 是非까지는 性이 動하여 情이 된 것이다. 性과 情을 다 마음(心)이라 이르니, 마음은 性과 情을 통합한 것이다. 네 가지의 마음이 本性에 근원하여, 불이 쇠를 녹일 적에 밖으로부터 안에 이르는 것과 같지 않은데, 다만 사람들이 스스로 생각하지 않고 찾지 않을 뿐이다(仁義禮智 性也 惻隱至是非 性之動而爲情也 皆謂之心 心統性情者也 四者之心 根於本性 非如火之銷金 自外至內 但人自不思不求耳)

하였다. 茶山은

'非由外鑠我'란 나의 안에 있는 네 가지 마음을 미루어 밖에 있는 네 가지 德(仁·義·禮·智)을 이루는 것이지, 밖에 있는 네 가지 德을 끌어와서 안에 있는 네 가지 마음을 일으키는 것이 아님을 말한 것이다. 이 惻隱之心에 나아가면 바로 仁을 얻을 수 있고, 이 羞惡之心에 나아가면 바로 義를 얻을 수 있으니, 이것이 바로 인간의 性이 본래 善하다는 분명한 징험이다. 그러므로 특별히 '端'字를 없애 사람들로 하여금 이 마음에 나아가 仁을 구하게 하고 이 마음에 나아가 義를 구하게 하였으니, 그 말씀이 더욱 직설적이고 명쾌하다. 仁·義·禮·智의 이름은 반드시 일을 행한 뒤에 이루어진다. 어린아이가 우물에 들어가려 할 때 측은히 여기면서도 가서 구원하지 않는다면 그 마음을 근원하여 仁이라 말할 수 없으며, 한 그릇의 밥을 혀를 차고 꾸짖으며 주거나 발로 밟아서 줄 적에 부끄러워하고 미워하는 마음이 있으면서도 그 밥을 버리지 않는다면, 그 마음을 근원하여 義라고 말할 수 없으며, 큰 손님이 문 앞에 왔을 적에 공경하면서도 맞이하여 절하지 않는다면 그 마음을 근원하여 禮라고 말할 수 없으며, 착한 사람이 참소를 당했을 적에 옳고 그름을 알면서도 분변하여 밝히지 않는다면 그 마음을 근원하여 智라고 말할 수 없다. 여기서 네 가지 마음은 人性에 본래 가지고 있는 것이며 네 가지 德은 네 가지 마음을 확충한 것임을 알 수 있다. 확충하는데 이르지 못하면 仁·義·禮·智의 이름은 끝내 성립될 수 없다(非由外鑠我者 謂推我在內之四心 以成在外之四德 非挽在外之四德 以發在內之四心也 卽此惻隱之心 便可得仁 卽此羞惡之心 便可得義 此人性本善之明驗也 故特去端字 使之卽此心而求仁 卽此心而求義 其言更加直截 更加徑快 若其仁義禮智之名 必成於行事之後 赤子入井 惻隱而不往救 則不可原其心而曰仁也 簞食嘑蹴 羞惡而不棄去 則不可原其心而曰義也 大賓臨門

恭敬而不迎拜 則不可原其心而曰禮也 善人被讒 是非而不辨明 則不可原其心而曰
智也 是知四心者 人性之所固有也 四德者四心之所擴充也 未及擴充 則仁義禮智之
名 終不可立矣〕

하여, 惻隱·羞惡·恭敬·是非의 네 가지 마음을 미루어 확충하여 仁·義·禮·智의 네 가지
德을 이루는 것으로 보고, 仁·義·禮·智를 마음속에 있는 理로 보는 것에 반대하였다.

集註 | 恭者는 敬之發於外者也요 敬者는 恭之主於中者也라[113] 鑠은 以火銷金之
名이니 自外以至內也라 筭은 數也라 言 四者之心이 人所固有로되 但人自不思而求
之耳니 所以善惡相去之遠은 由不思不求而不能擴充以盡其才也라 前篇에 言是
四者爲仁義禮智之端이어늘 而此不言端者는 彼欲其擴而充之요 此直因用以著其
本體라 故로 言有不同耳[114]니라

'恭'은 敬이 외모에 드러난 것이요, '敬'은 恭이 중심에 주장하는 것이다. '鑠'은 불로써 쇠
를 녹이는 명칭이니, 밖으로부터 안에 이르는 것이다. '筭'은 셈이다. 네 가지의 마음은 사
람이 본래 소유하고 있는데, 다만 사람들이 스스로 생각하여 구하지 않을 뿐이니, 善과 惡
의 거리가 먼 이유는 생각하지 않고 구하지 않아서 능히 확충하여 그 재질을 다하지 못하기
때문임을 말한 것이다. 前篇(公孫丑上)에는 이 네 가지가 仁·義·禮·智의 '단서'라고 말
씀하였는데 여기에서 '단서'를 말씀하지 않은 것은, 저기에서는 그것(四端)을 확충하고자
하셨고 여기에서는 단지 用을 인하여 本體를 드러내셨을 뿐이다. 그러므로 말씀이 똑같지
않은 것이다.

6-8. 詩曰 天生蒸民하시니 有物有則(칙)이로다 民之秉夷(彝)라 好是懿

---

[113] 恭者……恭之主於中者也:北溪陳氏(陳淳)는 "'恭'은 모양을 가지고 말하였고 '敬'은 마음을 가지고
말하였다.〔恭 就貌上說 敬 就心上說〕" 하였다.

[114] 前篇……言有不同耳:雲峰胡氏(胡炳文)는 "앞 편(公孫丑上)에서 네 가지에 대해 '단서'를 말씀한 것
은 사람들로 하여금 채워 넓히게 하려 한 것이고, 여기에서 端을 말씀하지 않고 곧바로 用을 인하여 本
體를 드러낸 것은 사람들로 하여금 體認하게 하려 한 것이다. 앞에서는 辭讓을 禮의 단서라 하였으니
辭讓은 모두 外貌에 나타나는 것을 가지고 말씀하였고, 여기에서 恭敬이라 한 것은 外와 內를 겸하여
말씀하였으므로 굳이 단서를 말할 필요가 없는 것이다.〔前篇於四者 言端 欲人充廣 此不言端而直因
用以著其本體 欲人體認 前以辭讓爲禮之端 辭讓皆以發乎外者言 此曰恭敬 則兼以外與內而言
故不必言端〕" 하였다.

··· 銷 녹일 소 擴 넓힐 확 直 다만 직 蒸 무리 증(烝通) 秉 잡을 병 夷 떳떳할 이 彝 떳떳할 이 懿 아름다울 의

德이라하여늘 孔子曰 爲此詩者 其知道乎인저 故로 有物이면 必有則이니
民之秉夷也라 故로 好是懿德이라하시니라

《詩經》에 이르기를 '하늘이 여러 백성(사람)을 내시니, 사물이 있으면 법칙이 있도다.
사람들이 마음에 떳떳한 本性을 가지고 있으므로 이 아름다운 德을 좋아한다.' 하였는
데, 孔子께서 말씀하시기를 '이 詩를 지은 자는 아마도 道를 알 것이다. 그러므로 사물
이 있으면 반드시 법칙이 있는 것이니, 사람들이 떳떳한 本性을 가지고 있기 때문에 이
아름다운 德을 좋아한다.' 하셨다."

按說 | 茶山은

詩人과 孔子가 性을 논하면서 오로지 좋아하고 싫어함을 위주하여 말한 것을 여기에서 징
험할 수 있다.(詩人孔子論性 專主好惡而言 於此可驗)

라고 하여, 이 내용을 그의 性嗜好說의 근거로 삼았다.

集註 | 詩는 大雅蒸民之篇이라 蒸은 詩作烝하니 衆也라 物은 事也요 則은 法也라 夷는
詩作彝하니 常也라 懿는 美也라 有物必有法은 如有耳目則有聰明之德하고 有父子
則有慈孝之心하니 是民所秉執之常性也라 故로 人之情이 無不好此懿德者라 以
此觀之하면 則人性之善을 可見이니 而公都子所問之三說은 皆不辨而自明矣니라

詩는 〈大雅 蒸民〉篇이다. '蒸'은 《詩經》에 烝으로 되어 있으니, 많음이다. '物'은 일이요,
'則'은 법칙이다. '夷'는 《詩經》에 彝로 되어 있으니, 떳떳함이다. '懿'는 아름다움이다. 사
물이 있으면 반드시 법칙이 있음은 예컨대 耳目이 있으면 聰明한 德이 있고 父子가 있으면
慈孝의 마음이 있는 것과 같으니, 이것은 사람들이 간직하고 있는 바의 떳떳한 本性이다.
그러므로 사람들의 情이 이 아름다운 德을 좋아하지 않는 자가 없는 것이다. 이로써 관찰한
다면 사람의 性이 善함을 볼 수 있으니, 公都子가 물은 세 가지 말은 모두 변론하지 않아도
自明해진다.

章下註 | ○程子曰 性卽理也니 理則堯舜至於塗人이 一也요 才稟於氣하니 氣有淸

··· 烝 무리증 聰 귀밝을총 塗 길도

濁하여 稟其淸者爲賢하고 稟其濁者爲愚하니 學而知之면 則氣無淸濁히 皆可至於
善而復性之本이니 湯武身之[115]是也라 孔子所言下愚不移者는 則自暴自棄之人
也[116]니라

又曰 論性不論氣면 不備요 論氣不論性이면 不明이며 二之則不是[117]니라

張子曰 形而後에 有氣質之性이니 善反之면 則天地之性[118]이 存焉이라 故로 氣質之
性을 君子有弗性者焉이니라

愚按 程子此說才字는 與孟子本文[119]으로 小異하니 蓋孟子는 專指其發於性者言
之라 故로 以爲才無不善이라하시고 程子는 兼指其稟於氣者言之하시니 則人之才는
固有昏明强弱之不同矣니 張子所謂氣質之性이 是也라 二說이 雖殊나 各有所當

---

115 湯武身之: '身之'는 몸으로 실천하여 잃었던 性을 되찾음을 이른다. 아래 〈盡心上〉 30장에 "堯·舜은
本性대로 하셨고, 湯·武는 몸으로 실천하셨고, 五霸는 빌린 것이다.〔堯舜性之也 湯武身之也 五霸假
之也〕"하였는데, 《集註》에 "堯·舜은 天性이 온전하여 닦거나 익힘을 빌리지 않았고, 湯·武는 몸을
닦아 道를 體行하여 그 本性을 회복하였고, 五霸는 仁義의 이름을 빌려 그 貪慾의 私를 이루려고 했
을 뿐이다.〔堯舜 天性渾全 不假修習 湯武 修身體道 以復其性 五霸則假借仁義之名 以求濟其貪
欲之私耳〕"하였다.

116 孔子所言下愚不移者 則自暴自棄之人也: '下愚不移'는 《論語》 〈陽貨〉 3장에 보이는데, 下愚는 지극
히 어리석어서 변화되지 않는 자를 이른다. '自暴自棄'는 앞의 〈離婁上〉 10장에 보이는데, 自暴는 스
스로 해치는 것으로 道德과 禮義를 부정함을 이르고, 自棄는 스스로 포기하는 것으로 자신은 道德과
仁義를 행할 수 없다고 체념함을 이른다.

117 論性不論氣……二之則不是: 朱子는 "性만 論하고 氣를 논하지 않으면 타고난 資質의 다름을 볼 수
없고, 氣만 論하고 性을 논하지 않으면 義理가 同一함을 볼 수 없다.〔論性不論氣 則無以見生質之異
論氣不論性 則無以見理義之同〕"하였다.《朱子大全 答連嵩卿》) 또 "孟子가 性이 善하다고 말씀한
것은 예전의 聖人이 미처 발명하지 못하신 것이요, 〈程子의〉 이 말씀은 또 孟子가 미처 발명하지 못하
신 것이다.〔孟子之言性善者 前聖所未發也 而此言者 又孟子所未發也〕"하였다.《或問》)

118 天地之性: 朱子는 "天地의 性을 논하면 오로지 理를 가리켜 말하고, 氣質의 性을 논하면 理와 氣를
섞어 말한다.〔論天地之性 則專指理言 論氣質之性 則以理與氣雜而言之〕"하였다.《語類 性理一》)
또 朱子는 "天地의 性은 太極의 本然한 묘함이니 萬 가지 다른 것이 근본은 하나인 것이요, 氣質의
性은 〈陰·陽〉 두 氣가 서로 운행하여 생긴 것이니, 근본은 하나이나 萬 가지로 다른 것이다.〔天地之性
則太極本然之妙 萬殊之一本也 氣質之性 則二氣交運而生 一本而萬殊也〕"하였다.《性理大全書
권30》) 또 朱子는 "氣質은 陰陽·五行이 만드는 것이고 性은 太極의 全體이다. 氣質의 性만 논하면
이 全體가 氣質의 가운데에 떨어져 있을 뿐이요, 별도로 하나의 性이 있는 것은 아니다.〔氣質是陰陽
五行所爲 性卽太極之全體 但論氣質之性 則此全體墮在氣質之中耳 非別有一性也〕"하였다.《朱
子大全 答嚴時亨》) 壺山은 "天地가 부여한 바의 사람의 性을 말한 것이고, 하늘의 性과 땅의 性을 말
한 것이 아니다.〔謂天地所賦與之人性 非謂天性地性也〕"하였다.

119 孟子本文: 앞의 '若夫爲不善 非才之罪也'를 가리킨다.

··· 稟 받을 품 濁 흐릴 탁 移 옮길 이 暴 해칠 포 殊 다를 수

이라 然이나 以事理考之하면 程子爲密¹²⁰하니 蓋氣質所稟이 雖有不善이나 而不害性
之本善이요 性雖本善이나 而不可以無省察矯揉之功이니¹²¹ 學者所當深玩也니라

○程子(伊川)가 말씀하였다. "性은 바로 理이니 理는 堯·舜으로부터 塗人에 이르기까지
똑같고, 才는 氣에서 받았으니 氣에는 淸·濁이 있어 淸한 氣를 받은 자는 賢人이 되고 濁
한 氣를 받은 자는 愚人이 된다. 그러나 배워서 알면 氣의 淸·濁에 관계없이 모두 善에 이
르러 性의 근본을 회복할 수 있으니, '湯·武가 몸으로 실천하여 性을 회복했다.'는 것이 바
로 이것이다. 孔子께서 말씀하신 '下愚不移'는 自暴·自棄하는 사람이다."

〈程子(明道)가〉 또 말씀하였다. "性만 논하고 氣를 논하지 않으면 구비되지 못하고, 氣만
논하고 性을 논하지 않으면 밝지 못하며, 이것을 두 가지로 나누면 옳지 못하다."

張子(張載)가 말씀하였다. "形이 있은 뒤에 氣質之性이 있는 것이니, 이를 잘 회복하면 天
地의 본성이 그대로 보존된다. 그러므로 氣質之性을 君子는 性으로 여기지 않는 것이다."

내(朱子)가 살펴보건대 程子가 여기에서 말씀하신 '才'字는 孟子의 本文과 조금 다르다.
孟子는 오로지 性에서 發한 것을 가리켜 말씀하셨기 때문에 "材質이 不善함이 없다."고 하
신 것이다. 程子는 氣에서 받은 것을 겸하여 가리켜 말씀하였으니, 그렇다면 사람의 材質
은 진실로 昏·明과 强·弱의 똑같지 않음이 있는 것이니, 張子가 말씀한 '氣質之性'이란
것이 이것이다. 孟子와 程子의 두 말씀이 비록 다르나 각기 해당되는 바가 있다. 그러나 事
理로써 상고해 보면 程子의 말씀이 더욱 치밀하다. 氣質의 받은 것이 비록 不善함이 있으
나 性의 본래 善함에는 무방하고, 性이 비록 본래 선하나 省察하고 矯揉하는 공부가 없어
서는 안 되니, 배우는 자들이 마땅히 깊이 살펴야 할 것이다.

---

120 二說……程子爲密:孟子와 程子가 '才'字를 論한 것의 같고 다름을 묻자, 朱子는 "才는 다만 똑같으
니, 능히 할 수 있는 것을 才라 이른다.〔才只一般 能爲之謂才〕" 하였다. 또 묻기를 "《集註》에 '孟子는
오로지 性에서 發한 것을 가리켜 말씀하였고, 程子는 氣에서 받은 것을 겸하여 가리켜 말씀하였다.'고
하였는데, 또 이것은 어떠합니까?" 하니, 朱子가 대답하기를 "진실로 그러하다. 요컨대 才는 단지 同一
한 才이니, 才의 초기에는 또한 不善이 없으나 저 氣稟에 善과 惡이 있기 때문에 才 또한 善·惡이 있
는 것이다. 孟子는 같은 입장에서 말씀하였으므로 '才가 性에서 나왔다.'고 하셨고, 程子는 다른 입장
에서 말씀하였으므로 '才를 氣에서 받았다.'고 하셨다. 대체로 孟子는 오로지 性을 가지고 말씀한 것이
많으므로 '性이 善하고 才 또한 不善이 없다.' 하셨는데, 周子와 程子, 張子에 이르러서 비로소 氣를
말씀하였으니, 요컨대 모름지기 〈理와 氣〉 두 가지를 겸해서 말하여야 비로소 구비된다.〔固是 要之 才
只是一箇 才之初 亦無不善 緣他氣稟有善惡 故其才亦有善惡 孟子自其同者言之 故以爲出於
性 程子自其異者言之 故以爲稟於氣 大抵孟子 多是專以性言 故以爲性善 才亦無不善 到周子程
子張子 方始說到氣上 要之須兼是二者言之 方備〕" 하였다.《語類》

121 省察矯揉之功:《大全》에 "省察은 知에 속하고 矯揉는 行에 속한다.〔省察屬知 矯揉屬行〕" 하였다.

••• 密 정밀할 밀 揉 바로잡을 유 玩 구경할 완

|富歲子弟多賴章(芻豢章)|

7-1. 孟子曰 富歲엔 子弟多賴하고 凶歲엔 子弟多暴하나니 非天之降才
爾殊也라 其所以陷溺其心者 然也니라

孟子께서 말씀하셨다. "풍년에는 子弟들이 돌아봄이 많고 흉년에는 子弟들이 포악함
이 많으니, 하늘이 재주를 내림이 이와 같이 다른 것이 아니라 그 마음을 빠뜨림이 그렇
게 만드는 것이다.

按說 | '賴'에 대하여, 趙岐는

'賴'는 善이고 暴는 惡이다.

하였다. 茶山은《史記集解》의〈高祖本紀〉주석 중에 晉灼이 "賴는 利이다." 하고, 혹자
가 "민간에서 어린 아이가 속임수가 많고 교활한 것을 無賴라고 한다.〔江湖之間 謂小兒
多詐狡猾爲無賴〕" 한 것을 인용하고,

趙岐가 '賴'를 善으로 訓한 것은 반드시 師承이 있을 것이니, 고쳐서는 안 된다. 만일 '賴'
를 의뢰함〔藉〕으로 訓하면 '暴'와 對가 될 수 없어 性善의 증거로 삼을 수 없다.〔趙氏之訓
賴爲善 必有師承 不可改也 若訓之爲藉 則不能與暴爲對 而無以爲性善之證〕

하였다. 楊伯峻은 阮元이

'賴'는 嬾(게으를 란)이다.

한 說을 취하였다. 無賴輩는 不良輩와 같은바, 본인은 '賴'를 善으로 해석한 것이 옳다고
본다. 다만 '顧藉' 또한 禮義와 廉恥를 돌아보고 생각하여 善行을 하는 것이어서 전혀
맞지 않는다고 보기는 어려울 듯하다.

集註 | 富歲는 豐年也라 賴는 藉也라 豐年엔 衣食饒足이라 故로 有所顧藉[122]而爲善
이요 凶年엔 衣食不足이라 故로 有以陷溺其心而爲暴니라

---

122 顧藉:一本에는 '賴藉'로 잘못되어 있다.

··· 賴 착할 뢰, 의뢰할 뢰 爾 이와같을 이 陷 함정에빠질 함 溺 물에빠질 닉 藉 의뢰할 자 饒 풍족할 요
顧 돌아볼 고

'富歲'는 豐年이다. '賴'는 의뢰함(돌아봄)이다. 풍년에는 衣食이 풍족하기 때문에 돌아보고 생각하는 바가 있어서 善行을 하고, 흉년에는 衣食이 부족하기 때문에 그 마음을 빠뜨림이 있어서 포악한 짓을 하는 것이다.

7-2. 今夫麰麥(모맥)을 播種而耰之호되 其地同하며 樹之時又同하면 浡(勃)然而生하여 至於日至之時하여 皆熟矣나니 雖有不同이나 則地有肥磽하며 雨露之養과 人事之不齊也니라

지금 麰麥(보리)을 파종하고 씨앗을 덮되 그 땅이 똑같으며 심는 시기가 또 똑같으면 浡然히 싹이 나와서 日至의 때에 이르러 모두 익으니, 비록 똑같지 않음이 있으나 이것은 땅에 비옥하고 척박함이 있으며 雨露의 길러줌과 사람이 가꾸는 일이 똑같지 않기 때문이다.

> 按說 | '日至'는 원래 冬至와 夏至를 가리키는 말인데《集註》에서 朱子가 '成熟之期'로 해석한 것은, 보리의 성숙하는 시기가 북부 지방과 남부 지방의 차이가 있는데, 朱子가 사시던 福建省 지역에서는 夏至 이전에 보리가 성숙하였기 때문인 듯하다. 茶山과 楊伯峻은 夏至로 해석하였는데, 옳은 것으로 보인다.

> 集註 | 麰는 大麥也라 耰는 覆(부)種[123]也라 日至之時는 謂當成熟之期也라 磽는 瘠薄也라

'麰'는 大麥이다. '耰'는 씨앗을 덮는 것(곰방메)이다. '日至之時'는 成熟하는 시기를 당함을 이른다. '磽'는 척박함이다.

7-3. 故로 凡同類者 擧相似也니 何獨至於人而疑之리오 聖人도 與我同類者시니라

---

123 耰 覆種 : 耰는 櫌와 통용되는데,《說文解字》에 櫌는 "밭을 가는 농기구이다.〔摩田器〕" 하였고,《古今韻會擧要》에 "종자를 뿌린 뒤에 耒器로 밭을 갈아서 흙의 벌어져 있는 곳을 다시 합하여 씨앗을 덮는 것이다.〔布種後 以耒器摩之 使土開發處復合以覆種〕" 하였다.

··· 麰 보리 모 麥 보리 맥 播 뿌릴 파 耰 덮을 우 樹 심을 수 浡 일어날 발 (勃通) 肥 비옥할 비 磽 척박할 요 覆 덮을 부 瘠 척박할 척 薄 척박할 박

그러므로 무릇 同類인 것은 대부분 서로 같으니, 어찌 홀로 사람에 이르러서만 의심하겠는가. 聖人도 나와 同類인 자이시다.

集註 | 聖人亦人耳니 其性之善이 無不同也라

聖人 또한 사람이니, 그 性의 善함이 똑같지 않음이 없다.

7-4. 故로 龍子曰 不知足而爲屨라도 我知其不爲蕢也라하니 屨之相似는 天下之足이 同也일새니라

그러므로 龍子가 말하기를 '사람의 발을 알지 못하고 신을 만들더라도 나는 그것이 삼태기가 되지 않을 줄을 안다.' 하였으니, 신이 서로 같음(비슷함)은 천하의 발이 똑같기 때문이다.

集註 | 蕢는 草器也라 不知人足之大小而爲之屨면 雖未必適中이나 然必似足形이요 不至成蕢也라

'蕢'는 풀(짚)로 만든 그릇이다. 사람의 발이 크고 작음을 알지 못하고 신을 만들면 비록 반드시 적중하지는 못하나 반드시 발의 형상과 같을 것이요, 삼태기가 되는 데에는 이르지 않을 것이다.

7-5. 口之於味에 有同耆(嗜)也하니 易(역)牙는 先得我口之所耆者也라 如使口之於味也에 其性이 與人殊 若犬馬之與我不同類也면 則天下何耆를 皆從易牙之於味也리오 至於味하여는 天下期於易牙하나니 是는 天下之口相似也일새니라

입이 맛(맛있는 음식)에 있어서 똑같이 즐김이 있으니, 易牙는 우리 입이 즐기는 것을 먼저 안 자이다. 가령 입이 맛에 있어서 그 性이 남과 다름이 마치 개와 말이 우리와 同類가 아닌 것처럼 다르다면 天下가 어찌 맛을 즐김을 모두 易牙가 조리한 맛을 따르겠는가. 맛에 이르러서는 천하가 易牙가 되기를 기약하니, 이것은 천하의 입이 서로 같기

··· 屨 신구 蕢 삼태기궤 味 맛미 牙 어금니아 期 기약할기

때문이다.

> *按說* | '與人殊'에 대하여, 楊伯峻은
>
> 사람마다 다름을 말한 듯하다. 여기서 '人與人殊'라고 해야 하는데, 원문은 '人'字 하나를 생략한 듯하다.
>
> 하였다.
>
> '天下期於易牙'의 '期'에 대하여, 壺山은
>
> 期는 얻고자 함을 이른다.〔期 謂欲得也〕
>
> 하였다.

集註 | 易牙는 古之知味者라[124] 言 易牙所調之味는 則天下皆以爲美也[125]라

易牙는 옛날에 맛을 잘 안 자이다. 易牙가 조리한 맛은 천하가 다 아름답게 여김을 말씀한 것이다.

7-6. 惟耳도 亦然하니 至於聲하여는 天下期於師曠하나니 是는 天下之耳相似也일새니라

귀도 또한 그러하니, 소리에 이르러서는 천하가 師曠이 되기를 기약하니, 이것은 천하의 귀가 서로 같기 때문이다.

---

[124] 易牙 古之知味者 : 新安陳氏(陳櫟)는 "易牙는 齊나라 桓公의 신하이니, 淄水와 澠水 두 가지의 물맛을 구분하였다. 여기에서 '우리 입이 즐기는 것을 먼저 안다.'는 것은 이미 아래 글에 '우리 마음에 똑같이 옳게 여기는 것을 먼저 안다.'의 張本이 된다.〔易牙 齊桓公臣 能辨淄澠(치승)二水味 此先得我口之所耆 已爲下文先得我心之所同然者張本矣〕" 하였다.

[125] 易牙所調之味 則天下皆以爲美也 : 壺山은 "이 두 句는 '則'字 이하 네 句의 뜻을 해석하였는데, '所調' 두 글자는 '於'字의 뜻에 매우 부합하니, 官本諺解의 해석은 이것을 미처 살피지 못한 듯하다.〔此二句 釋則字以下四句意 而所調二字 襯於字意 諺釋 恐未察耳〕" 하였다. 이는 '易牙之於味'를 '易牙가 조리한 맛'으로 해석해야 함을 말한 것이다. 官本諺解에는 '從易牙之於味也'를 '易牙의 味예 從히리오'로 해석하였는데, 壺山은 이를 '易牙의 味覺에 따르리오'의 의미로 본 듯하다. 栗谷諺解는 '味예 易牙를 조츠리오'로 해석하였다.

⋯ 調 고를 조 曠 빌 광

集註 ┃ 師曠은 能審音者也라 言 師曠所和之音은 則天下皆以爲美也라

師曠은 音을 잘 살핀 자이다. 師曠이 調和(調律)한 음악은 천하가 다 아름답게 여김을 말씀한 것이다.

7-7. 惟目도 亦然하니 至於子都하여는 天下莫不知其姣也하나니 不知子都之姣者는 無目者也니라

눈도 또한 그러하니, 子都에 이르러는 천하가 그의 아름다움을 알지 못하는 이가 없으니, 子都의 아름다움을 알지 못하는 자는 눈이 없는 자이다.

集註 ┃ 子都는 古之美人也라[126] 姣는 好也라

子都는 옛날의 美人이다. '姣'는 아름다움이다.

7-8. 故로 曰 口之於味也에 有同耆焉하며 耳之於聲也에 有同聽焉하며 目之於色也에 有同美焉하니 至於心하여는 獨無所同然乎아 心之所同然者는 何也오 謂理也義也라 聖人은 先得我心之所同然耳시니 故로 理義之悅我心이 猶芻豢之悅我口니라

그러므로 말하기를 '입이 맛에 있어서 똑같이 즐김이 있으며 귀가 소리에 있어서 똑같이 들음이 있으며 눈이 色에 있어서 똑같이 아름답게 여김이 있다.'고 하는 것이니, 마음에 이르러서만 홀로 똑같이 옳게 여기는 바가 없겠는가. '마음에 똑같이 옳게 여긴다.'는 것은 어떤 것인가? 理와 義를 이른다. 聖人은 우리 마음에 똑같이 옳게 여기는 바를 먼저 아셨다. 그러므로 理·義가 우리 마음에 기쁨은 芻豢(고기)이 우리 입에 좋음과 같은 것이다."

---

126 子都 古之美人也 : 壺山은 "男子 중에 아름다운 자이다. '都'는 美이니, 용모가 아름답기 때문에 마침내 都로 字를 삼은 것이다. 또 鄭詩에 보인다.〔男子之美者也 都 美也 蓋以貌美 故遂以都字之耳 又見鄭詩〕"하였다. 鄭詩는《詩經》〈鄭風 山有扶蘇〉를 이른다.

··· 姣 예쁠 교 耆 즐길 기(嗜通) 芻 풀먹는짐승 추 豢 가축 환

集註 | 然은 猶可也¹²⁷라 草食曰芻니 牛羊是也요 穀食曰豢이니 犬豕是也라

程子曰 在物爲理요 處物爲義니 體用之謂也¹²⁸라 孟子言 人心이 無不悅理義者라 하시니 但聖人則先知先覺乎此耳요 非有以異於人也니라

程子又曰 理義之悅我心이 猶芻豢之悅我口라하시니 此語 親切有味하니 須實體察 得義理之悅心이 眞猶芻豢之悅口라야 始得¹²⁹이니라

'然'은 可와 같다. 초식 가축을 '芻'라 하니 소와 양이 이것이요, 곡식을 먹는 가축을 '豢'이라 하니 개와 돼지가 이것이다.

程子(伊川)가 말씀하였다. "사물에 있는 것을 理라 하고 사물에 대처하는 것을 義라 하니, 體와 用을 이른다. 孟子께서 말씀하시기를 '사람의 마음이 理·義를 좋아하지 않는 자가 없다.' 하셨으니, 다만 聖人은 이것을 먼저 알고 먼저 깨달았을 뿐이요, 일반인보다 다름이 있는 것은 아니다."

程子(伊川)가 또 말씀하였다. "'理·義가 우리 마음에 기쁨은 芻豢이 우리 입에 좋음과 같다.' 하셨으니, 이 말씀이 친절하여 맛이 있다. 모름지기 義理가 마음에 기쁜 것이 참으로 芻豢이 우리 입에 좋은 것과 같음을 실제로 體察하여야 비로소 유익할 것이다."

| 牛山之木章 |

8-1. 孟子曰 牛山之木이 嘗美矣러니 以其郊於大國也라 斧斤이 伐之어니 可以爲美乎아 是其日夜之所息과 雨露之所潤에 非無萌蘖之生焉이언마는 牛羊이 又從而牧之라 是以로 若彼濯濯也하니 人이 見其濯濯也하고 以爲未嘗有材焉이라하나니 此豈山之性也哉리오

---

127 然 猶可也 : 朱子는 〈經文의〉 '同然'의 '然'은 옳은가 옳지 않은가의 '然'字와 같다.〔同然之然 如然否之然〕하였다.《語類》

128 程子曰……體用之謂也 : 壺山은 "理와 義를 상대하여 말한 것이 처음 여기에 보이는데, 程子가 또다시 따라 발명하였으니, '事物에 있는 것을 理라 한다.'는 것은 바로 물건의 性과 일의 이치요, '事物을 대처하는 것을 義라 한다.'는 것은 事物에 대처함에 각각 그 이치와 같게 하는 것이다. 程子가 비록 '如其理' 세 글자를 말씀하지 않았으나 그 뜻은 이미 다하였다.〔理義對說 始見於此 程子又從而發明之 蓋在物爲理 是物之性與事之理也 處物爲義 是處事物 各如其理也 程子雖不言如其理三字 而其意則已該矣〕하였다. 壺山은 또 "理가 體이고 義가 用이다.〔理體而義用〕"하였다.

129 始得 : 壺山은 "'始得'은 始可, 始有益이란 말과 같다.〔始得 猶言始可始有益〕"하였다.

··· 豕 돼지시 郊 들교 斧 도끼부 斤 자귀근 伐 벨벌 息 자랄식 潤 적실윤 萌 싹맹 蘖 싹얼 濯 민둥민둥할탁

孟子께서 말씀하셨다. "牛山의 나무가 일찍이 아름다웠는데, 大國의 郊外에 있기 때문에 도끼와 자귀가 늘 그 나무를 베니, 아름답게 될 수 있겠는가. 그 日夜에 자라나는 바와 雨露가 적셔주는 바에 싹이 나오는 것이 없지 않지마는 소와 양이 또 따라서 방목된다. 이 때문에 저와 같이 濯濯하게(민둥산) 되었다. 사람들은 그 濯濯한 것만을 보고는 〈牛山에〉 일찍이 훌륭한 재목이 있지 않았다고 하니, 이것이 어찌 山의 本性이겠는가.

按說 | '國'은 國都의 뜻으로 '大國'은 큰 나라의 국도를 가리킨다.
'日夜之所息'의 '日夜'는 밤낮의 뜻이나 여기서는 특히 밤을 위주하여 말한 것이다.
'息'은 生長의 뜻인바, 饒氏(饒魯)는 말하기를

　'息'字의 訓詁는 본래 止息인데, 물건은 쉬기만 하면 자라기 때문에 息字를 生長의 뜻으로도 풀이한다.〔息本訓止息 纔息便生 故息又訓生〕

하였다. 이 내용은《心經附註》에도 수록되어 있는데, 金宗德의《心經講錄刊補》에

　〈'日夜之所息' 아래의〉吐를 '이(是)'로 달아야 하니, '과(果)'로 다는 것은 잘못이다.

하였다. 그러나 官本諺解와 栗谷諺解 및 艮齋(田愚)의 懸吐에 모두 '과'로 표시되었으므로 그대로 따랐다. '日夜之所息이'로 懸吐할 경우 '日夜에 生長한 것이 비와 이슬의 적셔줌에'로 해석해야 할 것이다.
'牛羊又從而牧之'에 대하여, 楊伯峻은

　이 句는 '又從而牧牛羊焉(之)'의 변형이다.

하였다.

集註 | 牛山은 齊之東南山也[130]라 邑外를 謂之郊라 言 牛山之木이 前此에 固嘗美矣러니 今爲大國之郊하여 伐之者衆이라 故로 失其美耳라 息은 生長也라 日夜之所息은 謂氣化流行하여 未嘗間斷이라 故로 日夜之間에 凡物이 皆有所生長也라 萌은

130　牛山 齊之東南山也：楊伯峻은 牛山은 齊나라 국도였던 臨淄縣 남쪽 10리에 있다고 하였다.

芽也요 蘗은 芽之旁出者也라 濯濯은 光潔之貌라 材는 材木也라 言 山木雖伐이나 猶有萌蘗이어늘 而牛羊이 又從而害之라 是以로 至於光潔而無草木也니라

牛山은 齊나라 국도의 동남쪽에 있는 산이다. 邑 밖을 '郊'라 이른다. 牛山의 나무가 이보다 전에는 일찍이 아름다웠는데, 지금 大國의 교외가 되어 나무를 베는 자가 많기 때문에 그 아름다움을 잃었음을 말씀한 것이다. '息'은 生長함이다. '日夜에 生長하는 바'라는 것은 氣化가 流行하여 일찍이 間斷하지 않으므로 日夜의 사이에 모든 물건이 다 生長하는 바가 있는 것이다. '萌'은 싹이요, '蘗'은 싹이 곁에서 나온 것이다. '濯濯'은 빛나고 깨끗한 모양이다. '材'는 材木이다. 산의 나무가 비록 베어지나 그래도 싹이 나오는데, 소와 양이 또 따라서 해친다. 이 때문에 산이 빛나고 깨끗하여(민둥산이 되어서) 草木이 없는 데에 이름을 말씀한 것이다.

8-2. 雖存乎人者인들 豈無仁義之心哉리오마는 其所以放其良心者 亦猶斧斤之於木也에 旦旦而伐之어니 可以爲美乎아 其日夜之所息과 平旦之氣에 其好惡 與人相近也者幾希어늘 則其旦晝之所爲 有梏亡之矣나니 梏之反覆이면 則其夜氣不足以存이요 夜氣不足以存이면 則其違禽獸 不遠矣니 人見其禽獸也하고 而以爲未嘗有才焉者라하나니 是豈人之情也哉리오

비록 사람에게 보존된 것인들 어찌 仁義의 마음이 없겠는가마는 그 良心을 잃는 것이 또한 도끼와 자귀가 나무에 대해서 아침마다 베는 것과 같으니, 이렇게 하고서 아름답게 될 수 있겠는가. 日夜에 자라나는 바와 平旦의 맑은 기운에 그 좋아하고 미워함이 사람들(正常人)과 서로 가까운 것이 얼마 되지 않는데 낮에 하는 소행이 또 이것을 梏亡하니, 梏亡하기를 반복하면 夜氣가 보존될 수 없고, 夜氣가 보존될 수 없으면〈행실이〉禽獸와 거리가 멀지 않게 된다. 사람들은 그의 행실이 禽獸와 같은 것을 보고는 일찍이 훌륭한 材質이 있지 않았다고 말하니, 이것이 어찌 사람의 實情이겠는가.

按說 | '旦晝'에 대하여 楊伯峻은 焦循의《孟子正義》에 "'旦晝'는 '다음날(明日)'이

⋯ 芽 싹 아 旁 곁 방 放 놓을 방 旦 아침 단 希 드물 희 梏 형틀 곡 違 거리 위

란 말과 같다." 한 說을 따라 '旦晝'를 다음날(明日)로 보았다. 우리나라 本에는 太祖 李成桂의 이름이 旦이므로 피휘하여 모두 朝로 바꿔 놓았으며, 旦을 '단'으로 발음하지 않고 '조'로 발음하였다.

'有梏亡之矣'에 대하여, 楊伯峻은

　'有'는 又와 같다.

하였다. 又로 訓할 경우 '낮에 하는 소행이 또 이것을 梏亡하니'로 해석해야 하는바, 朱子역시 '又已隨而梏亡之'라 하였다.

集註 | 良心者는 本然之善心이니 卽所謂仁義之心也라 平旦之氣는 謂未與物接之時淸明之氣也라 好惡與人相近은 言得人心之所同然也라 幾希는 不多也라 梏은 械也라[131] 反覆은 展轉也라 言 人之良心이 雖已放失이나 然其日夜之間에 猶必有所生長[132]이라 故로 平旦未與物接하여 其氣淸明之際에 良心이 猶必有發見(현)者[133]라 但其發見至微하고 而旦晝所爲之不善이 又已隨而梏亡之[134]하니 如山木旣伐에 猶有萌蘖이어늘 而牛羊이 又牧之也라 晝之所爲 旣有以害其夜之所息하고 夜之所息이 又不能勝其晝之所爲라 是以로 展轉相害하여 至於夜氣之生이 日以寢薄하여 而不足以存其仁義之良心이면 則平旦之氣亦不能淸하여 而所好惡 遂與人遠矣니라

---

131 梏 械也 : 朱子는 "'梏'은 행동을 금지하는 형틀의 속에 갇혀 있어서 다시 움직일 수 없는 것과 같고, '亡'은 자신의 물건을 잃어버린 것과 같은 것이다.〔梏 如被他禁械在那裏 更不容他轉動 亡 如將自家物失去了〕" 하였다.《語類》

132 其日夜之間 猶必有所生長 : 朱子는 "氣는 단지 이 氣뿐이니, 낮에도 생기고 밤에도 생긴다. 다만 낮에 생긴 것은 〈良心이〉 物欲에게 梏亡되어 즉시 또 흩어져 없어지고, 밤에 생긴 것은 모여서 그 안에 있고 흩어져 없어지지 않는다.〔氣只是這箇氣 日裏也生 夜間也生 只是日間生底 爲物欲梏之 隨手又耗散了 夜間生底 則聚得在那裏 不曾耗散〕" 하였다.《語類》

133 平旦未與物接……猶必有發見者 : 朱子는 "비유하면 마치 우물물이 종일토록 움직이면 물이 흐려지는데, 그 물이 밤에 이르러 잠시 정지되면 곧 맑은 물이 나오는 것과 같다.〔譬如一井水 終日擾動 便渾了 那水至夜稍歇 便有淸水出〕" 하였다.《語類》經文의 '夜氣'는 밤에 잠을 자고 새벽에 일어났을 때의 깨끗한 정신 기운(心氣)으로, '日夜之所息'의 '夜'와 '平旦之氣'의 '氣'를 합하여 이름한 것이다.

134 旦晝所爲之不善 又已隨而梏亡之 : 朱子는 "이른바 '梏'을 사람들은 많이 '夜氣를 梏亡하는 것'으로 여기니, 또한 잘못이다. 낮에 하는 바가 능히 그 良心을 梏亡함을 이른다.〔所謂梏者 人多謂梏亡其夜氣 亦非也 謂旦晝之爲 能梏亡其良心也〕" 하였다.《語類》

··· 械 형틀 계 展 구를 전(輾同) 長 자랄 장 接 접할 접 隨 따를 수 寢 점점 침

162 · 附 按說 孟子集註

'良心'은 本然의 善한 마음이니, 바로 이른바 '仁義之心'이란 것이다. '平旦之氣'는 사물과 접하지 않았을 때의 淸明한 기운을 이른다. '좋아하고 미워함이 사람들과 서로 가깝다.'는 것은 사람의 마음에 똑같이 옳게 여기는 바를 얻음(앎)을 말한다. '幾希'는 많지 않음이다. '梏'은 형틀이다. '反覆'은 展轉함이다.

이것은 '사람의 良心이 비록 이미 放失되었으나 日夜의 사이에 그래도 반드시 生長하는 것이 있다. 그러므로 平旦에 아직 사물과 접하지 않아서 그 기운이 淸明할 때에는 良心이 오히려 반드시 發見되는 것이 있다. 다만 그 發見됨이 지극히 미미한데 낮에 하는 바의 不善이 또 이미 따라서 梏亡시키니, 이것은 마치 산의 나무를 이미 베어도 오히려 싹이 돋아나지만 소와 양이 또 따라서 방목됨과 같은 것이다. 낮에 하는 행실이 이미 밤에 자라는 바를 해치고, 밤에 자라는 바가 또 낮에 하는 바의 나쁜 행실을 이기지 못한다. 이 때문에 展轉하여 서로 해쳐서 夜氣가 생겨나는 것이 날로 점점 薄해져서 仁義의 良心을 보존할 수 없음에 이르면 平旦의 기운 또한 맑지 못하여 좋아하고 싫어하는 바가 끝내 사람들과 거리가 멀어지게 되는 것이다.'라고 말씀한 것이다.

8-3. 故로 苟得其養이면 無物不長이요 苟失其養이면 無物不消니라

그러므로 만일 그 기름을 잘 얻으면 물건마다 자라지 않을 것이 없고, 만일 그 기름을 잃으면 물건마다 사라지지 않을 것이 없는 것이다.

集註 | 山木, 人心이 其理一也라

산의 나무와 사람의 마음이 그 이치가 똑같은 것이다.

8-4. 孔子曰 操則存하고 舍則亡하여 出入無時하며 莫知其鄕(向)은 惟心之謂與인저하시니라

孔子께서 말씀하시기를 '잡으면 보존되고 놓으면 잃어서 나가고 들어옴이 일정한 때가 없으며 그 방향을 알 수 없는 것은 오직 사람의 마음을 말함일 것이다.' 하셨다."

••• 消 사라질소 操 잡을조 舍 놓을사 鄕 향할향(向通)

按說 | '操則存 舍則亡'에 대하여, 茶山은

후세의 이른바 靜存, 默存, 存養, 存持는 진실로 또한 修道者의 善한 일이나, 孔子의 이른바 '잡으면 보존되고 놓으면 잃는다.'는 것은 필시 이런 말씀이 아닐 것이다. 孔子의 이른바 '操存'은 일에 응대하고 사물을 접할 때에 恕에 힘써 仁을 행하며, 말은 반드시 忠信하고 행실은 반드시 篤敬하며, 私慾을 따르지 않고 한결같이 道心을 따르고자 하는 것이지, 눈을 감고 단정히 앉아 보지도 듣지도 않으면서, 回光反照(자아성찰)하여 涵養의 공부를 하려는 것이 아니다. 涵養의 공부가 좋지 않다고 말하는 것은 아니지만, 이것이 孔子의 操存의 遺法은 아니다.……옛날의 학문은 힘을 씀이 行事에 있어 行事로 마음을 다스렸다.〔後世之所謂靜存默存存養存持 固亦修道者之善事 然孔子所謂操則存舍則亡 必非此說 孔子之所謂操存者 欲於應事接物之時 强恕行仁 言必忠信 行必篤敬 勿循私慾 一聽道心 非欲瞑目端坐 收視息聽 回光反照 以爲涵養之功也 涵養之功 非曰不善 但非孔子操存之遺法也……古學用力在行事 而以行事爲治心〕

하였다.

'鄕'에 대하여, 趙岐는

'鄕'은 里와 같으니 거처를 비유한 것이다.〔鄕猶里 以喩居也〕

하였고, 北溪陳氏(陳淳)는

홀연히 나가고 홀연히 들어와서 일정한 때가 없고, 홀연히 여기에 있고 홀연히 저기에 있어서 또한 일정한 곳이 없어서, 잡으면 곧바로 보존되어 여기에 있고 놓으면 곧바로 잃어버리는 것이다.〔忽然出 忽然入 無有定時 忽在此 忽在彼 亦無定處 操之 便存在此 捨之 便亡失了〕《北溪字義》

하였으며, 茶山은

《集註》에 訓한 바가 없으니, 趙岐의 舊說과 같은 듯하다. 그러나 나는 '鄕'은 嚮(향할 향)으로 읽어야 한다고 생각한다.〔集註無所訓 疑與舊說同 余謂鄕當讀作嚮〕

하였다. 壺山은 '鄕'을 '所'로 보았으며, 朱子 역시 '亦無定處'라 하여 處所로 보았으나 우선 諺解를 따라 '方向'으로 해석하였다.

集註 | 孔子言 心은 操之則在此하고 舍之則失去하여 其出入이 無定時하고 亦無定處如此라하시니 孟子引之하사 以明心之神明不測이 得失之易而保守之難하여 不可頃刻失其養하시니 學者當無時而不用其力하여 使神淸氣定하여 常如平旦之時면 則此心常存하여 無適而非仁義矣리라

程子曰 心豈有出入이리오 亦以操舍而言耳니 操之之道는 敬以直內而已니라

孔子께서 말씀하시기를 "마음은 잡으면 여기에 있고 놓으면 잃어버려서 그 출입이 정해진 때가 없으며 또한 定한 곳이 없음이 이와 같다." 하셨는데, 孟子께서 이것을 인용하여 마음이 神明하고 측량할 수 없어 得失(잃음)이 쉽고 보존하여 지킴이 어려워서 잠시라도 그 기름을 잃어서는 안 됨을 밝히셨으니, 배우는 자가 마땅히 때마다 힘을 쓰지 않음이 없어서 정신이 맑고 기운이 안정되게 하여 항상 平旦의 때와 같게 한다면 이 마음이 항상 보존되어 가는 곳마다 仁義 아님이 없을 것이다.

程子(伊川)가 말씀하였다. "마음이 어찌 출입함이 있겠는가. 이 또한 잡아두는 것과 놓음으로써 말씀했을 뿐이니, 마음을 잡는 방법은 敬하여 마음을 곧게 하는 것일 뿐이다."

章下註 | ○ 愚聞之師[135]호니 曰 人理義之心이 未嘗無하니 惟持守之면 卽在爾라 若於旦晝之間에 不至梏亡이면 則夜氣愈淸이요 夜氣淸이면 則平旦未與物接之時에 湛然虛明氣象을 自可見矣니라 孟子發此夜氣之說하시니 於學者에 極有力하니 宜熟玩而深省之也니라

○ 내(朱子)가 스승(延平先生)에게 들으니, 다음과 같이 말씀하였다. "사람은 義理의 마음이 일찍이 없지 않으니, 오직 이것을 잡아 잘 지키면 바로 여기에 있는 것이다. 만일 낮 사이에 良心을 梏亡하는 데에 이르지 않는다면 夜氣가 더욱 맑아질 것이요, 夜氣가 맑아지면 平旦에 아직 사물과 접하지 않았을 때에 湛然히 虛明한 氣象을 진실로 볼 수 있을 것이다. 孟子께서 이 夜氣의 말씀을 발하셨는데 배우는 자들에게 지극히 힘(효력)이 있으니, 마땅히 익숙히 보고 깊이 살펴야 할 것이다."

---

135 愚聞之師 : '愚'는 朱子가 자신을 겸칭한 것으로 그의 스승인 延平 李侗에게 들었음을 뜻한다. 다만 글로 쓰여 있지 않고 말씀으로만 들었기 때문에 이렇게 표현한 것이다.

••• 測 헤아릴 측 頃 잠깐 경 刻 시간 각 適 갈 적 愈 더욱 유 湛 맑을 담

奕秋章(十寒一暴章)

9-1. 孟子曰 無或(惑)乎王之不智也로다

孟子께서 말씀하셨다. "王의 지혜롭지 못함을 이상하게 여길 것이 없구나.

> **集註ㅣ** 或은 與惑同하니 疑怪也라 王은 疑指齊王이라
>
> '或'은 惑과 같으니, 의혹하고 괴이하게 여김이다. '王'은 齊王을 가리킨 듯하다.

9-2. 雖有天下易生之物也나 一日暴(폭)之요 十日寒之면 未有能生者 也니 吾見(현)이 亦罕矣요 吾退而寒之者至矣니 吾如有萌焉에 何哉리오

비록 天下에 쉽게 生長하는 물건이 있더라도 하루 동안 햇볕을 쪼이고 열흘 동안 춥게 하면 능히 生長할 물건이 있지 않으니, 내가 임금을 뵈옴이 또한 드물고 내가 물러나오면 임금의 마음을 차갑게 하는 자가 이르니, 싹이 있은들 내가 어떻게 할 수 있겠는가.

> **集註ㅣ** 暴은 溫之也라 我見王之時少하니 猶一日暴之也요 我退則諂諛雜進之日多 하니 是十日寒之也라 雖有萌蘖之生이나 我亦安能如之何哉리오
>
> '暴'은 따뜻하게 함이다. 내가 王을 뵙는 때가 적으니 이것은 '하루 동안 햇볕을 쪼이는 것'과 같고, 내가 물러나오면 아첨하는 자들이 잡되게 나와 뵙는 날이 많으니 이것은 '열흘 동안 춥게 하는 것'이다. 비록 싹이 나옴이 있은들 내가 또한 어떻게 할 수 있겠는가.

9-3. 今夫奕之爲數 小數也나 不專心致志면 則不得也라 奕秋는 通國 之善奕者也니 使奕秋로 誨二人奕이어든 其一人은 專心致志하여 惟奕 秋之爲聽하고 一人은 雖聽之나 一心에 以爲有鴻鵠將至어든 思援弓繳 而射(석)之하면 雖與之俱學이라도 弗若之矣나니 爲是其智弗若與아 曰 非然也니라

지금 바둑의 數(기예)가 작은(하찮은) 數이나 專心致志(마음을 오로지 하고 뜻을 지

··· 或 의혹할 혹(惑同) 怪 괴이할 괴 暴 햇볕쬘 폭 罕 드물 한 萌 싹 맹 諂 아첨할 첨 諛 아첨할 유 蘖 싹 얼
奕 바둑 혁 誨 가르칠 회 鴻 기러기 홍 鵠 큰새 곡, 고니 곡 援 당길 원 繳 주살 작 射 쏘아맞힐 석 俱 함께 구

극히 함)하지 않으면 터득하지 못한다. 奕秋는 온 나라에 바둑을 잘 두는 자이다. 奕秋로 하여금 두 사람에게 바둑을 가르치게 하거든 그 중에 한 사람은 專心致志하여 오직 奕秋의 말을 듣고, 한 사람은 비록 듣기는 하나 마음 한 편에 기러기와 큰 고니가 장차 이르거든 활과 주살을 당겨서 쏘아 맞힐 것을 생각한다면 비록 그와 함께 배운다 하더라도 그만 못할 것이니, 이것은 그 지혜가 그만 못해서인가? 그렇지 않다."

按説 | '專心致志'에 대하여, 雙峰饒氏(饒魯)는

'心'은 주장하는 것을 가지고 말하였고 '志'는 향하는 것을 가지고 말하였으니, '專心'은 마음의 주장하는 바가 오로지 여기에 있는 것이요, '致志'는 바로 그 마음의 향하는 바를 지극히 하여 곧바로 그 경지에 이르는 것이다.[心 以所主者言 志 以所向者言 專心 是心之所主專在此 致志 是極其心之所向 直到那田地]

하였다.

集註 | 奕은 圍棋也라 數는 技也라 致는 極也라 奕秋는 善奕者名秋也라 繳은 以繩繫矢而射也라

'奕'은 바둑이다. '數'는 技藝이다. '致'는 지극히 함이다. 奕秋는 바둑을 잘 두는 자의 이름이 秋이다. '繳'은 노끈을 화살에 매어서 쏘는 것이다.

章下註 | ○程子爲講官하여 言於上曰 人主一日之間에 接賢士大夫之時多하고 親宦官宮妾之時少하면 則可以涵養氣質而薰陶德性이라하여시늘 時不能用하니 識者恨之하니라
范氏曰 人君之心이 惟在所養하니 君子養之以善則智하고 小人養之以惡則愚라 然이나 賢人은 易疎하고 小人은 易親이라 是以로 寡不能勝衆하고 正不能勝邪하니 自古로 國家治日常少而亂日常多는 蓋以此也니라

○程子(伊川)가 講官이 되어 임금에게 말씀하시기를 "人主가 하루 사이에 어진 士大夫들을 접견하는 때가 많고 宦官과 宮妾을 친근히 하는 때가 적으면 氣質을 함양하여 德性을 薰陶할 수 있습니다." 하셨는데, 당시에 이 말씀을 쓰지 못하니 識者들이 한스럽게 여겼다.

··· 圍 포위할위 技 재주 기 繩 노끈승 繫 맬계 矢 화살시 宦 내시환 涵 담글함 薰 향기쐴훈 陶 도야할도 疎 성길소

范氏(范祖禹)가 말하였다. "임금의 마음은 오직 기르는 바에 달려 있으니, 君子가 善으로써 기르면 지혜로워지고, 小人이 惡으로써 기르면 어리석어진다. 그러나 賢人은 소원하기 쉽고 小人은 친근하기가 쉽다. 이 때문에 적은 사람이 많은 사람을 이기지 못하고 正直한 자가 邪惡한 자를 이기지 못하는 것이니, 예로부터 국가가 다스려지는 날이 항상 적고 혼란한 날이 항상 많음은 이 때문이다."

|魚我所欲章(熊魚章)|

10-1. 孟子曰 魚도 我所欲也며 熊掌도 亦我所欲也언마는 二者를 不可得兼인댄 舍魚而取熊掌者也로리라 生亦我所欲也며 義亦我所欲也언마는 二者를 不可得兼인댄 舍生而取義者也로리라

孟子께서 말씀하셨다. "魚物도 내가 원하는 바요 熊掌(곰 발바닥)도 내가 원하는 바이지만 이 두 가지를 겸하여 얻을 수 없다면 魚物을 버리고 熊掌을 취하겠다. 삶도 내가 원하는 바요 義도 내가 원하는 바이지만 이 두 가지를 겸하여 얻을 수 없다면 삶을 버리고 義를 취하겠다.

集註 | 魚與熊掌이 皆美味로되 而熊掌尤美也라

魚物과 熊掌이 모두 맛이 좋으나 熊掌이 더욱 좋다.

10-2. 生亦我所欲이언마는 所欲이 有甚於生者라 故로 不爲苟得也하며 死亦我所惡(오)언마는 所惡 有甚於死者라 故로 患有所不辟(避)也니라

삶도 내가 원하는 바이지만 원하는 바가 삶보다 심한 것이 있다. 그러므로 삶을 구차히 얻으려고 하지 않으며, 죽음도 내가 싫어하는 바이지만 싫어하는 바가 죽음보다 심한 것이 있다. 그러므로 患難을 피하지 않는 바가 있는 것이다.

集註 | 釋所以舍生取義之意라 得은 得生也라 欲生惡死者는 雖衆人利害之常情이

··· 熊 곰 웅 掌 손바닥 장 兼 겸할 겸 舍 버릴 사 辟 피할 피(避同)

나 而欲惡有甚於生死者는 乃秉彝義理之良心[136]이라 是以로 欲生而不爲苟得하고 惡死而有所不避也니라

삶을 버리고 義를 취하는 이유의 뜻을 해석한 것이다. '得'은 삶을 얻는 것이다. 삶을 원하고 죽음을 싫어함은 비록 衆人들의 利害의 常情이나 원하고 싫어함이 살고 죽는 것보다 심함이 있는 것은 바로 秉彝의 義理의 良心이다. 이 때문에 살기를 원하면서도 구차히 얻으려 하지 않고, 죽기를 싫어하면서도 피하지 않는 바가 있는 것이다.

10-3. 如使人之所欲이 莫甚於生이면 則凡可以得生者를 何不用也며 使人之所惡 莫甚於死者면 則凡可以辟患者를 何不爲也리오

가령 사람들이 원하는 바가 삶보다 심한 것이 없다면 무릇 삶을 얻을 수 있는 방법을 무엇을 쓰지 않겠으며, 가령 사람들이 싫어하는 바가 죽음보다 심한 것이 없다면 무릇 환난을 피할 수 있는 방법을 무엇을 하지 않겠는가.

集註ㅣ 設使人無秉彝之良心하고 而但有利害之私情이면 則凡可以偸生免死者[137]를 皆將不顧禮義而爲之矣리라

가령 사람들이 秉彝의 良心이 없고 다만 利害의 私情만 있다면, 무릇 삶을 도둑질하고 죽음을 면할 수 있는 방법을 모두 장차 禮義를 돌아보지 않고 할 것이다.

10-4. 由是라 則生而有不用也하며 由是라 則可以辟患而有不爲也니라

이 때문에(이 良心이 있기 때문에) 살 수 있는데도 〈그 방법을〉 쓰지 않음이 있으며, 이

---

136 衆人利害之常情……乃秉彝義理之良心 : '利害之常情'은 利害를 따지는 일반적인 心情이며, '秉彝'는 사람이 간직하고 있는 本性의 발로로, '秉彝의 義理의 良心'이란 羞惡之心을 말한 것이다. 朱子는 "義가 삶에 있으면 죽음을 버리고 삶을 취하며 義가 죽음에 있으면 삶을 버리고 죽음을 취하는 것이다.〔義在於生 則舍死而取生 義在於死 則舍生而取死〕" 하였다.(《語類》)

137 凡可以偸生免死者 : 慶源輔氏(輔廣)는 "'偸'는 도둑질을 이르고 '免'은 구차하게 면함을 이르니, 이 두 글자는 사사로운 情의 뜻과 형상을 모두 말하였다. 오직 이렇게 하지 않는다면, 秉彝의 良心은 바로 나의 固有한 것이고 利害의 私情은 바로 물건을 인하여 생겨났음을 알 것이다.〔偸 謂偸竊 免 謂苟免 此兩字 說盡私情之意象 惟其不然 則知秉彝之良心 乃吾所固有 而利害之私情 乃因物而旋生出耳〕" 하였다.

··· 秉 잡을 병 彝 떳떳할 이 偸 훔칠 투 免 면할 면 顧 돌아볼 고

때문에 禍를 피할 수 있는데도 하지 않음이 있는 것이다.

按說 | '由是'에 대하여, 慶源輔氏(輔廣)는

由是의 '是'字는 秉彝의 良心을 가리켜 말한 것이다.〔由是之是 蓋指秉彝之良心而言
也〕

하였으며, 《集註》에서도 '由是'를 '由其必有秉彝之良心(반드시 秉彝의 良心이 있기
때문에)'라고 하였으므로 이를 따라 '이 良心이 있기 때문에'로 해석하였다.
반면 諺解에는 '이를 由ㅎ야 ㅎ논디라'로 되어 있고, 茶山 또한

'由是則生', '由是則可以辟患'은 '이와 같이 하면 살 수 있다', '이와 같이 하면 禍를 피할
수 있다'는 말과 같다. 사는 길을 따르면 살고 禍를 피하는 길을 따르면 禍를 피할 수 있는데,
사람 중에 그 길을 버리고 따르지 않는 자가 있는 것은, 禮義를 따르고자 하는 것이 살고 싶
은 것보다 심하고 非禮와 不義를 싫어하는 것이 죽음을 싫어하는 것보다 심하기 때문이다.
'秉彝의 良心'은 맹자가 말씀하지 않은 것인데, 지금 '由是' 두 글자를 가지고 '秉彝의 良
心에 말미암다'라고 말하는 것은, 經文과 연관이 없는 듯하다.〔由是則生 由是則可以辟患
猶言如是則生 如是則可以辟患 由生路則生 由辟患之路則辟患 而人有舍之而不由
者 爲其禮義之可欲 甚於欲生 而非禮不義之可惡 甚於惡死也 秉彝良心 孟子之所不
言 今以由是二字 謂由秉彝之良心者 恐無連絡處〕

하여 《集註》의 朱子의 說을 비판하였으며, 楊伯峻도 '由是'를 "이에 따라 행하면〔由此
而行〕"으로 번역하였다. 茶山은 '由'를 猶로 본 것으로, 茶山의 해석은 一理가 있다고 생
각된다. 다만 '是'가 良心을 가리키지 않고 무엇을 가리켰단 말인가. 禮義를 따르고자 하
고 非禮와 不義를 싫어하는 것이 바로 羞惡의 마음으로 良心인 것이다.

集註 | 由其必有秉彝之良心이라 是以로 其能舍生取義如此하니라

반드시 秉彝의 良心이 있기 때문에 능히 삶을 버리고 義를 취하기를 이와 같이 하는 것이다.

10-5. 是故로 所欲이 有甚於生者하며 所惡 有甚於死者하니 非獨賢者

有是心也라 人皆有之언마는 賢者는 能勿喪耳니라

이러므로 원하는 바가 삶보다 심한 것이 있으며 싫어하는 바가 죽음보다 심한 것이 있으니, 다만 賢者만이 이러한 마음을 가지고 있는 것이 아니라 사람마다 다 가지고 있건마는 賢者는 능히 이것을 잃지 않을 뿐이다.

集註 | 羞惡之心을 人皆有之로되 但衆人은 汨於利欲而忘之[138]하고 惟賢者는 能存之而不喪耳니라

羞惡之心을 사람들이 모두 가지고 있으나 다만 衆人들은 利欲에 빠져서 이것을 잊고, 오직 賢者만이 이것을 보존해서 잃지 않을 뿐이다.

10-6. 一簞食(사)와 一豆羹을 得之則生하고 弗得則死라도 嘑爾而與之면 行道之人도 弗受하며 蹴爾而與之면 乞人도 不屑也니라

한 그릇의 밥과 한 그릇의 국을 얻어먹으면 살고 얻어먹지 못하면 죽더라도 혀를 차고 꾸짖으면서 주면 길 가는 사람도 받지 않으며 발로 밟아서 주면 乞人도 좋게 여기지 않는다.

按說 | '嘑爾'에 대하여, 楊伯峻은 趙岐의 註에

'嘑爾'는 呼爾와 같으니, 호통치며 꾸짖는 모양이다.〔嘑爾 猶呼爾 咄啐之貌也〕

한 것을 취하여

'嘑'는 呼와 같다.

하였는데, '呼爾'는 '노하여 질책한다.〔怒叱〕'는 뜻이다.

楊伯峻은 또 《禮記》〈檀弓下〉에 나오는 故事를 이와 유사한 예로 제시하였다.

齊나라에 큰 흉년이 들자, 黔敖가 길가에서 음식을 만들어서 굶주린 자를 기다려 먹였다.

---

138 汨於利欲而忘之 : 壺山은 "忘은 '亡(잃음)'의 誤字인 듯하다.〔忘 恐亡之誤〕" 하고, 또 《集註》에 이 句를 보충했다.〔補此句〕" 하였다.

··· 喪 잃을 상 羞 부끄러울 수 惡 미워할 오 汨 빠질 골 簞 대그릇 단 豆 나무그릇 두 羹 국갱 嘑 꾸짖을 호 蹴 찰 축 乞 빌 걸 屑 깨끗할 설

어떤 굶주린 자가 소매로 얼굴을 가리고 신발을 끌면서 힘이 없이 오자, 黔敖가 왼손으로는 음식을 받들고 오른손에는 음료를 잡고 말하기를 "아! 쯧쯧. 와서 먹어라." 하니, 그 사람은 눈을 치켜뜨고 보면서 말하기를 "나는 혀를 차며 와서 먹으라는 〈무례한 태도로 주는〉 음식을 먹지 않아서 이 지경에 이르렀노라." 하였다. 黔敖가 찾아가서 사죄하였으나 끝내 먹지 않고 죽었다.〔齊大饑 黔敖爲食於路 以待餓者而食之 有餓者蒙袂輯屨 貿貿然來 黔敖左奉食 右執飮 曰 嗟來食 揚其目而視之 曰 予唯不食嗟來之食 以至於斯也 從而謝焉 終不食而死〕

集註ㅣ 豆는 木器也라 嘑는 咄啐(돌쵀)之貌라 行道之人은 路中凡人也라 蹴은 踐踏也라 乞人은 丐乞之人也라 不屑은 不以爲潔也라 言 雖欲食之急이라도 而猶惡無禮하여 有寧死而不食者하니 是其羞惡之本心이니 欲惡有甚於生死者를 人皆有之也니라

'豆'는 나무로 만든 그릇이다. '嘑'는 혀를 차고 성내는 모양이다. '行道之人'은 길 가운데의 일반인이다. '蹴'은 밟음이다. '乞人'은 빌어먹는 사람이다. '不屑'은 깨끗하게 여기지 않음이다. '비록 이것을 먹고자 함이 급하더라도 오히려 無禮함을 싫어해서 차라리 죽을지언정 먹지 않는 자가 있다.'라고 말한 것이다. 이것은 羞惡의 本心이니, 원하고 싫어함이 살고 죽는 것보다 심함이 있음을 사람이 모두 가지고 있는 것이다.

10-7. 萬鍾則不辨禮義而受之하나니 萬鍾이 於我何加焉이리오 爲宮室之美와 妻妾之奉과 所識窮乏者得我與인저

萬鍾의 祿은 禮義를 분별하지 않고 받으니, 萬鍾의 祿이 나에게 무슨 보탬이 되겠는가. 〈萬鍾을 받는 이유는〉 宮室의 아름다움과 妻妾의 받듦과 자신이 알고 있는 궁핍한 자가 나를 고맙게 여김을 위해서일 것이다.

集註ㅣ 萬鍾於我何加는 言於我身에 無所增益也라 所識窮乏者得我는 謂所知識之窮乏者 感我之惠也라 上言人皆有羞惡之心하고 此言衆人所以喪之 由此三者[139]하니 蓋理義之心이 雖曰固有나 而物欲之蔽 亦人所易昏也니라

---

139 衆人所以喪之 由此三者:新安陳氏(陳櫟)는 "사람이 良心을 상실하는 것이 진실로 宮室을 이루고 妻

··· 咄 꾸짖을 돌 啐 나무랄 쵀 踐 밟을 천 踏 밟을 답 丐 빌 개 潔 깨끗할 결 寧 차라리 녕 妾 첩 첩 窮 곤궁할 궁 乏 다할 핍 得 감사할 득 增 더할 증 蔽 가릴 폐

'萬鍾이 나에게 무슨 보탬이 되겠느냐.'는 것은 내 몸에 增益되는 바가 없음을 말한 것이다. '알고 있는 궁핍한 자가 나를 고맙게 여긴다.'는 것은 내가 알고 있는 궁핍한 자가 나의 은혜에 감사함을 이른다. 위에서는 사람이 모두 羞惡之心을 가지고 있음을 말씀하였고, 여기서는 衆人이 이것을 잃는 이유가 이 세 가지에서 연유됨을 말씀하였으니, 理義의 마음이 비록 固有하다고 하나 物慾의 가림에 또한 사람이 쉽게 어두워지는 것이다.

10-8. 鄕(曏)爲身엔 死而不受라가 今爲宮室之美하여 爲之하며 鄕爲身엔 死而不受라가 今爲妻妾之奉하여 爲之하며 鄕爲身엔 死而不受라가 今爲所識窮乏者得我而爲之하나니 是亦不可以已乎아 此之謂失其本心이니라

지난번 자신을 위해서는 죽어도 받지 않다가 이제 宮室의 아름다움을 위하여 이것을 하며(받으며), 지난번 자신을 위해서는 죽어도 받지 않다가 이제 妻妾의 받듦을 위하여 이것을 하며, 지난번 자신을 위해서는 죽어도 받지 않다가 이제 자신이 알고 있는 궁핍한 자가 나를 고맙게 여김을 위하여 이것을 하니, 이 또한 그만둘 수 없는 것이겠는가. 이것을 일러 '그 本心을 잃었다.'고 하는 것이다."

按說 | '鄕爲身 死而不受'에 대하여, 官本諺解에는 '鄕애 身을 爲홈앤 死ᄒᆞ야도 受티 아니ᄒᆞ다가'로 되어 있는데, 東陽許氏(許謙)는

세 번의 '鄕爲身'을 北山先生(何基)은 한 句로 읽었으니, '지난번에는 몸을 욕되게 하고 義를 잃는다는 이유 때문에 혀를 차고 발로 밟아서 주는 음식을 받지 않아 몸의 죽음을 구원하지 않았는데, 지금은 도리어 몸 밖의 물건과 남에게 은혜를 베풀기 위하여 義를 잃은 祿을 받는단 말인가, 良心이 없다고 이를 만하다.'고 말씀한 것이다.〔三鄕爲身 北山先生作一讀 言鄕爲辱身失義之故 尙不受嘑蹴之食以救身之死 今乃爲身外之物 施惠於人 而受失義之祿乎 可謂無良心矣〕

妾을 공양하고 아는 사람을 구제하는 세 가지에 그치지 않으니, 우선 세 가지를 열거했으면 다른 것도 유추하여 알 수 있는 것이다.〔人之喪其良心 固不止於成宮室 供妻妾 濟知識三者 姑擧三者 他可類推〕"하였다.

··· 鄕 지난번 향(曏同)

하였다. 반면 沙溪(金長生)와 壺山은 모두 '鄕爲身死而不受'를 한 句로 보아 "지난번에는 자기 몸이 죽는데도 받지 않았다."고 해석하여, 沙溪는

> 諺解는 '鄕爲身'을 句로 삼았으니 옳지 않다. 마땅히 '身死'를 이어 읽어야 한다.〔諺解 鄕爲身爲句 非是 當連身死讀〕《經書辨疑》

하였고, 또 壺山은

> 살펴보건대 諺解의 句讀는 바로 何北山의 뜻을 따른 것인데《集註》와 다른 점이 있으니, 따라서는 안 될 듯하다.〔按諺讀 是從何北山意者 而與集註有違 恐不可從〕

하였다. 《集註》의 '鄕爲身死猶不肯受嘑蹴之食'은 中國本과 日本의 漢文大系本에 모두 '鄕爲身死 猶不肯受嘑蹴之食'으로 표점이 찍혀 있다. 沙溪와 壺山 등의 說을 따를 경우 '鄕爲身死라도 猶不肯受嘑蹴之食'으로 현토해야 하고, 《集註》 또한 '鄕爲身死라도'로 懸吐해야 하나, 그동안 諺解를 따라 '鄕爲身엔 死而不受'로 읽었고 또 이렇게 해석하여도 뜻이 통하므로 모두 바꾸지 않았음을 밝혀둔다.

集註 | 言 三者는 身外之物이니 其得失이 比生死爲甚輕이어늘 鄕爲身엔 死猶不肯受嘑蹴之食이라가 今乃爲此三者하여 而受無禮義之萬鍾하니 是豈不可以止乎아 本心은 謂羞惡之心이라

'세 가지는 몸 밖의 물건이니, 그 得失이 生死에 비하면 매우 가볍다. 그런데 지난번 자신을 위해서는 죽어도 오히려 혀를 차고 꾸짖으며 발로 밟아서 주는 음식을 받으려 하지 않다가 이제 마침내 이 세 가지를 위해서 禮義가 없는 萬鍾의 祿을 받으니, 이 어찌 그만둘 수 없는 것이겠는가.'라고 말씀한 것이다. '本心'은 羞惡之心을 이른다.

章下註 | ○此章은 言 羞惡之心이 人所固有언마는 或能決死生於危迫之際로되 而不免計豐約於宴安之時[140]라 是以로 君子不可頃刻而不省察於斯焉이니라

---

140 此章……而不免計豐約於宴安之時 : 茶山은 "이 章은 두 절로 나누어 보아야 한다. '態魚' 이하는 性善에 대한 확실한 증명이고, '一簞食' 이하는 '本心'을 잃는 것'에 대한 지극한 경계이다. 위아래 두 절을 통합해 보는 것은 마땅하지 않다.〔此章當分二節看 態魚以下 乃性善之確證 一簞食以下 乃失心之至戒 上下節不宜通看〕" 하였다.

••• 嘑 꾸짖을 호 蹴 찰 축 迫 급할 박 約 적을 약 宴 편안할 연

○이 章은 '羞惡之心은 사람이 본래 소유하고 있지만 혹 위급하고 절박할 때에는 능히 死生을 결단하면서도 한가하고 편안할 때에는 豐約(많고 적음)을 따짐을 면치 못한다. 이 때문에 군자는 頃刻이라도 여기에 省察하지 않으면 안 됨'을 말씀한 것이다.

|仁人心也章(求其放心章)|

11-1. 孟子曰 仁은 人心也요 義는 人路也니라

孟子께서 말씀하셨다. "仁은 사람의 마음이요, 義는 사람의 길이다.

按說| 朱子는

'仁人心也'는 마음에 나아가 말씀한 것이요 '義人路也'는 일에 나아가 말씀한 것이다.〔仁人心也 是就心上言 義人路也 是就事上言〕《語類》

하였다.

集註| 仁者는 心之德이니 程子所謂心如穀種이요 仁則其生之性[141]이 是也라 然이나 但謂之仁이면 則人不知其切於己라 故로 反而名之曰人心이라하시니 則可以見其[142] 爲此身酬酢萬變之主하여 而不可須臾失矣[143]니라 義者는 行事之宜니 謂之人路라하시니 則可以見其爲出入往來必由之道하여 而不可須臾舍矣니라

仁은 마음의 德이니, 程子(伊川)의 이른바 '마음은 곡식의 씨와 같고 仁은 낳는 性(이치)이다.'라는 것이 이것이다. 그러나 다만 仁이라고만 말하면 사람들이 자신에게 간절한 줄을 모른다. 그러므로 돌이켜서 이름하기를 人心이라 하셨으니, 이 몸이 萬 가지 변화에 酬酢하는 주장이 되어서 잠시라도 잃어서는 안 됨을 볼 수 있다. 義는 行事의 마땅함이니 이

---

141 程子所謂心如穀種 仁則其生之性:朱子는 "'낳는 性'은 바로 사랑하는 이치이다.〔生之性 便是愛之理也〕"하였다.《語類 論語》勉齋黃氏(黃榦)는 "'마음은 바로 곡식의 종자이고 마음의 德은 바로 곡식 종자 가운데 낳는 性이니, 낳는 性이 바로 이 理이다.〔心是穀種 心之德是穀種中生之性也 生之性便是理〕"하였다.

142 則可以見其:一本에는 '以'字가 빠져 있다.

143 不可須臾失矣:《大全》에 "여기의 '失'字는 바로 아랫글의 '放'字이다.〔此失字 卽是下文放字〕"하였다.

... 穀 곡식 곡 酬 술권할 수 酢 술권할 작 臾 잠깐 유

것을 人路라고 이르셨으니, 그렇다면 出入하고 往來할 적에 반드시 행해야 할 길이 되어서 잠시라도 버려서는 안 됨을 볼 수 있다.

11-2. 舍其路而不由_{하며} 放其心而不知求_{하나니} 哀哉_라

그 길을 버리고 따르지 않으며 그 마음을 잃어버리고 찾을 줄을 모르니, 애처롭다.

集註 | 哀哉二字를 最宜詳味_{하니} 令人惕然有深省處_{니라}

'哀哉' 두 글자를 가장 자세하게 음미해야 하니, 사람으로 하여금 惕然하여 깊이 살핌이 있게 하는 부분이다.

11-3. 人_이 有鷄犬放則知求之_{호되} 有放心而不知求_{하나니}

사람이 닭과 개를 잃어버리면 찾을 줄을 알되 마음을 잃고서는 찾을 줄을 알지 못하니,

按說 | 農巖(金昌協)은

'仁人心章(이 장)은 첫머리에 仁義를 겸하여 말씀하고 그런 뒤에 다만 仁을 말씀하였고, '人皆有所不忍'章《盡心下》31장)은 첫머리에 仁義를 겸하여 말씀하고 그런 뒤에 다만 義를 말씀하였다.……앞 장에 仁義를 말씀한 것은 大體를 가지고 말씀한 것인데 仁이 또 統體이므로 仁을 위주하여 말씀하였고, 뒷 장에 仁義를 말씀한 것은 功用處를 가지고 말씀한 것인데 義가 비교적 갈래가 많으므로 義를 상세히 말씀한 것이다.[仁人心章 首兼言仁義 而後只言仁 人皆有所不忍章 首兼言仁義 而後只言義……蓋前章言仁義 就大體上言 而仁又是統體 故主言仁 後章言仁義 就用功處言 而義較多頭項 故詳言義]《農巖雜識 內篇1》

하였다.

集註 | 程子曰 心_은 至重_{하고} 鷄犬_은 至輕_{이어늘} 鷄犬放則知求之_{호되} 心放則不知求_{하나니} 豈愛其至輕而忘其至重哉_{리오} 弗思而已矣_{니라}

··· 鷄 닭 계 愛 아낄 애

愚謂 上兼言仁義하고 而此下專論求放心者는 能求放心이면 則不違於仁하여 而義
在其中矣니라

程子(伊川)가 말씀하였다. "마음은 지극히 重하고 닭과 개는 지극히 輕한데, 닭과 개를 잃
어버리면 찾을 줄을 알지만 마음을 잃고서는 찾을 줄을 알지 못하니, 어찌 그 지극히 輕한
것을 아끼고 지극히 重한 것을 잊는단 말인가. 이는 생각하지 않아서일 뿐이다."
내(朱子)가 생각하건대 위에서는 仁義를 겸하여 말씀하고 이 아래에서는 오로지 放心을
찾는 것만을 논한 것은, 放心을 찾으면 仁을 떠나지 않아서 義가 이 가운데에 들어 있기 때
문이다.

11-4. 學問之道는 無他라 求其放心而已矣니라

學問하는 길은 다른 것이 없다. 그 放心을 찾을 뿐이다."

按說 | '放心'에 대하여, 朱子는

放心은 비단 마음이 달아나는 것을 '放'이라 이를 뿐 아니라, 조금 졸음이 오는 것도 放이니,
조금이라도 혼미하고 태만함이 있으면 바로 放인 것이다.〔放心 不獨是走作喚做放 才昏
睡去 也是放 只有些昏惰 便是放〕《語類》

하였다. 沙溪(金長生)는

栗谷(李珥)은 "放心을 찾는 것은 바로 배우는 자의 工夫의 지극한 곳이다."라고 하셨는데,
나의 생각에는 옳지 않을 듯하다. 朱子는 "放心을 구하면 志氣가 淸明해져 위로 통달할 수
있다."라고 하였고, 또 "배우는 자가 모름지기 이 放心을 수습해야 한다.……"고 하셨는데,
栗谷의 말씀은 이와는 다르니, 의심할 만하다. 退溪(李滉)는 "放心을 찾는 것은 얕게 말하
면 진실로 첫 번째로 손을 쓰고 발을 디디는 곳이요, 그 극을 가지고 말하면 순식간에 한 생
각이 조금 잘못되더라도 또한 放인 것이다. 顔子도 仁을 떠남이 없지 못함은 바로 이 放에
해당된 것인데, 다만 顔子는 잘못을 하자마자 바로 능히 알고, 알자마자 바로 다시 싹트지
않았으니, 이 또한 放心을 구한 종류가 된다." 하셨으니, 살펴보건대 退溪의 說은 朱子와 栗
谷의 두 뜻을 겸하여 포함한 것이다.〔栗谷曰 求其放心 乃學者工夫之極處也 愚意恐不

然 朱子曰 求放心 志氣淸明 可以上達 又曰 學者須先收拾這放心……栗谷之言 與
此不同 可疑 退溪曰 求放心 淺言之 則固爲第一下手著脚處 就其極言之 瞬息之頃
一念少差 亦是放 顏子猶不能無違 斯涉於放 惟是顏子纔差失 便能知之 纔知之 便
不復萌作 亦爲求放心之類也 按退溪之說 兼包朱子栗谷兩意〕《經書辨疑》

하였다. 楊伯峻은 吳定의《紫石山房文集》의 글을 인용하여, '放心'은 바로 이 편 8장의
'放其良心'과 10장의 '失其本心'이라고 하였다.

集註 | 學問之事 固非一端이라 然이나 其道則在於求其放心而已라 蓋能如是면 則
志氣淸明하고 義理昭著하여 而可以上達이요 不然이면 則昏昧放逸[144]하여 雖曰從事
於學이나 而終不能有所發明矣리라 故로 程子曰 聖賢千言萬語 只是欲人將已放
之心約之하여 使反復入身來니 自能尋向上去[145]하여 下學而上達也[146]라하시니라 此
乃孟子開示切要之言이어늘 程子又發明之하여 曲盡其指하시니 學者宜服膺而勿
失也니라

學問하는 일이 진실로 한 가지가 아니나 그 道는 放心을 찾음에 있을 뿐이다. 이와 같이 하
면 志氣가 청명해지고 義理가 밝게 드러나 위로 통달할 수 있고, 그렇지 못하면 昏昧하고
放逸하여 비록 學問에 종사한다 하더라도 끝내 發明하는 바가 있지 못할 것이다. 그러므로
程子(明道)가 말씀하기를 "聖賢의 천 마디 말씀과 만 마디 말씀이 다만 사람들로 하여금
이미 잃어버린 마음을 가져다가 거두어서 돌이켜 몸에 들어오게 하고자 한 것이니, 이렇게
하면 자연히 위를(이것을) 찾아가서 아래로 〈人間의 일을〉 배우면서 위로 〈天理를〉 통달할
수 있을 것이다." 하였다.

---

144 昏昧放逸:新安陳氏(陳櫟)는 "靜할 때에 昏昧하고 動할 때에 放逸한 것이다.〔靜時昏昧 動時放逸〕"
하였다.

145 自能尋向上去:栗谷(李珥)은 "向上은 '그곳'이란 말과 같다.〔向上 猶言那處也〕" 하였다.《栗谷全書
語錄》尤菴(宋時烈)은 "一說에는 '위를 찾아간다.' 하고, 一說에는 '위를 찾아 향해 간다.'고 하는데,
老先生(沙溪)은 일찍이 앞의 說을 옳다 하였다.〔一云 向上을 尋ㅎ야가다 一云 上을 초자 向ㅎ야가다
老先生嘗이以前說爲是〕" 하였다.《宋子大全 卷126 答或人》壺山은 "살펴보건대 뒤의 說은《小學》註
와 小學諺解가 그러하다.〔按後說 小學註及諺解然耳〕" 하였다.

146 只是欲人將已放之心約之……下學而上達也:壺山은 "살펴보건대, 이는 '마음을 돌이켜 몸으로 들이
면 자연히 위를 찾아 배우게 되고, 배우기를 오래하면 자연히 위로 통달하게 된다.'라고 이른 것이다.〔按
此謂將心反入身 則自能尋向上而爲學 學之久 則自能上達耳〕" 하였다.

··· 昭 밝을 소 著 드러날 저 逸 풀어놓을 일 將 가질 장 約 묶을 약 尋 찾을 심 曲 곡진할 곡 服 둘 복 膺 가슴 응

이것은 바로 孟子께서 열어 보여주시기를 간절히 하고 요긴하게 하신 말씀인데, 程子가 다시 發明하여 그 뜻을 곡진히 다하였으니, 배우는 자가 마땅히 가슴속에 새겨두고 잊지 말아야 할 것이다.

|無名之指章|

12-1. 孟子曰 今有無名之指 屈而不信(伸)이 非疾痛害事也언마는 如有能信之者면 則不遠秦楚之路하나니 爲指之不若人也니라

孟子께서 말씀하셨다. "지금에 〈어떤 사람이〉 無名指가 굽혀져 펴지지 않는 것이 아프거나 일에 방해되지 않건마는 만일 이것을 펴주는 자가 있으면 秦·楚의 길을 멀다 여기지 않고 찾아가니, 이것은 손가락이 남들과 똑같지 않기 때문이다.

> *按說* | 壺山은
>
> '今有'는 '今有人(이제 어떤 사람이)'이란 말과 같다.〔今有 猶言今有人〕
>
> 하였다.

集註 | 無名指는 手之第四指[147]也라

無名指는 손의 네 번째 손가락이다.

12-2. 指不若人이면 則知惡(오)之호되 心不若人이면 則不知惡하나니 此之謂不知類也니라

손가락이 남들과 똑같지 않으면 이것을 싫어할 줄 아나 마음이 남들과 똑같지 않으면 이것을 싫어할 줄 모르니, 이것을 일러 類를 알지 못한다고 하는 것이다."

---

147 無名指 手之第四指 : '無名指'는 다섯 손가락 가운데 이름이 없다 하여 붙여진 이름으로, 첫 번째는 拇指 또는 엄지손가락, 두 번째는 食指 또는 집게손가락, 세 번째는 中指 또는 가운데손가락, 맨 끝은 小指 또는 새끼손가락이라 하는데, 넷째 손가락은 이름이 없으므로 無名指라 한 것이다.

··· 指 손가락 지 信 펼 신(伸同) 類 종류 류

集註 | 不知類는 言其不知輕重之等也라

'不知類'는 그 輕重의 차등을 알지 못함을 말한다.

|拱把之桐梓章|

13. 孟子曰 拱把之桐梓를 人苟欲生之인댄 皆知所以養之者로되 至於身하여는 而不知所以養之者하니 豈愛身이 不若桐梓哉리오 弗思甚也일새니라

孟子께서 말씀하셨다. "拱(두 움큼)과 把(한 움큼)의 오동나무와 가래나무를 사람들이 만일 생장시키고자 한다면 모두 이것을 기르는 방법을 아나, 자기 몸에 이르러서는 몸을 기르는 방법을 알지 못하니, 어찌 몸을 사랑함(아낌)이 오동나무와 가래나무만 못하겠는가. 생각하지 않음이 심하기 때문이다."

集註 | 拱은 兩手所圍也요 把는 一手所握也라 桐梓는 二木名[148]이라

'拱'은 두 손으로 에워싸는 것이요, '把'는 한 손으로 잡는 것이다. '桐'과 '梓'는 두 나무의 이름이다.

|兼所愛章|

14-1. 孟子曰 人之於身也에 兼所愛니 兼所愛면 則兼所養也라 無尺寸之膚를 不愛焉이면 則無尺寸之膚를 不養也니 所以考其善不善者는 豈有他哉리오 於己에 取之而已矣니라

孟子께서 말씀하셨다. "사람이 자기 몸에 대해서 사랑하는(아끼는) 바를 겸하였으니, 사랑하는 바를 겸하면 기르는 바를 겸하는 것이다. 한 자와 한 치의 살을 사랑하지 않음이 없다면 한 자와 한 치의 살을 기르지 않음이 없으니, 잘 기르고 잘못 기름을 상고하는 것은 어찌 다른 것이 있겠는가. 자신에게서 취할 뿐이다.

---

148 二木名 : 一本에는 '二'字가 '兩'字로 되어 있다.

⋯ 拱 잡을 공 把 잡을 파 桐 오동나무 동 梓 가래나무 재 圍 에워쌀 위 握 잡을 악 膚 살갗 부

集註 | 人於一身에 固當兼養이라 然이나 欲考其所養之善否者는 惟在反之於身하여 以審其輕重而已矣니라

사람이 자기 한 몸에 대해서 진실로 마땅히 겸하여 길러야 한다. 그러나 그 기르는 바의 잘잘못을 상고하고자 하는 것은, 오직 이것을 자기 몸에 돌이켜서 그 輕重을 살핌에 달려있을 뿐이다.

14-2. 體有貴賤하며 有小大하니 無以小害大하며 無以賤害貴니 養其小者 爲小人이요 養其大者 爲大人이니라

몸에는 貴한 것과 賤한 것이 있으며 작은 것과 큰 것이 있으니, 작은 것을 가지고 큰 것을 해치지 말며 천한 것을 가지고 귀한 것을 해치지 말아야 하니, 작은 것을 기르는 자는 小人이 되고 큰 것을 기르는 자는 大人이 되는 것이다.

集註 | 賤而小者는 口腹也요 貴而大者는 心志也라

천하고 작은 것은 口腹이요, 귀하고 큰 것은 心志이다.

14-3. 今有場師 舍其梧檟하고 養其樲棘하면 則爲賤場師焉이니라

지금 場師(원예사)가 오동나무와 가래나무를 버리고 작은 대추나무를 기른다면 천한 (값어치 없는) 場師가 되는 것이다.

集註 | 場師는 治場圃者라 梧는 桐也요 檟는 梓也니 皆美材也라 樲棘은 小棗[149]니 非美材也라

'場師'는 場圃(마당과 채전)를 다스리는 자이다. '梧'는 오동나무이고 '檟'는 가래나무이니, 모두 아름다운 재목이다. '樲棘'은 작은 대추나무이니, 아름다운 재목이 아니다.

---

149 樲棘 小棗 : 楊伯峻은 "阮元의《校勘記》에 '樲棘은 어떤 本에 樲棗로 되어 있다.' 하였다. 그러나 錢大昕의《十駕齋養新錄》에《爾雅》에 「樲는 멧대추(酸棗)이다.」 하였고, 樲棘이 작은 대추나무(小棗)라는 것을 듣지 못했다. 梧檟가 두 가지 나무이므로, 樲棘 또한 반드시 한 가지 나무만은 아닐 것이다. 樲는 바로 멧대추이고 棘은 荊棘의 棘(가시나무)이다.' 하였다. 지금 이를 따른다." 하였다.

··· 審 살필 심 腹 배 복 檟 개오동나무 가 樲 멧대추나무 이 棘 멧대추나무 극 圃 동산 포 梓 가래나무 재 棗 대추나무 조

14-4. 養其一指하고 而失其肩背而不知也면 則爲狼疾人也니라

한 손가락만 기르고 어깨와 등을 잃으면서도 모른다면 이는 狼疾의 사람이 되는 것이다.

> 按說 | '狼疾'은, '疾'을 疾病으로 보아 '승냥이가 병들면 뒤를 돌아보지 못한다.'로 해
> 석하기도 하고, 狼狽·狼藉(어지러움)의 뜻으로 해석하기도 한다. 趙岐는 '狼疾人'을 '어
> 지러워 질병을 다스릴 줄 모르는 사람(狼藉亂不知治疾之人)'으로 해석하였고, 楊伯峻
> 은 '지극히 사리에 어두운 사람'으로 번역하였다.

> 集註 | 狼은 善顧나 疾則不能이라 故로 以爲失肩背之喩하니라
>
> 승냥이는 돌아보기를 잘하는데, 병들면 그렇게 하지 못한다. 그러므로 어깨와 등을 잃는 것
> 의 비유로 삼은 것이다.

14-5. 飮食之人을 則人이 賤之矣나니 爲其養小以失大也니라

음식을 밝히는 사람을 사람들이 천히 여기니, 작은 것을 길러 큰 것을 잃기 때문이다.

> 集註 | 飮食之人은 專養口腹者也라
>
> '飮食之人'은 오로지 口腹만을 기르는 자이다.

14-6. 飮食之人이 無有失也면 則口腹이 豈適爲尺寸之膚哉리오

음식을 밝히는 사람이 잃음(잘못함)이 있지 않다면 口腹이 어찌 다만 한 자나 한 치의
살만 될 뿐이겠는가."

> 按說 | 앞에서는 음식을 밝히는 사람이 작은 것을 기르고 큰 것을 잃음을 말하였고, 이
> 구절에서는 口腹도 가볍지 않음을 말하여 마치 語勢가 거꾸로 된 듯하다. 이에 대하여,
> 朱子는

··· 肩 어깨견 背 등배 狼 이리랑 疾 빠를질, 병질 顧 돌아볼고 喩 비유할유 適 다만적

이 몇 句는 이처럼 거꾸로 말하여 또한 자연 알기 어렵다. 생각건대 만일 음식을 밝히는 사람이 참으로 잃는 바가 없다면 口腹의 기름이 본래 해로울 것이 없으나 사람들이 口腹을 급급하게 챙기면 반드시 잃는 바가 있음을 의심할 것이 없다. 이 때문에 마땅히 大體를 기를 줄 알아야 하니, 口腹은 제 스스로 가서 찾아먹을 줄 알아서 굶주림에 이르지 않는다.〔此數句被恁地說得倒了 也自難曉 意謂使飲食之人眞箇無所失 則口腹之養本無害 然人屑屑理會口腹 則必有所失無疑 是以當知養其大體 而口腹底他自會去討喫 不到得餓了也〕《語類》

하였다.

集註 | 此는 言 若使專養口腹而能不失其大體면 則口腹之養은 軀命所關이니 不但爲尺寸之膚而已라 但養小之人은 無不失其大者라 故로 口腹이 雖所當養이나 而終不可以小害大, 賤害貴也니라

이것은 가령 오로지 口腹만을 기르면서도 그 大體를 잃지 않을 수 있다면 口腹의 기름은 사람의 몸과 생명이 관계되는 것이니, 다만 한 자나 한 치의 살만 될 뿐이 아니다. 다만 작은 것을 기르는 사람은 그 큰 것을 잃지 않는 자가 없다. 그러므로 口腹이 비록 마땅히 길러야 할 대상이나 끝내 작은 것으로써 큰 것을 해치고 천한 것으로써 귀한 것을 해쳐서는 안 됨을 말씀한 것이다.

|公都子問鈞是人也章(從其大體章)|

15-1. 公都子問曰 鈞是人也로되 或爲大人하며 或爲小人은 何也잇고 孟子曰 從其大體 爲大人이요 從其小體 爲小人이니라

公都子가 물었다. "똑같이 사람인데, 혹은 大人이 되며 혹은 小人이 되는 것은 어째서입니까?"
孟子께서 대답하셨다. "大體를 따르는 사람은 大人이 되고, 小體를 따르는 사람은 小人이 되는 것이다."

··· 軀 몸구 命 목숨명 關 관계할관 鈞 고를균

集註 | 鈞은 同也라 從은 隨也라 大體는 心也요 小體는 耳目之類也[150]라

'鈞'은 같음이다. '從'은 따름이다. '大體'는 마음이요, '小體'는 耳目의 類이다.

15-2. 曰 鈞是人也로되 或從其大體하며 或從其小體는 何也잇고 曰 耳目之官은 不思而蔽於物하나니 物이 交物則引之而已矣요 心之官則思라 思則得之하고 不思則不得也니 此는 天之所與我者라 先立乎其大者면 則其小者 不能奪也니 此爲大人而已矣니라

公都子가 물었다. "똑같이 사람인데, 혹은 大體를 따르고 혹은 小體를 따름은 어째서입니까?"

孟子께서 대답하셨다. "귀와 눈의 기능은 생각하지 못하여 물건에 가려지니 물건(外物)이 물건(耳目)과 사귀면 거기에 끌려갈 뿐이요, 마음의 기능은 생각할 수 있으니 생각하면 얻고 생각하지 못하면 얻지 못한다. 이것은 하늘이 우리 인간에게 부여해 주신 것이니, 먼저 그 큰 것(心志)을 세우면 그 작은 것(耳目)이 능히 빼앗지 못할 것이니, 이 때문에 大人이 될 따름이다."

集註 | 官之爲言은 司也니 耳司聽하고 目司視하여 各有所職이나 而不能思라 是以로 蔽於外物하나니 旣不能思而蔽於外物이면 則亦一物而已라 又以外物로 交於此物이면 其引之而去 不難矣라 心則能思而以思爲職하니 凡事物之來에 心得其職이면 則得其理而物不能蔽요 失其職이면 則不得其理而物來蔽之라 此三者는[151] 皆天之所以與我者로되 而心爲大하니 若能有以立之면[152] 則事無不思하여 而耳目之欲

---

150 大體……耳目之類也:茶山은 "'大體'는 형체가 없는 靈明이고 '小體'는 형체가 있는 몸뚱이이다. '大體'를 따른다'는 것은 性을 따르는 것이고, '小體를 따른다'는 것은 몸의 욕구를 따르는 것이다. 道心은 항상 大體를 기르고자 하나, 人心은 항상 小體를 기르고자 한다. 天理를 즐거워하고 天命을 알면 道心을 배양할 수 있고, 자기의 私慾을 이겨 禮로 돌아가면 人心을 제재할 수 있으니, 여기에서 선과 악이 판가름 난다.[大體者 無形之靈明也 小體者 有形之軀殼也 從其大體者 率性者也 從其小體者 循欲者也 道心常欲養大 而人心常欲養小 樂天知命 則培養道心矣 克己復禮 則制伏人心矣 此善惡之判也]" 하였다.

151 三者:《大全》에 "세 가지는 귀와 눈과 마음을 이른다.[三者 謂耳目心]" 하였다.

152 能有以立之:朱子는 "우뚝히 이 마음을 세우는 것이 바로 '서는 것'이니, 이른바 '敬以直內'이다.[卓然

··· 官 맡을 관 蔽 가릴 폐 奪 빼앗을 탈

이 不能奪之矣니 此所以爲大人也라 然이나 此天之此를 舊本에 多作比하고 而趙註
에 亦以比方釋之어늘 今本엔 旣多作此하고 而註亦作此乃하니 未詳孰是라 但作比
字 於義爲短이라 故로 且從今本云¹⁵³이라

'官'이란 말은 맡는다는 뜻이니, 귀는 듣는 것을 맡고 눈은 보는 것을 맡아서 각기 맡은 것
이 있으나 능히 생각하지는 못한다. 이 때문에 外物에 가려지니, 이미 생각하지 못하여 外
物에 가려지면 耳目 또한 한 물건일 뿐이다. 또 外物로써 이 물건(耳目)과 사귀게 되면 그
것에 끌려가는 것이 어렵지 않다. 마음은 능히 생각할 수 있어서 생각함을 직책(맡은 기능)
으로 삼으니, 모든 사물이 올 적에 마음이 그 직책을 잘 수행하면 그 도리를 얻어서 물건이
가리지 못하고, 그 직책을 잃으면 그 도리를 얻지 못하여 물건이 옴에 가려진다. 〈耳·目과
心〉 이 세 가지는 모두 하늘이 우리 인간에게 주신 것인데 그 중에도 마음이 가장 크니, 만
일 능히 이 마음을 세울 수 있으면 일을 생각하지 않음이 없어서 귀와 눈의 욕심이 빼앗지
못할 것이니, 이것이 大人이 되는 이유이다.

그러나 '此天'의 '此'字를 옛 책에는 대부분 '比'字로 썼고 趙氏(趙岐)의 註에도 또한 比
方(비교함)으로 해석하였다. 그런데 今本에는 이미 대부분 '此'字로 되어 있고 註에도 또
한 '此乃'로 되어 있으니, 누가 옳은지 상세하지 않다. 다만 '比'字로 쓰는 것이 뜻에 부족
하기 때문에 우선 今本을 따른다.

章下註 | ○范浚心箴曰 茫茫堪輿 俯仰無垠하니 人於其間에 眇然有身이라 是身之
微 太倉稊米로되 參爲三才는 曰惟心爾¹⁵⁴라 往古來今에 孰無此心이리오마는 心爲
形役하여 乃獸乃禽이라 惟口耳目과 手足動靜이 投間抵隙하여 爲厥心病이라 一心
之微를 衆欲攻之하니 其與存者 嗚呼幾希¹⁵⁵로다 君子存誠하여 克念克敬하나니 天

竪起此心 便是立 所謂敬以直內也)"하였다.《語類》

153 且從今本云 : 一本에는 '云'字가 '是'字로 되어 있다.

154 茫茫堪輿……曰惟心爾 : 雲峰胡氏(胡炳文)는 "'堪輿'는 天地를 이른다. '천지가 지극히 큰데 사람이
천지의 사이에 처하였으니, 이 몸이 지극히 작아서 太倉에 한 낱알의 곡식과 같음에 불과할 뿐이나 사
람이 天地와 더불어 참예하여 三才가 된 까닭은 오직 이 마음에 있으니, 마음의 體가 어찌 매우 크지
않겠는가.'라고 한 것이다.〔堪輿 謂天地 言天地至大 而人處天地間 此身至小 不過如太倉一粒稊米
而已 然人之所以可與天地參爲三才者 惟在此心 心之體豈不甚大〕"하였다.

155 其與存者 嗚呼幾希 : 雲峰胡氏(胡炳文)는 "義理에서 발함이 매우 적은 것이다.〔發於義理者 甚微〕"
하였다. 壺山은 "'與'字에 굳이 집착할 필요가 없다.〔與字不必泥〕"하였다.

··· 釋 풀 석, 해석할 석 范 성 범 浚 깊을 준 箴 경계 잠(침) 茫 아득할 망 堪 땅 감 輿 땅 여 垠 땅가장자리 은
眇 아득할 묘, 작을 묘 稊 올피 제 參 참여할 참 役 사역할 역 投 던질 투 抵 이를 저 隙 틈 극 厥 그 궐
希 드물 희(稀通)

君泰然하여 百體從令[156]하나니라

○ 范浚의 心箴에 말하였다. "아득하고 아득한 天地는 굽어보고 우러러봄에 끝이 없으니, 사람이 그 사이에 작게 몸을 두고 있다. 이 작은 몸은 비유하면 太倉의 한 낟알에 불과한데 참예하여 三才가 됨은 마음 때문이다. 예나 지금이나 누가 이 마음이 없겠는가마는 마음이 形體에 사역을 당하여 마침내 禽獸가 되는 것이다. 입과 귀와 눈, 手足과 動靜이 마음의 빈틈을 파고들어와 마음의 병이 된다. 한 작은 마음을 여러 욕심들이 공격하니, 그 보존된 것이 아, 얼마 되지 않는다. 君子는 誠을 보존하여 능히 생각하고 능히 敬하니, 天君(마음)이 泰然하여 百體(온몸)가 명령을 따른다."

| **天爵人爵章** |

16-1. 孟子曰 有天爵者하며 有人爵者하니 仁義忠信樂善不倦은 此天爵也요 公卿大夫는 此人爵也니라

孟子께서 말씀하셨다. "天爵이 있고 人爵이 있으니, 仁義와 忠信과 善을 좋아하여 게을리하지 않음은 이것이 天爵이요, 公·卿과 大夫는 이것이 人爵이다.

> 按說 | '仁義忠信樂善不倦'에 대하여, 官本諺解에 "仁과 義왜며 忠이며 信ᄒ야 善을 樂홈을 倦티 아니홈은"으로 되어 있으나, 栗谷諺解에는 "仁과 義와 忠과 信과 善을 樂ᄒ야 倦티 아니홈은"으로 되어 있는바, 仁義와 忠信에 모든 善이 다 포함되었다고 볼 수 없으므로 栗谷諺解를 따랐음을 밝혀 둔다.

集註 | 天爵者는 德義可尊이니 自然之貴也라

---

[156] 君子存誠……百體從令 : 雲峰胡氏(胡炳文)는 "이 앞의 여덟 句는 바로 小人이 小體를 따름을 말하였고, 이 네 句는 바로 大人이 大體를 따름을 말하였다. 誠과 念과 敬을 말하였으니, 念은 바로 생각을 이르고 敬은 바로 誠을 보존하는 방법이다. 한 誠이 만 가지 거짓을 사라지게 하고, 한 敬이 천 가지 간사함을 대적할 수 있으니, 이른바 '먼저 그 큰 것을 세운다'는 것은 이보다 더 간절한 것이 없다. '天君(마음)이 태연함'은 '먼저 그 큰 것을 세운다'는 것이요, '百體가 명령을 따름'은 '작은 것이 빼앗지 못한다.'는 것이다.〔前八句 是說小人之從其小體 此四句 是說大人之從其大體 曰誠, 曰念, 曰敬 念卽思之謂 而敬卽存誠之方也 一誠足以消萬僞 一敬足以敵千邪 所謂先立乎其大者 莫切於此 天君泰然 是先立乎其大者 百體從令 是小者弗能奪〕"하였다.

… 爵 벼슬 작 倦 게으를 권

'天爵'은 德義로서 높일 만한 것이니, 자연의 존귀함이다.

16-2. 古之人은 修其天爵而人爵從之러니라

옛사람은 天爵을 닦음에 人爵이 따라왔다.

集註 | 修其天爵은 以爲吾分之所當然者耳요 人爵從之는 蓋不待求之而自至也
라

'天爵을 닦는다'는 것은 내 분수의 당연한 바를 할 뿐이요, '人爵이 따라왔다'는 것은 구하기를 기다리지 않아도 저절로 오는 것이다.

16-3. 今之人은 修其天爵하여 以要人爵하고 旣得人爵이어든 而棄其天爵하나니 則惑之甚者也라 終亦必亡而已矣니라

지금 사람들은 天爵을 닦아서 人爵을 요구하고, 이미 人爵을 얻고 나면 天爵을 버리니, 이것은 미혹됨이 심한 것이다. 끝내는 반드시 人爵마저 잃을 뿐이다."

集註 | 要는 求也라 修天爵以要人爵하니 其心이 固已惑矣요 得人爵而棄天爵이면 則其惑又甚焉이니 終必並其所得之人爵而亡之也라

'要'는 구함이다. 天爵을 닦아서 人爵을 요구하니 그 마음이 진실로 이미 미혹되었고, 人爵을 얻고 나서 天爵을 버린다면 그 미혹됨이 더욱 심한 것이니, 끝내는 반드시 그 얻은 바의 人爵까지 아울러 잃고 말 것이다.

| 欲貴者人之同心也章(良貴章) |

17-1. 孟子曰 欲貴者는 人之同心也니 人人이 有貴於己者언마는 弗思耳니라

孟子께서 말씀하셨다. "귀하고자 함은 사람의 똑같은 마음이니, 사람마다 자기에게 귀함이 있건마는 생각하지 않아서 모를 뿐이다.

··· 惑 미혹할혹

集註 | 貴於己者는 謂天爵也라

'자기에게 귀한 것'은 天爵을 이른다.

17-2. 人之所貴者는 非良貴也니 趙孟之所貴를 趙孟이 能賤之니라

남이 귀하게 해준 것은 良貴가 아니니, 趙孟이 귀하게 해준 것을 趙孟이 능히 천하게
할 수 있다.

集註 | 人之所貴는 謂人以爵位加己而後에 貴也라 良者는 本然之善也[157]라 趙孟은
晉卿也[158]라 能以爵祿與人而使之貴면 則亦能奪之而使之賤矣라 若良貴則人安
得而賤之哉리오

'남이 귀하게 해준다.'는 것은 남이 爵位를 내 몸에 加해 준 뒤에 귀하게 됨을 이른다. '良'
은 本然의 善이다. 趙孟은 晉나라의 卿이다. 능히 爵祿을 남에게 주어서 그로 하여금 귀하
게 할 수 있다면 또한 능히 빼앗아서 천하게 할 수 있는 것이다. 良貴로 말하면 남이 어떻게
그것을 천하게 할 수 있겠는가.

17-3. 詩云 旣醉以酒요 旣飽以德이라하니 言飽乎仁義也라 所以不願 人之膏粱之味也며 令聞廣譽施於身이라 所以不願人之文繡也니라

《詩經》에 이르기를 '이미 술로 취하고 이미 德으로 충족한다.' 하였으니, 仁義에 배부
르기 때문에 남의 膏粱之味를 원하지 않으며, 좋은 명성과 넓은 명예가 몸에 베풀어져

---

157 良者 本然之善也 : 茶山은 "거름을 주지 않아도 비옥한 것을 良田이라 하고, 길들이지 않아도 빨리 달
리는 것을 良馬라 하고, 가르치지 않아도 아는 것을 良知라 하고, 배우지 않아도 능한 것을 良能이라
한다.〔不糞而肥 謂之良田 不馴而驟 謂之良馬 不敎而知 謂之良知 不學而能 謂之良能〕" 하였다.

158 趙孟 晉卿也 : 新安倪氏(倪士毅)는 "晉나라 趙氏를 세상에서 趙孟이라 불렀으니, 예컨대 智氏를 세
상에서 智伯이라 부른 것과 같다. 晉나라가 盟主가 되고 趙氏가 대대로 卿이 되었기 때문에 당시에
'趙孟이 능히 사람을 賤하게 하기도 하고 貴하게 하기도 할 수 있다.'고 말한 것이다.〔晉趙氏 世呼趙
孟 如智氏 世呼智伯 晉爲盟主 趙氏世卿 故當時謂趙孟能賤貴人〕" 하였다. 楊伯峻은 "晉나라 正卿
인 趙盾(돈)의 字가 孟이었는데, 인하여 그 자손들도 모두 趙孟으로 호칭했다." 하였다. 趙盾의 자손은
趙朔과 趙武(趙文子)·趙成·趙鞅(趙簡子)·趙無恤(趙襄子)인데, 楊伯峻은 孫奕의 〈示兒編〉에 '趙
武, 趙鞅, 趙無恤이 趙孟으로 불렸다.' 한 것을 인용하였다.

··· 良 진실로 량 賤 천할 천 醉 취할 취 飽 충족할 포 膏 기름질 고 粱 찰기장 량 令 좋을 령 聞 이름날 문
繡 수놓을 수

있기 때문에 남의 文繡를 원하지 않음을 말한 것이다."

集註 | 詩는 大雅旣醉之篇이라 飽는 充足也라 願은 欲也라 膏는 肥肉이요 粱은 美穀[159]이라 令은 善也요 聞은 亦譽也라 文繡는 衣之美者也라 仁義充足而聞譽彰著는 皆所謂良貴也라

詩는 〈大雅 旣醉〉篇이다. '飽'는 충족함이다. '願'은 원함(하고자 함)이다. '膏'는 살진 고기요, '粱'은 아름다운 곡식이다. '令'은 좋음이요, '聞' 또한 명예이다. '文繡'는 아름다운 옷이다. 仁義가 충족되고 명예가 드러남은 모두 이른바 良貴라는 것이다.

章下註 | ○ 尹氏曰 言 在我者重이면 則外物輕이니라

○ 尹氏(尹焞)가 말하였다. "나(자신)에게 있는 것이 重해지면 外物이 가벼워짐을 말씀한 것이다."

|仁之勝不仁章|

18-1. 孟子曰 仁之勝不仁也 猶水勝火하니 今之爲仁者는 猶以一杯水로 救一車薪之火也라 不熄則謂之水不勝火라하나니 此又與於不仁之甚者也니라

孟子께서 말씀하셨다. "仁이 不仁을 이김은 물이 불을 이김과 같으니, 지금에 仁을 행하는 자들은 한 잔의 물로 한 수레에 가득 실은 섶의 불을 끄는 것과 같다. 그리하여 불이 꺼지지 않으면 물이 불을 이기지 못한다고 말하니, 이는 또 不仁을 돕기를 심히 하는 것이다.

按說 | 茶山은, 蔡淸의 《四書蒙引》에

梁 惠王이 작은 은혜를 능히 행한 것을 가지고 자기 나라 백성이 이웃 나라보다 많아지지 않

---

159 粱 美穀：楊伯峻은 "'粱은 精細한 백색의 小米이다." 하였다.

··· 彰 드러날 창 勝 이길 승 杯 잔 배 救 불끌 구 薪 섶 신 熄 꺼질 식 與 도울 여

는 것을 의아하게 여겼으니, 이것이 바로 '불이 꺼지지 않으면 물이 불을 이기지 못한다고 말한다'는 것이다.〔梁惠王以能行小惠 而訝其民之不加多於鄰國 是正所謂不熄則謂之水不勝火者也〕

한 것을 인용하고, 지극히 옳다고 하였다.

集註 | 與는 猶助也[160]라 仁之能勝不仁은 必然之理也로되 但爲之不力이면 則無以勝不仁이어늘 而人遂以爲眞不能勝이라하니 是는 我之所爲 有以深助於不仁者也라

'與'는 助와 같다. 仁이 不仁을 이김은 必然의 이치이나 다만 하기를 힘쓰지 않으면 不仁을 이길 수 없는데, 사람들은 마침내 참으로 이길 수 없다고 말하니, 이것은 나의 하는 바가 不仁을 깊이 도와줌이 있는 것이다.

18-2. 亦終必亡而已矣니라

또한 끝내 반드시 잃을 뿐이다."

集註 | 言 此人之心이 亦且自怠於爲仁하여 終必幷與其所爲而亡之니라

이 사람의 마음 또한 장차 스스로 仁을 행함에 게을러져서 끝내는 반드시 그 하는 바마저 아울러 잃게 됨을 말씀한 것이다.

章下註 | ○ 趙氏曰 言 爲仁不至而不反諸己也라

○ 趙氏(趙岐)가 말하였다. "仁을 하기를 지극히 하지 않고 자기 몸에 돌이키지 않음을 말씀한 것이다."

---

160 與 猶助也：楊伯峻은 "'與'는 '같다(同)'의 뜻이다." 하였다.

··· 怠 게으를 태 幷 아우를 병

19. 孟子曰 五穀者는 種之美者也나 苟爲不熟이면 不如荑稗(제패)니 夫
仁도 亦在乎熟之而已矣니라.

孟子께서 말씀하셨다. "五穀은 종자 중에 아름다운 것이지만 만일 익지 않으면 피만도
못하니, 仁 또한 이것을 익숙히 함에 달려 있을 뿐이다."

集註 | 荑稗는 草之似穀者[161]니 其實亦可食이라 然이나 不能如五穀之美也라 但五
穀不熟이면 則反不如荑稗之熟이니 猶爲仁而不熟이면 則反不如爲他道之有成[162]
이라 是以로 爲仁은 必貴乎熟이니 而不可徒恃其種之美요 又不可以仁之難熟而甘
爲他道之有成也니라

'荑稗'는 풀 중에 곡식과 유사한 것이니, 그 열매 또한 먹을 수 있다. 그러나 五穀처럼 아름
답지는 못하다. 다만 五穀이 익지 않으면 도리어 荑稗가 익음만 못하니, 仁을 하되 익숙히
하지 않으면 도리어 다른 道(일)를 하여 이룸이 있는 것만 못함과 같다. 이 때문에 仁을 행
함은 반드시 익숙히 함을 귀하게 여기니, 다만 그 종자(종류)의 아름다움만을 믿어서는 안 되
고, 또 仁이 익숙하기 어렵다 하여 다른 일을 해서 이룸이 있는 것을 달게 여겨서도 안 된다.

章下註 | ○ 尹氏曰 日新而不已則熟[163]이니라

○ 尹氏(尹焞)가 말하였다. "날로 새롭게 하고 그치지 않으면 익숙해진다."

20-1. 孟子曰 羿之敎人射에 必志於彀(구)하나니 學者도 亦必志於彀

---

161 荑稗 草之似穀者 : 楊伯峻은 "'荑稗'는 바로 피[稊稗]이다." 하였다.

162 猶爲仁而不熟 則反不如爲他道之有成 : 壺山은 "두 句는 말 밖의 주된 뜻을 보충하였다.[二句 補言
外之主意]" 하였다. 潛室陳氏(陳埴)는 "'他道'는 百工의 여러 技藝와 百家의 諸子 같은 것이 모두 이
것이다.[他道 如百工衆技百家諸子皆是]" 하였다.

163 日新而不已則熟 : 慶源輔氏(輔廣)는 "날마다 새로워짐은 날마다 나아가는 것이요, 그치지 않음은 間
斷함이 없는 것이니, 반드시 날마다 전일보다 진전되고 또 간단함이 없는 뒤에야 仁에 익숙해진다.[日新
日進也 不已 無間斷也 必日進於一日 而又無間斷 然後純熟夫仁]" 하였다.

··· 熟 익을 숙 荑 피 제(이) 稗 피 패 恃 믿을 시 羿 이름 예 彀 활당길 구

니라

孟子께서 말씀하셨다. "羿가 사람에게 활쏘기를 가르칠 적에 반드시 彀에 뜻하게 하니
(彀를 목표로 삼으니), 활쏘기를 배우는 자 역시 반드시 彀에 뜻을 둔다.

集註 | 羿는 善射者也라 志는 猶期也라 彀는 弓滿也니 滿而後發이 射之法也라 學은
謂學射라

羿는 활쏘기를 잘한 자이다. '志'는 期(기약함, 목표함)와 같다. '彀'는 활을 가득히 당김이
니, 활을 가득히 당긴 뒤에 발사하는 것이 활 쏘는 법이다. '學'은 활쏘기를 배움을 이른다.

20-2. 大匠이 誨人에 必以規矩하나니 學者도 亦必以規矩니라

큰 목수가 사람을 가르칠 적에 반드시 規矩로써 하니, 목수 일을 배우는 자 역시 반드
시 規矩로써 한다."

集註 | 大匠은 工師也라 規矩는 匠之法也라

'大匠'은 工師(都木手)이다. '規矩'는 목수(匠人)의 법이다.

章下註 | ○此章은 言 事必有法然後에 可成이니 師舍是則無以敎요 弟子舍是則無
以學이라 曲藝도 且然이온 況聖人之道乎아

○이 章은 일은 반드시 법이 있은 뒤에야 이루어질 수 있으니, 스승이 이것을 버리면 가르
칠 수 없고 弟子가 이것을 버리면 배울 수 없음을 말씀한 것이다. 하찮은 技藝도 그러한데
하물며 聖人의 道에 있어서랴.

··· 滿 찰만, 활가득당길 만 匠 장인 장 誨 가르칠 회 規 그림쇠 규 矩 곡척 구 曲 작을 곡 藝 재주 예

告子章句 下

集註 | 凡十六章이라
모두 16章이다.

| 任人有問屋廬子章(色與禮孰重章) |

1-1. 任人이 有問屋廬子曰 禮與食이 孰重고 曰 禮重이니라

任나라 사람이 屋廬子에게 물었다. "禮와 밥(음식)은 어느 것이 더 重한가?"
屋廬子가 대답하였다. "禮가 重하다."

集註 | 任은 國名이라 屋廬子는 名連이니 孟子弟子也라

任은 나라 이름이다. 屋廬子는 이름이 連이니, 孟子의 弟子이다.

1-2. 色與禮 孰重고

"色과 禮는 어느 것이 더 重한가?"

集註 | 任人이 復問也라

任나라 사람이 다시 물은 것이다.

··· 屋 집 옥 廬 집 려 孰 무엇 숙 連 이을 련

1-3. 曰 禮重이니라 曰 以禮食則飢而死하고 不以禮食則得食이라도 必以禮乎아 親迎則不得妻하고 不親迎則得妻라도 必親迎乎아

"禮가 重하다."

"禮대로 먹으면 굶어 죽고 禮대로 먹지 않으면 밥을 얻을 수 있더라도 반드시 禮대로 해야 하는가? 親迎을 하면 아내를 얻지 못하고 親迎을 하지 않으면 아내를 얻을 수 있더라도 반드시 親迎을 해야 하는가?"

1-4. 屋廬子不能對하여 明日에 之鄒하여 以告孟子한대 孟子曰 於答是也에 何有리오

屋廬子가 대답하지 못하고는 다음날 鄒나라에 가서 孟子께 아뢰자, 孟子께서 말씀하셨다. "이것을 답함에 무슨 어려움이 있겠는가.

> 集註 | 何有는 不難也라
>
> '何有'는 어렵지 않음이다.

1-5. 不揣(췌)其本而齊其末이면 方寸之木을 可使高於岑樓니라

그 근본을 헤아리지 않고 그 끝만을 가지런히 한다면 한 치 되는 나무를 岑樓보다 높게 할 수 있다.

> 集註 | 本은 謂下요 末은 謂上이라 方寸之木은 至卑하니 喩食色이요 岑樓는 樓之高銳似山者니 至高하니 喩禮라 若不取其下之平하고 而升寸木於岑樓之上이면 則寸木反高하고 岑樓反卑矣니라
>
> '本'은 아래를 이르고 '末'은 위를 이른다. '方寸의 나무'는 지극히 낮으니 食·色을 비유하고, '岑樓'는 누대가 높고 뾰족하여 山과 같은 것으로 지극히 높으니 禮를 비유한 것이다. 만일 그 아래의 평함을 취하지 않고 한 치 되는 나무를 岑樓의 위에 올려놓는다면 한 치 되는 나무가 도리어 높고 岑樓가 도리어 낮게 된다.

··· 迎 맞이할 영 鄒 나라이름 추 揣 헤아릴 췌 岑 묏부리 잠 樓 층집 루, 누대 루 卑 낮을 비 銳 뾰족할 예 喩 비유할 유 升 오를 승

1-6. 金重於羽者는 豈謂一鉤金與一輿羽之謂哉리오

쇠가 깃털보다 무겁다는 것은 어찌 한 갈고리의 쇠와 한 수레의 깃털을 말함이겠는가.

集註 | 鉤는 帶鉤也라 金本重而帶鉤小라 故로 輕하니 喻禮有輕於食色者요 羽本輕而一輿多라 故로 重하니 喻食色有重於禮者라

'鉤'는 띠의 갈고리이다. 쇠는 본래 무거우나 띠의 갈고리는 작기 때문에 가벼우니 禮가 食·色보다 가벼운 경우가 있음을 비유하였고, 깃털은 본래 가벼우나 한 수레는 많기 때문에 무거우니 食·色이 禮보다 중한 경우가 있음을 비유하였다.

1-7. 取食之重者와 與禮之輕者而比之면 奚翅食重이며 取色之重者와 與禮之輕者而比之면 奚翅色重이리오

밥의 重한 것과 禮의 가벼운 것을 취하여 비교한다면 어찌 밥이 중할 뿐만이겠으며, 色의 중한 것과 禮의 가벼운 것을 취하여 비교한다면 어찌 色이 중할 뿐만이겠는가.

集註 | 禮食, 親迎은 禮之輕者也요 飢而死以滅其性과 不得妻而廢人倫은 食色之重者也라 奚翅는 猶言何但이니 言 其相去懸絕하여 不但有輕重之差而已라

음식을 禮대로 먹음과 아내를 親迎함은 禮의 가벼운 것이요, 굶어 죽어서 性命(生命)을 멸함과 아내를 얻지 못하여 人倫을 폐함은 食·色의 중한 것이다. '奚翅'는 何但(어찌 단지)이란 말과 같으니, 그 거리가 현격하여 단지 輕重의 차이가 있을 뿐만이 아님을 말한 것이다.

1-8. 往應之日 紾兄之臂而奪之食則得食하고 不紾則不得食이라도 則將紾之乎아 踰東家牆而摟其處子則得妻하고 不摟則不得妻라도 則將摟之乎아하라

가서 대답하기를 '형의 팔을 비틀고 밥을 빼앗아 먹으면 밥을 먹을 수 있고, 형의 팔을 비틀지 않으면 밥을 먹을 수 없더라도 장차 비틀겠는가? 동쪽 집의 담장을 뛰어넘어 處

··· 鉤 갈구리쇠구 輿 수레 여 羽 깃 우 帶 띠 대 奚 어찌 해 翅 뿐 시 滅 멸할 멸 性 목숨 성 懸 멀 현, 매달릴 현 絕 막힐 절, 아득할 절 紾 비틀 진 臂 팔 비 踰 넘을 유 牆 담장 장 摟 끌 루

子를 끌어오면 아내를 얻고, 끌어오지 않으면 아내를 얻을 수 없더라도 장차 끌어오겠는가?'라고 하라."

集註 | 紾은 戾也라 摟는 牽也라 處子는 處女也라 此二者는 禮與食色이 皆其重者로되 而以之相較면 則禮爲尤重也라

'紾'은 비틂이다. '摟'는 끎이다. '處子'는 處女이다. 이 두 가지는 禮와 食·色이 모두 중한 경우인데, 이것을 가지고 서로 비교해 보면 禮가 더욱 重함이 된다.

章下註 | ○ 此章은 言 義理事物이 其輕重이 固有大分이라 然이나 於其中에 又各自有輕重之別하니 聖賢於此에 錯綜斟酌[164]하여 毫髮不差하시니 固不肯枉尺而直尋이요 亦未嘗膠柱而調瑟[165]이라 所以斷之를 一視於理之當然而已矣니라

○ 이 章은 '義理와 事物은 그 輕重이 진실로 큰 분별이 있으나, 이 가운데에 또 각자 輕重의 분별이 있다. 聖賢은 이에 대하여 이리저리 종합하고 참작하여 털끝만큼도 어긋나지 않게 하시니, 진실로 한 자를 굽혀 한 길을 펴기를 즐거워하지도 않고, 또한 일찍이 거문고의 기둥(雁足)에 아교칠을 하고서 비파를 고르지도 않는다. 그리하여 결단하기를 한결같이 이치의 당연함을 볼 뿐임'을 말씀한 것이다.

|曹交問曰章(食粟而已章)|

2-1. 曹交問曰 人皆可以爲堯舜이라하나니 有諸잇가 孟子曰 然하다

曹交가 물었다. "사람이 모두 堯·舜이 될 수 있다 하니, 그러한 것이 있습니까?"
孟子께서 말씀하셨다. "그러하다."

---

164 錯綜斟酌:《大全》에 "'錯綜'은 經緯를 나누고, '斟酌'은 淺深을 헤아리는 것이다.〔錯綜 分經緯 斟酌量淺深也〕"하였다.

165 膠柱而調瑟:雁足을 풀칠하여 고정시키고 비파나 거문고 줄을 고르는 것을 이르는바, 雁足을 고정시키고 탈 경우 음정이 고정되어 소리의 높낮음과 淸濁이 제대로 나타나지 않으므로 곧 변통할 줄을 모름을 비유한 것이다. 雁足은 가야금이나 거문고 따위의 줄을 고르는 기구인데, 단단한 나무로 기러기의 발 모양처럼 생겼다 하여 붙여진 이름이다.

··· 紾 비틀 려 牽 끌 견 錯 갈마들 착 綜 종합할 종 斟 헤아릴 짐 酌 잔질할 작 枉 굽힐 왕 直 펼 직 尋 길 심
膠 붙을 교 柱 기둥 주 調 고를 조 瑟 거문고 슬

集註 | 趙氏曰 曹交는 曹君之弟也¹⁶⁶라 人皆可以爲堯舜은 疑古語어나 或孟子所嘗言也라

趙氏(趙岐)가 말하였다. "曹交는 曹나라 군주의 아우이다. '사람이 모두 堯·舜이 될 수 있다.'는 것은 의심컨대 옛말이거나 혹은 孟子께서 일찍이 말씀하신 듯하다."

2-2. 交는 聞 文王은 十尺이요 湯은 九尺이라하니 今交는 九尺四寸以長이로되 食粟而已로니 如何則可잇고

〈曹交가 말하였다.〉 "제(交)가 들으니 文王은 〈身長이〉 10尺이요 湯임금은 9尺이라하는데, 지금 저는 9尺 4寸이 되지만 곡식만 먹을 뿐이니, 어찌하면 좋습니까?"

集註 | 曹交問也라 食粟而已는 言無他材能也라

曹交가 물은 것이다. '곡식을 먹을 뿐'이라는 것은 다른 재능이 없음을 말한 것이다.

2-3. 曰 奚有於是리오 亦爲之而已矣니라 有人於此하니 力不能勝一匹雛면 則爲無力人矣요 今日舉百鈞이면 則爲有力人矣니 然則舉烏獲(오확)之任이면 是亦爲烏獲而已矣니라 夫人은 豈以不勝爲患哉리오 弗爲耳니라

孟子께서 말씀하셨다. "어찌 여기(身長)에 달려있겠는가. 또한 그것을 할 뿐이다. 여기에 어떤 사람이 있는데, 힘이 한 마리 오리새끼를 이길 수 없다면 힘이 없는 사람이 될 것이요, 이제 百鈞을 든다고 한다면 힘이 있는 사람이 될 것이다. 그렇다면 烏獲이 들었던 짐을 든다면 이 또한 烏獲이 될 뿐이다. 사람이 어찌 이기지 못함을 걱정하는가, 하지 않을 뿐인 것이다.

---

166 曹交 曹君之弟也: 茶山과 楊伯峻은 王應麟의 《困學紀聞》에 "《春秋左傳》 哀公 8년에 宋나라가 曹나라를 멸망시켰으니, 맹자 때에는 曹나라가 망한 지 오래되었다.〔左傳哀公八年 宋滅曹 至孟子時 曹亡久矣〕" 한 것을 인용하여 趙岐의 註에 의문을 제기하였다.

… 粟 곡식속 匹 오리필 雛 새끼추 鈞 서른근균 獲 이름확

按說 │ ‘一匹雛'의 ‘匹'에 대하여, 《集註》에 ‘오리'의 뜻으로 보았는데, 匹의 음을 鶩(집오리 목)으로 읽기도 하고 鴄(집오리 필)로 읽기도 한다. 鶩으로 읽은 것은, 《禮記》〈曲禮下〉에 "庶人의 폐백은 匹이다.〔庶人之摯匹〕"의 註에

> 匹은 鶩으로 읽는다. 들오리를 鳧라 하고 집오리를 鶩이라 한다.〔匹讀爲鶩 野鴨曰鳧 家鴨曰鶩〕

한 것에 근거한 것이다. 沙溪(金長生)는

> 諺解에 辟吉切(필)로 되어 있는데 이는 옳지 않다.《經書辨疑》

하였는데, 壺山은

> 鴄로 쓰면 諺解가 옳고 鶩으로 쓰면 沙溪가 옳다.

하였다. 반면 楊伯峻은 ‘匹'을 동물의 수를 세는 量詞로 보아

> ‘一匹雛'의 어법은 ‘一鉤金'이나 ‘一輿羽'와 같다. ‘鉤'와 ‘輿'가 모두 量詞로 쓰였으니, ‘匹' 역시 量詞이다. 匹은 본래 말의 수를 세는 양사이다.……그런데 匹夫匹婦에서는 또 사람의 수를 세는 量詞로 쓰였고 여기서는 병아리를 세는 것에 차용되었다. ‘一匹雛'는 ‘병아리 한 마리'라는 말과 같다.

하였다.

集註 │ 匹字는 本作鴄[167]하니 鴨也라 從省(생)作匹하니 禮記에 說匹爲鶩이 是也라 烏獲은 古之有力人也니 能擧移千鈞하니라

‘匹'字는 본래 鴄로 되어 있으니, 오리이다. 생략하여 匹로 썼으니, 《禮記》에 匹을 鶩(집오리)이라고 설명한 것이 이것이다. 烏獲은 옛날에 힘이 있던 사람이니, 능히 千鈞을 들어서 옮겼다.

2-4. 徐行後長者를 謂之弟요 疾行先長者를 謂之不弟니 夫徐行者는

---

167 匹字 本作鴄 : "匹字는 본래 鴄로 되어 있다."로 읽기도 하고 "匹은 字本(字典)에 鴄로 되어 있다."로 읽기도 하나, 文法上 모두 명확하지 않은바, 艮齋(田愚)의 吐를 따라 우선 위와 같이 해석하였다.

••• 鴄 집오리 필 鴨 오리 압 鶩 집오리 목 徐 천천히 서 弟 공경 제(悌同) 疾 빠를 질

豈人所不能哉리오 所不爲也니 堯舜之道는 孝弟而已矣니라

천천히 걸어서 長者보다 뒤에 감을 공경한다고 이르고, 빨리 걸어서 長者보다 앞서 감을 공경하지 않는다고 이르니, 천천히 걸어가는 것이 어찌 사람들이 능하지 못한 것이겠는가. 자신이 하지 않는 것이니, 堯·舜의 道는 孝弟일 뿐이다.

> 集註 | 陳氏曰 孝弟者는 人之良知良能自然之性也라 堯舜은 人倫之至로되 亦率是性而已니 豈能加毫末於是哉리오
> 楊氏曰 堯舜之道大矣로되 而所以爲之는 乃在夫行止疾徐之間이요 非有甚高難行之事也언마는 百姓이 蓋日用而不知耳니라
>
> 陳氏(陳暘)가 말하였다. "孝·弟는 사람의 良知와 良能으로 자연의 本性이다. 堯·舜은 人倫의 지극함인데도 또한 이 本性을 따른 것뿐이었으니, 어찌 이보다 털끝만큼이라도 더할 것이 있겠는가."
> 楊氏(楊時)가 말하였다. "堯·舜의 道가 크지만 이것을 행하는 것은 바로 가고 멈춤을 빨리 하고 천천히 하는 사이에 있는 것이요, 매우 높아서 행하기 어려운 일이 있는 것이 아니지만 백성들이 날마다 사용하면서도 알지 못할 뿐이다."

2-5. 子服堯之服하며 誦堯之言하며 行堯之行이면 是堯而已矣요 子服桀之服하며 誦桀之言하며 行桀之行이면 是桀而已矣니라

그대가 堯임금이 입던 옷을 입고 堯임금의 말씀을 외우고 堯임금의 행실을 행한다면 바로 堯임금일 뿐이요, 그대가 桀王이 입던 옷을 입고 桀王의 말을 외우고 桀王의 행실을 행한다면 바로 桀王일 뿐이다."

> 按說 | 壺山은
>
> 오직 堯임금만을 말한 것은 중한 것을 든 것이다.〔單言堯者 擧重耳〕
>
> 하였다.

··· 率 따를 솔 毫 터럭 호 誦 외울 송 桀 횃대 걸

集註 | 言 爲善爲惡이 皆在我而已라 詳曹交之問하면 淺陋鹵率하니 必其進見(현)
之時에 禮貌衣冠言動之間에 多不循理라 故로 孟子告之如此兩節云이라

善을 하고 惡을 함이 모두 자신에게 달려 있을 뿐임을 말씀한 것이다. 曹交의 물음을 살펴
보면 淺近하고 鄙陋하고 거칠고 경솔하니, 반드시 나아가 뵈었을 때에 禮貌와 衣冠과 言
動의 사이에 道理를 따르지 않음이 많았을 것이다. 그러므로 孟子께서 말씀하시기를 이 두
節과 같이 하신 것이다.

2-6. 曰 交得見於鄒君이면 可以假館이니 願留而受業於門하노이다

曹交가 말하였다. "제(交)가 鄒나라 군주를 뵈면 館舍를 빌릴 수 있을 것이니, 여기에
머물면서 門下에서 受業하기를 원합니다."

集註 | 假館而後에 受業하니 又可見其求道之不篤이라

館舍를 빌린 뒤에 受業하려고 하였으니, 또 道를 구함이 돈독하지 못함을 볼 수 있다.

2-7. 曰 夫道若大路然하니 豈難知哉리오 人病不求耳니 子歸而求之면 有餘師리라

孟子께서 말씀하셨다. "道는 大路와 같으니, 어찌 알기 어렵겠는가. 사람들이 구하지
않는 것이 병통일 뿐이니, 그대가 돌아가 찾는다면 남은 스승이 있을 것이다.(나 말고도
얼마든지 스승이 있을 것이다.)"

集註 | 言 道不難知하니 若歸而求之事親敬長之間이면 則性分之內에 萬理皆備하
여 隨處發見(현)하여 無不可師하니 不必留此而受業也니라

道는 알기 어렵지 않으니, 만일 돌아가 어버이를 섬기고 어른을 공경하는 사이에서 찾는다
면 性分의 안에 온갖 이치가 다 구비되어 있어 곳에 따라 發見되어 스승 삼을 만하지 않음
이 없을 것이니, 굳이 이곳에 머물며 受業할 것이 없음을 말씀한 것이다.

··· 淺 얕을 천 陋 더러울 루 鹵 거칠 추 率 거칠 솔 循 따를 순 鄒 나라이름 추 留 머무를 류 假 빌릴 가
     館 객사 관 見 나타날 현

章下註 | ○ 曹交事長之禮 旣不至하고 求道之心이 又不篤이라 故로 孟子敎之以孝
弟하시고 而不容其受業하시니 蓋孔子餘力學文[168]之意요 亦不屑之敎誨[169]也시니라

○ 曹交는 어른을 섬기는 禮가 이미 지극하지 못하였고, 道를 구하는 마음이 또 돈독하지
못하였다. 그러므로 孟子께서 孝·弟로써 가르치시고 그의 受業함을 용납하지 않으셨으니,
孔子의 '餘力이 있으면 글을 배운다.'는 뜻이요 또한 不屑의 敎誨인 것이다.

|高子曰小弁章|

3-1. 公孫丑問曰 高子曰 小弁(반)은 小人之詩也라하더이다 孟子曰 何以言之오 曰 怨이니이다

公孫丑가 물었다. "高子가 말하기를 〈小弁〉은 小人의 詩이다.' 하였습니다."
孟子께서 말씀하셨다. "무엇을 가지고 말하는가?"
公孫丑가 대답하였다. "원망했기 때문입니다."

集註 | 高子는 齊人也라 小弁은 小雅篇名이라 周幽王이 娶申后하여 生太子宜臼하고
又得褒姒하여 生伯服한대 而黜申后하고 廢宜臼하니 於是에 宜臼之傳 爲作此詩[170]
하여 以敍其哀痛迫切之情也하니라

高子는 齊나라 사람이다. 〈小弁〉은 《詩經》《小雅》의 篇名이다. 周나라 幽王이 申后를 얻
어 太子 宜臼를 낳고 또 褒姒를 얻어 伯服을 낳았는데, 申后를 축출하고 宜臼를 폐위하
니, 이에 宜臼의 師傅가 그를 위해 이 詩를 지어서 그 哀痛하고 切迫한 심정을 서술한 것
이다.

---

168 餘力學文 : '餘力'은 餘暇를 가리킨 것으로, 《論語》《學而》 6장에 "행하고 餘力이 있으면 餘力을 이용
하여 글을 배운다.(行有餘力 則以學文)"라고 보인다.

169 不屑之敎誨 : '不屑'은 좋게 여기지 않아 거절하는 것으로, '不屑의 敎誨'는 잘못을 저지른 상대방을 좋
게 여기지 않아 거절함으로써 스스로 자신의 잘못을 깨닫게 함을 뜻하는바, 本篇 16장에 보인다.

170 宜臼之傅 爲作此詩 : 趙岐는 〈小弁〉을 伯奇(周 宣王의 신하 尹吉甫의 아들)의 詩라고 하였는데, 茶
山은 毛奇齡이 "趙岐의 註에 伯奇의 일이라고 한 것은 《韓詩》이고, 《集註》에 宜臼의 일이라고 한 것
은 《毛詩》이다.(趙註作伯奇事 是韓詩 朱注作宜臼事 是毛詩)" 한 것을 인용하였다.

··· 屑 깨끗할설 誨 가르칠회 弁 즐거울반 臼 절구구 褒 표창할포 姒 성사 黜 내쫓을출 傅 스승부 敍 펼서
迫 절박할박

3-2. 曰 固哉라 高叟之爲詩也여 有人於此하니 越人이 關(彎)弓而射(석)
之어든 則己談笑而道之는 無他라 疏之也요 其兄이 關弓而射之어든 則
己垂涕泣而道之는 無他라 戚之也니 小弁之怨은 親親也라 親親은 仁
也니 固矣夫라 高叟之爲詩也여

孟子께서 말씀하셨다. "고루하다, 高叟(高子)의 詩를 해석함이여. 여기에 어떤 사람
이 있으니, 越나라 사람이 활을 당겨 〈어떤 사람을〉 쏘려 하거든 자기가 말하고 웃으면
서 〈越나라 사람을〉 타이르는 것은 다름이 아니라 그(越人)를 소원하게 여기기 때문이
요, 그 兄이 활을 당겨 〈어떤 사람을〉 쏘려 하거든 자기가 눈물을 떨구며 〈자기 형을〉 타
이르는 것은 다름이 아니라 그(兄)를 친척으로 여기기 때문이다. 〈小弁〉의 원망은 어버
이를 친애한 것이다. 어버이를 친애함은 仁이니, 고루하다, 高叟의 詩를 해석함이여."

> 按說 | '疏之'와 '戚之'를 諺解에서는 '疏홈이오'와 '戚홈이니'로 해석하였는데, 壺山
> 은
>
> > '疏之', '戚之'를 諺解에서 내가 상대하는 뜻으로 해석하지 않았으니, 상세함이 부족한 듯
> > 하다.〔疏之戚之 諺解不釋作吾待之之意 恐欠詳〕
>
> 하였다. '내가 상대하는 뜻으로 해석한다.'는 것은 '疏之'를 '내가 그를 소원하게 여김'으로
> 해석하는 것이다.

集註 | 固는 謂執滯不通也라 爲는 猶治也라 越은 蠻夷國名이라 道는 語也라 親親之
心은 仁之發也라

'固'는 執滯하여 통하지 못함을 이른다. '爲'는 治(다룸, 해석함)와 같다. 越은 蠻夷의 나라
이름이다. '道'는 말함이다. 친척을 친애하는 마음은 仁에서 나온 것이다.

3-3. 曰 凱風은 何以不怨이니잇고

公孫丑가 말하였다. "〈凱風〉은 어찌하여 원망하지 않았습니까?"

··· 叟 늙은이 수 關 활당길 만(彎通) 射 맞힐 석 道 타이를 도 疏 소원할 소 涕 눈물 체 泣 눈물 읍 執 막을 집
滯 막힐 체 蠻 오랑캐 만 凱 착할 개

按說 | '凱風'은 《詩經》〈邶風〉의 편명으로 모두 4장인데, 그 2장에 "어머니가 聖스럽고 善하신데 우리들은 훌륭한 사람 없도다.〔母氏聖善 我無令人〕"하였고, 4장에 "일곱 명의 자식이 있으나 어머니 마음 위안하게 하지 못하나.〔有子七人 莫慰母心〕"하였다. 新安陳氏(陳櫟)는

어머니가 일곱 명의 아들을 낳고 과부가 되어 바람이 나서 집안을 편안히 여기지 못하자, 일곱 아들이 詩를 지으면서 감히 그 어머니를 그르다 하지 못하고, 罪를 이끌어 自責하여 '자식이 어머니 마음을 위안하지 못해서 어머니로 하여금 불안하게 했다.' 하여 어머니를 감동시킨 것이다.〔母生七子而寡 不能安其室 七子作詩 不敢非其母 引罪自責 謂子不能慰母心 使母不安 以感動之也〕

하였는바, 〈凱風〉을 바람난 어머니의 일곱 아들이 스스로를 자책하는 내용으로 보는 것은 〈毛詩序〉와 朱子 역시 마찬가지이다. 반면 毛奇齡은 《齊詩》·《魯詩》·《韓詩》의 三家詩에 '〈凱風〉을 어머니가 자식을 꾸짖는 詩'라고 한 說을 취하여, 〈小弁〉은 아버지가 자식을 해친 것이므로 잘못이 크고, 〈凱風〉은 자식을 꾸짖는 것이 지나친 것이므로 잘못이 작은 것으로 보았다. 그리하여

만일 바람이 나서 집을 편안히 여기지 못하였다면 과실이 작지 않다. 하물며 비교는 반드시 같은 종류로 해야 하는데, 어머니가 집을 편안히 여기지 못하는 것과 아버지가 자식을 사랑하지 않는 것이 어찌 비교할 만한가.〔若不安室 則過不小矣 況儗必以倫 母不安室與父不愛子 何足比儗〕《四書賸言》

하였다. 茶山도

참으로 일곱 아들이 있는데 개가했다면 어찌 어버이의 과실이 작은 것이라고 할 수 있겠는가. 《後漢書》〈東平王蒼傳〉에 "光烈皇后의 遺衣 한 상자를 하사하여 〈凱風〉의 詩처럼 어머니를 그리워하는 마음을 위로하였다.……" 하였으니, 〈凱風〉이 만약 어머니가 집을 편안히 여기지 못한 詩라면 이처럼 인용해서는 안 될 듯하다.〔誠若有七子而改嫁 安得曰親之過小乎 後漢書東平王蒼傳 賜光烈皇后遺衣一篋 以慰凱風之思……凱風若是不安其室之詩 則恐不當引用如是〕

하였다.

集註 | 凱風은 邶風篇名이라 衛有七子之母 不能安其室이어늘 七子作此하여 以自責也하니라

〈凱風〉은 〈邶風〉의 篇名이다. 衛나라에 일곱 아들을 둔 어머니가 〈바람이 나서〉 그 집을 편안히 여기지 못하자, 일곱 아들이 이 詩를 지어 自責한 것이다.

3-4. 曰 凱風은 親之過 小者也요 小弁은 親之過 大者也니 親之過 大而不怨이면 是는 愈疏也요 親之過 小而怨이면 是는 不可磯也니 愈疏도 不孝也요 不可磯도 亦不孝也니라

孟子께서 말씀하셨다. "〈凱風〉은 어버이의 過失이 작은 것이요 〈小弁〉은 어버이의 過失이 큰 것이니, 어버이의 過失이 큰데도 원망하지 않는다면 이는 더욱 소원해지는 것이요, 어버이의 過失이 작은데도 원망한다면 이는 磯할(자식의 성질을 건드릴) 수 없는 것이니, 더욱 소원함도 不孝요 磯할 수 없음도 또한 不孝이다.

按説 | '不可磯'에 대하여, '磯'는 물 가운데에 나와 있는 돌로, 물이 여기에 부딪치면 激해지기(튀어오르기) 때문에 父母가 조금만 잘못을 저질러도 자식의 성질이 급하여 대번에 격해짐을 비유한 것인바, 不可磯는 자식이 쉽게 노하여 부모가 자식을 건드릴 수 없음을 뜻한다. 茶山은

'磯'는 機(고동)이니, 機는 격발하는 물건이다. '不可磯'는 그 성질이 사납고 독해서 조금도 부딪칠 수 없는 것이다.〔磯者機也 機者激發之物 不可磯者 言其性悍毒 不可小有激觸也〕

하였다. 沙溪(金長生)는

磯는 어머니의 허물을 비유하고 물은 자식을 비유하였으니, 물이 激하는(흐름을 막는) 한 돌을 용납하지 못함은 자식이 어머니의 작은 허물을 용납하지 못함과 같은 것이다. 조금 激함은 어머니가 한 것이고 갑자기 노함은 자식이 한 것이다.〔磯比母之過 水比之子 水不能容一激石 猶子不能容母之小過也 微激 母之爲也 遽怒 子之爲也〕《經書辨疑》

··· 邶 나라이름 패 衛 나라이름 위 愈 더욱 유 磯 물가 기, 물이돌에부딪칠 기

하였고, 尤菴(宋時烈)은

'不可磯'는《集註》에 본래 의심할 것이 없고《經書辨疑》가 더욱 상세하니, 어찌 말을 덧붙일 필요가 있겠는가.《古今韻會擧要》에 이른바 "磯는 激이다." 한 것은 본래 물 가운데 돌이 나와 있어서 물의 흐름을 막음을 이른 것이니, 孟子의 말씀과 다른 점이 없다.〔不可磯 本註本無可疑 而辨疑尤詳 何用贅說 韻會所謂磯激也者 本謂水中有石而激之也 與孟子說無不同矣〕《宋子大全 答三錫》

하였다. 壺山은

살펴보건대 물 가운데 돌은 황하의 砥柱山과 灩澦堆와 같은 따위가 이것이다.〔按水中石 如砥柱灩澦之類 是也〕

하였다. 砥柱山은 黃河의 급류 가운데 솟아 있는 산 이름이며, 灩澦堆는 배를 타고 무사히 건너기가 거의 불가능할 정도로 험하다는 長江 瞿塘峽의 여울물 이름이다.

集註 | 磯는 水激石也니 不可磯는 言微激之而遽怒也라

'磯'는 물이 부딪치는 돌이니, '不可磯'는 조금만 激하여도 대번에 노함을 말한다.

3-5. 孔子曰 舜은 其至孝矣신저 五十而慕라하시니라

孔子께서 말씀하시기를 '舜임금은 지극한 孝이실 것이다. 50세가 되어서도 사모했다.' 하셨다."

集註 | 言 舜猶怨慕[171]하시니 小弁之怨이 不爲不孝也라

舜임금도 오히려 원망하고 사모하였으니,〈小弁〉의 원망이 不孝가 되지 않음을 말씀한 것

---

[171] 舜猶怨慕:이 내용은 위〈萬章上〉1장의 孟子의 말씀에 "〈舜임금은〉 원망하고 사모하신 것이다.〔怨慕也〕" 하고, 또 "大孝는 종신토록 부모를 사모하니, 50세가 되어서도 부모를 사모한 자를 나는 大舜에게서 보았노라.〔大孝 終身慕父母 五十而慕者 予於大舜 見之矣〕"라고 보인다. 楊伯峻은 "舜임금이 부모에게 사모함을 인하여 원망하였으니,〈經文〉의 '五十而慕'의 '慕'字에 비록 원망의 의미는 없지만, 여기에서는 실로 원망하고 한스러워하는 뜻을 포함하고 있어 윗글의 여러 '怨'字와 서로 호응한다." 하였다.

••• 激 물부딪칠 격 遽 갑자기 거

이다.

章下註 | ○ 趙氏曰 生之膝下하여 一體而分이라 喘息呼吸에 氣通於親하나니 當親
而疏면 怨慕號天이라 是以로 小弁之怨이 未足爲愆也니라

○ 趙氏(趙岐)가 말하였다. "자식은 膝下에서 태어나 한 몸에서 나누어졌다. 그리하여 숨을
쉬고 호흡함에 기운이 어버이와 통하니, 마땅히 친해야 하는데 소원하면 원망하고 사모하여
하늘에 부르짖는다. 이 때문에 〈小弁〉의 원망이 허물이 될 수 없는 것이다."

|宋牼將之楚章|

4-1. 宋牼이 將之楚러니 孟子遇於石丘하시다

宋牼이 장차 楚나라로 가려고 하였는데 孟子께서 그를 石丘에서 만나셨다.

集註 | 宋은 姓이요 牼은 名이라 石丘는 地名이라

宋은 姓이요 牼은 이름이다. 石丘는 地名이다.

4-2. 曰 先生은 將何之오

孟子께서 말씀하셨다. "先生은 장차 어디로 가려 하십니까?"

集註 | 趙氏曰 學士年長者라 故로 謂之先生이라

趙氏(趙岐)가 말하였다. "學士로 나이가 많은 자였다. 그러므로 先生이라 이르신 것이다."

4-3. 曰 吾聞秦楚構兵이라호니 我將見楚王하여 說(세)而罷之호되 楚王이
不悅이어든 我將見秦王하여 說而罷之호리니 二王에 我將有所遇焉이리라

宋牼이 말하였다. "내 들으니 秦나라와 楚나라가 兵(戰亂)을 맺고 있다(交戰 중이
라) 하니, 내 장차 楚王을 만나보고 설득하여 싸움을 그만두게 하되 楚王이 기뻐하지
않거든 내 장차 秦王을 만나보고 설득하여 싸움을 그만두게 할 것이니, 두 王 중에 내

··· 膝 무릎 슬 喘 헐떡거릴 천 息 숨쉴 식 呼 숨내쉴 호 吸 숨들이쉴 흡 愆 허물 건 牼 쇠정강이뼈 경 構 맺을 구
罷 그칠 파

장차 뜻이 합하는 사람이 있을 것이다."

按說│ '構'에 대하여, 壺山은

살펴보건대 마땅히 '원한을 맺는다.〔構怨〕'의 '構'와 같이 읽어야 하니, 병란〔兵釁〕을 맺음을
이른다.〔按當讀如構怨之構 謂結兵釁也〕

하였다. '構怨'의 '構'는 〈梁惠王上〉 7장의 '抑王興甲兵 危士臣 構怨於諸侯'를 가리
킨 것이다.

集註│ 時에 宋牼이 方欲見楚王호되 恐其不悅[172]이면 則將見秦王也라 遇는 合也라
按莊子書컨대 有宋鈃者 禁攻寢兵하여 救世之戰하여 上說(세)下敎하여 强聒不舍라
하여늘 疏云 齊宣王時人이라하니 以事考之컨대 疑卽此人也[173]라

이때 宋牼이 막 楚王을 만나보고 설득하고자 하였는데, 楚王이 혹 기뻐하지 않으면 장차
秦王을 만나 설득하려고 한 것이다. '遇'는 합함이다. 《莊子》 책을 상고해 보면 "宋鈃이라
는 자가 공격을 금하고 兵亂을 잠재워서 세상의 싸움을 말려 위로 설득하고 아래로 가르쳐
서 힘써 떠들어대고 그만두지 않았다." 하였는데, 疏에 이르기를 "〈宋鈃은〉齊 宣王 때의
사람이다." 하였으니, 일로써 상고해 보면 바로 이 사람인 듯하다.

4-4. 曰 軻也는 請無問其詳이요 願聞其指하노니 說(세)之將如何오 曰
我將言其不利也호리라 曰 先生之志則大矣어니와 先生之號則不可
하다

孟子께서 말씀하셨다. "나는 청컨대 그 상세한 것은 묻지 않고 그 취지를 듣기 원하노
니, 설득하기를 장차 어찌하려 하십니까?"
宋牼이 말하였다. "내 장차 그 不利함을 말하려 하노라."

---

172 恐其不悅 : 壺山은 "'恐'은 或과 같다." 하였다.

173 按莊子書……疑卽此人也 : 楊伯峻은 "宋牼은 《莊子》〈天下〉와 《荀子》〈非十二子篇〉에는 '宋鈃'으로
표기하고, 《韓非子》〈顯學〉과 《莊子》〈逍遙遊〉에는 '宋榮'으로 표기했다" 하였다.

••• 按 살필 안 鈃 그릇 견 寢 잠재울 침 强 억지로 강 聒 떠들 괄 軻 맹자이름 가, 수레 가 號 부를 호

孟子께서 말씀하셨다. "先生의 뜻은 크지만 先生의 口號(명분)는 불가합니다.

> 集註 | 徐氏曰 能於戰國擾攘之中에 而以罷兵息民爲說하니 其志可謂大矣라 然이나 以利爲名이면 則不可也라
>
> 徐氏(徐度)가 말하였다. "능히 戰國의 紛亂한 가운데에 兵亂을 중지하여 백성을 휴식시키는 것을 가지고 말하였으니, 그 뜻이 크다고 할 만하다. 그러나 이익으로써 名分(口號)을 삼는다면 불가하다."

4-5. 先生이 以利로 說秦楚之王이면 秦楚之王이 悅於利하여 以罷三軍之師하리니 是는 三軍之士 樂罷而悅於利也라 爲人臣者 懷利以事其君하며 爲人子者 懷利以事其父하며 爲人弟者 懷利以事其兄이면 是는 君臣父子兄弟 終去仁義하고 懷利以相接이니 然而不亡者 未之有也니라

先生이 이익을 가지고 秦·楚의 王을 설득하면 秦·楚의 王이 이익을 좋아하여 三軍의 군대를 파(해산)할 것이니, 이는 三軍의 군사들이 파함을 즐거워하면서 이익을 좋아하는 것입니다. 신하된 자가 이익을 생각하여 그 군주를 섬기며 자식된 자가 이익을 생각하여 그 父母를 섬기며 아우된 자가 이익을 생각하여 그 형을 섬긴다면, 이는 君臣과 父子와 兄弟가 마침내 仁義를 버리고 이익을 생각하여 서로 대하는 것이니, 이렇게 하고서도 망하지 않는 자는 있지 않습니다.

> 按說 | '內閣本에는 위아래의 단락이 연결되어 있으나 원래의 《集註》를 살펴보면 '然而不亡者 未之有也' 아래에 '樂音洛 下同'이라는 音讀이 있고, 壺山도 《集註》에 해석한 글이 없다.〔集註無文〕" 하였으므로 두 단락으로 나누었음을 밝혀 둔다.

4-6. 先生이 以仁義로 說秦楚之王이면 秦楚之王이 悅於仁義하여 而罷三軍之師하리니 是는 三軍之士 樂罷而悅於仁義也라 爲人臣者 懷仁

··· 擾 시끄러울 요 攘 시끄러울 양 罷 그만둘 파 懷 생각할 회 悅 기쁠 열

義以事其君하며 爲人子者 懷仁義以事其父하며 爲人弟者 懷仁義以事其兄이면 是는 君臣父子兄弟 去利하고 懷仁義以相接也니 然而不王者 未之有也니 何必曰利리오

先生이 仁義를 가지고 秦·楚의 王을 설득하면 秦·楚의 王이 仁義를 좋아하여 三軍의 군대를 파할 것이니, 이는 三軍의 군사들이 파함을 즐거워하면서 仁義를 좋아하는 것입니다. 신하된 자가 仁義를 생각하여 그 군주를 섬기며 자식된 자가 仁義를 생각하여 그 父母를 섬기며 아우된 자가 仁義를 생각하여 그 형을 섬긴다면, 이는 君臣과 父子와 兄弟가 이익을 버리고 仁義를 생각하여 서로 대하는 것이니, 이렇게 하고서도 왕 노릇하지 못하는 자는 있지 않으니, 하필 이익을 말씀합니까."

章下註 | ○ 此章[174]은 言 休兵息民이 爲事則一이나 然其心이 有義利之殊하여 而其效有興亡之異하니 學者所當深察而明辨之也니라

이 章은 兵亂을 그치게 하고 백성을 쉬게 함이 일은 똑같으나 그 마음에는 義와 利의 다름이 있어서 그 효험에 興하고 亡하는 차이가 있음을 말씀하였으니, 배우는 자들이 마땅히 깊이 살피고 밝게 분별해야 할 것이다.

| 孟子居鄒章(以幣交章)|

5-1. 孟子居鄒하실새 季任이 爲任處守러니 以幣交어늘 受之而不報하시고 處於平陸하실새 儲子爲相이러니 以幣交어늘 受之而不報하시다

孟子께서 鄒나라에 居하실 적에 季任이 任나라의 處守(留守)가 되었었는데, 폐백을 보내와서 교제하자 폐백을 받기만 하고 答禮하지 않으셨고, 平陸에 處하실 적에 儲子가 齊나라의 정승이었는데, 폐백을 보내와서 교제하자 폐백을 받기만 하고 答禮하지 않으셨다.

---

174 ○此章 : 內閣本에는 圈點이 없으나 壺山이 "이 두 節은 訓釋할 만한 것이 없으므로 곧바로 圈下註(章下註)로 이어받았다.〔此二節無可訓釋 故卽以圈下註承之〕" 하였으므로 이에 근거하여 章下註로 처리하였다.

··· 休 그칠 휴　鄒 나라이름 추　處 머물 처　幣 폐백 폐　陸 뭍 륙　儲 쌓을 저

集註 | 趙氏曰 季任은 任君[175]之弟라 任君이 朝會於鄰國이어늘 季任이 爲之居守其國也라 儲子는 齊相也라 不報者는 來見則當報之요 但以幣交則不必報也라[176]

趙氏(趙岐)가 말하였다. "季任은 任나라 군주의 아우이다. 任나라 군주가 이웃 나라에 朝會를 가자, 季任이 그를 위하여 그 나라에 거주하면서 지킨 것이다. 儲子는 齊나라 정승이다. 答禮하지 않은 것은 상대방이 와서 만나보면 마땅히 答禮해야 하고, 다만 폐백을 보내와서 교제하면 굳이 答禮하지 않는 것이다."

5-2. 他日에 由鄒之任하사 見季子하시고 由平陸之齊하사 不見儲子하신대 屋廬子喜曰 連이 得間矣로라

他日에 鄒나라에서 任나라로 가서는 季子를 만나보시고 平陸에서 齊나라로 가셔서는 儲子를 만나보지 않으시자, 屋廬子가 기뻐하며 말하였다. "내(連)가 좋은 틈을 얻었노라."

집註 | 屋廬子知孟子之處此에 必有義理라 故로 喜得其間隙而問之하니라

屋廬子는 孟子께서 이를 대처함에 반드시 義理가 있음을 알았다. 그러므로 그 틈을 얻어 물을 수 있음을 기뻐한 것이다.

5-3. 問曰 夫子之任하사 見季子하시고 之齊하사 不見儲子하시니 爲其爲相與잇가

屋廬子가 묻기를 "夫子께서 任나라에 가셔서는 季子를 만나보시고 齊나라에 가셔서

---

175 任君 : 楊伯峻은 "任나라는 風姓으로,《春秋左傳》僖公 21년에 보이는데, 山東 濟寧市에 있었다." 하였다.

176 不報者……但以幣交則不必報也 : 朱子는 "처음에 직접 오지 않고 다만 폐백으로 교제한 것이 禮가 아닌 것은 아니다. 다만 孟子가 폐백을 받으신 뒤에 곧바로 찾아와 만나 뵈어야 하는데, 또 오지 않았으면 그의 정성이 지극하지 않음을 알 수 있다. 그러므로 孟子께서 지나가면서도 〈그 사람을〉 찾아보지 않으신 것이니, 이는 베풂에 대한 보답을 마땅하게 하신 것으로, 또한 좋게 여기지 않은 가르침이시다.〔初不自來 但以幣交 未爲非禮 但孟子旣受之後 便當來見 而又不來 則其誠之不至 可知矣 故孟子過而不見 施報之宜也 亦不屑之敎誨也〕" 하였다.《朱子大全 答連嵩卿》

··· 鄰 이웃 린 間 틈 간 隙 틈 극

는 儲子를 만나보지 않으셨으니, 儲子는 齊나라의 정승이었기 때문입니까?" 하였다.

集註 | 言 儲子但爲齊相하니 不若季子攝守君位라 故로 輕之邪아

'儲子는 다만 齊나라의 정승이었으니, 季子가 대리하여 군주의 지위를 지킨 것과는 같지 않으므로 그를 가벼이 여긴 것입니까?' 하고 물은 것이다.

5-4. 日 非也라 書日 享은 多儀하니 儀不及物이면 日 不享이니 惟不役志于享이라하니

孟子께서 말씀하셨다. "아니다.《書經》에 이르기를 '享(윗사람에게 물건을 올림)은 禮儀를 重視하니,〈비록 享을 했다 하더라도〉예의가 물건에 미치지 못하면 이를 享하지 않았다 하니, 이는 享에 마음을 쓰지 않았기 때문이다.' 하였으니,

按說 | '享 多儀'에 대하여, 楊伯峻은 '多'를 '중시하다'로 본 周用錫의《尙書證義》의 說을 인용하여 '享은 禮儀를 중시한다.〔享以儀爲多也〕'로 해석하였다. 字義에 多는 중시하는 것이고 少는 경시하는 것으로, 周用錫의 해석이 매우 합당한 것으로 보인다.

集註 | 書는 周書洛誥之篇이라 享은 奉上也라 儀는 禮也요 物은 幣也라 役은 用也라 言 雖享이나 而禮意不及其幣하면 則是不享矣니 以其不用志于享故也라[177]

書는《書經》〈周書 洛誥〉篇이다. '享'은 윗사람에게 물건을 받들어 올리는 것이다. '儀'는 禮儀이고 '物'은 폐백이다. '役'은 씀이다. 비록 享을 했다 하더라도 禮의 뜻이 그 폐백에 미치지 못하면 이것은 享하지 않은 것이니, 이는 享에 마음을 쓰지 않았기 때문임을 말씀한 것이다.

---

[177] 雖享……以其不用志于享故也 : 蔡沈은《書經集傳》에서 "享은 폐백에 있지 않고 禮에 있으니, 폐백은 넉넉하지만 禮가 부족함은 또한 이른바 '享하지 않은 것'이다.〔享 不在幣而在於禮 幣有餘而禮不足 亦所謂不享也〕" 하였다.

⋯ 攝 대신할섭 享 올릴향 儀 예의의 洛 물이름락 誥 가르칠고

5-5. 爲其不成享也니라

그 享을 이루지 못했기 때문이다."

集註 | 孟子釋書意如此하시니라

孟子께서《書經》의 뜻을 해석하기를 이와 같이 하신 것이다.

5-6. 屋廬子悅이어늘 或問之한대 屋廬子曰 季子는 不得之鄒요 儲子는 得之平陸일새니라

屋廬子가 기뻐하자 혹자가 물으니, 屋廬子가 말하였다. "季子는 鄒나라에 갈 수 없었고 儲子는 平陸에 갈 수 있었기 때문이다."

集註 | 徐氏曰 季子는 爲君居守하여 不得往他國以見孟子하니 則以幣交而禮意已備요 儲子는 爲齊相하여 可以至齊之境內로되 而不來見하니 則雖以幣交나 而禮意不及其物也라

徐氏(徐度)가 말하였다. "季子는 군주를 위하여 나라에 거주하면서 지키고 있어 他國에 가서 孟子를 뵐 수 없었으니 그렇다면 폐백만 가지고 교제하여도 禮의 뜻이 이미 구비되었고, 儲子는 齊나라의 정승이 되어 齊나라의 境內에 이를 수 있는데도 찾아와 뵙지 않았으니, 그렇다면 비록 폐백을 가지고 교제하였더라도 禮의 뜻이 그 물건에 미치지 못한 것이다."

|淳于髡曰先名實章|

6-1. 淳于髡曰 先名實者는 爲人也요 後名實者는 自爲也니 夫子在三卿之中하사 名實이 未加於上下而去之하시니 仁者도 固如此乎잇가

淳于髡이 물었다. "名(名聲)과 實(事功)을 먼저 하는 자는 人民을 위하는 것이요 名과 實을 뒤로 하는 자는 자신을 위하는 것이니, 夫子께서 三卿 가운데에 계셨으나 名과 實이 위와 아래에 加해지지 못하고 떠나셨으니, 仁者도 진실로 이와 같습니까?"

··· 備 갖출 비　境 지경 경　淳 순박할 순　髡 머리깎을 곤

集註 | 名은 聲譽也요 實은 事功也[178]라 言 以名實爲先而爲之者는 是有志於救民者也요 以名實爲後而不爲者는 是欲獨善其身者也[179]라 名實未加於上下는 言 上未能正其君하고 下未能濟其民也[180]라

'名'은 聲譽(名聲)이고 '實'은 事功이다. 名과 實을 우선으로 여겨서 이것을 하는 자는 백성을 구제함에 뜻을 둔 자요, 名과 實을 뒤로 여겨서 하지 않는 자는 홀로 자기 몸을 善하게 하고자 하는 자임을 말한 것이다. '名과 實이 위와 아래에 加해지지 못했다.'는 것은 위로는 군주를 바로잡지 못하고 아래로는 백성을 구제하지 못하였음을 말한 것이다.

6-2. 孟子曰 居下位하여 不以賢事不肖者는 伯夷也요 五就湯하며 五就桀者는 伊尹也요 不惡汚君하며 不辭小官者는 柳下惠也니 三子者 不同道하나 其趨는 一也니 一者는 何也오 曰 仁也라 君子는 亦仁而已矣니 何必同이리오

孟子께서 말씀하셨다. "낮은 지위에 있으면서 어짊으로써 어질지 못한 이를 섬기지 않은 자는 伯夷였고, 다섯 번 湯王에게 나아가고 다섯 번 桀王에게 나아간 자는 伊尹이었고, 더러운 군주를 싫어하지 않고 작은(낮은) 관직을 사양하지 않은 자는 柳下惠였으니, 이 세 분들은 길이 똑같지 않았으나 그 나아감은 똑같았으니, 똑같다는 것은 무엇인가? 仁이다. 君子는 또한 仁할 뿐이니, 어찌 굳이 똑같겠는가."

集註 | 仁者는 無私心而合天理之謂라

楊氏曰 伊尹之就湯은 以三聘之勤也[181]요 其就桀也는 湯進之也니 湯豈有伐桀之

---

178 名……事功也:茶山은 "'名實'은 名을 따라 그 實을 구하는 것이다. 冢宰가 되면 冢宰의 實을 닦아서 그 名에 부응하고, 司徒가 되면 司徒의 實을 닦아서 그 名에 부응하니, 이것을 名實이라고 한다.〔名實者 循名而責實也 爲冢宰則修冢宰之實以副其名 爲司徒則修司徒之實以副其名 此之謂名實也〕" 하였다.

179 以名實爲先而爲之者……是欲獨善其身者也:壺山은 "淳于髡의 뜻은 남을 위하는 것을 훌륭한 것으로 여기고 자신을 위하는 것을 부족한 것으로 여긴 것이다.〔髡意以爲人爲優而以自爲爲劣〕" 하였다.

180 名實未加於上下……下未能濟其民也:壺山은 "孟子가 齊나라를 떠나간 것을 가지고 자신을 위했다고 기롱한 것이다.〔以孟子之去 爲自爲而譏之〕" 하였다.

181 伊尹之就湯 以三聘之勤也:三聘은 세 번 초빙함이고 勤은 간곡함으로, 이 내용은 〈萬章上〉7장에

••• 聲 명예 성 譽 기릴 예 濟 구제할 제 肖 어질 초, 닮을 초 汚 더러울 오 趨 향할 추 聘 초빙할 빙

意哉시리오 其進伊尹以事之也는 欲其悔過遷善而已니 伊尹이 旣就湯이면 則以湯
之心爲心矣라 及其終也에 人歸之하고 天命之하니 不得已而伐之耳라 若湯이 初求
伊尹에 卽有伐桀之心이어늘 而伊尹이 遂相之以伐桀이면 是는 以取天下爲心也니
以取天下爲心이면 豈聖人之心哉리오

仁은 私心이 없어 天理에 합함을 이른다.

楊氏(楊時)가 말하였다. "伊尹이 湯王에게 나아간 것은 湯王이 세 번 초빙한 부지런함(간
곡함) 때문이었고, 桀王에게 나아간 것은 湯王이 그를 천거해서이니, 湯王이 어찌 桀王을
칠 뜻이 있었겠는가. 伊尹을 천거하여 桀王을 섬기게 한 것은 桀王이 過失을 뉘우치고 善
으로 옮겨가기를 바라서일 뿐이었으니, 伊尹이 이미 湯王에게 나아갔다면 湯王의 마음을
자신의 마음으로 삼은 것이다. 그 종말에 미쳐서 사람(백성)들이 돌아오고 하늘이 명하니,
부득이 桀王을 정벌했을 뿐이다. 만일 湯王이 처음 伊尹을 구했을 적에 즉시 桀王을 칠 마
음이 있었는데 伊尹이 마침내 湯王을 도와서 桀王을 정벌했다면 이것은 天下를 취함으로
써 마음을 삼은 것이니, 천하를 취함으로써 마음을 삼았다면 이 어찌 聖人의 마음이겠는
가."

6-3. 曰 魯繆公之時에 公儀子爲政하고 子柳, 子思爲臣이로되 魯之削
也滋甚하니 若是乎賢者之無益於國也여

淳于髡이 말하였다. "魯나라 繆公 때에 公儀子가 정사를 하였고 子柳와 子思가 신
하가 되었으나 魯나라의 侵削됨이 더욱 심하였으니, 이와 같이 賢者가 나라에 유익함
이 없습니다."

> 集註 | 公儀子는 名休니 爲魯相[182]이라 子柳는 泄(설)柳也라 削은 地見侵奪也라 髡譏
> 孟子雖不去나 亦未必能有爲也라

자세히 보인다.

182 公儀子……爲魯相 : 《史記》〈循吏列傳〉에 "公儀休는 魯나라의 博士였다. 높은 등급으로 魯나라 相이
되었는데, 법을 받들고 이치를 따르며 변경하는 바가 없자, 백관들이 저절로 바르게 되었다.〔公儀休者
魯博士也 以高第爲魯相 奉法循理 無所變更 百官自正〕"하였다.

••• 悔 뉘우칠 회 遷 옮길 천 相 도울 상 繆 나쁜시호 목(穆通) 削 깎일 삭 滋 더할 자 泄 샐 설 見 당할 견
侵 침범할 침 奪 빼앗을 탈 譏 기롱할 기

公儀子는 이름이 休이니, 魯나라의 정승이었다. 子柳는 泄柳이다. '削'은 땅이 侵奪을 당하는 것이다. 淳于髡은 孟子가 〈齊나라를〉 떠나가지 않았더라도 반드시 훌륭한 일을 하지는 못했을 것이라고 기롱한 것이다.

6-4. 曰 虞不用百里奚而亡하고 秦穆公이 用之而霸하니 不用賢則亡이니 削을 何可得與리오

孟子께서 말씀하셨다. "虞나라는 百里奚를 쓰지 않아 망하였고 秦 穆公은 그를 등용하여 霸者가 되었으니, 賢人을 쓰지 않으면 나라가 망하니, 侵削됨을 어찌 얻을 수 있겠는가."

集註 | 百里奚는 事見前篇하니라

百里奚는 일이 前篇(萬章下)에 보인다.

6-5. 曰 昔者에 王豹處於淇에 而河西善謳하고 綿駒處於高唐에 而齊右善歌하고 華周杞梁之妻 善哭其夫에 而變國俗하니 有諸內면 必形諸外하나니 爲其事而無其功者를 髡이 未嘗觀之也로니 是故로 無賢者也니 有則髡必識之니이다

淳于髡이 말하였다. "옛적에 王豹가 淇水 가에 거주함에 河西 지방이 謳를 잘 하였고, 綿駒가 高唐에 처함에 齊나라 서쪽 지방이 노래를 잘 하였고, 華周와 杞梁의 아내가 그 남편의 喪에 哭을 잘함에 나라의 풍속이 변했습니다. 안에 가지고 있으면 반드시 밖에 나타나니, 그러한 일을 하고서 그러한 공효가 없는 자를 제가 일찍이 보지 못했습니다. 이러므로 〈이 세상에는〉 賢者가 없는 것이니, 있다면 제가 반드시 알 것입니다."

按說 | 楊伯峻은 '河西'에 대하여,

당시에 衛나라는 黃河 서쪽에 있었으니, 여기의 河西는 실제로 衛나라 지역을 가리켜 말한 것이다.

··· 奚 어찌 해 豹 표범 표 淇 기수 기 謳 노래 구 綿 솜 면 駒 망아지 구 觀 볼 도

하였고, 또 '齊右'에 대하여

高唐이 齊나라 서쪽에 있고, 서쪽은〈군주의 남면을 기준으로〉오른쪽이기 때문에 齊右라
고 했다.

하였다.

集註ㅣ王豹는 衛人이니 善謳[183]하니라 淇는 水名이라 綿駒는 齊人이니 善歌하니라 高唐
은 齊西邑이라 華周, 杞梁은 二人皆齊臣이니 戰死於莒어늘 其妻哭之哀[184]하니 國俗
이 化之하여 皆善哭하니라 髡이 以此로 譏孟子仕齊無功하니 未足爲賢也라

王豹는 衛나라 사람이니 謳를 잘하였다. 淇는 물 이름이다. 綿駒는 齊나라 사람이니 노래
를 잘하였다. 高唐은 齊나라 서쪽에 있는 고을이다. 華周와 杞梁은 두 사람 모두 齊나라
신하였는데, 莒땅에서 戰死하자 그 아내가 哭하기를 애통하게 하니, 國俗이 변화하여 모두
哭을 잘하였다. 淳于髡이 이것을 가지고 孟子가 齊나라에 벼슬하였으나 功이 없었으니 賢

---

183 善謳:謳와 歌는 같은 뜻으로 쓰기도 하는데, 謳는 가락에 맞추는 것이라 하기도 하고 가락에 맞추지
않는 것이라 하기도 하여 說이 분분하다. 《大全》에 "謳는 소리에 曲折이 있는 것이고 歌는 길게 말하
는 것이다.〔謳 聲有曲折也 歌 長言也〕" 하였다.

184 華周杞梁……其妻哭之哀:《春秋左傳》襄公 23년에 "齊侯가 晉나라에서 돌아와 國都로 들어가지
않고 마침내 莒나라를 습격하여 且于邑의 성문을 공격하다가 다리에 상처를 입고 퇴각하였다. 다음날
齊侯는 다시 전투하기 위해 壽舒에서 집합하기로 기약하였다. 대부 杞殖(杞梁)과 華還(華周)이 수레
에 甲士를 싣고 밤에 且于의 小路로 들어가 莒나라의 교외에 노숙하였다. 다음날 杞殖과 華還이 선발
대로 가다가 蒲侯氏에서 莒子(莒나라 임금)가 거느린 大軍을 만났다. 莒子는 이들에게 많은 뇌물을 주
고 大軍과 무모한 싸움으로 죽지 말라고 설득하여 말하기를 '결맹하기를 청한다.' 하였다. 華周가 대답
하기를 '재물을 탐하여 君命을 버리는 것은 임금께서도 싫어하실 것입니다. 어제 저녁에 군주의 命을 받
고 해가 중천에 뜨기도 전에 그 命을 버린다면 어찌 임금을 섬길 수 있겠습니까?' 하였다. 莒子가 친히
북을 치며 齊나라 군대를 추격하여 杞梁을 죽였다. 莒人이 齊나라와 화친하였다. 齊侯가 돌아올 적에
남편의 영구를 맞이하러 나온 杞梁의 아내를 교외에서 만나자 사람을 보내어 조문하였다. 杞梁의 아
내가 齊侯의 조문을 사절하며 말하기를 '남편에게 죄가 있다면 감히 임금님의 조문을 받겠습니까. 만
약 죄가 없다면 先人의 낡은 집이 있으니 賤妾은 賤者가 받는 교외에서의 조문을 받을 수 없습니다.'
하니, 齊侯가 그 집으로 가서 조문하였다.〔齊侯還自晉 不入 遂襲莒 門于且于 傷股而退 明日 將復
戰 期于壽舒 杞殖華還載甲 夜入且于之隧 宿於莒郊 明日 先遇莒子於蒲侯氏 莒子重賂之 使無死
曰 請有盟 華周對曰 貪貨棄命 亦君所惡也 昏而受命 日未中而棄之 何以事君 莒子親鼓之 從而伐
之 獲杞梁 莒人行成 齊侯歸 遇杞梁之妻於郊 使弔之 辭曰 殖之有罪 何辱命焉 若免於罪 猶有先
人之敝廬在 下妾不得與郊弔 齊侯弔諸其室〕" 하였다. 또 劉向의 《說苑》〈善說〉에는 "華舟와 杞梁
이 전투하다가 죽었는데, 그 처가 슬퍼하여 城을 향해 곡하니, 이로 인해 성벽 모퉁이가 무너지고 성벽
이 무너졌다.〔華舟杞梁戰而死 其妻悲之 向城而哭 隅爲之崩 城爲之阤〕"라고 보인다. 華舟 역시 華
周를 칭한 것이다.

••• 莒 땅이름 거 哭 울 곡

者라 할 수 없다고 기롱한 것이다.

6-6. 曰 孔子爲魯司寇러시니 不用하고 從而祭에 燔肉이 不至어늘 不稅
(脫)冕而行하시니 不知者는 以爲爲肉也라하고 其知者는 以爲爲無禮也
라하니 乃孔子則欲以微罪行하사 不欲爲苟去하시니 君子之所爲를 衆人
이 固不識也니라

孟子께서 말씀하셨다. "孔子께서 魯나라의 司寇가 되셨는데, 〈말씀이〉 쓰이지 않고
뒤이어 제사함에 제사고기가 이르지 않자 면류관을 벗지 않고 떠나가시니, 孔子를 알지
못하는 자들은 고기 때문에 떠났다고 말하고, 孔子를 안다고 하는 자들은 無禮하기
때문이라고 말하였다. 그러나 孔子께서는 하찮은 罪를 구실삼아 떠나고자 하여 구차
히 떠나려고 하지 않으신 것이니, 君子가 하는 바를 衆人들은 진실로 알지 못하는 것이
다."

按說 | '從而祭'에 대하여, 壺山은

從은 繼(뒤이어)와 같다.〔從 猶繼也〕

하였다.
'孔子則欲以微罪行'에 대하여, 楊伯峻은 閻若璩의 說을 취하여 "孔子께서는 작은 죄
를 스스로 지고 떠나고자 하셨다."라고 번역하였다. 閻若璩는 《四書釋地續》에서 《史
記》〈樂毅列傳〉에

忠臣은 나라를 떠날 적에 자기 이름을 깨끗하게 하지 않는다.〔忠臣去國 不潔其名〕

한 것과 《禮記》〈曲禮下〉에

大夫와 士는 나라를 떠나가되……다른 사람에게 자신은 죄가 없다고 말하지 않는다.〔大夫
士去國……不說人以無罪〕

한 것을 인용하여, 孔子 자신도 죄를 분담하고자 한 것이라 하였다.

··· 寇 도적 구 燔 구울 번 稅 벗을 탈(脫通) 冕 면류관 면

集註 | 按史記컨대 孔子爲魯司寇하사 攝行相事하시니 齊人이 聞而懼하여 於是에 以女樂遺魯君한대 季桓子與魯君으로 往觀之하고 怠於政事어늘 子路曰 夫子可以行矣니이다 孔子曰 魯今且郊하니 如致膰(燔)[185]于大夫면 則吾猶可以止라하시더니 桓子卒受齊女樂하고 郊又不致膰肉于大夫어늘 孔子遂行하시니라 孟子言 以爲爲肉者는 固不足道요 以爲爲無禮도 則亦未爲深知孔子者라 蓋聖人이 於父母之國에 不欲顯其君相之失하시고 又不欲爲無故而苟去라 故로 不以女樂去而以膰肉行하시니 其見幾明決而用意忠厚하시니 固非衆人所能識也라 然則孟子之所爲를 豈髡之所能識哉리오

《史記》를 상고해 보면 "孔子가 魯나라의 司寇가 되어 정승의 일을 代行하시니, 齊나라 사람들이 이를 듣고 두려워하여 이에 女樂(미모의 舞姬)을 魯나라 군주에게 보내주었다. 季桓子가 魯나라 군주와 함께 가서 이를 구경하고는 정사에 태만하니, 子路가 '夫子께서 떠날 만하십니다.' 하고 말하였다. 孔子께서 말씀하시기를 '魯나라가 지금 장차 郊祭를 지낼 것이니, 만일 제사고기를 大夫에게 보내준다면 내 오히려 걸음을 멈출 수 있다.' 하셨는데, 季桓子가 마침내 齊나라의 女樂을 받고 郊祭에 또 제사고기를 大夫들에게 보내주지 않자 孔子께서 마침내 떠나셨다." 하였다.

孟子께서 말씀하시기를 "고기 때문이라고 말한 자들은 진실로 말할 것이 못되고, 無禮하기 때문이라고 말한 자들도 또한 孔子를 깊이 안 자가 되지 못한다. 聖人은 父母의 나라에 대해 그 군주와 재상의 過失을 드러내고자 하지 않으셨고, 또 연고(이유)없이 구차히 떠나려고 하지 않으셨다. 그러므로 女樂 때문에 떠나지 않고 제사고기를 구실삼아 떠나셨으니, 그 幾微를 보고 밝게 알아 결단하였으며 뜻을 씀이 忠厚하시니, 진실로 衆人들이 알 수 있는 바가 아니다."라고 하신 것이다. 그렇다면 孟子께서 하신 바를 어찌 淳于髡이 알 수 있겠는가.

章下註 | ○尹氏曰 淳于髡이 未嘗知仁하고 亦未嘗識賢也하니 宜乎其言若是로다

○尹氏(尹焞)가 말하였다. "淳于髡은 일찍이 仁을 알지 못하였고 또한 일찍이 賢者를 알지 못했으니, 그 말이 이와 같음이 당연하다."

---

185 膰(燔) : 楊伯峻은 "제사고기를 胙, 脤, 福肉(飮福 고기), 釐肉이라고도 한다." 하였다.

··· 攝 대신할섭 相 정승상 遺 줄유 郊 천제교 膰 제사고기번 幾 기미기

|五霸者三王之罪人章(逢君之惡章)|

7-1. 孟子曰 五霸者는 三王之罪人也요 今之諸侯는 五霸之罪人也요 今之大夫는 今之諸侯之罪人也니라

孟子께서 말씀하셨다. "五霸는 三王의 죄인이요, 지금의 諸侯들은 五霸의 죄인이요, 지금의 大夫들은 지금 諸侯의 죄인이다.

> 集註 | 趙氏曰 五霸는 齊桓, 晉文, 秦穆, 宋襄, 楚莊也[186]요 三王은 夏禹, 商湯, 周文武也니라
> 丁氏曰 夏昆吾와 商大彭, 豕韋[187]와 周齊桓, 晉文을 謂之五霸라하니라
>
> 趙氏(趙岐)가 말하였다. "五霸는 齊나라 桓公, 晉나라 文公, 秦나라 穆公, 宋나라 襄公, 楚나라 莊王이다. 三王은 夏나라의 禹王, 商나라의 湯王, 周나라의 文王·武王이다."
> 丁氏(丁公著)가 말하였다. "夏나라의 昆吾, 商나라의 大彭과 豕韋, 周나라의 齊 桓公과 晉 文公을 五霸라 이른다."

7-2. 天子適諸侯曰巡狩요 諸侯朝於天子曰述職이니 春省耕而補不足하며 秋省斂而助不給하나니 入其疆하니 土地辟(闢)하며 田野治하며 養老尊賢하며 俊傑이 在位하면 則有慶이니 慶以地하고 入其疆하니 土地荒蕪하며 遺老失賢하며 掊克이 在位하면 則有讓이니 一不朝則貶其爵하고 再不朝則削其地하고 三不朝則六師로 移之라 是故로 天子는 討而不伐하고 諸侯는 伐而不討하나니 五霸者는 摟諸侯하여 以伐諸侯者也라 故로 曰 五霸者는 三王之罪人也라하노라

---

186 五霸……楚莊也:楊伯峻은 五霸에 대해 네 가지 說을 소개하였다. 첫째 說은 夏나라의 昆吾氏, 殷商의 大彭氏와 韋豕氏, 周나라의 齊 桓公과 晉 文公이고,《白虎通》〈號〉 둘째 說은 齊 桓公, 晉 文公, 秦 穆公, 楚 莊王, 吳王 闔閭이고,《白虎通》〈號〉 셋째 說은 齊 桓公, 晉 文公, 秦 穆公, 宋 襄公, 楚 莊王이고,《白虎通》〈號〉와 趙岐 註) 넷째 說은 齊 桓公, 晉 文公, 楚 莊王, 吳王 闔閭, 越王 勾踐이다.《荀子》〈王霸篇〉) 이 篇 6장에 "秦 穆公은 그(百里奚)를 등용하여 霸者가 되었다.〔秦 穆公 用之而霸〕" 한 것을 들어 楊伯峻은 秦 穆公이 포함된 둘째 說과 셋째 說이 孟子의 뜻에 맞는 것으로 보았다.

187 豕韋:다른 본에는 대부분 '韋豕'로 표기되어 있으며, 楊伯峻도 '韋豕'로 표기하였다.

… 霸 으뜸 패 穆 화목할 목 襄 멍에양 昆 맏곤 彭 성 팽 豕 돼지 시 韋 가죽 위 適 갈 적 巡 순행할 순 狩 순행할 수 斂 거둘 렴 給 넉넉할 급 疆 지경 강 辟 개간할 벽 慶 상줄 경 荒 거칠 황 蕪 황폐할 무 掊 거둘 부 克 세금많이거둘 극 讓 꾸짖을 양 貶 낮출 폄 摟 끌 루

天子가 諸侯國에 가는 것을 巡狩라 하고 諸侯가 天子에게 조회 가는 것을 述職이라 하니, 봄에는 경작하는 상태를 살펴 부족한 자를 보조해주고, 가을에는 수확하는 상태를 살펴 부족한 자를 보조해 준다. 〈天子가 諸侯國의〉 경내에 들어갔을 적에 토지가 잘 개간되고 田野가 잘 다스려졌으며 노인을 봉양하고 어진이를 높이며 준걸스러운 자가 지위에 있으면 賞이 있으니 賞은 땅으로 주고, 諸侯國의 경내에 들어갔을 적에 토지가 황폐하며 노인을 버리고 어진이를 잃으며 掊克(가렴주구)하는 자들이 지위에 있으면 꾸짖음이 있다. 〈제후가〉 한 번 조회하지 않으면 그 官爵을 貶하고 두 번 조회하지 않으면 그 땅(領地)을 떼어내고 세 번 조회하지 않으면 六軍을 동원하여 군주를 바꿔 세운다. 그러므로 天子는 죄를 聲討만 하고 征伐하지 않으며, 諸侯는 征伐하기만 하고 聲討하지 못한다. 그런데 五霸는 諸侯를 이끌어 諸侯를 정벌한 자들이다. 그러므로 〈내가〉 '五霸는 三王의 죄인'이라고 말하는 것이다.

集註 | 慶은 賞也니 益其地以賞之也라 掊克은 聚斂也라 讓은 責也라 移之者는 誅其人而變置之也라 討者는 出命以討其罪하고 而使方伯連帥(수)[188]로 帥(솔)諸侯以伐之也라 伐者는 奉天子之命하여 聲其罪而伐之也라 摟는 牽也라 五霸牽諸侯하여 以伐諸侯하고 不用天子之命也라 自入其疆으로 至則有讓은 言巡狩之事요 自一不朝로 至六師移之는 言述職之事라

'慶'은 賞이니, 그 땅(領地)을 더하여 상주는 것이다. '掊克'은 세금을 많이 거두는 것이다. '讓'은 꾸짖음이다. '移之'는 그 군주를 베고 다른 사람으로 바꾸어 두는 것이다. '討'는 명령을 내어 그의 죄를 聲討하고, 方伯과 連帥로 하여금 諸侯를 거느리고 정벌하게 하는 것이다. '伐'은 天子의 명령을 받들어 그의 죄를 聲討하고 정벌하는 것이다. '摟'는 끎이다. 五霸는 諸侯를 이끌어 諸侯를 정벌하였고 天子의 명령을 따르지 않았다. '入其疆'으로부터 '則有讓'까지는 巡狩의 일을 말하였고, '一不朝'로부터 '六師移之'까지는 述職의 일을

---

[188] 方伯連帥:《禮記》〈王制〉에 "千里의 밖에 方伯을 설치하여, 5國을 속국으로 삼으니 屬에는 長이 있고, 10國을 連으로 삼으니 連에는 帥가 있고, 30國을 卒로 삼으니 卒에는 正이 있고, 210國을 州로 삼으니 州에는 伯이 있어, 8州에는 8伯과 56正, 168帥와 336長이 있다.〔千里之外 設方伯 五國以爲屬 屬有長 十國以爲連 連有帥 三十國以爲卒 卒有正 二百一十國以爲州 州有伯 八州八伯 五十六正 百六十八帥 三百三十六長〕"라고 보인다. 方伯은 諸侯 중의 우두머리로, 東方에는 東伯이 있고 西方에는 西伯이 있고 南方과 北方에도 각각 南伯과 北伯이 있었다. 連帥는 연합국의 총수인데, 후대에는 道伯을 方伯, 兵使를 連帥라 칭하였다.

··· 斂 거둘 렴 牽 끌 견

말하였다.

7-3. 五霸에 桓公이 爲盛하더니 葵丘之會에 諸侯束牲載書而不歃血하고 初命曰 誅不孝하며 無易(역)樹子하며 無以妾爲妻라하고 再命曰 尊賢育才하여 以彰有德이라하고 三命曰 敬老慈幼하며 無忘賓旅라하고 四命曰 士無世官하며 官事無攝하며 取士必得하며 無專殺大夫라하고 五命曰 無曲防하며 無遏糴(적)하며 無有封而不告라하고 曰 凡我同盟之人은 旣盟之後에 言歸于好라하니 今之諸侯 皆犯此五禁하나니 故로 曰 今之諸侯는 五霸之罪人也라하노라

五霸 중에 桓公이 가장 성하였는데, 葵丘의 會盟에 諸侯들이 희생을 묶어 그 위에 맹약서를 올려놓고는 피를 마시지 않고, 첫 번째로 명령하기를 '不孝하는 자를 처벌하며 세운 아들(世子)을 바꾸지 말며 妾을 아내로 삼지 말라.' 하고, 두 번째로 명령하기를 '어진이를 높이고 인재를 길러서 德이 있는 이를 표창하라.' 하고, 세 번째로 명령하기를 '노인을 공경하고 어린이를 사랑하며 손님과 나그네를 잊지 말라.' 하고, 네 번째로 명령하기를 '선비는 대대로 벼슬시키지 말며 관청의 일을 겸직시키지 말며 선비를 취함에 반드시 〈적임자를〉 얻으며 마음대로 大夫를 죽이지 말라.' 하고, 다섯 번째로 명령하기를 '제방을 굽게 쌓지 말며 쌀을 수입해 가는 것을 막지 말며 大夫를 봉해 주고서 天子에게 고하지 않는 일이 없도록 하라.' 하고, 말하기를 '무릇 우리 同盟한 사람들은 이미 盟約한 뒤에 〈맹약을 잘 지켜〉 우호로 돌아가도록 하자.' 하였다. 그런데 지금의 諸侯들은 모두 이 다섯 가지 금지하는 것을 범한다. 그러므로 내가 '지금 諸侯들은 五霸의 죄인'이라고 말하는 것이다.

按說 | '無曲防'에 대하여, 《集註》의 해석은 '굽게 제방을 만들지 말며(不得曲爲隄防)'인데, 官本諺解에는 '防을 曲히 말며'로, 栗谷諺解에는 '曲히 防티 말며'로 해석하였다. 이에 대하여 壺山은

官本諺解의 해석은 이 註와 위반된다.[諺釋 有違於此註]

… 葵 아욱 규 牲 짐승 생 歃 마실 삽 樹 세울 수 彰 드러낼 창 旅 나그네 려 遏 막을 알 糴 쌀사들일 적

하였다. 楊伯峻은

　　대체로 당시의 제후들은 각각 제방을 쌓아 홍수가 나면 이웃 나라를 골짜기로 삼고, 가뭄이
　　들면 오로지 자기 나라만 마음대로 물을 이용하여 이웃 나라가 재난을 받게 하였다.……'曲'
　　은 '두루[遍]'의 뜻이다.

하고, '無曲防'을 '여기저기 도처에 제방을 쌓지 말라.'로 번역하였다.
'無易樹子'에 대하여, 《集註》에 '이미 世子를 세웠으면 마음대로 바꿀 수 없는 것이다.'
라고 하였고, 諺解에는 '樹흔 子를 易디 말며'로 해석하였다. 壺山은

　　'易樹子'에 대한 諺解의 해석은 '세운 바의 아들(太子)을 바꾸는 것'으로 되었으니, 이 註에
　　집착한 것이다. 그러나 文勢는 아마도 '그 아들(世子)을 바꿔 세우다.[易樹其子]'로 읽어야
　　할 듯하다.[易樹子 諺釋作易其所樹子 蓋泥於此註也 然文勢恐當作易樹其子]

하였다.
'言歸于好'는 '友好로 돌아간다'는 뜻으로, '言'은 助辭이다. 友好로 돌아간다는 것은
맹약한 제후들이 약속한 내용을 위반하여 토벌당하는 일이 없음을 이른다.

集註 | 按春秋傳컨대 僖公九年葵丘[189]之會에 陳牲而不殺[190]하고 讀書加於牲上[191]
하여 壹明天子之禁[192]하니라 樹는 立也니 已立世子를 不得擅易이라 初命三事는 所

189　葵丘 : 楊伯峻은 "春秋時代 宋나라에 속한 지명으로 지금의 河南省 考城縣 동쪽 30리이다." 하였다.

190　陳牲而不殺 : 不殺은 짐승을 잡기만 하고 피를 마시지 않는 것으로, 《春秋穀梁傳》范甯의 集解에 "이
　　것이 이른바 '피를 마시지 않는 맹약[無歃血之盟]'이란 것이다." 하였다. 新安陳氏(陳櫟)는 "위엄과 信
　　義로 사람들을 복종시켜서 피를 마셔 맹약할 필요가 없는 것이다.[威信服人 無事歃血]" 하였다.

191　讀書加於牲上 : '讀書'를 名詞로 보아 읽어야 할 規約書로 보기도 한다. 이에 대하여 沙溪(金長生)는
　　《經書辨疑》에서 "'讀'이 다른 本에는 '匱'로 되어 있다.[讀他本作匱]" 하여, '讀書'를 匱書(상자속의
　　맹약서)로 볼 수 있음을 말하였으나, 壺山은 "《春秋穀梁傳》본문에 '讀'으로 되어 있으니, 다시 살펴보
　　아야 한다." 하였다.

192　按春秋傳……壹明天子之禁 : 《春秋穀梁傳》僖公 9년의 經文인 "9월 戊辰日에 諸侯들이 葵丘에서
　　盟約하였다.[九月戊辰 諸侯盟于葵丘]"의 傳에 "桓公의 맹약에 날짜를 쓰지 않았는데, 여기에서는 어
　　찌하여 날짜를 기록하였는가. 〈이때의 일을〉 아름답게 여긴 것이요, 天子의 禁令을 나타내려 하였으므
　　로 자세히 기록한 것이다. 葵丘의 會盟에 犧牲을 진열해 놓기만 하고 피를 마시지 않고서 맹약서를 읽
　　고 희생 위에 올려놓아 天子의 금지하는 명령을 한번 밝혔으니, 그 맹약서에 이르기를 '흐르는 물을 막
　　지 말고 쌀 사들이는 것을 막지 말고 이미 세운 아들을 바꾸지 말고 妾을 아내로 삼지 말고 婦人을 國
　　事에 참여시키지 말라.' 하였다.[桓盟不日 此何以日 美之也 爲見天子之禁 故備之也 葵丘之會 陳牲
　　而不殺 讀書加于牲上 壹明天子之禁 曰 毋壅泉 毋訖糴 毋易樹子 毋以妾爲妻 毋使婦人與國事]"

⋯　僖 즐거울 희 陳 늘어놓을 진 擅 멋대로할 천

以修身正家之要也라 賓은 賓客也요 旅는 行旅也니 皆當有以待之요 不可忽忘也라 士世祿而不世官[193]은 恐其未必賢也라 官事無攝은 當廣求賢才以充之요 不可以闕人廢事也라 取士必得은 必得其人也라 無專殺大夫는 有罪則請命于天子而後에 殺之也라 無曲防은 不得曲爲隄防하여 壅泉激水하여 以專小利, 病鄰國也라 無遏糴은 鄰國凶荒이어든 不得閉糴也라 無有封而不告者는 不得專封國邑而不告天子也라

《春秋穀梁傳》을 살펴보면 "僖公 9년 葵丘의 會盟에 희생을 진열해 놓기만 하고 피를 마시지 않고서 책(맹약서)을 읽고 희생 위에 올려놓아 天子의 금지하는 명령을 한번(크게) 밝혔다." 하였다. '樹'는 세움이니, 이미 세운 世子를 마음대로 바꿀 수 없는 것이다. 첫 번째 명령한 세 가지 일은 몸을 닦고 집안을 바로잡는 바의 요점이다. '賓'은 賓客이요 '旅'는 行旅이니, 모두 마땅히 이들을 대접해야 하고, 경홀히 하고 잊어서는 안 되는 것이다. 선비에게 대대로 祿은 주나 대대로 벼슬시키지 않는 것은 그 자손이 반드시 어질지는 못할까 두려워해서이다. '관청의 일을 겸직시키지 말라.'는 것은 마땅히 賢才를 널리 구하여 충원시킬 것이요, 사람이 없다고 하여 일을 폐해서는 안 되는 것이다. '선비를 취함에 반드시 얻는다.'는 것은 반드시 그 적임자를 얻는 것이다. '마음대로 大夫를 죽이지 말라.'는 것은 죄가 있으면 반드시 天子에게 命을 청한 뒤에 죽이는 것이다. '제방을 굽게 쌓지 말라.'는 것은 굽게 제방을 만들어서 물을 막고 물을 激하게 하여 작은 이익을 독차지해서 이웃나라에 피해를 끼치지 못하게 하는 것이다. '쌀을 수입해 가는 것을 막지 말라.'는 것은 이웃나라에 흉년이 들거든 쌀을 수입해 가는 것을 막지 못하게 하는 것이다. '大夫를 봉해주고서 고하지 않음이 없도록 하라.'는 것은 마음대로 國邑을 봉해주고 天子에게 아뢰지 않는 일이 없도록 하는 것이다.

라고 보인다.

193 士世祿而不世官 : 茶山은 "'世祿'은 族과 邑을 하사하여 대대로 그 제사를 받들게 하는 것이니, 이른바 '땅을 하사하고 그 땅의 이름으로 氏를 명한다.'는 것이다.《春秋左傳》隱公 8년) '世官'은 司徒의 아들이 司徒가 되고 司馬의 아들이 司馬가 되는 것이니, 梅賾의 이른바 '사람을 벼슬시키되 대대로 한다.'는 것이다.《書經》〈泰誓上〉) 世祿은 先王의 훌륭한 법이고 世官은 亂世의 무너진 법이다.〔世祿者 賜族賜邑 使之世奉其祀 所謂胙之土而命之氏也 世官者 司徒之子爲司徒 司馬之子爲司馬 梅氏所謂官人以世也 世祿者 先王之美法 世官者 亂世之壞法也〕" 하였다.

··· 忽 소홀할 홀 闕 빠질 궐 隄 둑 제 壅 막을 옹 激 부딪칠 격 病 해로울 병 閉 막을 폐

7-4. 長君之惡은 其罪小하고 逢君之惡은 其罪大하니 今之大夫 皆逢君之惡하나니 故로 曰 今之大夫는 今之諸侯之罪人也라하노라

君主의 惡을 助長함은 그 죄가 작고 君主의 惡을 미리 맞춰줌은 그 죄가 크니, 지금 大夫들은 모두 군주의 惡을 미리 맞춰준다. 그러므로 내가 지금 大夫들은 지금 諸侯의 죄인이라고 말하는 것이다."

按說 | 위의 내용에 대하여, 南軒張氏(張栻)는

군주의 악을 밖에서 조장함은 그 죄가 보기가 쉽고, 군주의 악을 안에서 미리 맞춰줌은 그 간악함을 알기 어려우니, 보기 쉬운 것은 폐해가 오히려 적고 알기 어려운 것은 폐해를 이루 말할 수 없다. 군주의 악을 미리 맞춰준다고 한 것은 小人의 情狀을 지극히 표현했다고 말할 만하다.〔長君惡於外者 其罪易見 逢君惡於內者 其惡難知 易見者 害猶淺 難知者 害不可言也 逢君之惡云者 可謂極小人之情狀矣〕

하였다. 慶源輔氏(輔廣)는

임금의 악을 조장하는 자는 無能하면서 나약하고 아첨하는 자이고, 임금의 악을 안에서 미리 맞춰주는 자는 재주가 있으면서 마음씀이 험악하고 陰邪한 자이다.〔長君之惡者 無能而巽懦阿諛之人也 逢君之惡者 有才而傾險陰邪之人也〕

하였다.

集註 | 君有過에 不能諫하고 又順之者는 長君之惡也요 君之過未萌에 而先意導之者는 逢君之惡也라

군주가 과실이 있을 적에 간하지 못하고 또 그대로 순종함은 군주의 惡을 助長하는 것이요, 군주의 과실이 아직 싹트지 않았는데 뜻에 앞서서 인도함은 군주의 惡을 미리 맞춰주는 것이다.

··· 長 자랄 장 逢 맞이할 봉 萌 싹틀 맹

章下註 | ○林氏曰 邵子有言호되 治¹⁹⁴春秋者 不先治¹⁹⁵五霸之功罪면 則事無統理하여 而不得聖人之心이라 春秋之間에 有功者未有大於五霸요 有過者亦未有大於五霸라 故로 五霸者는 功之首요 罪之魁也라하니 孟子此章之義 其亦若此也與인저 然이나 五霸得罪於三王하고 今之諸侯得罪於五霸는 皆出於異世라 故로 得以逃其罪어니와 至於今之大夫하여는 宜得罪於今之諸侯하니 則同時矣로되 而諸侯非惟莫之罪也라 乃反以爲良臣而厚禮之하고 不以爲罪而反以爲功하니 何其謬哉오

○林氏(林之奇)가 말하였다. "邵子(邵雍)가 말씀하기를 '《春秋》를 공부하는 자가 먼저 五霸의 功과 罪를 밝히지 않으면 일이 統理(條理)가 없어서 聖人의 마음을 얻지 못한다. 春秋時代 사이에 功이 있는 자는 五霸보다 더 큰 이가 없고, 잘못이 있는 자 또한 五霸보다 더 큰 이가 있지 않다. 그러므로 五霸는 功의 으뜸이요 罪의 괴수이다.' 하였으니, 《孟子》의 이 章의 뜻도 이와 같을 것이다. 그러나 五霸가 三王에게 죄를 얻고 지금의 諸侯가 五霸에게 죄를 얻은 것은 모두 다른 時代에 나왔기 때문에 그 죄를 도피할 수 있지만, 지금의 大夫에 이르러는 마땅히 지금의 諸侯에게 죄를 얻었으니, 그렇다면 같은 시대인데도 諸侯들이 단지 이들을 죄주지 않을 뿐만 아니라 마침내 도리어 훌륭한 신하라고 생각하여 후하게 예우하며 죄로 삼지 않고 도리어 功으로 삼으니, 어찌 그리도 잘못되었는가."

|殄民章(一戰勝齊章)|

8-1. 魯欲使愼子로 爲將軍이러니

魯나라가 愼子를 將軍으로 삼고자 하였는데,

集註 | 愼子는 魯臣이라

愼子는 魯나라 신하이다.

8-2. 孟子曰 不敎民而用之를 謂之殄民이니 殄民者는 不容於堯舜之

---

194 治: 壺山은 "學과 같다.〔猶學也〕" 하였다.

195 治: 壺山은 "明과 같다.〔猶明也〕" 하였다.

··· 魁 우두머리 괴 逃 달아날 도 謬 그릇될 류 愼 삼갈 신 殄 재앙 앙

世니라

孟子께서 말씀하셨다. "백성을 가르치지 않고 전쟁에 쓰는 것을 '백성에게 재앙을 입힌다.'고 이르니, 백성에게 재앙을 입히는 자는 堯·舜의 세상에는 용납되지 못하였다.

集註 | 教民者는 教之禮義하여 使知入事父兄하고 出事長上也라 用之는 使之戰也라

'백성을 가르친다.'는 것은 백성들에게 禮義를 가르쳐서 들어가서는 父兄을 섬기고 나와서는 長上을 섬길 줄 알게 하는 것이다. '用之'는 그들로 하여금 싸우게 하는 것이다.

8-3. 一戰勝齊하여 遂有南陽이라도 然且不可하니라

한 번 싸워 齊나라를 이겨서 마침내 南陽을 소유하더라도 이것도 不可하다."

集註 | 是時에 魯蓋欲使愼子伐齊하여 取南陽[196]也라 故로 孟子言 就使愼子善戰하여 有功如此라도 且猶不可라하시니라

이때에 魯나라가 아마도 愼子로 하여금 齊나라를 정벌하여 南陽을 점령하고자 한 듯하다. 그러므로 孟子께서 말씀하시기를 "가령 愼子가 전쟁을 잘하여 功을 이와 같이 세운다 하더라도 오히려 不可하다."고 하신 것이다.

8-4. 愼子勃然不悅曰 此則滑釐(골리)所不識也로소이다

愼子가 勃然히 기뻐하지 않으며 말하였다. "이것은 제(滑釐)가 알지 못하는 바입니다."

集註 | 滑釐는 愼子名이라

---

196 南陽 : 沙溪(金長生)는 任茂叔(任叔英)이 "南陽은 南武陽을 줄여 쓴 글인 듯하다. 南武陽은 본래 顓臾의 옛 땅이니, 春秋時代에 魯나라에 속했는데 그 뒤에 미약해져 齊나라에 빼앗겼는가 보다.〔南陽恐是南武陽之省文也 南武陽本顓臾故地 春秋屬魯 其後微弱 抑爲齊所奪乎〕"한 것을 인용하였다.《經書辨疑》楊伯峻은 "바로 汶陽이니, 泰山의 서남쪽, 汶水의 북쪽에 있다. 春秋時代에 魯나라와 齊나라가 다투었던 지역으로, 본래 魯나라에 속하였으나 뒤에 점차 齊나라에 빼앗겼다." 하였다.

··· 遂 마침내 수 就 가령 취 勃 변색할 발, 성낼 발 滑 어지러울 골 釐 바로잡을 리

滑釐는 愼子의 이름이다.

8-5. 曰 吾明告子호리라 天子之地 方千里니 不千里면 不足以待諸侯요 諸侯之地 方百里니 不百里면 不足以守宗廟之典籍이니라

孟子께서 말씀하셨다. "내 분명히 그대에게 말해 주겠다. 天子의 땅은 方千里이니 千里가 못되면 諸侯를 대접할 수 없고, 諸侯의 땅은 方百里이니 百里가 못되면 宗廟의 典籍을 지킬 수 없다.

集註 | 待諸侯는 謂待其朝觀聘問之禮라 宗廟典籍[197]은 祭祀會同之常制也라

'諸侯를 대접한다.'는 것은 朝會하고 聘問하는 禮에 대접함을 이른다. '宗廟의 典籍'은 祭祀하고 會同하는 떳떳한 제도이다.

8-6. 周公之封於魯에 爲方百里也니 地非不足이로되 而儉於百里하며 太公之封於齊也에 亦爲方百里也니 地非不足也로되 而儉於百里하니라

周公이 魯나라에 봉해질 적에 方百里였으니 땅이 부족하지 않았으나 百里에 제한하였고, 太公이 齊나라에 봉해질 적에 또한 方百里였으니 땅이 부족하지 않았으나 百里에 제한하였다.

集註 | 二公이 有大勳勞於天下로되 而其封國이 不過百里하니라 儉은 止而不過之意也라

두 公이 天下에 큰 공로가 있었는데도 그 봉해 준 나라가 百里를 넘지 않았다. '儉'은 그치고 지나치지 않는 뜻이다.

---

197 宗廟典籍:壺山은 "무릇 나라의 典籍을 宗廟에 두므로 宗廟의 典籍이라고 한 것인가? 또 《集註》에 '之'字를 빼버린 뜻을 미루어보면 宗廟와 典籍이라고 말할 수 있는가?[凡國之典籍 藏於宗廟 故謂之宗廟之典籍歟 又以集註去之字意推之 抑謂宗廟與典籍歟]" 하였다.

⋯ 待 대접할 대 籍 서적 적 觀 뵐 근 聘 빙문할 빙 儉 제한할 검

8-7. 今魯는 方百里者五니 子以爲有王者作인댄 則魯在所損乎아 在所益乎아

지금 魯나라는 方百里되는 것이 다섯이니, 그대가 생각하건대 王者가 나온다면 魯나라는 덜어내야 할 쪽에 있겠는가? 보태주어야 할 쪽에 있겠는가?

按說 | '今魯 方百里者五'에 대하여, 趙岐는

지금 魯나라는 5백 리이다.〔今魯乃五百里〕

하였는데, 茶山은

開方으로는 2백여 리를 넘지 못하니, 趙岐의 註는 잘못이다.〔開方不得過二百里有餘 趙注誤〕

하였다. 이로 미루어 보면, 趙岐는 땅의 한 변의 길이를 500리로 보아 그 넓이를 500×500 즉 250,000으로 보았고, 반면 茶山은 方百里(한 변의 길이가 100리)인 땅이 다섯인 것으로 보아 그 넓이를 100×100×5 즉 50,000으로 보았는바, 이때 땅의 한 변의 길이를 구하면 약 224리이므로 '2백여 리를 넘지 못한다.'라고 한 것이다.

'在所損乎 在所益乎'는 '덜어내야 할 對象(입장)에 있겠는가? 더 보태주어야 할 대상에 있겠는가?'를 물은 것으로, '在'는 '有'와 달리 어느 쪽에 있음을 뜻한다.

集註 | 魯地之大는 皆幷吞小國而得之니 有王者作이면 則必在所損矣리라

魯나라 땅이 커짐은 모두 작은 나라들을 幷吞하여 얻은 것이니, 王者가 나온다면 반드시 덜어내야 할 쪽에 있을 것이다.

8-8. 徒取諸彼하여 以與此라도 然且仁者不爲은 況於殺人以求之乎아

한갓 저기에서 취하여 여기에 준다 하더라도 이것도 仁者는 하지 않는데, 하물며 사람을 죽이면서 구하겠는가.

··· 吞 삼킬 탄 徒 한갓 도

集註 | 徒는 空也니 言不殺人而取之也라

'徒'는 한갓(거저)이니, 사람을 죽이지 않고 취함을 말한다.

8-9. 君子之事君也는 務引其君以當道하여 志於仁而已니라

君子가 군주를 섬김은 힘써(되도록) 그 군주를 이끌어 道에 합당하게 하여 仁에 뜻하게 할 뿐이다."

集註 | 當道는 謂事合於理요 志仁은 謂心在於仁이라

'當道'는 일이 이치에 합함을 이르고, '志仁'은 마음이 仁에 있음을 이른다.

|民賊章(輔桀章)|

9-1. 孟子曰 今之事君者曰 我能爲君하여 辟(闢)土地하며 充府庫라하나니 今之所謂良臣이요 古之所謂民賊也라 君不鄕(向)道하여 不志於仁이어든 而求富之하니 是는 富桀也니라

孟子께서 말씀하셨다. "지금 군주를 섬기는 자들이 말하기를 '내 능히 군주를 위하여 土地를 개간하며 府庫를 충실히 할 수 있다.'라고 하니, 지금에 이른바 '훌륭한 신하'요 옛날에 이른바 '백성의 賊'이라는 것이다. 군주가 道를 향하지 않아 仁에 뜻을 두지 않는데 그를 富하게 하려고 하니, 이것은 桀王을 부유하게 하는 것이다.

集註 | 辟은 開墾也라

'辟'은 개간함이다.

9-2. 我能爲君하여 約與國하여 戰必克이라하나니 今之所謂良臣이요 古之所謂民賊也라 君不鄕道하여 不志於仁이어든 而求爲之强戰하니 是는 輔桀也니라

··· 辟 개간할 벽 鄕 향할 향(向通) 墾 개간할 간 約 약속할 약 强 억지로 강

〈지금 군주를 섬기는 자들이 말하기를〉'내 능히 군주를 위하여 與國(동맹국)과 盟約하여 전쟁을 하면 반드시 승리할 수 있다.'라고 하니, 지금에 이른바 '훌륭한 신하요 옛날에 이른바 '백성의 賊'이라는 것이다. 군주가 道를 향하지 않아 仁에 뜻을 두지 않는데 그를 위하여 힘써 전쟁을 하려고 하니, 이것은 桀王을 도와주는 것이다.

按說 ㅣ 新安陳氏(陳櫟)는

앞의 節은 바로 군주를 위해 나라를 부유하게 해서 아래 백성들을 긁어모아 윗사람을 받드는 자이고, 이 節은 군주를 위해 군대를 强하게 해서 싸움에 승리하고 공격하여 빼앗는 자이니, 暴君의 훌륭한 신하는 진실로 治世(다스려진 세상)에 백성의 적인 것이다. 능히 군주를 인도하여 道로 향하게 하고 仁에 뜻을 두게 하지 못하고, 不道와 不仁으로써 군주를 인도함은 桀王을 도와 포학한 짓을 하게 하는 자이다.〔前是爲君富國 剝下奉上者 此是爲君强兵 戰勝攻取者 暴君之良臣 實治世之民賊 不能引君鄕道志仁 而導以不道不仁 助桀爲虐者也〕

하였다.

集註 ㅣ 約은 要結也라 與國은 和好相與之國也라

'約'은 要結(盟約)이다. '與國'은 우호하여 서로 친한 나라이다.

9-3. 由今之道하여 無變今之俗이면 雖與之天下라도 不能一朝居也리라

지금의 道를 따라 지금의 풍속을 바꾸지 않는다면, 비록 천하를 준다 하더라도 하루아침도 차지할 수 없을 것이다."

集註 ㅣ 言 必爭奪而至於危亡也라

반드시 쟁탈하여 危亡에 이름을 말씀한 것이다.

··· 奪 빼앗을 탈

吾欲二十而取一章(貉道章)

10-1. 白圭曰 吾欲二十而取一하노니 何如하니잇고

白圭가 말하였다. "나는 〈租稅를〉 20분의 1을 취하고자 하는데 어떻습니까?"

集註 | 白圭는 名丹이니 周人也라 欲更(경)稅法하여 二十分而取其一分하니라

林氏曰 按史記컨대 白圭能薄飮食하고 忍嗜欲하여 與童(동)僕同苦樂하며 樂觀時變하여 人棄我取하고 人取我與하여 以此居積致富[198]하니 其爲此論은 蓋欲以其術로 施之國家也니라

白圭는 이름이 丹이니, 周나라 사람이다. 稅法을 변경하여 20분의 1을 취하고자 한 것이다. 林氏(林之奇)가 말하였다. "《史記》〈貨殖列傳〉을 상고해 보면 '白圭가 음식을 박하게 하고 嗜欲을 참아서 종들과 苦樂을 함께하였으며, 시세의 변화를 관찰하기 좋아하여 남들이 버리면 자신은 취하고 남들이 취하면 자신은 주어서 이로써 재물을 쌓아 致富하였다.' 하였으니, 그가 이러한 의논을 한 것은 이 방법을 국가에 시행하고자 한 듯하다."

10-2. 孟子曰 子之道는 貉(맥)道也로다

孟子께서 말씀하셨다. "그대의 방법은 오랑캐의 道이다.

集註 | 貉[199]은 北方夷狄之國名也라

---

198 按史記……以此居積致富 : 《史記》〈貨殖列傳〉에 "白圭는 周나라 사람이다. 魏 文侯의 때를 당하여 李克(이극)은 地力을 다하는 것을 힘쓰고 白圭는 시대의 변화를 관찰하기를 좋아하였다. 그러므로 남이 버리면 자신은 취하고 남이 취하면 자신은 주었다.……飮食을 박하게 하고 嗜欲을 참고 의복을 절약하여 일하는 종들과 苦樂을 함께하고, 시세에 맞추기를 猛獸와 猛禽이 새를 잡듯이 하였다. 그러므로 말하기를 '내가 生業을 다스림은 伊尹과 呂尙의 계책과 孫子와 吳子의 用兵과 商鞅의 法을 행하는 것과 같다. 이 때문에 그 지혜가 함께 임기응변할 만하지 못하고 용맹이 결단하지 못하고 인자함이 남에게 주지 못하고 강함이 지키는 바가 있지 못하면, 비록 나의 방법을 배우고자 하더라도 끝내 말해주지 않는다.' 하였으니, 천하에서 생업을 다스림을 말하는 자들이 白圭를 원조로 했다.[白圭 周人也 當魏文侯時 李克務盡地力 而白圭樂觀時變 故人棄我取 人取我與……能薄飮食 忍嗜欲 節衣服 與用事僮僕同苦樂 趨時若猛獸擊鳥之發 故曰 吾治生産 猶伊尹呂尙之謀 孫吳用兵 商鞅行法 是也 是故 其智不足與權變 勇不足以決斷 仁不能以取予 强不能有所守 雖欲學吾術 終不告之矣 蓋天下言治生 祖白圭]" 하였다.

199 貉 : 茶山은 "'濊貊'은 지금 盛京(瀋陽)의 북쪽 開原縣이 바로 그 本地이다.〔濊貉者 今盛京之北開原

··· 圭 홀 규 更 바꿀 경 童 종 동(僮同) 僕 종 복 居 쌓을 거 貉 오랑캐 맥(貊同)

貉은 北方 夷狄의 나라 이름이다.

10-3. 萬室之國에 一人이 陶則可乎아 曰 不可하니 器不足用也니이다

萬室(萬戶)의 나라에 한 사람이 질그릇을 구우면 되겠는가?"
白圭가 말하였다. "不可하니, 그릇을 충분히 쓸 수 없습니다."

集註 | 孟子設喩以詰圭에 而圭亦知其不可也라

孟子께서 비유를 베풀어 白圭를 힐난하시자, 白圭 또한 그 不可함을 안 것이다.

10-4. 曰 夫貉은 五穀이 不生하고 惟黍生之하나니 無城郭宮室宗廟祭祀之禮하며 無諸侯幣帛饔飱하며 無百官有司라 故로 二十에 取一而足也니라

孟子께서 말씀하셨다. "貉國은 五穀이 자라지 않고 오직 기장만이 자라니, 城郭과 宮室과 宗廟와 祭祀의 禮가 없으며 諸侯들과 폐백을 교환하고 음식을 대접하는 일이 없으며 百官과 有司가 없다. 그러므로 20분의 1만 취하여도 충분한 것이다.

按說 | '黍'에 대하여, 楊伯峻은

黍(찰기장)는 찰기가 있는 것인데 아마도 여기서는 찰기가 없는 기장인 稷(메기장)을 가리킨 듯하다.

하였다.

集註 | 北方은 地寒하여 不生五穀하고 黍早熟이라 故로 生之라 饔飱은 以飮食饋客之禮也라

北方은 땅이 추워서 五穀이 자라지 못하고 기장은 일찍 익기 때문에 생산된다. '饔飱'은 음

縣 卽其本地也)" 하였다.

··· 陶 질그릇구울 도 詰 힐문할 힐 黍 기장 서 郭 성곽 곽 饔 아침밥 옹 飱 저녁밥 손 饋 먹일 궤(餽同)

식을 손님에게 먹이는 禮이다.

10-5. 今에 居中國하여 去人倫하며 無君子면 如之何其可也리오

지금 中國에 거주하면서 人倫을 버리고 君子(벼슬아치)가 없다면 어찌 可하겠는가.

集註 | 無君臣祭祀交際之禮면 是去人倫이요 無百官有司면 是無君子라

君臣과 祭祀와 交際하는 禮가 없다면 이는 人倫을 버리는 것이요, 百官과 有司가 없다면 이는 君子가 없는 것이다.

10-6. 陶以寡라도 且不可以爲國이온 況無君子乎아

질그릇이 너무 적더라도 나라를 다스릴 수 없는데, 하물며 君子가 없음에랴.

按說 | '陶以寡'에 대하여, 壺山은

위의 '以'字에 굳이 집착할 필요가 없다.〔上以字不必泥〕

하였다. 그러나 '以'는 已와 통하는바, '너무'의 뜻으로 보아도 될 듯하다. 楊伯峻도 "질그릇을 굽는 사람이 너무 적더라도"로 번역하였다.

集註 | 因其辭以折之하시니라

그의 말을 인하여 꺾으신 것이다.

10-7. 欲輕之於堯舜之道者는 大貉에 小貉也요 欲重之於堯舜之道者는 大桀에 小桀也니라

〈조세를〉 堯·舜의 道보다 경감하고자 하는 자는 큰 貉國에 작은 貉國이요, 堯·舜의 道보다 무겁게 하고자 하는 자는 큰 桀王에 작은 桀王이다."

集註 | 什一而稅는 堯舜之道也니 多則桀이요 寡則貉이니 今欲輕重之면 則是小貉小桀而已니라

10분의 1의 稅法은 堯·舜의 道이니, 이보다 많으면 桀王이요 적으면 오랑캐의 道이다. 이제 이보다 경감하거나 무겁게 하고자 한다면 이것은 작은 貉國과 작은 桀王일 뿐이다.

|丹之治水章|

11-1. 白圭曰 丹之治水也 愈於禹호이다

白圭가 말하였다. "제(丹)가 물을 다스림이 禹王보다 낫습니다."

集註 | 趙氏曰 當時諸侯에 有小水어늘 白圭爲之築堤하여 壅而注之他國하니라

趙氏(趙岐)가 말하였다. "당시 諸侯國에 작은 洪水가 있었는데, 白圭가 이를 위하여 제방을 쌓아 물을 막아 他國으로 주입시켰다."

11-2. 孟子曰 子過矣로다 禹之治水는 水之道也니라

孟子께서 말씀하셨다. "그대가 지나치다(잘못하였다). 禹王이 물을 다스림은 물의 길을 따르신 것이다.

集註 | 順水之性也라

물의 성질을 順히 한 것이다.

11-3. 是故로 禹는 以四海爲壑이어시늘 今에 吾子는 以鄰國爲壑이로다

이 때문에 禹王은 四海를 壑(물을 받는 곳)으로 삼으셨는데, 지금 그대는 이웃나라를 壑으로 삼았도다.

集註 | 壑은 受水處也라

··· 愈 나을유 築 쌓을축 堤 둑제 壅 막을옹 注 물댈주 壑 골짜기학

'壑'은 물을 받는 곳이다.

11-4. 水逆行을 謂之洚水니 洚水者는 洪水也라 仁人之所惡(오)也니 吾子過矣로다

물이 逆行함을 '洚水'라 이르니 洚水는 洪水이다. 仁人이 미워하는 것이니 그대가 지나치도다.'

> 集註 | 水逆行者는 下流壅塞이라 故로 水逆流니 今乃壅水以害人이면 則與洪水之災로 無異矣니라
>
> '물이 逆行한다'는 것은 下流가 막혔기 때문에 물이 逆流하는 것인데, 이제 도리어 물을 막아서 남을 해친다면 洪水의 재앙과 다를 것이 없다.

|君子不亮章|

12. 孟子曰 君子不亮이면 惡(오)乎執이리오

孟子께서 말씀하셨다. "君子가 성실하지 않으면 어떻게 일을 잡아서 할 수 있겠는가."

> 集註 | 亮은 信也니 與諒同이라 惡乎執은 言 凡事苟且하여 無所執持也라
>
> '亮'은 信이니, 諒과 같다. '惡乎執'은 모든 일이 苟且하여 잡아 지킬 바가 없음을 말씀한 것이다.

|魯欲使樂正子爲政章(好善優於天下章)|

13-1. 魯欲使樂正子로 爲政이러니 孟子曰 吾聞之하고 喜而不寐호라

魯나라에서 樂正子로 하여금 정사를 다스리게 하려고 하였는데, 孟子께서 말씀하셨다. "내가 이 말을 듣고 기뻐서 잠을 이루지 못했노라."

> 集註 | 喜其道之得行이라

··· 洚 물가없을 홍(강) 洪 큰물 홍 塞 막을 색 亮 성실할 량 諒 믿을 량 寐 잘 매

그 道가 행해질 수 있음을 기뻐하신 것이다.

13-2. 公孫丑曰 樂正子는 强乎잇가 曰 否라 有知(智)慮乎잇가 曰 否라 多聞識乎잇가 曰 否라

公孫丑가 말하였다. "樂正子는 강합니까?"

孟子께서 말씀하셨다. "아니다."

"지혜와 사려가 있습니까?"

"아니다."

"聞見과 지식이 많습니까?"

"아니다."

集註 | 此三者는 皆當世之所尙이로되 而樂正子之所短이라 故로 丑疑而歷問之하니라

이 세 가지는 모두 당시에 숭상하는 바였으나 樂正子의 부족한 바였다. 그러므로 公孫丑가 의심하여 하나하나(차례로) 물은 것이다.

13-3. 然則奚爲喜而不寐시니잇고

〈公孫丑가 말하였다.〉 "그렇다면 어찌하여 기뻐서 잠을 이루지 못하셨습니까?"

集註 | 丑問也라

公孫丑가 물은 것이다.

13-4. 曰 其爲人也好善이니라

孟子께서 말씀하셨다. "그 사람됨이 善을 좋아한다."

13-5. 好善이 足乎잇가

〈公孫丑가 말하였다.〉 "善을 좋아함이 충분합니까?"

··· 慮 생각할 려 識 알 식

集註 | 丑問也라

公孫丑가 물은 것이다.

13-6. 曰 好善이 優於天下어든 而況魯國乎아

孟子께서 말씀하셨다. "善을 좋아함은 천하를 다스리기에도 충분한데, 하물며 魯나라
에 있어서랴.

集註 | 優는 有餘裕也니 言雖治天下라도 尙有餘力也라

'優'는 여유가 있음이니, 비록 천하를 다스리더라도 오히려 餘力이 있음을 말씀한 것이다.

13-7. 夫苟好善이면 則四海之內 皆將輕千里而來하여 告之以善하고

〈爲政者가〉 만일 善을 좋아하면 四海의 안이 모두 장차 千里를 가볍게 여기고 찾아
와서 善을 말해주고,

集註 | 輕은 易也니 言不以千里爲難也라

'輕'은 쉬움이니, 千里를 어렵게 여기지 않음을 말한 것이다.

13-8. 夫苟不好善이면 則人將曰 訑訑를 予旣已知之矣로라하리니 訑訑
之聲音顔色이 距人於千里之外하나니 士止於千里之外하면 則讒諂面

... 優 넉넉할 우 裕 넉넉할 유 訑 잘난체할 이 距 막을 거

諛之人이 至矣리니 與讒諂面諛之人으로 居면 國欲治인들 可得乎아

만일 善을 좋아하지 않으면 사람들이 장차 말하기를 '잘난 체함을 내 이미 안다.' 할 것이니, 〈위정자의〉 잘난 체하는 음성과 얼굴빛이 사람을 千里 밖에서 막는다. 그리하여 선비가 千里 밖에서 발걸음을 멈춘다면 참소하고 아첨하고 면전에서 비위 맞추는 사람들이 올 것이니, 〈위정자가〉 참소하고 아첨하고 면전에서 비위 맞추는 사람들과 더불어 거처한다면 나라가 다스려지기를 바란들 될 수 있겠는가."

按說 | '則人將曰'에 대하여, 慶源輔氏(輔廣)는

세상에 이러한 사람 또한 매우 많으나 그들이 지혜롭다고 여기는 것은 바로 어리석음이 되는 것이다. 그러나 그 허물의 시초를 근원해 보면 '내가 이미 안다.'는 뜻이 心中에 싹튼 데에서 연유할 뿐이니, 두려워할 만하지 않겠는가.〔世間此等人亦甚矣 然其所謂智者 乃所以爲愚也 然原其始 則起於予旣已知之之意 萌于中而已 可不畏乎〕

라고 하여 '人'을 不好善之人으로 보았다. 이에 대해 沙溪(金長生)는 다음과 같은 혹자의 말을 인용하여 반론을 제기하였다.

慶源輔氏의 說대로라면 〈經文의〉 '人'字, '曰'字, '予'字, '知'字가 모두 不好善之人에 속하게 된다.……慶源輔氏의 小註는 옳지 않다. 위아래 장의 '好善'과 '不好善'은 모두 爲政者를 가리켜 말한 것이다. 善을 좋아하면 四海의 안이 저와 같고 善을 좋아하지 않으면 사람들이 장차 이와 같이 말할 것이라는 것이다. '人'字를 不好善之人으로 하면 문세를 이루지 못하니, 만일 이 說과 같다면 이 사이에 하필 '則'字를 놓을 것이 있겠는가. 또 '曰'字는 '將'字 다음에 있어서는 안 되고 '訑訑' 다음에 있어야 한다.〔若慶源輔氏說 則人字曰字予字知字 皆屬不好善之人……輔註非是 上下章好善不好善 皆指爲政者言也 好善則四海之內如彼 不好善則人將曰如此云耳 若以人字爲不好善之人 則不成文勢 苟如此說 則其間何必著則字乎 且曰字不當在將字下 而當在訑訑之下矣〕《經書辨疑》

'旣'에 대하여 楊伯峻은

'旣'는 '盡(모두)'의 뜻이다.

··· 讒 참소할 참 諂 아첨할 첨 諛 아첨할 유

하였다. 그러나 '旣已'는 '이미'를 중복으로 나타낸 것으로 '業已'와 같이 사용한다. 만일 '盡'으로 썼다면 '予已旣知之矣'로 표기해야 할 것이다. 楊伯峻의 說은 잘못된 것으로 보인다.

集註 | 訑訑는 自足其智하여 不嗜善言之貌라 君子小人이 迭爲消長하니 直諒多聞[200]之士遠이면 則讒諂面諛之人至는 理勢然也니라

'訑訑'는 자신의 지혜를 스스로 만족히 여겨서 善言을 좋아하지 않는 모양이다. 君子와 小人은 번갈아 사라지고 자라나니, 정직하고 성실하고 聞見이 많은 선비가 멀어지면 참소하고 아첨하고 면전에서 비위 맞추는 사람이 오는 것은 이치와 형세상 당연한 것이다.

章下註 | ○ 此章은 言 爲政이 不在於用一己之長이요 而貴於有以來天下之善이니라

○ 이 章은 정사를 함이 한 자신의 장점을 쓰는 데에 있지 않고, 천하의 善人을 오게 함을 귀하게 여김을 말씀한 것이다.

|古之君子何如則仕章(所就三章)|

14-1. 陳子曰 古之君子 何如則仕니잇고 孟子曰 所就三이요 所去三이니라

陳子(陳臻)가 말하였다. "옛날 君子들은 어떠하면 벼슬하였습니까?"
孟子께서 말씀하셨다. "나아간 것이 세 가지요, 떠난 것이 세 가지였다.

按說 | '陳子'에 대하여, 壺山은

바로 陳臻이니, 반드시 陳代가 아닐 것이다.〔卽陳臻也 必非陳代也〕

하였다.

---

200 直諒多聞 : 정직하고 성실하고 聞見이 많은 것으로 《論語》〈季氏〉 4장에 "벗이 정직하며 벗이 성실하며 벗이 聞見이 많으면 유익하다.〔友直 友諒 友多聞 益矣〕"라고 보인다.

··· 嗜 즐길 기 迭 번갈아 질

集註 | 其目在下하니라

그 조목이 아래에 있다.

14-2. 迎之致敬以有禮하며 言將行其言也則就之하고 禮貌未衰나 言弗行也則去之니라

맞이하기를 공경을 지극히 하여 禮를 갖추며 말하기를 장차 그 말씀을 행하겠다고 하면 나아가고, 禮貌가 쇠하지 않았더라도 말이 행해지지 않으면 떠나간다.

集註 | 所謂見行可之仕[201]니 若孔子於季桓子是也라 受女樂而不朝하니 則去之矣[202]시니라

이른바 '見行可의 벼슬'이라는 것이니, 孔子께서 季桓子에 있어서와 같은 경우가 이것이다. 女樂(舞姬)을 받아들이고 조회하지 않자 떠나가신 것이다.

14-3. 其次는 雖未行其言也나 迎之致敬以有禮則就之하고 禮貌衰則去之니라

그 다음은 비록 그 말씀을 행하지 않으나 맞이하기를 공경을 지극히 하여 禮가 있으면 나아가고, 禮貌가 쇠하면 떠나간다.

集註 | 所謂際可之仕니 若孔子於衛靈公이 是也라 故로 與公遊於囿에 公이 仰視蜚雁而後去之[203]하시니라

---

201 見行可之仕 : 道를 행함이 가능한 것을 보고 하는 벼슬로, 孟子는 "孔子께서는 見行可之仕와 交際가 可한 際可之仕와 供養을 위한 公養之仕가 있었다."라고 하셨는바, 앞의 〈萬章下〉 4장에 자세히 보인다.

202 若孔子於季桓子是也……則去之矣 : 이 내용은 《論語》〈微子〉 4장에 보인다.

203 若孔子於衛靈公……仰視蜚雁而後去之 : 《史記》〈孔子世家〉에 다음과 같이 보인다. "〈孔子가〉 衛나라로 돌아와서 蘧伯玉의 집에 들어가 주인 삼으셨는데, 後日에 靈公이 군대의 陣法을 묻자, 孔子께서 말씀하시기를 '俎豆의 일은 일찍이 들었지만 군대의 일은 배우지 못했습니다.' 하셨다. 다음날 〈靈公이〉 孔子와 말씀할 적에 날아가는 기러기를 보고 올려다보면서 얼굴빛이 孔子에게 있지 않자, 孔子가 마침

••• 致 극진할 치 貌 모양 모 囿 동산 유 蜚 날 비(飛同) 雁 기러기 안

이른바 '際可의 벼슬'이라는 것이니, 孔子께서 衛 靈公에 있어서와 같은 경우가 이것이다. 그러므로 公과 더불어 동산에서 놀 적에 公이 나는 기러기를 올려다본 뒤에 떠나신 것이다.

14-4. 其下는 朝不食하고 夕不食하여 飢餓不能出門戶어든 君聞之하고 曰 吾大者론 不能行其道하고 又不能從其言也하여 使飢餓於我土地를 吾恥之라하고 周之인댄 亦可受也어니와 免死而已矣니라

그 아래는(최하는) 선비가 아침도 먹지 못하고 저녁도 먹지 못하여 굶주려서 門戶를 나갈 수 없으면, 군주가 이 말을 듣고 말하기를 '내 크게는 그 道를 행하지 못하고 또 그 말을 따르지 못해서 내 땅에서 굶주리게 하는 것을 내 부끄러워한다.' 하고 구원해 준다면 또한 그것을 받을 수 있지만 죽음을 면할 뿐이다."

按說 | '大者'에 대하여, 新安陳氏(陳櫟)는

'大者'는 大節을 가지고 論하였고, '又'는 그 다음을 가지고 말하였다.〔大者 以大節論 又者 以其次言〕

하였는데, 壺山은

'大者'는 '大則(크게는)'이란 말과 같다.〔大者 猶大則也〕

하였다.

集註 | 所謂公養之仕也라 君之於民에 固有周之之義요 況此又有悔過之言하니 所以可受라 然이나 未至於飢餓不能出門戶면 則猶不受也라 其曰免死而已면 則其所受亦有節矣니라

이른바 '公養의 벼슬'이라는 것이다. 군주가 백성에 대해서 진실로 구휼해 주는 義(의무)가 있으며 더구나 또 자신의 과오를 뉘우치는 말이 있으니, 이 때문에 받을 수 있는 것이다. 그

내 떠나시어 다시 陳나라로 가셨다.〔反乎衛 入主蘧伯玉家 他日靈公問兵陳 孔子曰 俎豆之事 則嘗聞之 軍旅之事 未之學也 明日與孔子語 見蜚鴈 仰視之 色不在孔子 孔子遂行 復如陳〕"

··· 飢 굶주릴 기 餓 굶주릴 아 周 구휼할 주

러나 굶주려 門戶를 나갈 수 없는 지경에 이르지 않는다면 오히려 받을 수 없는 것이다. 그 죽음을 면할 뿐이라고 말했다면 받는 것도 또한 節制(제한)가 있는 것이다.

|舜發於畎畝章(動心忍性章)|

15-1. 孟子曰 舜은 發於畎畝之中하시고 傳說(부열)은 擧於版築之間하고 膠鬲(교격)은 擧於魚鹽之中하고 管夷吾는 擧於士하고 孫叔敖는 擧於海하고 百里奚는 擧於市하니라

孟子께서 말씀하셨다. "舜임금은 畎畝의 가운데에서 發身하셨고, 傅說은 版築의 사이에서 등용되었고, 膠鬲은 어물과 소금을 파는 가운데에서 등용되었고, 管夷吾는 士官(獄官)에게 갇혀 있다가 등용되었고, 孫叔敖는 바닷가에서 등용되었고, 百里奚는 시장에서 등용되었다.

按說 | '擧於士'에 대하여, 楊伯峻은

'士'는 獄官의 우두머리이다.

하였다.
'擧於市'에 대하여, 茶山은

'市'는 '스스로 팔려감'을 이르니, 市井의 市가 아니다.〔市謂自鬻也 非市井之市〕

하였다.

集註 | 舜은 耕歷山이러시니 三十에 登庸하시고 說은 築傅巖이러니 武丁이 擧之[204]하고

---

[204] 說……擧之:《史記》〈殷本紀〉에 "武丁이 밤중에 꿈속에서 聖人을 만났는데 이름이 說이었다. 꿈에 보았던 모습에 의거해 여러 신하와 관리들을 살펴보았는데 모두 說이 아니었다. 이에 마침내 百官을 보내어 郊野에서 찾도록 하여 傅險에서 說을 찾았는데, 이때 說은 胥靡(가벼운 형벌로 노역하는 자)가 되어 傅險에서 성을 쌓고 있었다. 武丁에게 보이자, 武丁이 '이 사람이다.' 하고는 그를 만나 함께 말을 해보니 과연 聖人이었다. 등용하여 재상으로 삼자 殷나라가 크게 다스려졌다. 그리하여 마침내 傅險을 姓으로 하여 傅說이라고 불렀다.〔武丁夜夢得聖人 名曰說 以夢所見視群臣百吏 皆非也 於是乃使百工營求之野 得說於傅險中 是時說爲胥靡 築傅險 見於武丁 武丁曰 是也 得而與之語 果聖人 擧以爲相 殷國大治 故遂以傅險姓之 號曰傅說〕" 하였다. 일설에는 傅說이 집이 가난하였으므로 대

••• 畎 밭두둑 견 畝 밭이랑 묘(무) 版 조각 판 築 쌓을 축 膠 아교 교 鬲 오지병 격 鹽 소금 염 敖 오만할 오
庸 쓸 용(用通)

膠鬲은 遭亂하여 鬻販魚鹽이러니 文王이 擧之[205]하시고 管仲은 囚於士官이러니 桓公이 擧以相國하고 孫叔敖는 隱處海濱이러니 楚莊王이 擧之爲令尹하니라 百里奚는 事見前篇하니라

舜임금은 歷山에서 밭을 갈았는데(농사지었는데) 30세에 등용되셨고, 傅說은 傅巖이란 곳에서 담장(성)을 쌓고 있었는데 武丁이 들어 썼고, 膠鬲은 난리를 만나 어물과 소금을 팔고 있었는데 文王이 들어 썼고, 管仲은 士官에게 갇혀 있었는데 桓公이 들어서 정승을 삼아 나라를 돕게 하였고, 孫叔敖는 바닷가에 隱居하였는데 楚 莊王이 들어서 令尹을 삼았다. 百里奚에 대한 일은 前篇(萬章上)에 보인다.

15-2. 故로 天將降大任於是人也신댄 必先苦其心志하며 勞其筋骨하며 餓其體膚하며 空乏其身하여 行拂亂其所爲하나니 所以動心忍性하여 曾(增)益其所不能이니라

그러므로 하늘이 장차 큰 임무를 이 사람에게 내리려 하실 적에는 반드시 먼저 그 心志를 괴롭게 하며 그 筋骨(힘줄과 뼈)을 수고롭게 하며 그 體膚(몸과 피부)를 굶주리게 하며 그 몸을 空乏(빈궁)하게 하여 행함에 그 하는 바를 拂亂시키니, 이것은 마음을 분발시키고 성질을 참게 하여 그 능하지 못한 바를 增益하게 하려는 것이다.

按說 | 新安陳氏(陳櫟)는

心志를 괴롭게 함은 '마음을 분발시키는 것'이요……'수고롭게 하고, 굶주리게 하고, 궁핍하게 하는 것'은 '성질을 참게 하는 것'이다.……舜임금은 큰 聖人이시니, 〈훌륭하게 된 이유가〉 반드시 모두 여기에 연유하지는 않았으나 곤궁하고 고생한 자취가 실로 이와 같으니, 이러한 환경을 만나면 어찌 경계하고 살피는 바가 없겠는가. '傅說' 이하로 말하면 큰 임무를

신 胥靡의 일을 하여 품삯을 받은 것이라 하고, 蔡沈의 《書經集傳》에는 '築'을 卜築으로 보아 傅巖이라는 곳에 은거한 것으로 해석하였다.

205 膠鬲……擧之：楊伯峻은 "'膠鬲 擧於魚鹽之中'의 故事는 다른 책에는 보이지 않는다. 이른바 '魚鹽之中'은 '어물과 소금을 판매하는 자 가운데'인지, 아니면 '어물과 소금을 생산하는 자 가운데'인지 알 수 없다." 하였다.

··· 鬻 팔육 販 팔판 囚 가둘수 濱 물가빈 筋 힘줄근 膚 살갗부 乏 다할핍 拂 어길불 曾 더할증(增同)

잘 담당할 수 있었던 이유가 실로 여기에 있었다.〔苦心志 所以動心……勞餓空乏 所以忍 性……舜 大聖人 未必盡由此 而窮苦之迹 實如此 履此 豈無所警省 若傅說以下 所 以能當大任 實由乎此也〕

하였다.

集註| 降大任은 使之任大事也니 若舜以下 是也라 空은 窮也요 乏은 絶也라 拂은 戾也니 言 使之所爲不遂하여 多背戾也라 動心忍性은 謂竦動其心하고 堅忍其性 也라 然이나 所謂性은 亦指氣稟食色而言耳니라
程子曰 若要熟也인댄 須從這裏過[206]니라

'큰 임무를 내린다.'는 것은 그로 하여금 큰일을 맡게 하는 것이니, 舜임금 이하와 같은 것이 이것이다. '空'은 窮함이요 '乏'은 다함이다. '拂'은 어김이니, 그들로 하여금 하는 바를 이루지 못하게 해서 어그러짐이 많음을 말한다. '動心忍性'은 그 마음을 竦動(驚動, 奮發) 시키고 그 성질을 굳게 참는 것을 이른다. 그러나 여기에서 말한 性은 또한 氣稟과 食色의 氣質之性을 가리켜 말하였을 뿐이다.
程子(明道)가 말씀하였다. "만일 완숙하기를 요구한다면 모름지기 이 시련을 통과해야 한다."

15-3. 人恒過然後에 能改하나니 困於心하며 衡(橫)於慮而後에 作하며 徵於色하며 發於聲而後에 喩니라

사람은 항상 잘못이 있은 뒤에 능히 고치니, 마음에 곤궁하고 생각에 걸린 뒤에야 분발하며, 얼굴빛에 징험되고 음성에 나타난 뒤에야 깨닫는다.

集註| 恒은 常也니 猶言大率也라 橫은 不順也라 作은 奮起也라 徵은 驗也라 喩는 曉 也라 此는 又言 中人之性이 常必有過然後에 能改하나니 蓋不能謹於平日이라 故로

---

206 若要熟也 須從這裏過:'若要熟인댄 也須從這裏過'로 읽기도 하는데, 이 경우 '也'는 '또한'의 뜻이다. 壺山은 "憂患에 익숙하고자 한다면 모름지기 憂患 가운데를 통과하여야 비로소 익숙해짐을 말한 것이다.〔言欲熟於憂患 須從憂患中經過 方熟〕" 하였다.

••• 戾 어그러질 려　遂 이룰 수　竦 두려울 송　這 이 저　裏 속 리　衡 걸릴 횡(橫同)　徵 징험할 징　喩 깨달을 유
奮 분발할 분　驗 징험할 험

必事勢窮蹙하여 以至困於心, 橫於慮然後에 能奮發而興起하고 不能燭於幾微라 故로 必事理暴(폭)著하여 以至驗於人之色, 發於人之聲然後에 能警悟而通曉也라

'恒'은 항상이니, 大率이란 말과 같다. '橫'은 順하지 못함이다. '作'은 분발하여 일어남이다. '徵'은 징험이다. '喩'는 깨우침이다. 이것은 또 中人의 성품이 항상 반드시 잘못이 있은 뒤에 능히 고치니, 평소에 삼가지 못하기 때문에 반드시 事勢가 곤궁하고 위축되어 마음에 곤궁하고 생각에 걸림에 이른 뒤에야 능히 분발하여 흥기하고, 幾微에 밝게 알지 못하기 때문에 반드시 事理가 크게 드러나서 〈질책함이〉 사람의 얼굴빛에 징험되고 사람의 음성에 發함에 이른 뒤에야 능히 깨우쳐 통달함을 말씀한 것이다.

15-4. 入則無法家拂(필)士하고 出則無敵國外患者는 國恒亡이니라

들어가면 法度를 지키는 世臣의 집안과 보필하는 선비가 없고 나오면 敵國과 外患이 없는 자(군주)는 나라가 항상 망한다.

按説 | 新安陳氏(陳櫟)는

군주가 나라를 다스릴 적에 안에 法度를 지키고 正道를 지키는 자가 있어 諫하고, 밖에 敵國과 外患이 있어 경계하고 두렵게 하면 감히 방종하거나 함부로 행동하지 못하여 나라를 보존할 수 있고, 그렇지 않으면 교만하고 방종하여 나라가 망한다.〔人主爲國 內有守法持正者規諫之 外有敵國外患以警懼之 則不敢縱肆而國可保 否則驕縱而國亡矣〕

하였다.

集註 | 此는 言國亦然也라 法家는 法度之世臣也요 拂士는 輔弼之賢士也라

이것은 나라 역시 그러함을 말씀한 것이다. '法家'는 法度를 지키는 世臣이요, '拂士'는 보필하는 어진 선비이다.

15-5. 然後에 知生於憂患而死於安樂也니라

그런 뒤에야 〈사람은〉 憂患에서 살고 安樂에서 죽음을 알 수 있는 것이다."

··· 蹙 위축될 축 燭 밝을 촉 暴 드러날 폭 拂 도울 필(弼同)

集註 | 以上文觀之하면 則知人之生全이 出於憂患이요 而死亡이 由於安樂矣니라

윗글을 가지고 관찰한다면 사람이 살고 온전함이 憂患에서 나오고, 죽고 망함이 安樂에서 말미암음을 알 수 있다.

章下註 | ○尹氏曰 言 困窮拂鬱은 能堅人之志하여 而熟人之仁이니 以安樂失之者 多矣니라

○尹氏(尹焞)가 말하였다. "困窮하고 拂鬱함은 사람의 意志를 견고하게 하여 사람의 仁을 완숙하게 할 수 있으니, 安樂으로써 잃는 자가 많음을 말씀한 것이다."

|敎亦多術章|

16. 孟子曰 敎亦多術矣니 予不屑之敎誨也者는 是亦敎誨之而已矣니라

孟子께서 말씀하셨다. "가르침이 또한 방법이 많으니, 내 좋게 여기지 아니하여 거절함으로써 가르쳐 줌은 이 또한 그를 가르치는 것일 뿐이다."

集註 | 多術은 言非一端이라 屑은 潔也라 不以其人爲潔而拒絶之 所謂不屑之敎誨也니 其人이 若能感此하여 退自修省이면 則是亦我敎誨之也라

'多術'은 한 가지가 아님을 말한다. '屑'은 깨끗함이다. 그 사람을 깨끗하게 여기지 않아 거절함이 이른바 '不屑之敎誨'라는 것이니, 그 사람이 만일 이에 감동되어 물러가 스스로 자신의 과오를 닦고 살핀다면 이 또한 내가 그를 가르쳐 준 것이다.

章下註 | ○尹氏曰 言或抑, 或揚, 或與, 或不與를 各因其材而篤之니 無非敎也니라

○尹氏(尹焞)가 말하였다. "혹은 억제하고 혹은 드날리며 혹은 허여해 주고 혹은 허여해 주지 않음을 각기 그 재질에 따라 돈독히 해주니, 가르침 아님이 없음을 말씀한 것이다."

··· 拂 어길 불 鬱 막힐 울, 답답할 울 屑 깨끗할 설 誨 가르칠 회

盡心章句 上

集註 | 凡四十六章이라

모두 46章이다.

|盡心知性章|

1-1. 孟子曰 盡其心者는 知其性也니 知其性則知天矣니라

孟子께서 말씀하셨다. "그 마음을 다하는 자는 그 性을 아니, 그 性을 알면 하늘을 알게 된다.

集註 | 心者는 人之神明이니 所以具衆理而應萬事者也[207]라 性은 則心之所具之理요 而天은 又理之所從以出者也라 人有是心이 莫非全體나 然不窮理면 則有所蔽而無以盡乎此心之量[208]이라 故로 能極其心之全體而無不盡者는 必其能窮夫理

---

[207] 心者……所以具衆理而應萬事者也:新安陳氏(陳櫟)는 "마음은 神明의 집이니, 여러 이치를 갖추고 있는 것은 마음의 體이고, 萬事에 응하는 것은 마음의 用이다.〔心者 神明之舍 具衆理 心之體也 應萬事 心之用也〕" 하였다.

[208] 無以盡乎此心之量:茶山은〈梁惠王上〉3장의 "寡人은 나라에 대하여 마음을 다하고 있다.〔寡人之於國也 盡心焉耳矣〕"와〈梁惠王上〉7장의 "마음과 힘을 다하여 하더라도 뒤에 반드시 재앙이 있을 것이다.〔盡心力而爲之 後必有災〕"라고 한 것에 나오는 '盡心'과 여기의 '盡心'을 동일하게 해석해야 한다고 주장하였다. 茶山은 "저기의 '盡心'은 '마음을 다하는 것'이고, 여기의 '盡心'은 '量'을 채우는 것'이라

··· 窮 궁구할궁 蔽 가릴폐

而無不知者也니 旣知其理면 則其所從出이 亦不外是矣라 以大學之序言之하면 知性은 則物格之謂요 盡心은 則知至之謂也[209]니라

'心'은 사람의 神明이니, 모든 理를 갖추고 萬事에 응하는 것이다. '性'은 心에 갖추어져 있는 理이고, '天'은 또 理가 부터 나온 바이다. 사람이 가지고 있는 이 마음은 全體 아님이 없으나 理를 궁구하지 않으면 가려진 바가 있어 이 心의 量을 다하지 못한다. 그러므로 능히 心의 全體를 지극히 하여 다하지 않음이 없는 자는 반드시 능히 그 理를 궁구하여 알지 못함이 없는 것이니, 이미 그 理를 안다면 理가 부터 나온 바(天)도 여기에서 벗어나지 않는다. 《大學》의 순서로써 말하면 知性은 物格을 이르고 盡心은 知至를 이른다.

1-2. 存其心하여 養其性은 所以事天也요

마음을 보존하여 性을 기름은 하늘을 섬기는 것이요,

按說 | '存其心 養其性'에 대하여, 茶山은

孟子의 操存하는 법은 장차 없어지려는 것을 보존하는 것이고, 후세의 操存하는 법은 장차 떠나려는 것을 붙잡아 두는 것[住存]이니, 그 차이는 비록 털끝만한 것 같지만 그 차이는 8尺이나 1丈에 이른다. 孟子의 이른바 '存心'은 일을 행할 때마다 私欲을 버리고 天命을 따르며, 惡을 버리고 善을 따라서 微微하여 장차 없어지려고 하는 이 한 점의 道心을 보존하는 것이니, 이것이 이른바 保存이다. 후세의 이른바 '存心'은 靜坐할 때마다 눈을 감고 敬을 주장하며 정신을 집중하고 생각을 그쳐서 조급하게 움직이고 고정되지 않는 이 人心을 붙잡

고 한다면, 필시 옳지 않을 것이다.……나는 '마음과 힘을 다해 性을 따르면 그 性을 알 수 있다.'고 생각한다.……《禮記》〈表記〉에 '道를 향하여 가다가 中道에 힘이 다한 뒤에야 그만두어서 몸이 늙음을 잊어 年數가 부족함을 알지 못해서 날마다 부지런히 힘써 죽은 뒤에야 그만둔다.' 하였으니, 이를 盡心이라 이른다. 盡心은 行이니, 행하면 반드시 알게 되고 알면 반드시 행하니, 서로 발명하고 서로 닦는 것이다.〔彼盡心爲竭心 此盡心爲充量 必不然也……余謂竭心力以率性 則可以知其性矣……表記曰 鄕道而行 中道而廢 忘身之老也 不知年數之不足也 俛焉日有孶孶 斃而后已 此之謂盡心 盡心者 行也 行則必知 知則必行 互發而交修者也〕"라고 하였다.

209 以大學之序言之……則知至之謂也 : '物格'은 事物의 이치가 이르러 아는 것이고 '知至'는 萬事萬物의 이치를 모두 알아 지식이 지극한 것으로, 《大學》經 1장에 "事物의 이치가 이른 뒤에 지식이 지극해진다.〔物格而后知至〕"라고 보인다.

아 두는 것이니, 이것이 이른바 住存이다.……孟子의 이른바 養性은 오늘 한 가지 善한 일을 행하고 내일 한 가지 善한 일을 행하여 義理를 축적하고 善을 쌓아서, 善을 즐거워하고 惡을 부끄러워하는 性을 길러 浩然之氣가 충만해서 굶주리지 않게 하는 것이다. 후세의 이른바 養性은 눈을 감고 塑像처럼 오로지 未發 이전의 氣象을 보아 活潑潑한 경지를 구하는 것이니, 이것이 이른바 涵養이다.……후세의 유학자는 옛날의 存養을 動存·動養이라 하고, 지금의 存養을 靜存·靜養이라고 한다.〔孟子操存之法 保存其將亡 後世操存之法 住存其將去 其差雖若毫釐 其違乃至尋丈 孟子所謂存心者 每於行事之時 去私而循命 棄惡而從善 以存此幾希將亡之一點道心 此所謂保存也 後世之所謂存心者 每於靜坐之時 收視而主敬 凝神而息慮 以存此躁擾不定之人心 此所謂住存也……孟子之所謂養性者 今日行一善事 明日行一善事 集義積善 以養其樂善恥惡之性 使浩然之氣 充然不餒也 後世之所謂養性者 瞑目塑形 專觀未發前氣象 以求活潑潑地 此所謂涵養也……後儒以古之存養 爲動存動養 以今之存養 爲靜存靜養〕

하였으니, 이는 程朱學의 靜坐存心을 비판한 것이다.

集註 | 存은 謂操而不舍요 養은 謂順而不害라 事는 則奉承而不違也라

'存'은 잡고 놓지 않음을 이르고, '養'은 順히 하고 해치지 않음을 이른다. '事(섬김)'는 받들고 어기지 않는 것이다.

1-3. 夭壽에 不貳하여 修身以俟之는 所以立命也니라

요절하거나 장수함에 의심하지 않아 몸을 닦고 天命을 기다림은 命을 세우는 것이다."

集註 | 夭壽는 命之短長也라 貳는 疑也라 不貳者는 知天之至요 修身以俟死는 則事天以終身也라 立命은 謂全其天之所付하여 不以人爲害之라

'夭壽'는 命(수명)의 짧고 긴 것이다. '貳'는 의심함이다. '不貳'는 天理를 앎이 지극한 것이요, '修身以俟死'는 하늘을 섬겨 몸을 마치는 것이다. '立命'은 하늘이 부여해 준 것(性)을 온전히 보존하여 人爲로써 해치지 않음을 이른다.

··· 操 잡을 조 舍 놓을 사 承 받들 승 夭 일찍죽을 요 貳 의심할 이 俟 기다릴 사 付 줄 부

章下註 | ○程子曰 心也, 性也, 天也는 一理也라 自理而言이면 謂之天이요 自稟受而言이면 謂之性이요 自存諸人而言이면 謂之心이니라

張子曰 由太虛하여 有天之名[210]하고 由氣化하여 有道之名[211]하고 合虛與氣하여 有性之名하고 合性與知覺하여 有心之名[212]하니라

愚謂 盡心知性而知天은 所以造其理也[213]요 存心養性以事天은 所以履其事也[214]니 不知其理면 固不能履其事라 然이나 徒造其理하고 而不履其事하면 則亦無以有諸己矣니라 知天而不以夭壽貳其心은 智之盡也요 事天而能修身以俟死는 仁之至也니 智有不盡이면 固不知所以爲仁이라 然이나 智而不仁이면 則亦將流蕩不法[215]하여 而不足以爲智矣니라

---

210 由太虛 有天之名 : 茶山은 "天의 주재자는 上帝이다. 이것을 天이라고 하는 것은 國君을 國으로 부르는 것과 같으니, 감히 지적하여 말하지 않는 뜻이다.……무릇 천하에 靈이 없는 물건은 주재자가 될 수 없다.……텅 비어있는 太虛의 한 理를 천지 만물을 主宰하는 근본으로 삼는다면 천지 사이의 일이 어찌 이루어짐이 있겠는가.[天之主宰爲上帝 其謂之天者 猶國君之稱國 不敢斥言之意也……凡天下無靈之物 不能爲主宰……以空蕩蕩之太虛一理 爲天地萬物主宰根本 天地間事 其有濟乎]" 하였다.

211 由氣化 有道之名 : 茶山은 "道라는 것은 사람이 말미암는(행하는) 바이다.……저 陰陽의 조화와 金·木·水·火·土의 變動은 내 몸이 말미암을 수 있는 것이 아니니, 어찌 우리의 道가 되겠는가. 一陰一陽을 道라 이르는 것은 《周易》〈繫辭傳〉에 근본하였는데, 이는 天道를 말한 것이지 人道가 아니다.……어찌 우리 사람의 率性之道를 一陰一陽에 돌릴 수 있겠는가.[道者人所由也……夫陰陽造化金木水火土之變動 非吾身之所得由 則豈吾道乎 若云一陰一陽之謂道 本之易傳 則是言天道 不是人道……豈可以吾人率性之道 歸之於一陰一陽乎]" 하였다.

212 合虛與氣……有心之名 : 茶山은 "心은 우리 인간의 大體의 借名이고, 性은 心이 嗜好하는 것이다. 虛와 氣, 知覺은 또한 분명함이 부족한 듯하다.[心者 吾人大體之借名也 性者 心之所嗜好也 虛氣知覺 亦恐欠分曉]" 하였다. '大體'는 〈告子上〉 15장에 보인다. 九峰蔡氏(蔡沈)는 "橫渠의 네 말씀은 다만 理와 氣 두 글자를 세세하게 나눈 것이니, '太虛로 말미암아 天이란 명칭이 있다.'는 것은 바로 無極이면서 太極을 이르니 理로써 말한 것이고, '氣化로 말미암아 道란 명칭이 있다.'는 것은 바로 한 번 陰하고 한 번 陽함을 道라 함을 이르니 氣로써 말한 것이고, '虛와 氣를 합하여 性이란 명칭이 있다.'는 것은 바로 계속하는 것은 善이고 완성된 것은 性임을 말한 것이니 사람과 물건이 〈하늘에서〉 받은 것을 가지고 말한 것이고, '性과 知覺을 합하여 心이란 명칭이 있다.'는 것은 바로 人心과 道心을 이르니 마음의 體를 가지고 말한 것이다.[橫渠四語 只是理氣二字而細分 由太虛有天之名 卽無極而太極之謂 以理言也 由氣化有道之名 卽一陰一陽之謂道之謂 以氣言也 合虛與氣有性之名 卽繼之者善, 成之者性之謂 以人物稟受而言也 合性與知覺有心之名 卽人心道心之謂 以心之體而言也]" 하였다.

213 造其理也 : '造'는 나아감으로 이치에 대한 造詣를 이르는바, 格物致知하여 眞理를 밝게 아는 知工夫이다.

214 履其事也 : 안 것을 가지고 일에 실천하는 것으로 誠意·正心·修身의 行工夫이다.

215 流蕩不法 : 雲峰胡氏(胡炳文)는 "'流蕩'은 앞의 '存養'과 상반되고 '不法'은 앞의 '修'와 상반된다." 하였다.

••• 稟 받을 품 造 나아갈 조 履 행할 리 蕩 방탕할 탕

○ 程子(伊川)가 말씀하였다. "心과 性과 天은 똑같은 理이다. 理의 입장에서 말하면 天이라 이르고, 稟賦받은 입장에서 말하면 性이라 이르고, 사람에게 보존된 입장에서 말하면 心이라 이른다."

張子가 말씀하였다. "太虛로 말미암아 天이란 명칭이 있고, 氣化(陰陽二氣의 造化)로 말미암아 道란 명칭이 있고, 虛와 氣를 합하여 性이란 명칭이 있고, 性과 知覺을 합하여 心이란 명칭이 있는 것이다."

내가 생각하건대 心을 다하고 性을 알아서 天을 앎은 그 理에 나아가는 것이요, 心을 보존하여 性을 길러서 天을 섬김은 그 일을 실천하는 것이니, 그 理를 알지 못하면 진실로 그 일을 실천할 수 없다. 그러나 다만 그 理에 나아가기만 하고 그 일을 실천하지 않는다면 또한 이것을 자기 몸에 소유할 수 없다. 天을 알아 夭壽로써 그 마음에 의심하지 않음은 智가 극진한 것이요, 天을 섬겨서 능히 몸을 닦고 죽음을 기다림은 仁이 지극한 것이니, 智가 극진하지 못함이 있으면 진실로 仁을 행함을 알지 못한다. 그러나 智만 하고 仁을 하지 못한다면 또한 장차 방탕하여 법도가 없어서 智가 될 수 없을 것이다.

|正命章(莫非命也章)|

2-1. 孟子曰 莫非命也나 順受其正이니라

孟子께서 말씀하셨다. "命 아님이 없으나 그 正命을 順히 받아야 한다.

集註 | 人物之生에 吉凶禍福이 皆天所命이라 然이나 惟莫之致而至者 乃爲正命이라 故로 君子修身以俟之는 所以順受乎此[216]也니라

人物(사람과 물건)이 태어나 살아갈 적에 吉·凶과 禍·福은 모두 하늘이 命한 것이다. 그러나 오직 이르게 함이 없이 저절로 이른 것이 正命이 된다. 그러므로 君子가 자기 몸을 닦고 기다림은 이것(正命)을 順히 받으려고 하는 것이다.

2-2. 是故로 知命者는 不立乎巖墻之下하나니라

---

216 此:《大全》에 "'此'자는 正命을 가리킨 것이다.〔此字 指正命〕" 하였다.

••• 致 오게할치 巖 높을암 墻 담장장

이러므로 正命을 아는 자는 위험한 담장 아래에 서지 않는다.

集註 | 命은 謂正命이라 巖墻은 墻之將覆者라 知正命이면 則不處危地以取覆壓之
禍니라

'命'은 正命을 이른다. '巖墻'은 담장이 장차 넘어지려고 하는 것이다. 正命을 안다면 위험
한 곳에 처해서 담이 전복되어 壓死하는 화를 취하지 않을 것이다.

2-3. 盡其道而死者는 正命也요

그 道를 다하고 죽는 것은 正命이요,

集註 | 盡其道면 則所値之吉凶이 皆莫之致而至者矣라

그 道를 다한다면 만나는 바의 吉·凶이 모두 이르게 함이 없이 저절로 이른 것이다.

2-4. 桎梏死者는 非正命也니라

桎梏으로 죽는 것은 正命이 아니다."

集註 | 桎梏은 所以拘罪人者[217]라 言 犯罪而死는 與立巖墻之下者로 同하니 皆人
所取요 非天所爲也니라

'桎梏'은 죄인을 구속하는 것이다. 죄를 범하여 죽는 것은 위험한 담장 아래에 서 있다가 압
사하는 것과 같으니, 모두 인간이 취한 것이요 하늘이 한 것이 아님을 말씀한 것이다.

章下註 | ○ 此章與上章은 蓋一時之言이니 所以發其末句未盡之意니라

○ 이 章과 윗장은 아마도 한 때의 말씀인 듯하니, 〈윗장〉 末句의 未盡한 뜻을 發明한 것이다.

---

217 桎梏 所以拘罪人者 :《大全》에 "'桎'은 음이 質이니 발에 채우는 차꼬(형틀)이고, 梏은 姑沃反(곡)이
니 손에 채우는 차꼬이다.〔桎 音質 足械也 梏 姑沃反 手械也〕" 하였다.

··· 覆 엎어질 복 壓 누를 압 桎 형틀 질 梏 형틀 곡 拘 잡을 구

|求則得之章(求在我者章)|

3-1. 孟子曰 求則得之하고 舍則失之하나니 是求는 有益於得也니 求在我者也일새니라

孟子께서 말씀하셨다. "구하면 얻고 버리면 잃으니, 이 구함은 얻음에 유익함이 있으니 자신에게 있는 것을 구하기 때문이다.

集註 | 在我者는 謂仁義禮智凡性之所有者라

'자신에게 있다'는 것은 仁·義·禮·智 등 모든 性에 있는 것을 이른다.

3-2. 求之有道하고 得之有命하니 是求는 無益於得也니 求在外者也일새니라

구함에 道가 있고 얻음에 命이 있으니, 이 구함은 얻음에 유익함이 없으니 밖에 있는 것을 구하기 때문이다."

集註 | 有道는 言不可妄求요 有命은 則不可必得이라 在外者는 謂富貴利達凡外物이 皆是라

'道가 있다'는 것은 망령되이 구해서는 안 됨을 말한 것이요, '命이 있다'는 것은 반드시 얻을 수는 없는 것이다. '밖에 있다'는 것은 富貴와 利達 등 모든 外物이 다 이것이다.

章下註 | ○ 趙氏曰 言 爲仁由己요 富貴在天이니 如不可求인댄 從吾所好[218]니라

○ 趙氏(趙岐)가 말하였다. "仁을 행함은 자신에게 달려있고 富貴는 하늘에 달려있으니, 만일 富貴를 구할 수 없다면 내가 좋아하는 바를 따라야 함을 말씀한 것이다."

---

218 如不可求 從吾所好:《論語》〈述而〉 11장에 보이는 孔子의 말씀이다.

••• 舍 버릴 사(捨同) 達 영달할 달

|萬物皆備於我章|

4-1. 孟子曰 萬物이 皆備於我矣니

孟子께서 말씀하셨다. "萬物이 모두 나에게 갖추어져 있으니,

按說 | 朱子는 '萬物 皆備於我'를 '만물의 理가 나의 性에 갖추어져 있음'의 의미로 해석하였다. 반면 이러한 性理說을 부정하고 性을 嗜好로 이해하는 茶山은 朱子의 이 말씀을 다음과 같이 비판하였다.

> 만물은 이처럼 광대한 말로 해석할 필요가 없다. 천지 만물의 理는 각각 만물에게 있는 것이니, 어찌 나에게 모두 갖추어져 있을 수 있겠는가. 개에게는 개의 理가 있고 소에게는 소의 理가 있으니, 이는 분명히 나에게 없는 것이다. 어찌 억지로 '모두 나에게 갖추어져 있다'고 큰소리칠 수 있겠는가.〔萬物不必如是作廣大之言 天地萬物之理 各在萬物身上 安得皆備於我 犬有犬之理 牛有牛之理 此明明我之所無者 安得强爲大談曰皆備於我乎〕

그리고 자신의 性嗜好說에 입각하여 이 말을

> 날마다 쓰고 항상 행하는 만사만물의 감정과 욕망이 모두 나에게 갖추어져 있으니, 굳이 그 정상을 묻고 안색을 살핀 뒤에야 남이 나와 같음을 아는 것은 아니다.〔日用常行萬事萬物之情之慾 皆備於我 不必問其情察其色 而後知人之與我同也〕

라는 의미로 해석하였다.

集註 | 此는 言理之本然也라 大則君臣父子요 小則事物細微가 其當然之理 無一不具於性分之內也니라

이는 理의 本然을 말씀한 것이다. 크게는 君臣間과 父子間이요 작게는 事物의 細微한 것이 그 당연한 이치가 한 가지도 性分의 안에 갖추어지지 않음이 없는 것이다.

4-2. 反身而誠이면 樂莫大焉이요

몸에 돌이켜보아 성실하면 즐거움이 이보다 더 큰 것이 없고,

··· 備 갖출 비 細 가늘 세 微 작을 미 具 갖출 구 反 돌이킬 반

集註 | 誠은 實也라 言 反諸身而所備之理를 皆如惡惡(오악)臭, 好好色之實然²¹⁹이면 則其行之 不待勉强而無不利²²⁰矣니 其爲樂이 孰大於是리오

'誠'은 성실함이다. 자기 몸에 돌이켜봄에 갖추어져 있는 바의 理를 모두 惡臭를 싫어하고 好色을 좋아하는 실제와 같이 한다면 그 행함이 억지로 힘쓰기를 기다리지 않고도 순하지 않음이 없을 것이니, 그 즐거움이 무엇이 이보다 크겠는가.

4-3. 强恕而行이면 求仁이 莫近焉이니라

恕를 힘써서 행하면 仁을 구함이 이보다 더 가까운 것이 없다."

集註 | 强은 勉强也라 恕는 推己以及人也라 反身而誠則仁矣니 其有未誠은 則是猶有私意之隔而理未純也라 故로 當凡事勉强하여 推己及人이면 庶幾心公理得而仁不遠也리라

'强'은 힘씀이다. '恕'는 내 마음을 미루어 남에게 미치는 것이다. 자신을 돌이켜봄에 성실하면 仁이니, 그 성실하지 못함이 있음은 이는 아직도 私意에 막힘이 있어서 理가 순수하지 못한 것이다. 그러므로 마땅히 모든 일을 힘써서 자기 마음을 미루어 남에게 미친다면 거의 마음이 공정하고 이치에 맞아서 仁이 멀지 않게 될 것이다.

章下註 | ○ 此章은 言 萬物之理 具於吾身하니 體之而實이면 則道在我而樂有餘²²¹하고 行之以恕면 則私不容而仁可得²²²이니라

○ 이 章은 萬物의 理가 내 몸에 갖추어져 있으니, 이것을 體行하여 성실히 하면 道가 내 몸에 있어 즐거움이 有餘하고, 恕로써 행하면 私가 용납되지 않아 仁을 얻을 수 있음을 말씀한 것이다.

---

219 實然 : 壺山은 "몸에 체행하는 것을 가지고 말하여 '實然'이라 했다.〔以體之於身言曰實然〕" 하였다.
220 利 :《大全》에 "利는 順이다.〔利 順也〕" 하였다.
221 體之而實 則道在我而樂有餘 :《大全》에 "이는 聖賢의 일이다.〔聖賢之事〕" 하였다.
222 行之以恕 則私不容而仁可得 :《大全》에 "이는 배우는 자의 일이다.〔學者之事〕" 하였다.

··· 臭 냄새 취 强 힘쓸 강 恕 용서할 서 推 미룰 추 隔 막힐 격

| 行之而不著章 |

5. 孟子曰 行之而不著焉하며 習矣而不察焉이라 終身由之而不知其道者 衆也니라

孟子께서 말씀하셨다. "행하면서도 밝게 알지 못하며 익숙하면서도 살피지 못한다. 이 때문에 종신토록 행하면서도 그 道를 모르는 자가 많은 것이다."

集註 | 著者는 知之明이요 察者는 識之精[223]이라 言 方行之而不能明其所當然하고 旣習[224]矣而猶不識其所以然[225]이라 所以終身由之而不知其道者多也니라

'著'는 앎이 밝음이요 '察'은 앎이 精한 것이다. 자신이 막 행하고 있으면서도 그 所當然을 분명히 알지 못하며, 이미 익숙하면서도 그 所以然을 알지 못하기 때문에 종신토록 행하면서도 그 道를 알지 못하는 자가 많음을 말씀한 것이다.

| 人不可以無恥章 |

6. 孟子曰 人不可以無恥니 無恥之恥면 無恥矣니라

孟子께서 말씀하셨다. "사람은 부끄러움(염치)이 없어서는 안되니, 부끄러움(염치)이 없음을 부끄러워한다면 치욕스러운 일이 없을 것이다."

集註 | 趙氏曰 人能恥己之無所恥면 是能改行從善之人이니 終身無復有恥辱之累矣니라

趙氏(趙岐)가 말하였다. "사람이 자신이 부끄러워하는 바가 없음을 부끄러워한다면 이는 나쁜 행실을 고쳐 善을 따르는 사람이니, 종신토록 다시는 恥辱의 累가 있지 않을 것이다."

---

223 著者……識之精 : 慶源輔氏(輔廣)는 "著는 밝힐 뿐이요, 察은 또 그 위에 정밀함을 더한 것이다.〔著則明之而已 察則又加精焉〕"하였다.

224 習 : 《大全》에 "習은 행함이 쌓여 익숙해진 지 이미 오래임을 이른다.〔習謂行之積習旣久〕"하였다.

225 方行之而不能明其所當然 旣習矣而猶不識其所以然 : '所當然'은 사람이 마땅히 행해야 할 도리로 자식이 되어서는 효도하고 신하가 되어서는 충성해야 하는 것을 이르며, '所以然'은 所當然의 원리인 본성을 이른다. 예를 들어 父子有親 등의 五倫은 所當然이고, 仁·義·禮·智·信의 五性과 太極·天道 등은 所以然이다.

··· 著 분명할 저 由 행할 유 辱 욕될 욕 累 얽매일 루

|恥之於人章|

7-1. 孟子曰 恥之於人에 大矣라

孟子께서 말씀하셨다. "부끄러움이 사람에게 있어서 매우 크다(중요하다).

集註 | 恥者는 吾所固有羞惡之心也니 存之則進於聖賢이요 失之則入於禽獸라 故로 所繫爲甚大니라

부끄러움은 내가 본래 가지고 있는 바의 羞惡之心이다. 이것을 보존하면 聖賢에 나아가고, 이것을 잃으면 禽獸에 들어간다. 그러므로 관계되는 바가 매우 큰 것이다.

7-2. 爲機變之巧者는 無所用恥焉이니라

機變의 공교로운 짓을 하는 자는 부끄러움을 쓰는 바가 없다.(부끄러워하지 않는다.)

集註 | 爲機械變詐[226]之巧者는 所爲之事 皆人所深恥로되 而彼方且自以爲得計라 故로 無所用其愧恥之心也니라

機械變詐의 공교로운 짓을 하는 자는 행하는 바의 일이 모두 사람들이 깊이 부끄러워하는 것인데도 자신은 스스로 得計(좋은 계책)라고 여긴다. 그러므로 부끄러워하는 마음을 쓰는 바가 없는 것이다.

7-3. 不恥不若人이면 何若人有리오

부끄러워하지 않음이 남(正常人)과 같지 않다면 어느 것이 남과 같은 것이 있겠는가."

集註 | 但無恥一事 不如人이면 則事事不如人矣라 或曰 不恥其不如人이면 則何

---

226 機械變詐 : 楊伯峻은 "經文의 '機變'은 機械變詐라는 말과 같다. 《淮南子》〈原道訓〉에 '機械의 마음이 가슴속에 감추어져 있다.〔機械之心 藏於胸中〕'한 것의 高誘의 註에 '機械는 巧詐(교묘하게 남을 속임)이다.〔機械 巧詐也〕'하였는데, 이로써 여기의 機變을 해석할 수 있다." 하였다. 《漢語大詞典》에 機械는 '巧詐'로 해석되어 있고 變詐도 '巧變詭詐'로 해석되어 있어, 機械變詐는 거의 같은 뜻의 단어가 중첩된 것으로 보는 것이 좋을 듯하다.

··· 繫 맬 계 機 기틀 기 械 기계 계 詐 속일 사 愧 부끄러울 괴

能有如人之事리오하니 其義亦通[227]이라

或問 人有恥不能之心이 如何닛고 程子曰 恥其不能而爲之는 可也요 恥其不能而
掩藏之는 不可也니라

다만 부끄러워함이 없는 한 가지 일이 남(正常人)과 같지 못하다면 일마다 남과 같지 못할
것이다. 혹자는 말하기를 "남만 같지 못함을 부끄러워하지 않는다면 어찌 남과 같은 일이 있
겠는가."라고 하니, 그 뜻이 또한 통한다.

혹자가 묻기를 "사람들이 자신의 능하지 못함을 부끄러워하는 마음을 두는(갖는) 것이 어떻
습니까?" 하고 묻자, 程子(伊川)가 대답하였다. "능하지 못함을 부끄러워하여 힘써서 하는
것은 가하고, 능하지 못함을 부끄러워하여 가리고 감추는 것은 불가하다."

| 古之賢王章(忘勢章) |

8. 孟子曰 古之賢王이 好善而忘勢하더니 古之賢士 何獨不然이리오 樂
其道而忘人之勢라 故로 王公이 不致敬盡禮면 則不得亟(기)見之하니
見且猶不得亟온 而況得而臣之乎아

孟子께서 말씀하셨다. "옛날 어진 君王들은 善을 좋아하고 세력(권력)을 잊었으니, 옛
날 어진 선비가 어찌 홀로 그렇지 않았겠는가. 그 道를 즐거워하고 남의 세력을 잊었다.
그러므로 王公이 敬을 지극히 하고 禮를 다하지 않으면 자주 그를 만나볼 수 없었으
니, 만나보는 것도 오히려 자주 할 수 없는데 하물며 그를 신하로 삼을 수 있겠는가."

> 按說 | '好善而忘勢'를 官本諺解에 '善을 好호야 勢를 忘호더니'로 해석하여 '而'를
> '호야'로 해석하였고, '樂其道而忘人之勢'도 '호야'로 해석하였다. 이는 經文의 '好善而
> 忘勢'를 《集註》에서 '屈己以下賢'으로 해석하였기 때문인 듯하다. 이에 대하여 壺山은
>
> 註에 거꾸로 해석하였으므로 '而'를 '以'로 바꿔 썼는데 官本諺解에는 두 '而'字를 마침내

---

227 或曰……其義亦通 : 혹자의 說은 趙岐가 "옛 聖賢만 못함을 부끄러워하지 않는다면 어찌 聖賢과 같은
명성이 있겠는가.〔不恥不如古之聖賢 何有如聖賢之名也〕"한 것과 부합한다. 茶山은 혹자의 說을 따
랐다.

••• 掩 가릴 엄 勢 형세 세 致 극진할 치 亟 자주 기

'以'字의 뜻으로 삼아 해석하였으니, 마땅히 다시 헤아려 보아야 할 듯하다.〔註倒釋 故變而

作以 而諺解兩而字 遂作以字義釋之 恐合更商〕

하였다. '거꾸로 해석하였다〔倒釋〕'는 것은 經文의 내용을 약간 변형하여 屈己와 枉道를

앞에 놓은 것을 이른다. 栗谷諺解에는 위아래의 '而'를 모두 'ᄒᆞ고'로 해석하였다.

集註 | 言 君當屈己以下賢이요 士不枉道而求利니 二者勢若相反이나 而實則相

成[228]이니 蓋亦各盡其道而已니라

君主는 마땅히 몸을 굽혀 어진이에게 낮추어야 하고, 선비는 道를 굽혀 이익을 구하지 않아

야 함을 말씀한 것이다. 두 가지는 勢가 相反되는 듯하나 실제는 서로 이루어주니, 또한 각

기 그 도리를 다할 뿐이다.

| 子好遊乎章(囂囂章) |

9-1. 孟子謂宋句踐曰 子好遊乎아 吾語子遊호리라

孟子께서 宋句踐에게 말씀하셨다. "그대는 遊說하기를 좋아하는가? 내 그대에게 遊

說하는 것을 말해 주겠다.

集註 | 宋은 姓이요 句踐은 名이라 遊는 遊說(세)也라

宋은 姓이요 句踐은 이름이다. '遊'는 遊說하는 것이다.

9-2. 人知之라도 亦囂囂하며 人不知라도 亦囂囂니라

남이 알아주더라도 囂囂(만족)하며, 남이 알아주지 않더라도 또한 囂囂하여야 한다."

集註 | 趙氏曰 囂囂는 自得無欲之貌라

---

228 二者勢若相反 而實則相成:《大全》에 "여기의 '勢'는 本文의 두 '勢'字와는 상관이 없다.〔此勢字 不

與本文二勢字相關〕"라고 하였는바, 여기의 '勢'는 事勢·形勢를 가리키며 本文의 '勢'는 權勢를 가리

킨다. '실제는 서로 이루어 준다.'는 것은 上下가 사귀어 나라가 태평해짐을 이른다.

··· 屈 굽힐굴 下 낮출하 踐 밟을천 囂 만족할효

趙氏(趙岐)가 말하였다. "囂囂는 自得(만족)하여 욕심이 없는 모양이다."

9-3. 曰 何如라야 斯可以囂囂矣잇고 曰 尊德樂義면 則可以囂囂矣니라

宋句踐이 물었다. "어떠하여야 囂囂할 수 있습니까?"
孟子께서 대답하셨다. "德을 높이고 義를 즐거워하면 囂囂할 수 있다.

集註 | 德은 謂所得之善이니 尊之면 則有以自重而不慕乎人爵之榮이요 義는 謂所守之正이니 樂之면 則有以自安而不徇乎外物之誘矣니라

'德'은 얻은 바의 善을 이르니 이것을 높이면 自重(자신을 소중히 여김)함이 있어 人爵의 영화를 사모하지 않을 것이요, '義'는 지키는 바의 正道를 이르니 이것을 즐거워하면 스스로 편안함이 있어 外物의 유혹에 빠지지 않을 것이다.

9-4. 故로 士는 窮不失義하며 達不離道니라

그러므로 선비는 窮하여도 義를 잃지 않으며, 榮達하여도 道를 떠나지 않는 것이다.

集註 | 言 不以貧賤而移하고 不以富貴而淫이니 此는 尊德樂義 見(현)於行事之實也라

貧賤하다 하여 지조를 옮기지(변치) 않고 부귀하다 하여 방탕하지 않음을 말씀하였으니, 이는 德을 높이고 義를 즐거워함이 행실과 일의 실제에 나타난 것이다.

9-5. 窮不失義故로 士得己焉하고 達不離道故로 民不失望焉이니라

窮하여도 義를 잃지 않기 때문에 선비가 자신의 지조를 지키고, 榮達하여도 道를 떠나지 않기 때문에 백성들이 失望하지 않는 것이다.

集註 | 得己는 言不失己也[229]라 民不失望은 言人素望其興道致治러니 而今果如所

---

229 得己 言不失己也 : 《大全》에 "'자기를 잃지 않는다.'는 것은 자기 몸의 지조를 잃지 않는다고 말하는 것

··· 爵 벼슬작 徇 따를순 誘 꾈유 窮 곤궁할궁 達 영달할달 移 옮길이 淫 방탕할음 素 평소소 致 이룰치

望也라

'得己'는 자신의 지조를 잃지 않음을 말한다. '백성들이 失望하지 않는다.'는 것은 사람들
이 평소에 그가 道를 일으켜 훌륭한 정치를 이룩할 것을 바랐는데, 이제 과연 그 所望과 같
이 됨을 말한 것이다.

9-6. 古之人이 得志하얀 澤加於民하고 不得志하얀 修身見(현)於世하니 窮
則獨善其身하고 達則兼善天下니라

옛사람들은 뜻을 얻으면 은택이 백성에게 加해지고 뜻을 얻지 못하면 몸을 닦아 세상
에 드러냈으니, 窮하면 그 몸을 홀로 善하게 하고 榮達하면 천하를 겸하여 善하게 하
였다."

集註 | 見은 謂名實之顯著也라 此는 又言 士得己, 民不失望之實[230]하니라

'見'은 名과 實이 드러남을 말한 것이다. 이는 또 선비가 자신의 지조를 지키고 백성들이 失
望하지 않는 실제를 말씀한 것이다.

章下註 | ○此章은 言 內重而外輕이면 則無往而不善이니라

○이 章은 內面(德義)이 중하고 外物(榮達)이 가벼우면 가는 곳마다 善하지 않음이 없음
을 말씀한 것이다.

|待文王而後興章|
10. 孟子曰 待文王而後에 興者는 凡民也니 若夫豪傑之士는 雖無文
王이라도 猶興이니라

과 같다.〔不失己 如云不失其身〕" 하였다.

230 士得己 民不失望之實:新安陳氏(陳櫟)는 "뜻을 얻어 천하를 겸하여 善하게 함은 이는 백성들이 실
망하지 않는 실제이고, 뜻을 얻지 못하여 홀로 자기 몸을 善하게 함은 이는 선비가 자기 몸의 지조를 지
키는 실제이다.〔得志兼善 此民不失望之實 不得志獨善 此士得己之實也〕" 하였다.

··· 澤 은택 택 豪 호걸 호 傑 호걸 걸

孟子께서 말씀하셨다. "文王을 기다린 뒤에 홍기하는 자는 凡民(일반 백성)이니, 豪傑의 선비로 말하면 비록 文王 같은 聖君이 없더라도 오히려 홍기한다."

集註 | 興者는 感動奮發之意라 凡民은 庸常之人也요 豪傑은 有過人之才智者也라 蓋降衷秉彝[231]는 人所同得이나 惟上智之資라야 無物欲之蔽하여 爲能無待於敎而 自能感發以有爲也라

'興'은 감동하고 분발하는 뜻이다. '凡民'은 평범한 사람이고, '豪傑'은 남보다 뛰어난 재주와 지혜가 있는 자이다. 하늘이 내려준 衷(性)과 사람이 가지고 있는 彝倫은 사람들이 똑같이 얻은 것이나 오직 上智의 자품이어야만 物欲의 가리움이 없어서 가르침을 기다림이 없이 스스로 感發하여 훌륭한 일을 할 수 있는 것이다.

|附之以韓魏之家章(自視欿然章)|

11. 孟子曰 附之以韓魏之家라도 如其自視欿(감)然이면 則過人이 遠矣니라

孟子께서 말씀하셨다. "韓氏와 魏氏의 큰 집안을 덧붙여 주더라도 만일 스스로 보기를 하찮게 여긴다면 남보다 뛰어남이 먼 것이다.(훨씬 뛰어난 것이다.)"

集註 | 附는 益也라 韓魏는 晉卿이니 富家也라 欿然은 不自滿之意라
尹氏曰 言 有過人之識이면 則不以富貴爲事니라

'附'는 더해줌이다. 韓氏·魏氏는 晉나라의 卿이니, 부유한 집안이다. '欿然'은 스스로 만족스럽게 여기지 않는 뜻이다.
尹氏(尹焞)가 말하였다. "남보다 뛰어난 식견이 있으면 富貴를 일삼지 않음을 말씀한 것이다."

---

231 降衷秉彝 : '降衷'은 하늘이 내려준 衷을 이르며 '秉彝'는 사람이 항상 간직하고 있는 性을 이르는바, 降衷은 《書經》〈湯誥〉에 "위대하신 上帝가 衷을 下民에게 내리셨으므로 순히 하여 떳떳한 性(倫理)을 소유하였다.〔惟皇上帝 降衷于下民 若有恒性〕"라고 보이며, 秉彝는 《詩經》〈大雅 烝民〉에 보인다. '衷'은 中으로 '天命之性'을 이른다.

··· 奮 뽐낼분 衷 가운데충 秉 잡을병 彝 떳떳할이 蔽 가릴폐 附 붙일부 欿 부족할감

12. 孟子曰 以佚(逸)道使民이면 雖勞나 不怨하며 以生道殺民이면 雖死나 不怨殺者니라

孟子께서 말씀하셨다. "편안하게 해주는 방법으로 백성을 부리면 비록 수고롭더라도 백성들이 원망하지 않으며, 살려주는 방법으로 백성을 죽이면 비록 죽더라도 죽이는 자를 원망하지 않는다."

集註 | 程子曰 以佚道使民은 謂本欲佚之也니 播穀乘屋之類是也[232]요 以生道殺民은 謂本欲生之也니 除害去惡之類是也라 蓋不得已而爲其所當爲면 則雖咈民之欲이나 而民不怨이니 其不然者는 反是니라

程子(伊川)가 말씀하였다. "'편안하게 해주는 방법으로 백성을 부린다.'는 것은 본래 백성을 편안히 해주고자 함을 이르니, 곡식을 파종하고 지붕을 이는 따위가 이것이요, '살려주는 방법으로 백성을 죽인다.'는 것은 본래 백성을 살려주고자 함을 이르니, 害毒을 끼치는 자를 제거하고 악한 자를 제거하는 따위가 이것이다. 부득이하여 당연히 해야 할 것을 한다면 비록 백성들의 하고자 함을 어기더라도 백성들이 원망하지 않으니, 그렇지 못한 자는 이와 반대이다."

13-1. 孟子曰 霸者之民은 驩虞如也요 王者之民은 皞皞如也니라

孟子께서 말씀하셨다. "霸者의 백성들은 매우 즐거워하고, 王者의 백성들은 皞皞(스

---

232 佚道使民……播穀乘屋之類是也 : 茶山은 "'佚道使民'은 한 번 수고하여 오랫동안 편안해지게 하는 일이어야 한다. 곡식을 파종하고 지붕을 이는 일은 해마다 다시 일어나니, 어찌 반드시 '편안하게 해주는 방법'이 되겠는가. 도랑을 파고 경계를 정리하는 것이 한 번 수고하여 오랫동안 편안해지게 하는 것이고, 성곽을 보수하고 도로를 관리하는 것이 한 번 수고하여 오랫동안 편안해지게 하는 것이다.〔佚道使民 當是一勞久佚之事 播穀乘屋 年年復起 何必爲佚道乎 濬畎澮, 修疆域 則一勞而久佚也 繕城郭, 治道徑 則一勞而久佚也〕"하였다. '播穀乘屋'은 위 〈滕文公上〉 3장에 "빨리 그 지붕에 올라가 지붕을 이어야 〈다음 해에〉 비로소 百穀을 파종할 수 있다.〔亟其乘屋 其始播百穀〕"라고 보이는데, 이것을 축약하고 도치시킨 것이다.

··· 佚 편안 일 播 뿌릴 파 乘 오를 승 屋 지붕 옥 咈 어길 불 驩 기쁠 환 虞 기쁠 우 皞 흴 호

스로 만족함)하다.

> 集註 | 驩虞는 與歡娛同이라 皥皥는 廣大自得之貌[233]라
> 程子曰 驩虞는 有所造爲而然이니 豈能久也리오 耕田鑿井하니 帝力이 何有於我[234]
> 는 如天之自然이니 乃王者之政이니라
> 楊氏曰 所以致人驩虞인댄 必有違道干譽之事하나니 若王者則如天하여 亦不令人
> 喜하고 亦不令人怒니라

'驩虞'는 驩娛와 같다. '皥皥'는 廣大하여 스스로 만족하는 모양이다.

程子(明道)가 말씀하였다. "驩虞는 조작한 바가 있어서 그러한 것이니, 어찌 오래 갈 수 있
겠는가. '내 밭을 갈아 먹고 내 우물을 파서 먹으니, 임금의 힘이 나에게 무슨 상관이 있겠는
가.' 한 것은 하늘의 自然과 같으니, 이것이 바로 王者의 정사이다."

楊氏(楊時)가 말하였다. "사람들을 즐거워하게 하려면 반드시 道를 어기고 명예(칭찬)를
요구하는 일이 있을 것이다. 王者로 말하면 하늘과 같아서 사람들로 하여금 기뻐하게 하지
도 않고 사람들로 하여금 노하게 하지도 않는다."

13-2. 殺之而不怨하며 利之而不庸이라 民日遷善而不知爲之者니라

죽여도 원망하지 않으며 이롭게 하여도 功으로 여기지 않는다. 그러므로 백성들이 날로
遷善改過를 하면서도 누가 그렇게 만드는지를 알지 못한다.

---

233 皥皥 廣大自得之貌 : 茶山은 '皥皥'를 '潔白하고 더러움이 없는 뜻〔潔白無垢之意〕'이라고 하였다.

234 耕田鑿井……何有於我 :《大全》에 "《帝王通曆》에 '帝堯의 때에 어떤 노인이 길에서 壤을 두들기며
「나는 해가 뜨면 나가 일하고 해가 지면 들어와 쉬며, 우물을 파서 마시고 밭을 갈아 먹으니, 皇帝의 힘
이 나에게 무슨 상관이 있겠는가.」라고 노래(擊壤歌)했다.' 하였다.《風土記》에 '擊壤은 나무로 만드는
데 길이가 1尺 4寸이고 모양이 신과 같으니, 섣달에 어린 아이들이 이것을 가지고 놀이를 한다. 놀이를
하게 되면 먼저 하나의 壤을 땅에 기울게 세워놓고 멀리 30~40보 밖에서 손에 쥐고 있는 다른 壤을 던
져서 맞추는 자가 上等이 된다.' 했다.〔帝王通曆 帝堯之時 有老人擊壤於路曰 吾日出而作 日入而息
鑿井而飮 耕田而食 力于於我何哉 風土記云 擊壤者 以木爲之 長尺四寸 形如履 臘節 僮少以爲戲
將戲 先側一壤於地 遙於三四十步 以手中壤擿之 中者以爲上〕" 하였다.《集註》의 '廣大自得'은 바
로 擊壤歌를 부른 노인처럼 자신의 생활에 만족함을 이른다. 훌륭한 제왕은 백성들에게 은덕을 베풀어
환심을 사는 것이 아니라 각자 자기 능력에 따라 누구의 간섭을 받지 않고 자유롭게 살아가게 한다.

··· 娛 기쁠오 鑿 뚫을착 干 요구할간 庸 공용

集註 | 此所謂皥皥如也라 庸은 功也²³⁵라

豐氏曰 因民之所惡(오)而去之요 非有心於殺之也니 何怨之有리오 因民之所利而利之요 非有心於利之也니 何庸之有²³⁶리오 輔其性之自然하여 使自得之라 故로 民曰遷善而不知誰之所爲也니라

이것이 이른바 '皥皥' 라는 것이다. '庸'은 功이다.

豐氏(豐稷)가 말하였다. "백성들이 싫어하는 바를 따라 제거하고 백성들을 죽이려는 데에 마음을 둔 것이 아니니, 어찌 원망함이 있겠는가. 백성들이 이롭게 여기는 바를 따라 이롭게 하고 이롭게 해주려는 데에 마음을 둔 것이 아니니, 어찌 功으로 여김이 있겠는가. 그 性의 자연함을 도와주어 스스로 얻게 한다. 그러므로 백성들이 날마다 遷善改過를 하면서도 누가 그렇게 만드는지를 알지 못하는 것이다."

13-3. 夫君子는 所過者化하며 所存者神이라 上下與天地同流하나니 豈曰小補之哉리오

君子는 지나가는 곳에 敎化가 되며 마음에 두고 있으면 神妙해진다. 그러므로 上下가 天地와 함께 유행하니, 어찌 조금만 보탬이 있다고 하겠는가."

按說 | '天地同流'는 天地의 造化와 함께 流行함을 이른다. 官本諺解에는 '上下與天地'를 '上下ㅣ 天地로 더블어'로 해석되어 있는데, 壺山은

'上下'의 官本諺解의 訓讀은 다시 헤아려 보아야 할 듯하다.〔上下諺讀 恐合更商〕

하였는바, '上下하여'로 토를 달아 '오르고 내려'의 뜻으로 본 것이 아닌가 한다. 한편, 栗谷諺解에는 '上下애 天地로 더브러'로 해석하였는데, '위아래의 天地와 더불어'의 뜻인

---

235 庸 功也:《周禮》〈夏官司馬 司勳〉에 "백성에게 功이 있는 것을 庸이라 한다.〔民功曰庸〕"하였다. 楊伯峻은 "'庸'은 《書經》〈舜典〉과 《春秋左傳》 僖公 27년의 '수레와 의복으로 공에 보답하였다.〔車服以庸〕'라는 '庸'으로 읽어야 하니 '功에 보답하다'의 뜻이다." 하고, 經文의 '利之而不庸'을 "좋은 것을 얻어도 이것을 공덕으로 생각하지 않는 것이다."로 번역하였다.

236 因民之所利而利之……何庸之有:壺山은 "백성들이 이것을 上(군주)의 功으로 여기지 않는 것이다.〔民不以此爲上之功〕" 하였다.

듯하다.

集註 | 君子는 聖人之通稱也[237]라 所過者化는 身所經歷之處에 卽人無不化니 如舜之耕歷山而田者遜畔하고 陶河濱而器不苦窳(유)[238]也라 所存者神은 心所存主處에 便神妙不測[239]이니 如孔子之立斯立. 道斯行. 綏斯來. 動斯和[240]하여 莫知其所以然而然也라 是其德業之盛[241]이 乃與天地之化로 同運並行하여 擧一世而甄陶之요 非如霸者但小小補塞其罅漏(하루)而已라 此則王道之所以爲大니 而學者所當盡心也니라

'君子'는 聖人의 통칭이다. '所過者化'는 몸이 지나가는 곳에는 곧 사람들이 교화되지 않음이 없는 것이니, 예컨대 舜임금이 歷山에서 밭을 갊에 농사짓는 자들이 밭두둑을 사양하고 河濱에서 질그릇을 만듦에 그릇이 苦窳하지 않음과 같은 것이다. '所存者神'은 마음에 두어 주장하는 곳에는 곧 神妙하여 측량할 수 없게 되는 것이니, 예컨대 孔子의 '세우면 이에 서고 인도하면 이에 행하고 편안히 하면 이에 오고 動하면 이에 和함'과 같아서 그 所以然을 알지 못하고 그렇게 되는 것이다. 이는 그 德業의 성함이 天地의 조화와 함께 운행되어 온 세상을 들어서 陶冶하는 것이요, 霸者들이 단지 小小하게 그 틈과 새는 곳을 땜질하고 보충할 뿐인 것과는 같지 않다. 이는 王道가 위대함이 되는 이유이니, 배우는 자가 마땅히 마음을 다해야 할 것이다.

---

237 君子 聖人之通稱也 : 壺山은 '君子'는 "바로 윗글의 王者이니, 事業을 가지고 말하면 王者이고 德을 가지고 말하면 君子이다.〔卽上文之王者 蓋以業曰王者 以德曰君子〕" 하였다.

238 苦窳 : 찌그러지고 망가진 不良品을 이른다.

239 所存者神……便神妙不測 : 趙岐는 '所存者神'을 "이 나라에 있으면 그 교화가 神과 같아진다.〔存在此國 其化如神〕" 하였다. 程子(明道)는 "'所存者神'은 자기에게 있는 것이고, '所過者化'는 남에게 미치는 것이다.〔所存者神 在己也 所過者化 及物也〕" 하였다.《精義》 茶山은 "나는 '所存者神'은 문 밖을 나가지 않고도 천하를 알아 그 지혜가 神과 같음을 이르는 것이라고 생각한다.〔余謂所存者神 謂不出戶而知天下 其知如神〕" 하였다.

240 如孔子之立斯立……動斯和 : 子貢이 孔子의 神妙한 德을 표현한 것으로,《論語》〈子張〉25장에 자세히 보인다.

241 德業之盛 : 慶源輔氏(輔廣)는 "德은 자기 몸에 얻은 것을 가지고 말하였고, 業은 일에 나타난 것을 가지고 말하였다.〔德 以其得於己者而言 業 以其見於事者而言〕" 하였다.

••• 遜 양보할 손 畔 밭두둑 반 濱 물가 빈 窳 찌그러질 유 道 인도할 도(導通) 綏 편안할 수 甄 질그릇 견(진) 陶 질그릇구울 도 補 때울 보 塞 막을 색 罅 틈 하 漏 샐 루

|仁言不如仁聲章(善敎章)|

14-1. 孟子曰 仁言이 不如仁聲之入人深也니라

孟子께서 말씀하셨다. "仁言은 仁聲이 사람에게 깊이 들어가는 것만 못하다.

> 集註 | 程子曰 仁言은 謂以仁厚之言으로 加於民이라 仁聲은 謂仁聞[242]이니 謂有仁之實하여 而爲衆所稱道者也라 此는 尤見仁德之昭著라 故로 其感人이 尤深也니라
>
> 程子(伊川)가 말씀하였다. "仁言은 仁厚한 말로 백성들에게 加함을 이른다. 仁聲은 仁聞(인자하다는 명성)을 이르니, 仁한 실제가 있어서 여러 사람에게 칭송을 받음을 이른다. 이 仁聲은 더욱 仁德이 밝게 드러남을 볼 수 있다. 그러므로 사람을 감동시킴이 더욱 깊은 것이다."

14-2. 善政이 不如善敎之得民也니라

善政은 善敎가 民心을 얻는 것만 못하다.

> 按說 | 朱子는 '善政'과 '善敎'를 《論語》〈爲政〉 3장의 '道之以政 齊之以刑'과 '道之以德 齊之以禮'와 결부시켜 '善政'을 '법령과 금령으로 밖을 제재하는 것'으로, '善敎'를 '道德과 齊禮로 안을 바로잡는 것'으로 설명하였다. 이 주석에 대하여, 慶源輔氏(輔廣)는
>
> > 善政은 한갓 法度와 禁令을 숭상하는 것만은 아니요, 진실로 그 사이에 德行 또한 들어있다. 다만 政事로써 인도하고 형벌로써 가지런하게 함은, 끝내 德으로써 인도하고 禮로써 가지런하게 하여 백성들이 마음으로 감동하고 진실로 복종하는 것만 못한 것이다.〔善政 亦非徒尙夫法度禁令也 固亦有德行乎其間 但道之以政 齊之以刑 終不若道之以德 齊之以禮者 得民之心感而誠服也〕
>
> 라고 부연하였다.

---

242 仁聲 謂仁聞:趙岐는 "'仁聲'은 雅와 頌의 음악 소리이다.〔仁聲 樂聲雅頌也〕" 하였는데, 楊伯峻은 趙岐의 說을 취하여 '仁聲'을 '仁德의 음악'으로 번역하였다.

集註 | 政은 謂法度禁令이니 所以制其外也요 敎는 謂道德齊禮니 所以格其心也[243]라

'政'은 法度(制度)와 禁令을 이르니 그 밖을 제재하는 것이요, '敎'는 道德과 齊禮를 이르니 그 마음을 바로잡는 것이다.

14-3. 善政은 民이 畏之하고 善敎는 民이 愛之하나니 善政은 得民財하고 善敎는 得民心이니라

善政은 백성들이 두려워하고 善敎는 백성들이 사랑하니, 善政은 백성의 재물을 얻고 善敎는 백성의 마음을 얻는다."

集註 | 得民財者는 百姓足而君無不足也[244]요 得民心者는 不遺其親, 不後其君[245]也라

'백성의 재물을 얻는다.'는 것은 백성이 풍족함에 군주가 풍족하지 않음이 없는 것이요, '백성의 마음을 얻는다.'는 것은 그 어버이를 버리지 않고 그 군주를 뒤로 하지 않는 것이다.

|人之所不學而能章(良知良能章)|

15-1. 孟子曰 人之所不學而能者는 其良能也요 所不慮而知者는 其良知也니라

孟子께서 말씀하셨다. "사람들이 배우지 않고도 능한 것은 良能이요, 생각하지 않고도

---

243 政謂法度禁令……所以格其心也 : '道德齊禮'는 '道之以德 齊之以禮'를 줄여 쓴 것으로, 爲政者가 德으로 백성을 인도하고 禮로 통일시킴을 뜻하는바, 이 내용은 《論語》〈爲政〉 3장에 "정사로써 인도하고 형벌로써 가지런히 하면 백성들이 형벌은 면하나 부끄러워함이 없다. 德으로써 인도하고 禮로써 가지런히 하면 백성들이 부끄러워함이 있고 또 나쁜 마음을 바로잡는다.〔道之以政 齊之以刑 民免而無恥 道之以德 齊之以禮 有恥且格〕"라고 한 孔子의 말씀을 원용한 것이다.

244 百姓足而君無不足也 : 《論語》〈顏淵〉 9장의 "백성이 풍족하면 군주가 누구와 더불어 풍족하지 못하겠는가.〔百姓足 君孰與不足〕"라고 한 有若의 말을 뒤집어 인용한 것이다.

245 不遺其親 不後其君 : 위 〈梁惠王上〉 1장에 "仁하고서 그 어버이를 버리는 자는 있지 않으며, 義롭고서 그 군주를 뒤로 하는 자는 있지 않다.〔未有仁而遺其親者也 未有義而後其君者也〕"라고 한 말을 축약한 것이다.

··· 遺 버릴 유 良 어질 량

아는 것은 良知이다.

> 集註 | 良者는 本然之善也라
> 程子曰 良知, 良能은 皆無所由하니 乃出於天이요 不繫於人[246]이니라
>
> '良'은 本然으로 잘함이다.
> 程子(伊川)가 말씀하였다. "良知와 良能은 모두 말미암는 바가(緣由하는 것이) 없으니,
> 이는 바로 天然에서 나온 것이요 人爲에 달려 있지 않은 것이다."

15-2. 孩提之童이 無不知愛其親也며 及其長也하여는 無不知敬其兄也니라

어려서 웃고 손을 잡는 아이가 그 어버이를 사랑할 줄 모르는 이가 없으며, 장성함에 미쳐서는 그 兄을 공경할 줄 모르는 이가 없다.

> 集註 | 孩提는 二三歲之間에 知孩笑可提抱者也라 愛親, 敬長은 所謂良知良能者也라
>
> '孩提'는 2, 3세 사이에 웃을 줄을 알며 손을 잡아주고 안아줄 만한 어린아이이다. 어버이를
> 사랑하고 어른을 공경함이 이른바 良知·良能이란 것이다.

15-3. 親親은 仁也요 敬長은 義也니 無他라 達之天下也니라

어버이를 친애함은 仁이요 어른을 공경함은 義이니, 이는 다름이 아니라 온 천하에 공통되기 때문이다."

> 集註 | 言 親親, 敬長이 雖一人之私나 然達之天下하여 無不同者는 所以爲仁義也니라

---

246 良知……不繫於人 : 西山眞氏(眞德秀)는 "善은 性에서 나왔으므로 本然의 능함이 있어서 배우기를 기다리지 않고도 능하고, 本然의 앎이 있어서 배우기를 기다리지 않고도 아는 것이다.〔善出於性 故有 本然之能 不待學而能 本然之知 不待學而知也〕"하였다.

⋯ 繫 맬 계 孩 어릴 해, 웃을 해 提 끌 제 抱 안을 포

어버이를 친애하고 어른을 공경함이 비록 한 개인의 사사로운 일이나 이것이 온 천하에 공통되어 똑같지 않음이 없음은 仁義가 되는 所以임을 말씀한 것이다.

|舜之居深山章|

16. 孟子曰 舜之居深山之中에 與木石居하시며 與鹿豕遊하시니 其所以異於深山之野人者 幾希러시니 及其聞一善言하시며 見一善行하사는 若決江河라 沛然莫之能禦也러시다

孟子께서 말씀하셨다. "舜임금이 깊은 산중에 거처하실 적에 나무와 돌과 함께 사시며 사슴과 멧돼지와 함께 노시니, 깊은 산속의 野人과 다른 것이 별로 없으셨는데, 한 善言을 들으시고 한 善行을 봄에 미쳐서는 마치 江河를 터놓아 沛然하여 막을 수 있는 자가 없는 것과 같으셨다."

按說 | 茶山은 '及其聞一善言'의 '及其' 이하에 闕文이 있는 듯하다 하여

堯임금의 부름을 받아 등용되는 내용의 節이 있어야 할 듯하다.〔似有徵庸節〕

하였다.

集註 | 居深山은 謂耕歷山時也라 蓋聖人之心이 至虛至明하여 渾然之中에 萬理畢具하니 一有感觸이면 則其應甚速而無所不通하나니 非孟子造道之深이면 不能形容至此也니라

'居深山'은 歷山에서 밭 갈 때를 이른다. 聖人의 마음은 지극히 虛하고 지극히 밝아서 渾然한 가운데에 온갖 이치가 모두 갖추어져 있으니, 한번 感觸이 있으면 그 應함이 매우 신속하여 통하지 않는 바가 없다. 道에 나아가기를 깊이 한 孟子가 아니라면 형용함이 이에 이르지 못하였을 것이다.

··· 鹿 사슴록 豕 멧돼지시 希 드물희 決 터놓을결 沛 성할패 禦 막을어 渾 온전할혼 畢 모두필 觸 닿을촉

17. 孟子曰 無爲其所不爲하며 無欲其所不欲이니 如此而已矣니라

孟子께서 말씀하셨다. "하지 않아야 할 것을 하지 말며 하고자 하지 않아야 할 것을 하고자 하지 말 것이니, 이와 같을 뿐이다."

集註 | 李氏曰 有所不爲不欲은 人皆有是心也언마는 至於私意一萌而不能以禮義制之면 則爲所不爲하고 欲所不欲者 多矣니 能反是心이면 則所謂擴充其羞惡之心者而義不可勝用矣라 故로 曰如此而已矣라하시니라

李氏(李郁)가 말하였다. "하지 않아야 하고 하고자 하지 않아야 할 바를 갖고 있음은 사람마다 모두 이러한 마음을 갖고 있으나 私意가 한번 싹터서 禮義로써 제재하지 못함에 이르면 하지 않아야 할 것을 하고 하고자 하지 않아야 할 것을 하고자 하는 경우가 많다. 능히 이 마음을 돌이킨다면 이른바 그 羞惡之心을 확충한다는 것이어서 義를 이루 다 쓸 수 없다. 그러므로 이와 같을 뿐이라고 말씀한 것이다."

|人之有德慧術知章(疢疾章)|

18-1. 孟子曰 人之有德慧術知(智)者는 恒存乎疢(진)疾이니라

孟子께서 말씀하셨다. "사람 중에 德의 지혜와 기술의 지혜를 가지고 있는 자는 항상 어려움 속에 있다.

集註 | 德慧者는 德之慧요 術知者는 術之知[247]라 疢疾은 猶災患也라 言 人必有疢疾이면 則能動心忍性하여 增益其所不能[248]也라

'德慧'는 德의 지혜요, '術知'는 기술의 지혜이다. '疢疾'은 災患과 같다. 사람들은 반드시 災患이 있으면 능히 마음을 분발하고 성질을 참아서 능하지 못한 것을 더 增益함을 말씀한

---

247 德慧者……術之知:經文의 '德慧術知'를 趙岐는 '德行·智慧·道術·才智'로 해석하였는데, 楊伯峻은 趙岐의 註를 따라 "도덕·총명·기량·재능"으로 번역하였다.

248 動心忍性 增益其所不能:위 〈告子下〉 15장에 보인다.

••• 萌 싹틀 맹 擴 넓힐 확 慧 지혜 혜 疢 열병 진, 병들 진

것이다.

18-2. 獨孤臣孼子는 其操心也危하며 其慮患也深이라 故로 達이니라

오직 외로운 신하와 庶子들은 그 마음을 잡음이 위태로우며 患(禍)을 염려함이 깊다. 이 때문에 통달하는 것이다."

> 集註 | 孤臣은 遠臣[249]이요 孼子는 庶子[250]니 皆不得於君親而常有疢疾者也라 達은 謂達於事理니 卽所謂德慧術知也라
>
> '孤臣'은 먼 곳에서 온 신하요 '孼子'는 庶子이니, 모두 군주와 어버이에게 사랑을 얻지 못하여 항상 疢疾이 있는 자이다. '達'은 事理에 통달함을 이르니, 곧 이른바 德慧·術智라는 것이다.

|有事君人者章(安社稷臣章)|

19-1. 孟子曰 有事君人者하니 事是君이면 則爲容悅者也니라

孟子께서 말씀하셨다. "人君을 섬기는 사람이 있으니, 人君을 섬기게 되면 용납되고 기쁘게 하는 자이다.

> 按說 | 이 장에 '事君人者'와 유사한 표현이 네 번 나오는데, 이에 대해 官本諺解에는 '事君人者'를 '君을 事ᄒᆞᆫ 人', '安社稷臣者'를 '社稷을 安ᄒᆞᆫ 臣', '天民者'를 '天民인 者', '大人者'를 '大人인 者'로 해석하였다. 壺山은
>
> '事君人者', '社稷臣者'의 두 '者'字는 虛辭이고 '天民者', '大人者'의 두 '者'字는 實辭이니, 官本諺解의 해석을 참고할 만하다.[事君人者, 社稷臣者 二者字虛 天民者, 大人

---

249 遠臣: '먼 곳에 와서 벼슬하는 자[遠方來仕者]'를 이른다. 〈萬章上〉 8장 《集註》 참조.
250 孼子 庶子: 茶山은 "'孼'은 罪(治罪하다)의 뜻이다.[孼 罪也]" 하고, '孼子'는 舜임금과 伯奇와 같은 경우라고 하였다. 舜임금은 아버지 瞽瞍가 죽이려 하였고, 伯奇는 아버지 尹吉甫가 추방하였다. 《漢語大詞典》에는 "孼子는 자식으로 하여금 災難을 만나게 하는 것이다.[謂使其子遭災難]" 하였다.

··· 孼 서자 얼 操 잡을 조 容 용납할 용

者 二者字 實 諺釋可考〕

하였다. 이는 '事君人者'와 '社稷臣者'는 '者'를 虛字로 보아 풀이하지 않고, '天民者'와 '大人者'는 '者'를 實字로 보아 者(사람)로 풀이함을 말한 것이다. 반면 栗谷諺解에는 네 '者'자를 모두 虛字로 보아 빼버리고 해석하지 않았다.

集註ㅣ阿徇以爲容하고 逢迎以爲悅[251]이니 此는 鄙夫之事요 妾婦之道也라

군주에게 아첨하고 따라 용납되며 군주의 마음에 逢迎(영합)하여 기쁘게 하는 것이니, 이는 鄙夫의 일이요 妾婦의 道이다.

19-2. 有安社稷臣者하니 以安社稷爲悅者也니라

社稷을 편안히 하는 신하가 있으니, 社稷을 편안히 함을 기쁨으로 삼는 자이다.

集註ㅣ言 大臣之計安社稷이 如小人之務悅其君[252]하여 眷眷於此而不忘也라

大臣이 社稷을 편안히 하기를 계획함이 小人이 군주를 기쁘게 하기를 힘쓰는 것과 같아서 이에 眷眷(戀戀)하여 잊지 못함을 말한 것이다.

19-3. 有天民者하니 達可行於天下而後에 行之者也니라

天民인 자가 있으니, 榮達하여 〈그 道가〉 온 천하에 행해질 만한 뒤에야 행하는 자이다.

---

251 阿徇以爲容 逢迎以爲悅 : 慶源輔氏(輔廣)는 "'군주에게 아첨하고 따라 용납됨'은 군주의 惡을 조장하여 자기 몸이 용납되기를 구하는 자를 이르고, '군주의 마음에 영합하여 기쁘게 함'은 군주의 惡을 맞이하여 군주가 기뻐하기를 구하는 자를 이른다.〔阿徇爲容 謂長君之惡 以求容其身者 逢迎爲悅 謂逢君之惡 以求君之悅者〕" 하였다. '逢君之惡'은 군주가 惡을 하도록 미리 先導하는 것으로 '長君之惡'과 '逢君之惡'은 위 〈告子下〉 7장에 보인다.

252 如小人之務悅其君 : 壺山은 "이 節의 '爲悅'은 스스로 기뻐함을 가리킨 것이나 윗절의 '爲悅'이란 文勢로부터 왔기 때문에 《集註》에서 윗절에 조응하여 그 뜻을 해석한 것으로, 한 '如'字를 더한 것이다.〔此節爲悅 是蓋指自悅 而以其從上節爲悅文勢來 故註照上節 釋其義 而添一如字〕" 하였다.

··· 阿 아첨할 아 徇 따를 순 鄙 비루할 비 眷 돌아볼 권

集註 | 民者는 無位之稱이니 以其全盡天理하여 乃天之民이라 故로 謂之天民[253]이라 必其道可行於天下然後에 行之요 不然이면 則寧沒世不見知而不悔하여 不肯小用其道以徇於人也라

張子曰 必功覆(부)斯民然後에 出이니 如伊呂之徒라

'民'은 지위가 없는 자의 칭호이니, 天理를 온전히 다하여 하늘의 백성이기 때문에 天民이라고 이른 것이다. 반드시 그 道가 온 천하에 행해질 만한 뒤에야 행하고, 그렇지 않으면 차라리 종신토록 알아줌을 받지 못해도 후회하지 않아서 그 道를 조금 사용하여 남을 따르기를 즐거워하지 않는 것이다.

張子(張載)가 말씀하였다. "반드시 功이 이 백성들에게 덮여질 만한 뒤에야 나가니, 伊尹·呂尙과 같은 무리이다."

19-4. 有大人者하니 正己而物正者也니라

大人인 자가 있으니, 자기 몸을 바룸에 남이 바루어지는 자이다."

集註 | 大人은 德盛而上下化之[254]니 所謂見(현)龍在田天下文明[255]者라

'大人'은 德이 盛하여 上下가 교화되는 것이니, 이른바 '나타난 龍이 밭에 있음에 天下가 文明해진다.'는 것이다.

章下註 | ○ 此章은 言人品不同이 略有四等하니 容悅佞臣은 不足言이요 安社稷則

---

253 民者……謂之天民 : 呂氏(呂大臨)는 "孟子의 이른바 '天民 중에 窮하여 하소연할 곳이 없는 자'(《梁惠王下》5장)와 伊尹의 이른바 '나는 天民 중에 먼저 깨달은 자'(《萬章上》7장)는 다만 하늘이 낸 백성을 이르니, 여기의 天民과는 뜻이 모두 다르다.〔孟子所謂天民之窮而無告 伊尹所謂予天民之先覺 止謂天生之民 與此義皆異〕" 하였다.《精義》程子(伊川)는 "하늘을 順히 하여 道를 행하는 자는 天民이고, 하늘을 順히 하여 政事를 행하는 자는 天吏이다.〔順天行道者 天民 順天爲政者 天吏也〕" 하였다.《精義》

254 大人 德盛而上下化之 : 朱子는 "天民은 오로지 은둔하여 지위를 얻지 못한 자를 가리키고, 大人은 그 德이 이미 드러난 자이다.〔天民 專指潛隱未得位者 大人則其德已著〕" 하였다.《或問》

255 見龍在田 天下文明 : 이 내용은 《周易》〈乾卦 文言〉에 보인다. '見龍在田'은 나타난 龍이 밭에 있는 것으로 아랫자리에 있는 聖賢을 가리키는바, 〈乾卦 九二〉爻辭에 "나타난 龍이 밭에 있으니, 大人(聖君)을 만나봄이 이롭다.〔見龍在田 利見大人〕"라고 보인다.

••• 寧 차라리녕 沒 다할몰 肯 즐길긍 覆 덮을부 佞 아첨할녕, 간사할녕

忠矣라 然이나 猶一國之士也요 天民則非一國之士矣라 然이나 猶有意也니 無意無
必하여 唯其所在而物無不化는 惟聖者能之니라

○이 章은 人品의 똑같지 않음이 대략 네 등급이 있음을 말씀하였으니, 용납되고 기쁘게
하는 侫臣(姦臣)은 족히 말할 것이 못되고, 社稷을 편안히 하는 신하는 충성스러우나 아직
도 一國의 선비요, 天民은 一國의 선비가 아니나 아직도 의식함이 있으니, 의식함도 없고
기필함도 없어서 오직 그 있는 바에 사람들이 교화되지 않음이 없는 것은 오직 聖人만이 능
하다.

|君子有三樂章|

20-1. 孟子曰 君子有三樂而王天下不與(예)存焉이니라

孟子께서 말씀하셨다. "君子에게는 세 가지 즐거움이 있는데, 천하에 왕 노릇 함은 여
기에 들어있지 않다.

20-2. 父母俱存하며 兄弟無故 一樂也요

父母가 모두 생존해 계시고 兄弟가 無故한 것이 첫 번째 즐거움이요,

集註 | 此는 人所深願이나 而不可必得者어늘 今旣得之면 其樂을 可知니라

이는 사람들이 깊이 원하는 바이나 반드시 얻을 수는 없는 것인데, 이제 이미 얻었으면 그
즐거움을 알 만하다.

20-3. 仰不愧於天하며 俯不怍於人이 二樂也요

우러러 하늘에 부끄럽지 않고 굽어보아 사람들에게 부끄럽지 않은 것이 두 번째 즐거움
이요,

集註 | 程子曰 人能克己면 則仰不愧, 俯不怍하여 心廣體胖이라 其樂을 可知니 有

··· 愧 부끄러울 괴 俯 구부릴 부 怍 부끄러울 작 胖 몸펴질 반

息則餒²⁵⁶矣니라

程子(明道)가 말씀하였다. "사람이 능히 자신의 사욕을 이기면 우러러 부끄럽지 않고 굽어 보아 부끄럽지 않아서 마음이 태연하고 몸이 펴진다. 그 즐거움을 알 수 있으니, 쉼(중단함) 이 있으면 굶주리게(부족하게) 된다."

20-4. 得天下英才而敎育之 三樂也니

천하의 英才를 얻어 교육하는 것이 세 번째 즐거움이니,

集註 | 盡得一世明睿之才하여 而以所樂乎己者²⁵⁷로 敎而養之면 則斯道之傳을 得 之者衆하여 而天下後世將無不被其澤矣리라 聖人之心所願欲者 莫大於此어늘 今 旣得之면 其樂이 爲何如哉²⁵⁸오

온 세상의 총명하고 지혜로운 人才를 모두 얻어서 자신이 즐거워하는 것(道)을 가지고 그 를 가르쳐 기른다면 이 道의 전함을 얻은 자가 많아져서 天下와 後世에 장차 그 혜택을 입 지 않는 이가 없을 것이다. 聖人의 마음에 원하고 하고자 함이 이보다 더 큰 것이 없는데, 이제 이미 얻었다면 그 즐거움이 어떠하겠는가.

20-5. 君子有三樂而王天下不與存焉이니라

君子에게는 세 가지 즐거움이 있는데, 천하에 왕 노릇 함은 여기에 들어있지 않다."

---

256 心廣體胖……有息則餒 : '心廣體胖'은 마음에 여유가 있고 몸이 위축됨이 없이 펴지는 것으로 《大學》 傳 6장에 보이며, '有息則餒'는 이와 반대로 한 일이 정직하지 못하여 부끄러운 마음이 있으면 心廣體 胖하지 못함을 이른다. 앞의 〈公孫丑上〉 2장(浩然章)에 浩然之氣를 논하면서 "그 氣(浩然之氣)는 義와 道에 배합되니, 이 浩然之氣가 없으면 [몸이] 굶주리게 된다.[其爲氣也 配義與道 無是餒也]"라 고 보인다. 浩然之氣는 자신이 행한 일이 정직하여 조금의 부끄러움도 없어서 생겨나는 자신감과 패기 를 이른다.

257 所樂乎己者 :《大全》에 "하늘에 부끄럽지 않고 사람들에게 부끄럽지 않은 즐거움이다.[不愧不怍之 樂]"하였다.

258 爲何如哉 : 一本에는 '何如'가 '如何'로 되어 있다.

… 餒 굶주릴 뇌 睿 밝을 예 衆 많을 중

集註 | 林氏曰 此三樂者는 一係於天하고 一係於人[259]이요 其可以自致者는 惟不愧不怍而已니 學者可不勉哉아

林氏(林之奇)가 말하였다. "이 세 가지 즐거움은 하나는 하늘에 달려 있고 하나는 사람에게 달려 있으며, 스스로 다할 수 있는 것은 오직 하늘에 부끄럽지 않고 사람들에게 부끄럽지 않은 것뿐이니, 배우는 자가 힘쓰지 않을 수 있겠는가."

|廣土衆民章|

21-1. 孟子曰 廣土衆民을 君子欲之나 所樂은 不存焉이니라

孟子께서 말씀하셨다. "토지(영토)를 넓히고 백성을 많게 함을 君子가 하고자 하나 즐거워함은 여기에 있지 않다.

> 按説 | '廣土衆民 君子欲之'에 대하여, 官本諺解에는 '土 | 廣하며 民이 衆홈을 君子 | 欲하나'라고 해석하였는데, 壺山은
>
> > 諺解의 해석은 이 《集註》의 말을 따라 해석하였으나 本文의 문세에는 다시 살펴보아야 할 듯하다.〔諺解依此註語釋之 而於本文之勢 則恐合更商〕
>
> 하였다. 이는 '토지를 넓히고 백성을 많게 함'으로 해석해야 함을 말한 것으로, '이 《集註》의 말을 따랐다.'는 것은 '地闢民聚'를 가리킨 것이다. 栗谷諺解는 '土를 廣케 하며 民을 衆케 홈을'로 해석하였다.
>
> 朱子는
>
> > 〈여기의〉君子는 바로 聖人을 통틀어 말한 것이다.〔君子 是通聖人言〕《語類》
>
> 하였다.

---

[259] 一係於天 一係於人: 父母가 모두 생존하고 兄弟가 無故한 것은 하늘에 달려 있고, 天下의 英才를 얻어 교육함은 사람에게 달려 있는 것이다.

••• 係 맬계 致 다할치

集註 | 地闢民聚하여 澤可遠施라 故로 君子欲之라 然이나 未足以爲樂也니라

땅이 개척되고 백성이 모여서 혜택이 멀리 베풀어질 수 있다. 그러므로 君子가 이를 하고자 한다. 그러나 즐거움이 될 수는 없다.

21-2. 中天下而立하여 定四海之民을 君子樂之나 所性은 不存焉이니라

천하의 한 가운데에 서서 〈王者가 되어〉 四海의 백성을 안정시킴을 君子가 즐거워하나 本性은 여기에 있지 않다.

按說 | '立'에 대하여, 壺山은

> 立은 建極(極을 세움)과 같다.〔立 猶建極也〕

하였다. 建極은 《書經》〈洪範〉에 '皇建其有極'이라고 보이는데, 孔穎達의 疏에 "極은 中이다.〔極 中也〕" 하였다.

'所性'에 대하여, 茶山은

> 내가 일찍이 性을 마음의 嗜好라고 하니 사람들이 모두 의심하였는데, 지금 그 증거가 여기에 있다. 欲·樂·性 세 글자를 孟子는 세 층으로 나누었는데, 가장 얕은 것이 欲이고 그 다음이 樂이며, 가장 깊어서 마침내 본인이 버릇처럼 즐겨 좋아하는 것이 性이다. '君子所性'은 '君子가 嗜好하는 바'라는 말과 같다. 다만 嗜好는 오히려 얕고 性은 저절로 그러함의 명칭이다. 만약 性이 嗜好의 종류가 아니라면 '所性' 두 글자는 글이 되지 않는다. 欲·樂·性 세 글자가 같은 종류이니, 그렇다면 性은 嗜好이다.〔余嘗以性爲心之嗜好 人皆疑之 今其證在此矣 欲樂性三字 孟子分作三層 最淺者欲也 其次樂也 其最深而遂爲本人之癖好者性也 君子所性 猶言君子所嗜好也 但嗜好猶淺 而性則自然之名也 若云性非嗜好之類 則所性二字 不能成文 欲樂性三字 旣爲同類 則性者嗜好也〕

라고 하여 '性을 嗜好로 보아야 한다.'는 자신의 주장을 펼쳤다. 그러나 孟子는 아랫글에서 '所性'은 '仁義禮智根於心 其生色也 睟然見於面 盎於背 施於四體'라 하였으니, 茶山의 말대로라면 嗜好가 얼굴빛에 나타나고 등에 가득하고 四體에 베풀어지는 것이니, 만일 嗜好가 이렇게 나타난다면 狂人이 아니면 욕심쟁이일 것이다. 理解가 되지 않는 부

··· 闢 개간할 벽 聚 모을 취

분이다.

'所性'은 앞의 '所樂'에 맞추어 쓴 것으로, 굳이 해석한다면 '性으로 삼은 것'으로 해석 해야 할 듯하다.

集註 | 其道大行하여 無一夫不被其澤이라 故로 君子樂之라 然이나 其所得於天者는 則不在是也니라

그 道가 크게 행해져서 한 지아비도 그 혜택을 입지 못하는 이가 없다. 그러므로 君子가 이 를 즐거워한다. 그러나 하늘에서 얻은 바의 本性은 여기에 있지 않다.

21-3. 君子所性은 雖大行이나 不加焉이며 雖窮居나 不損焉이니 分定故 也니라

君子의 本性은 비록 크게 행해지더라도 더 보태지지 않으며 비록 窮하게 살더라도 줄 어들지 않으니, 분수가 정해져 있기 때문이다.

集註 | 分者는 所得於天之全體라 故로 不以窮達而有異니라

'分'은 하늘에서 얻은 바의 全體이다. 그러므로 窮하거나 榮達함에 따라 다름이 있는 것이 아니다.

21-4. 君子所性은 仁義禮智根於心이라 其生色也 睟然見(현)於面하며 盎於背하며 施於四體하여 四體不言而喩니라

君子의 本性은 仁義禮智가 마음속에 뿌리하여, 그 氣色에 발현됨이 깨끗이 얼굴에 드러나며 등에 가득하며 四體에 베풀어져서 四體가 굳이 말하지 않아도 저절로 깨달 아 올바르게 된다."

按說 | '其生色也 睟然見於面'에 대하여, 官本諺解에 '그 色애 生ᄒᆞ옴이 睟然히 面 에 見ᄒᆞ며'로 되어 있는데, 壺山은

··· 被 입을 피 睟 깨끗할 수 盎 가득할 앙 喩 깨달을 유

生色은 發華라는 말과 같으니, 官本諺解의 해석에 얼굴빛〔色〕에 나온다고 한 것은 잘못인 듯하다.〔生色 猶發華也 諺釋作生於色 恐非也〕

하였다. 楊伯峻은 句讀를 朱子와 다르게 끊어 '其生色也睟然 見於面'으로 읽고, 經文을 "그 풍겨 나오는 기색이 온화하고 윤택하여, 이것이 얼굴에 나타나고 등에 나타나며 손발의 사지에까지 미쳐서, 손발이 움직이는 중에 굳이 말하지 않아도 남들이 한 번 보면 알게 된다."로 번역하였다.

集註 ┃ 上言所性之分이 與所欲所樂不同하고 此乃言其蘊也라 仁義禮智는 性之四德也라 根은 本也라 生은 發見(현)也라 睟然은 淸和潤澤之貌요 盎은 豐厚盈溢之意라 施於四體는 謂見(현)於動作威儀之間也라 喩는 曉也니 四體不言而喩는 言四體不待吾言而自能曉吾意也[260]라 蓋氣稟淸明하여 無物欲之累하면 則性之四德이 根本於心하니 其積之盛이면 則發而著見於外者 不待言而無不順也니라
程子曰 睟面盎背는 皆積盛致然이니 四體不言而喩는 惟有德者能之니라

위에서는 所性의 분수가 所欲·所樂과 같지 않음을 말씀하였고, 여기서는 마침내 그 깊은 뜻을 말씀한 것이다. '仁·義·禮·智'는 性의 네 가지 德이다. '根'은 뿌리이다. '生'은 發見되는 것이다. '睟然'은 淸和하고 윤택한 모양이요, '盎'은 豐厚하고 가득 차 넘치는 뜻이다. '四體에 베풀어진다.'는 것은 動作과 威儀의 사이에 나타남을 이른다. '喩'는 깨달음이니, '四體가 말하지 않아도 깨닫는다.'는 것은 四體가 내 말을 기다리지 않고도 저절로 내 뜻을 깨달음을 말한다. 氣稟이 淸明하여 物欲의 累가 없으면 性의 네 가지 德이 마음속에 뿌리하니, 그 쌓임이 盛하면 發하여 밖에 드러남이 말하기를 기다리지 않아도 順하지 않음이 없는 것이다.

---

260 四體不言而喩 言四體不待吾言而自能曉吾意也 : 朱子는 "이는 四體가 마음의 명령을 기다리지 않고 저절로 이와 같게 되는 것이니, '손 모양을 공손히 함'은 자신이 손을 공손하게 하도록 시키지 않았는데도 저절로 공손하고, '발 모양을 무겁게 함'은 자신이 발을 무겁게 하도록 시키지 않았는데도 저절로 무거워져서, 이와 같도록 교화할 필요가 없이 저절로 이와 같음을 이른 것이다.〔是四體不待命令而自如此 謂手容恭 不待自家敎他恭而自然恭 足容重 不待自家敎他重而自然重 不待敎化如此而自如此也〕"하였다.《語類》 이는 곧 굳이 마음이 육신을 하나하나 지시하지 않아도 言動이 모두 예법에 맞음을 이른다. 수양이 안 된 우리들은 말을 조심해야 한다고 마음먹어도 말할 때가 되면 자신도 모르게 거친 말과 거짓말이 나오며, 손 모양은 공손하고 발 모양은 무거워야 한다는 九容을 지키고자 하여도 마음대로 되지 않는다.

··· 蘊 쌓일 온 盈 가득찰 영 溢 넘칠 일 曉 깨달을 효 稟 받을 품

程子(伊川)가 말씀하였다. "睟面盎背는 모두 쌓고 많이 하여 이루어지는 것이니, 四體가 말하지 않아도 깨닫는 것은 오직 德이 있는 자만이 능하다."

章下註ㅣ○ 此章은 言 君子固欲其道之大行이나 然其所得於天者는 則不以是而有所加損也니라

○이 章은 君子가 진실로 道가 크게 행해지기를 바라나 하늘에서 얻은 것(本性)은 이 때문에 증가되거나 줄어드는 바가 있지 않음을 말씀한 것이다.

|伯夷辟紂章(善養老章)|

22-1. 孟子曰 伯夷辟(避)紂하여 居北海之濱이러니 聞文王作하고 興曰 盍歸乎來리오 吾聞西伯은 善養老者라하고 大(太)公이 辟紂하여 居東海之濱이러니 聞文王作하고 興曰 盍歸乎來리오 吾聞西伯은 善養老者라하니 天下에 有善養老면 則仁人이 以爲己歸矣리라

孟子께서 말씀하셨다. "伯夷가 紂王을 피하여 北海의 가에 살고 있었는데, 文王이 일어났다는 말을 듣고 분발하여 말씀하기를 '어찌 돌아가지 않겠는가. 내 들으니 西伯(文王)은 老人을 잘 봉양한다.' 하였으며, 太公이 紂王을 피하여 東海의 가에 살고 있었는데, 文王이 일어났다는 말을 듣고 분발하여 말씀하기를 '어찌 돌아가지 않겠는가. 내 들으니 西伯은 老人을 잘 봉양한다.' 하였으니, 천하에 老人을 잘 봉양하는 자가 있으면 仁人들이 자기의 돌아갈 곳으로 삼을 것이다.

集註ㅣ 己歸는 謂己之所歸라 餘見前篇하니라

'己歸'는 자기의 돌아갈 곳을 이른다. 나머지는 前篇(離婁上)에 보인다.

22-2. 五畝之宅에 樹墻下以桑하여 匹婦蠶之면 則老者足以衣帛矣며 五母鷄와 二母彘를 無失其時면 老者足以無失肉矣며 百畝之田을 匹夫耕之면 八口之家 可以無飢矣리라

··· 濱 물가 빈 作 일어날 작 盍 어찌아니 합 樹 심을 수 蠶 누에 잠 彘 돼지 체

5畝의 집에 담장 아래에 뽕나무를 심어 匹婦(한 지어미)가 누에를 치면 늙은이가(노인이) 충분히 비단옷을 입을 수 있으며, 다섯 마리의 암탉과 두 마리의 암퇘지를 새끼 칠 때를 놓치지 않게 하면 노인이 충분히 고기를 잃음이 없을 것이며, 100畝의 토지를 匹夫가 경작한다면 여덟 식구의 집안이 굶주림이 없을 수 있을 것이다.

集註 | 此는 文王之政也라 一家養母鷄五, 母彘二也라 餘見前篇하니라

이는 文王의 政事이다. 한 집에서 암탉 다섯 마리와 암퇘지 두 마리를 기르는 것이다. 나머지는 前篇(梁惠王上)에 보인다.

22-3. 所謂西伯이 善養老者는 制其田里하여 敎之樹畜(훅)하고 導其妻子하여 使養其老니 五十에 非帛不煖하고 七十에 非肉不飽하나니 不煖不飽를 謂之凍餒니 文王之民이 無凍餒之老者는 此之謂也니라

이른바 '西伯(文王)이 노인을 잘 봉양했다.'는 것은 그 田里를 제정해 주어 곡식과 뽕나무를 심고 닭과 돼지를 기르는 법을 가르치며, 그 妻子를 인도하여 그들로 하여금 노인을 봉양하게 한 것이다. 50세에는 비단옷이 아니면 따뜻하지 못하며 70세에는 고기가 아니면 배부르지 못하니, 따뜻하지 못하고 배부르지 못함을 '凍餒'라 이른다. 文王의 백성이 凍餒의 노인이 없었다는 것은 이를 이른다."

集註 | 田은 謂百畝之田이요 里는 謂五畝之宅이라 樹는 謂耕桑이요 畜은 謂鷄彘也라 趙氏曰 善養老者는 敎導之하여 使可以養其老耳요 非家賜而人益之也니라

'田'은 100畝의 토지를 이르고, '里'는 5畝의 집을 이른다. '樹'는 밭 갈고 뽕나무를 심음을 이르고, '畜'은 닭과 돼지를 기름을 이른다.

趙氏(趙岐)가 말하였다. "'노인을 잘 봉양한다.'는 것은 妻子를 가르치고 인도하여 자기 노인을 봉양하게 하는 것일 뿐이요, 집집마다 물건을 하사해 주고 사람마다 물건을 보태주는 것은 아니다."

••• 畜 기를 훅 煖 따뜻할 난 凍 얼 동 餒 굶주릴 뇌

|易其田疇章|

23-1. 孟子曰 易(이)其田疇하며 薄其稅斂이면 民可使富也니라

孟子께서 말씀하셨다. "田疇(농지)를 잘 다스리고 세금을 적게 거둔다면 백성들을 부유하게 할 수 있다.

集註 | 易는 治也라 疇는 耕治之田也라

'易'는 다스림이다. '疇'는 갈고 다스리는 밭이다.

23-2. 食之以時하며 用之以禮면 財不可勝用也니라

먹기를 제때에 하고 쓰기를 禮대로 하면 재물을 이루 다 쓸 수 없을 것이다.

集註 | 敎民節儉이면 則財用足矣[261]라

백성들에게 절약과 검소함을 가르치면 財用이 풍족할 것이다.

23-3. 民非水火면 不生活이로되 昏暮에 叩人之門戶하여 求水火어든 無弗與者는 至足矣일새니 聖人이 治天下에 使有菽粟을 如水火니 菽粟이 如水火면 而民이 焉有不仁者乎리오

사람(백성)은 물과 불이 아니면 생활할 수가 없으나 어두운 저녁에 남의 門戶를 두드려서 물과 불을 구하면 주지 않을 자가 없는 것은 〈불과 물이〉 지극히 풍족하기 때문이다. 聖人이 천하를 다스림에 백성들로 하여금 콩과 곡식을 물과 불처럼 흔하게 소유하게 하였으니, 콩과 곡식이 물과 불처럼 흔하다면 사람들이 어찌 仁하지 않는 자가 있겠는가."

集註 | 水火는 民之所急이니 宜其愛之로되 而反不愛者는 多故也라

---

261 財用足矣:一本에는 '矣'가 '也'로 되어 있다.

··· 易 다스릴 이 疇 밭두둑 주 斂 거둘 렴 昏 어두울 혼 叩 두드릴 고 菽 콩 숙 粟 곡식 속

尹氏曰 言 禮義生於富足이니 民無常産이면 則無常心矣니라

'물과 불'은 사람에게 시급한 것이니, 마땅히 아껴야 할 터인데 도리어 아끼지 않는 것은 많기 때문이다.

尹氏(尹焞)가 말하였다. "禮와 義가 부유하고 풍족한 데서 생겨나니, 백성들이 떳떳이 살 수 있는 재산(生業)이 없으면 떳떳한 마음이 없어짐을 말씀한 것이다."

|觀水有術章(孔子登東山章)|

24-1. 孟子曰 孔子登東山而小魯하시고 登太山而小天下하시니 故로 觀於海者엔 難爲水요 遊於聖人之門者엔 難爲言이니라

孟子께서 말씀하셨다. "孔子께서 魯나라 東山에 올라가시어 魯나라를 작게 여기셨고, 太山에 올라가시어 天下를 작게 여기셨다. 그러므로 바다를 구경한 자에게는 큰물이 되기가 어렵고, 聖人의 門下에서 遊學한 자에게는 훌륭한 말이 되기가 어려운 것이다.

集註 | 此는 言聖人之道大也라 東山은 蓋魯城東之高山[262]이요 而太山則又高矣라 此는 言 所處益高면 則其視下益小요 所見旣大면 則其小者不足觀也라 難爲水, 難爲言은 猶仁不可爲衆之意[263]라

이는 聖人의 道가 큼을 말씀한 것이다. 東山은 魯나라 都城 동쪽에 있는 높은 山이요, 太山은 이보다 더 높다. 이는 處한 곳이 더욱 높으면 그 아래를 봄에 더욱 작아지고, 본 것이 이미 크면 작은 것은 볼 것이 못됨을 말씀한 것이다. '물이 되기가 어렵고 말이 되기가 어렵다.'는 것은 '仁者 앞에서는 많은 무리(적수)가 될 수 없다.'는 뜻과 같다.

24-2. 觀水有術하니 必觀其瀾이니라 日月이 有明하니 容光에 必照焉이

---

262 東山 蓋魯城東之高山 : 楊伯峻은 "바로 蒙山이니, 지금의 산동성 蒙陰縣 남쪽에 있다." 하였다.

263 難爲水……猶仁不可爲衆之意 : 潛室陳氏(陳埴)는 "太山의 앞에서는 산 되기가 어려움과 같은 것이다.〔如太山之前 難爲山〕" 하였다. '仁不可爲衆'은 孔子의 말씀으로 '爲'를 '되다'의 뜻으로 해석하였는 바, 자세한 내용은 앞의 〈離婁上〉 7장 譯註에 보인다.

··· 爲 될 위 瀾 여울 란 照 비출 조

나라

물을 구경함에 방법이 있으니, 반드시 그 여울목을 보아야 한다. 해와 달이 밝음이 있으니, 빛을 용납하는 곳에는 반드시 비춘다.

按說 | '容光'에 대하여, 趙岐는 '작은 틈'이라고 하였는데, 焦循의 《孟子正義》에

만일 실이나 머리카락이 용납되는 작은 틈이 있으면 햇빛이 반드시 들어가 비춘다. 容光이 작은 틈의 명칭은 아니지만 작은 틈까지 비친다는 것은 그 용납됨이 미세한 데까지 이름을 지극히 말한 것으로, 그 비춤이 큰 것을 나타낸 것이다. 그러므로 趙岐가 작은 틈으로 容光을 설명한 것이다.〔苟有絲髮之隙可以容納 則光必入而照焉 容光非小隙之名 至於小隙 極言其容之微者 以見其照之大也 故以小隙明容光〕

하였다.

集註 | 此는 言道之有本也라 瀾은 水之湍急處也라 明者는 光之體요 光者는 明之用也라 觀水之瀾이면 則知其源之有本矣요 觀日月於容光之隙에 無不照면 則知其明之有本矣니라

이는 道가 근본이 있음을 말씀한 것이다. '瀾'은 물의 여울이 급한 곳이다. '밝음'은 빛의 體이고, '빛'은 밝음의 用이다. 물의 여울목을 보면 그 水源에 근본이 있음을 알 수 있고, 해와 달이 빛을 용납하는 작은 틈에도 비추지 않음이 없음을 보면 그 밝음에 근본이 있음을 알 수 있다.

24-3. 流水之爲物也 不盈科면 不行하나니 君子之志於道也에도 不成章이면 不達이니라

흐르는 물의 물건됨이 웅덩이가 차지 않으면 흘러가지 않으니, 君子가 道에 뜻을 둠에도 文章이 이루어지지 않으면 도달하지 않는다."

••• 湍 여울 단 隙 틈 극 盈 가득찰 영 科 구덩이 과 達 통할 달

按說 | '不成章'에 대하여, 茶山은

'不成章'은 衰服의 九章으로 비유한 것이다.〔不成章者 以衰服九章喻之也〕

하였다. 九章은 龍·山·華蟲(꿩)·火·宗彝(종묘의 제기)를 웃옷에 그리고, 藻(마름)·粉米(白米)·黼·黻을 아래 치마에 수놓은 것이다. 楊伯峻은

《說文解字》에 '음악이 〈한 단락〉 끝나는 것이 1章이다.〔樂竟爲一章〕' 하였는데, 이로부터 引伸하면 사물이 일정한 단계에 도달하고 일정한 규모를 갖추면 '成章'이라고 말할 수 있다.

하였다.

集註 | 言 學當以漸이라야 乃能至也라 成章은 所積者厚而文章外見(현)也라 達者는 足於此而通於彼也라

학문은 마땅히 漸進的으로 하여야 이를 수 있음을 말씀한 것이다. '成章'은 쌓인 것이 후하여 文章이 밖으로 드러나는 것이다. '達'은 여기에 충족하여 저기에 도달하는 것이다.

章下註 | ○此章은 言 聖人之道 大而有本하니 學之者必以其漸이라야 乃能至也니라

○이 章은 聖人의 道가 크면서도 근본이 있으니, 이것을 배우는 자가 반드시 점진적으로 하여야 비로소 이를 수 있음을 말씀한 것이다.

| 鷄鳴而起章 |

25-1. 孟子曰 鷄鳴而起하여 孶孶爲善者는 舜之徒也요

孟子께서 말씀하셨다. "닭이 울면 일어나서 부지런히 善을 행하는 자는 舜임금의 무리요,

集註 | 孶孶[264]는 勤勉之意라 言 雖未至於聖人이나 亦是聖人之徒也라

---

264 孶孶 :《大全》에 "孶는 孜(부지런함)와 같다." 하였다.

… 漸 점점 점 孶 부지런할 자

'孳孳'는 부지런히 힘쓰는 뜻이다. 비록 聖人의 경지에 이르지 못하더라도 또한 聖人의 무리임을 말씀한 것이다.

25-2. 鷄鳴而起하여 孳孳爲利者는 蹠之徒也니

닭이 울면 일어나서 부지런히 이익을 추구하는 자는 盜蹠의 무리이니,

集註 | 蹠은 盜蹠也[265]라

蹠은 盜蹠이다.

25-3. 欲知舜與蹠之分인댄 無他라 利與善之間也니라

舜임금과 盜蹠의 구분을 알고자 한다면 다른 것이 없다. 利와 善의 사이인 것이다."

按說 | '間'에 대하여, 楊伯峻은 '不同(다름, 차이)'의 뜻이라 하였다.

集註 | 程子曰 言間者는 謂相去不遠하여 所爭이 毫末耳라 善與利는 公私而已矣니 才(纔)出於善이면 便以利言也니라

程子(明道)가 말씀하였다. "사이[間]라고 말한 것은 서로의 거리가 멀지 않아 다투는 바가 털끝 만할 뿐임을 말씀한 것이다. 善과 利는 公과 私일 뿐이니, 조금만 善에서 벗어나면 곧 利라고 말할 수 있다."

章下註 | ○ 楊氏曰 舜蹠之相去遠矣나 而其分은 乃在利善之間而已니 是豈可以

---

265 蹠 盜蹠也 : 《大全》에 "蹠은 跖과 같다." 하였다. 《莊子》〈盜跖〉에 "柳下惠의 아우의 이름이 盜跖이었다. 盜跖은 병졸 9천 명을 거느리고 천하를 횡행하면서 제후국을 침범하여 약탈하고, 남의 집에 구멍을 뚫고 문을 떼어 牛馬를 몰고 가고 婦女를 데려갔다.〔柳下季之弟 名曰盜跖 盜跖從卒九千人 橫行天下 侵暴諸侯 穴室樞戶 驅人牛馬 取人婦女〕" 하였다. 《史記正義》에 "蹠은 黃帝 때 大盜의 이름이다. 柳下惠의 아우가 천하의 大盜이기 때문에 세상에서 옛날 호칭을 따라 盜跖이라 일렀다.〔蹠者黃帝時 大盜之名 以柳下惠弟爲天下大盜 故世放古號 謂之盜跖〕" 하였다. 孫奭의 《孟子正義》에는 "李奇의 《漢書》주에 '盜跖은 秦나라의 大盜이다.' 했다.〔李奇漢書傳云 盜跖乃是秦之大盜也〕" 하였다.

··· 蹠 밟을 척 毫 터럭 호 才 겨우 재, 잠시 재(纔通)

不謹이리오 然이나 講之不熟하고 見之不明이면 未有不以利爲義者하니 又學者所當
深察也니라

或問 鷄鳴而起하여 若未接物이면 如何爲善이닛고 程子曰 只主於敬이 便是爲善이
니라

○楊氏(楊時)가 말하였다. "舜임금과 盜蹠의 相去(서로의 거리)가 멀지만 그 구분은 바로
利와 善의 사이에 있을 뿐이니, 이 어찌 삼가지 않을 수 있겠는가. 그러나 講論하기를 익숙
히 하지 않고 보기를 분명히 하지 않으면 利를 義라고 여기지 않을 자가 있지 않으니, 이는
또 배우는 자들이 마땅히 깊이 살펴야 할 것이다."

혹자가 묻기를 "닭이 울면 일어나서 만일 사물을 접하지 않았으면 어떻게 하여야 善을 합니
까?" 하자, 程子(明道)가 말씀하였다. "다만 敬을 주장하는 것이 곧 善을 하는 것이다."

|楊子取爲我章(子莫執中章)|

26-1. 孟子曰 楊子는 取爲我하니 拔一毛而利天下라도 不爲也하니라

孟子께서 말씀하셨다. "楊子는 자신을 위함을 취하였으니, 한 털을 뽑아서 天下를 이
롭게 하더라도 하지 않았다.

按説 | 楊子에 대하여, 《大全》에

이는 不及에 잘못된 자이다.〔此失之不及者也〕

하였다.
'取爲我'에 대하여, 楊伯峻은

'取'는 治(다스리다)로 訓해야 한다.

하고 '取爲我'를 '爲我를 주장하다.'로 번역하였다.

集註 | 楊子는 名朱라 取者는 僅足之意니 取爲我者는 僅足於爲我而已요 不及爲人

··· 拔 뽑을 발 僅 겨우 근

也라 列子稱其言曰 伯成子高不以一毫利物[266]이라하니 是也라

楊子는 이름이 朱이다. '取'는 겨우 족하다는 뜻이니, '자신을 위함을 취한다.'는 것은 爲我에 겨우 족할 뿐이요, 爲人에 미치지 않는 것이다. 列子가 그의 말을 들어 말하기를 "伯成子高는 一毫라도 남을 이롭게 하지 않았다." 하였으니, 바로 이것이다.

26-2. 墨子는 兼愛하니 摩頂放踵이라도 利天下인댄 爲之하니라

墨子는 兼愛를 하였으니, 이마(정수리)를 갈아 발꿈치에 이르더라도 天下를 이롭게 하면 하였다.

按說 | 墨子에 대하여 《大全》에

이는 너무 지나침에 잘못된 자이다.〔此失於太過者也〕

하였다.

集註 | 墨子는 名翟이라 兼愛는 無所不愛也라 摩頂은 摩突其頂也라 放은 至也라

墨子는 이름이 翟이다. '兼愛'는 사랑하지 않는 바가 없는 것이다. '摩頂'은 그 이마를 갈고 부딪치는 것이다. '放'은 이름이다.

26-3. 子莫은 執中하니 執中이 爲近之나 執中無權이 猶執一也니라

子莫은 중간을 잡았으니, 중간을 잡는 것이 〈道에〉 가까우나 중간을 잡고 저울질함(權道)이 없는 것은 한쪽을 잡는 것과 같다.

---

266 列子稱其言曰 伯成子高不以一毫利物 : 이 내용은 《列子》〈楊朱〉에 보인다. 《莊子》〈天地〉에도 伯成子高에 대한 내용이 보이는바, 伯成子高는 堯임금 때 제후였는데, 堯임금이 舜임금에게 禪位하고 舜임금이 禹임금에게 禪位하자, 은거하여 농사를 지으며 禹임금이 賞罰로 정치하는 것을 비판하기를 "德이 이로부터 쇠하고 형벌이 이로부터 확립되고 후세의 혼란이 이로부터 시작될 것이다.〔德自此衰 刑自此立 後世之亂 自此始矣〕" 하였다.

··· 摩 갈마 頂 이마정 放 이를방 踵 발꿈치종 突 부딪칠돌

按說ㅣ '執中無權'에 대하여, 壺山은

> 이 '中'字는 다만 '間'字와 같으니, 楊朱와 墨翟의 중간을 잡음을 이른다.〔此中字 只如間 字 謂執楊墨之間也〕

하였으며, 程子는

> 中은 일정한 體가 없어서 오직 權道를 통달한 뒤에야 잡을 수 있는 것이다.〔中無定體 惟達 權 然後能執之〕《二程粹言》

하였다.

'猶執一也'에 대하여, 官本諺解에는 '오히려 一을 執홈이니라' 하였고, 栗谷諺解에는 '一을 執홈 又트니라' 하였는데, 壺山은

> 官本諺解는 《集註》의 '是亦' 두 글자로 인하여 '猶'를 尙(오히려)의 뜻으로 해석하였으 나 그 文勢가 마땅히 如(같음)의 뜻으로 보아야 한다. 圈下註(장하주)에 '是亦'의 아래에 또 '猶'字를 놓았으니, 또한 알 수 있다. 이것은 뒷장의 '猶爲'와는 같지 않다.〔諺解 因是亦 二字 而釋猶爲尙義 然其文勢 當作如義 圈下註是亦下 又著猶字 有可知也 此與後 章猶爲不同〕

하였다. 뒷장의 '猶爲'는 아래 29장의 '猶爲棄井也(오히려 우물을 버림이 된다.)'를 가리 킨 것이다.

集註ㅣ 子莫은 魯之賢者也[267]니 知楊墨之失中也라 故로 度(탁)於二者之間而執其 中하니라 近은 近道也라 權은 稱錘也니 所以稱物之輕重而取中也라 執中而無權이 면 則膠於一定之中而不知變이니 是亦執一而已矣니라

程子曰 中字最難識이니 須是默識心通이니라 且試言 一廳則中央爲中이요 一家則 廳非中而堂爲中이며 一國則堂非中而國之中爲中이니 推此類면 可見矣니라

又曰 中不可執也[268]니 識得則事事物物에 皆有自然之中하여 不待安排하니 安排

---

267 子莫 魯之賢者也：趙岐는 "魯나라의 賢人이다." 하였으나, 楊伯峻은 《說苑》〈修文〉의 顓孫子莫인 듯 하다고 하였다.

268 中不可執也：新安陳氏(陳櫟)는 "子莫의 固執함과 같이해서는 안 될 뿐이요, 帝堯와 帝舜과 湯王이 中을 잡음을 不可하다고 말한 것은 아니다.〔不可如子莫之固執耳 非謂堯舜湯之執中爲不可也〕" 하

··· 權 저울 권 稱 저울 칭 錘 저울추 추 膠 붙일 교

著(착)이면 則不中矣니라

子莫은 魯나라의 賢者이니, 楊朱와 墨翟이 中道를 잃었음을 알았다. 그러므로 두 사람의 사이를 헤아려서 그 중간을 잡은 것이다. '近'은 道에 가까움이다. '權'은 저울의 추이니, 물건의 輕重을 달아서 맞음을 취하는 것이다. 중간을 잡고 저울질함(權道)이 없다면 일정한 中에 교착되어 변화를 알지 못하니, 이 또한 한쪽을 잡는 것일 뿐이다.

程子(伊川)가 말씀하였다. "'中'字가 가장 알기 어려우니, 모름지기 묵묵히 알고 마음속으로 통달하여야 한다. 우선 시험삼아 말한다면 한 대청에는 대청 중앙이 中(중앙)이 되고, 한 집안에는 대청이 中이 아니라 堂이 中이 되며, 한 나라에는 堂이 中이 아니라 나라의 한 가운데가 中이 되니, 이러한 類를 미루어 보면 알 수 있다."

또 말씀하였다. "中은 잡을 수가 없으니, 이것을 안다면 事事物物에 모두 自然의 中이 있어서 安排하기를 기다리지 않을 것이니, 安排한다면 中이 되지 못한다."

26-4. 所惡執一者는 爲其賊道也니 擧一而廢百也니라

하나만을 잡는 것을 미워하는 까닭은 道를 해치기 때문이니, 하나를 들고 백 가지를 폐하는 것이다."

> 集註 │ 賊은 害也라 爲我는 害仁이요 兼愛는 害義[269]요 執中者는 害於時中이니 皆擧一而廢百者也니라

'賊'은 해침이다. 爲我는 仁을 해치고 兼愛는 義를 해치며 중간을 잡는 것은 時中을 해치니, 모두 하나를 들고 백 가지를 폐하는 것이다.

였다.

[269] 爲我害仁 兼愛害義 : 新安陳氏(陳櫟)는 "자신만을 위하는 자는 오직 자기가 있음만을 알고 남이 있음을 알지 못해서 義로운 듯하나 義가 아니므로 仁을 해치고, 겸하여 사랑하는 자는 사랑에 差等이 없어서 仁인 듯하나 仁이 아니므로 義를 해침이 있는 것이다.〔爲我者 惟知有己 不知有人 似義 非義而有害於仁 兼愛者 愛無差等 似仁非仁而有害於義〕" 하였다. 茶山은 "군자의 학문은 두 가지를 벗어나지 않으니, 첫 번째는 修己이고 두 번째는 治人이다. 修己는 나를 善하게 하는 것이고 治人은 남을 사랑하는 것이다. 나를 선하게 하는 것은 義이고 남을 사랑하는 것은 仁이다. 仁과 義는 서로 함께 써야 하니, 한쪽을 폐해서는 안 된다. 楊朱와 墨翟 두 사람은 각각 그 하나만을 잡아 變通할 줄 몰랐으니, 이것이 그들의 잘못이다.〔君子之學 不出二者 一曰修己 二曰治人 修己者所以善我也 治人者所以愛人也 善我爲義 愛人爲仁 仁義相用 不可偏廢 二者各執其一 不知變通 是其謬也〕" 하였다.

... 賊 해칠적 擧 들 거

章下註 | ○ 此章은 言 道之所貴者中이요 中之所貴者權이라

楊氏曰 禹稷이 三過其門而不入하시니 苟不當其可면 則與墨子無異요 顔子在陋巷하여 不改其樂²⁷⁰하시니 苟不當其可면 則與楊氏無異라 子莫은 執爲我兼愛之中而無權하니 鄕鄰有鬪而不知閉戶하고 同室有鬪而不知救之²⁷¹리니 是亦猶執一耳라 故로 孟子以爲賊道라하시니라 禹稷顔回易地則皆然은 以其有權也니 不然이면 則是亦楊墨而已矣²⁷²니라

○ 이 章은 道의 귀한 것은 中이요, 中의 귀한 것은 權道임을 말씀하였다.

楊氏(楊時)가 말하였다. "禹王과 后稷이〈홍수를 다스리느라 8년 동안〉세 번 자기 집 문 앞을 지나면서도 들어가지 않았으니, 만일 그 옳음에 맞지 않았다면 墨子와 다를 것이 없고, 顔子가 누추한 시골에 거처하면서 그 즐거움을 변치 않았으니, 만일 그 옳음에 맞지 않았다면 楊氏와 다를 것이 없다. 子莫은 爲我와 兼愛의 중간을 잡아 저울질함(변통하는 權道)이 없었으니, 鄕里와 이웃에 싸우는 사람이 있어도 문을 닫을 줄 모르고, 한 방에 같이 있는 사람이 싸우더라도 말릴 줄을 모를 것이니, 이 또한 하나만을 잡은 것과 같을 뿐이다. 그러므로 孟子께서 "道를 해친다."고 말씀한 것이다. 禹·稷과 顔回가 처지를 바꾸면 모두 그렇게 함은 權道가 있기 때문이니, 그렇지 않다면 이 또한 楊朱와 墨翟일 뿐이다."

---

270 禹稷三過其門而不入……不改其樂 : 위〈離婁下〉29장에 "禹王과 后稷이 平世를 당하여 세 번 자기 집 문 앞을 지나면서도 들어가지 않으시자, 孔子께서 그들을 어질게 여기셨다. 顔子가 亂世를 당하여 누추한 시골에 거처하면서 한 대그릇의 밥과 한 표주박의 음료로 사는 것을 딴 사람들은 그 근심을 견뎌내지 못하는데 顔子는 그 즐거움을 변치 않으시자, 孔子께서 그를 어질게 여기셨다.〔禹稷當平世 三過其門而不入 孔子賢之 顔子當亂世 居於陋巷 一簞食 一瓢飮 人不堪其憂 顔子不改其樂 孔子賢之〕"라고 보인다.

271 鄕鄰有鬪而不知閉戶 同室有鬪而不知救之 : 앞〈離婁下〉29장의 "이제 한 방에 같이 있는 사람이 싸우는 자가 있으면 이를 말리되, 비록 머리를 그대로 풀어 헤치고 갓끈만 매고 가서 말리더라도 可하다. 鄕里와 이웃에 싸우는 자가 있을 적에 머리를 풀어 헤치고 갓끈만 매고 가서 말린다면 미혹된 것이니, 비록 문을 닫더라도 可하다.〔今有同室之人鬪者 救之 雖被髮纓冠而救之 可也 鄕鄰有鬪者 被髮纓冠而往救之 則惑也 雖閉戶 可也〕" 한 내용을 순서를 바꾸어 인용한 것이다.

272 是亦楊墨而已矣 : 茶山은 "楊朱의 道는 禹와 稷의 시대에 顔回의 지킴을 한 것이고, 墨子의 道는 顔回의 시대에 禹와 稷의 행동을 한 것이다.〔楊朱之道 禹稷之時 而顔回之守也 墨子之道 顔回之世 而禹稷之行也〕" 하였다.

··· 鄰 이웃 린 鬪 싸울 투

|饑者甘食章|

27-1. 孟子曰 饑者甘食하고 渴者甘飮하나니 是未得飮食之正也라 饑渴이 害之也니 豈惟口腹이 有饑渴之害리오 人心이 亦皆有害하나니라

孟子께서 말씀하셨다. "굶주린 자는 먹는 것을 달게 여기고 목마른 자는 마시는 것을 달게 여기니, 이는 음식의 올바른 맛을 알지 못하는 것이다. 굶주림과 목마름이 〈입맛을〉 해치기 때문이니, 어찌 다만 口腹만이 굶주림과 목마름의 해로움이 있겠는가. 사람의 마음 또한 모두 해로움이 있는 것이다.

集註 | 口腹이 爲饑渴所害라 故로 於飮食에 不暇擇而失其正味요 人心이 爲貧賤所害라 故로 於富貴에 不暇擇而失其正理하나니라

口腹이 굶주림과 목마름에 해로움을 받기 때문에 음식에 대하여 가릴 겨를이 없어 그 올바른 맛을 잃는 것이요, 人心이 貧賤에 해로움을 받기 때문에 富貴에 대하여 가릴 겨를이 없어 그 올바른 이치를 잃는 것이다.

27-2. 人能無以饑渴之害로 爲心害면 則不及人을 不爲憂矣리라

사람이 능히 굶주림과 목마름의 해로움으로써 마음의 해로움을 삼지 않는다면 남에게 미치지 못함을 걱정하지 않을 것이다."

集註 | 人能不以貧賤之故而動其心이면 則過人이 遠矣리라

사람이 貧賤의 이유 때문에 그 마음을 동요하지 않는다면 남보다 뛰어남이 멀 것이다.(훨씬 뛰어날 것이다.)

|柳下惠介章|

28. 孟子曰 柳下惠는 不以三公으로 易其介하니라

孟子께서 말씀하였다. "柳下惠는 三公으로 그 절개를 바꾸지 않았다."

··· 饑 굶주릴 기 渴 목마를 갈 暇 겨를 가 易 바꿀 역 介 지조 개

集註 | 介는 有分辨之意[273]라 柳下惠는 進不隱賢하여 必以其道하며 遺佚不怨하고
阨窮不憫하며 直道事人하여 至於三黜[274]하니 是其介也니라

'介'는 분변함이 있는 뜻이다. 柳下惠는 나아가서는 어짊을 숨기지 않아 반드시 그 道로써
하며, 벼슬길에서 버림을 받아도 원망하지 않고 곤궁해도 고민하지 않으며, 道를 곧게 하여
남(군주)을 섬겨서 세 번 내침을 당함에 이르렀으니, 이것이 그의 절개이다.

章下註 | ○此章은 言柳下惠和而不流[275]하니 與孔子論夷齊不念舊惡[276]으로 意正
相類하니 皆聖賢微顯闡幽之意也[277]니라

---

273 介 有分辨之意:慶源輔氏(輔廣)는 "介字는 분변하는 뜻이 있으니, 界限(限界)이란 '界'字와 같다.
모든 일에 각각 한계가 있어서 매우 분명하여 넘을 수가 없는 것이다.〔介有分辨意 則與界限之界同 凡
事各有界限 甚分明 不可踰越〕"하였다. 新安陳氏(陳櫟)는 "介'에는 剛介, 介特, 廉介의 뜻이 있으
니, 오직 분변함이 있기 때문에 능히 이와 같은 것이요, 또한 '廉'字의 본래 訓은 '모남(廉隅)'이니, 오직
廉隅가 分辨되기 때문에 淸廉潔白한 것과 같다.〔介有剛介介特廉介之意 惟其有分辨 所以能如此
亦如廉本訓廉隅 惟其廉隅分辨 所以淸廉廉潔也〕"하였다. '介'는 글자의 획이 左와 右로 분명히 나
누어지기 때문에 義와 不義를 분명히 하여 취사선택하는 뜻이 된다.

274 柳下惠……至於三黜:앞의 〈公孫丑上〉 9장에 "柳下惠는 더러운 군주를 섬김을 부끄러워하지 않으며
작은 벼슬을 낮게 여기지 않아, 나아가서는 어짊을 숨기지 않아 반드시 그 道로써 하며, 벼슬길에서 버
림받아도 원망하지 않고 곤궁해도 고민하지 않았다.〔柳下惠 不羞汚君 不卑小官 進不隱賢 必以其道
遺佚而不怨 阨窮而不憫〕"라고 보이며, 《論語》〈微子〉 2장에 "柳下惠가 士師가 되어 세 번 내침을 당
하자, 혹자가 말하기를 '그대는 아직 떠날 만하지 않은가?' 하니, 柳下惠가 말하기를 '道를 곧게 하여
사람을 섬긴다면 어디를 간들 세 번 내침을 당하지 않으며, 道를 굽혀 사람을 섬긴다면 어찌 굳이 父母
의 나라를 떠나가겠는가.' 하였다.〔柳下惠爲士師 三黜 人曰 子未可以去乎 曰 直道而事人 焉往而不
三黜 枉道而事人 何必去父母之邦〕"라고 보인다.

275 和而不流:龜山楊氏(楊時)는 "柳下惠의 和함을 보면 절개가 없을 듯하므로 여기에서 특별히 말씀하
신 것이다.〔觀惠之和 宜若不介 故此特言之〕"하였다. 壺山은 "흐르지 않음은 바로 절개이다.〔不流
卽介也〕"하였다.

276 夷齊不念舊惡:伯夷와 叔齊는 사람들이 옛날에 저지른 惡行을 생각하지 않았다는 뜻으로, 《論語》
〈公冶長〉 22장에 보인다.

277 聖賢微顯闡幽之意也:'微顯闡幽'는 사람들이 잘 알고 있는 사실은 굳이 말하지 않고, 사람들이 잘 모
르고 있는 사실을 밝혀 주는 것으로 《周易》〈繫辭傳下〉 6장에 '易은 지나간 것을 드러내고 미래를 살피
며, 드러남을 은미하게 하고 그윽함을 밝힌다.〔夫易 彰往而察來 而微顯闡幽〕'라고 보인다. 新安陳氏
(陳櫟)는 "'微顯闡幽' 네 글자는 杜預의 《春秋左傳》 序文에 나오니, 본래 孔子께서 《春秋》를 지으신
뜻이 드러나고 분명한 것은 은미하게 하고, 그윽하고 어두운 것은 밝힘을 말한 것이다.……伯夷와 叔齊
의 깨끗함과 柳下惠의 和함은 바로 드러나서 보기가 쉬운 것이요, 伯夷와 叔齊가 옛날의 잘못함을 생
각하지 않은 것과 柳下惠의 절개는 그윽하여 보기가 어려운 것이다. 지금 드러난 것을 은미하게 하고 그
윽함을 밝혔으니, 聖賢의 지극히 공정하고 지극히 밝음이 이와 같은 것이다.〔微顯闡幽四字 出杜預春
秋傳序 本以言孔子作春秋之意 於顯明者則微之 幽昧者則闡之……蓋夷齊之淸 惠之和 此其顯而

··· 佚 빠질 일 阨 곤궁할 액 黜 내쫓을 출 微 은미할 미 闡 밝을 천 幽 그윽할 유

○이 章은 柳下惠가 和하면서도 흐르지 않았음을 말씀하였으니, 孔子께서 "伯夷와 叔齊는 옛날에 저지른 惡行을 생각하지 않았다."라고 논하신 것과 뜻이 서로 유사하다. 이는 모두 聖賢이 드러난 것은 隱微하게 하고 그윽한 것은 밝혀주신 뜻이다.

掘井九軔章(有爲者辟若掘井章)

29. 孟子曰 有爲者 辟(譬)若掘井하니 掘井九軔(仞)이라도 而不及泉이면 猶爲棄井也니라

孟子께서 말씀하셨다. "함이 있는 자는 비유하면 우물을 파는 것과 같으니, 우물을 아홉 길을 팠더라도 샘물에 미치지 못하면 오히려 우물을 버림이 되는 것이다."

集註 | 八尺曰仞(軔)²⁷⁸이라 言 鑿井雖深이나 然未及泉而止면 猶爲自棄其井也니라

八尺을 仞이라 한다. 우물을 파기를 비록 깊이 했더라도 샘물에 미치지 못하고 중지하면 오히려 스스로 그 우물을 버림이 됨을 말씀한 것이다.

章下註 | ○呂侍講曰 仁不如堯하고 孝不如舜하고 學不如孔子하면 終未入於聖人之域이요 終未至於天道니 未免爲半塗而廢하여 自棄前功也니라

○呂侍講(呂希哲)이 말하였다. "仁이 堯임금과 같지 못하고 孝가 舜임금과 같지 못하고 學問이 孔子와 같지 못하면 끝내 聖人의 경지에 들어갈 수 없고 마침내 天道에 이르지 못할 것이니, 半塗(中道)에 폐하여 스스로 前日의 功을 버림이 됨을 면치 못하는 것이다."

易見者 夷齊之不念舊惡 惠之介 此其幽而難見者 今則微其顯而闡其幽 聖賢之至公至明如此)"하였다.

278 八尺曰仞(軔):《集註》의 音訓에 "'軔'은 仞과 같다'라고 하였다. 新安陳氏(陳櫟)는《論語》의 '夫子之墻數仞'의 아래에 단《集註》에는 '七尺曰仞'이라 하였다. 살펴보건대《書經》〈周書〉의 '爲山九仞'에서 孔安國은 '八尺曰仞'이라 하였고 鄭玄은 '七尺曰仞'이라 하였으니,《集註》는 두 가지 설을 모두 남겨둔 것인 듯하다. 蔡沈의《書經集傳》은 孔安國의 說을 따랐는데, 내가《周禮》의〈匠人〉에 증거해 보건대……孔安國의 說이 옳다.〔集註於語夫子之墻數仞下云 七尺曰仞 愚按周書爲山九仞 孔安國云八尺曰仞 鄭玄云七尺曰仞 集註兩存其說歟 蔡氏傳 從孔說 愚證之周禮匠人……孔說爲是〕"하였다.

••• 辟 비유할 비(譬通) 掘 팔굴 軔 길 인(仞同) 鑿 뚫을 착 域 지경 역 塗 길 도(途通)

|堯舜性之章(久假不歸章)|

30-1. 孟子曰 堯舜은 性之也요 湯武는 身之也요 五霸는 假之也니라

孟子께서 말씀하셨다. "堯·舜은 本性대로 하셨고, 湯·武는 몸으로 실천하셨고, 五霸는 빌린 것이다.

> 按說 | '身之'와 '假之'에 대하여, 程子(伊川)는
>
> > '身'은 실천하는 것이요, '假之'는 몸으로 행하지 않고 빌린 것이다.〔身 踐履也 假之者 身不行而假借之也〕《精義》
>
> 하였다. 雲峰胡氏(胡炳文)는
>
> > '性之'라는 것은 자연히 그러한 것이요 '身之'라는 것은 당연히 그러한 것이요 '假之'라는 것은 그런 듯하나 실제로는 그렇지 않은 것이다.〔性之者 自然而然 身之者 當然而然 假之者 似然而實不然〕
>
> 하였다.

集註 | 堯舜은 天性渾全하여 不假修習이요 湯武는 修身體道하여 以復其性이요 五霸則假借仁義之名하여 以求濟其貪欲之私耳니라

堯·舜은 天性이 渾全하여 닦고 익힘을 빌리지 않았고(닦고 익힐 필요가 없었고), 湯·武는 몸을 닦고 道를 體行하여 그 本性을 회복하였고, 五霸는 仁義의 이름을 빌려 그 貪慾의 私를 이루기를 구했을 뿐이다.

30-2. 久假而不歸하니 惡(오)知其非有也리오

오래도록 빌리고 돌려주지 않았으니, 어찌 자기가 소유한 것이 아님을 알겠는가."

集註 | 歸는 還也라 有는 實有也라 言 竊其名以終身하여 而不自知其非眞有라 或曰

··· 假 빌릴 가 渾 온전할 혼 借 빌릴 차

蓋歎世人莫覺其僞者라하니 亦通이라 舊說에 久假不歸면 卽爲眞有라하니 則誤矣[279]
니라

'歸'는 돌려줌이다. '有'는 실제로 소유한 것이다. 그 이름을 훔치고 일생을 마쳐서 참으로
소유하고 있는 것이 아님을 스스로 알지 못하였음을 말씀한 것이다. 혹자는 말하기를 "세상
사람들이 그 거짓을 깨달은 자가 없음을 탄식하신 것이다."라고 하니, 또한 통한다. 舊說에
"오래도록 빌리고 돌려주지 않으면 참으로 소유한 것이 된다." 하였는데, 이는 잘못된 해석
이다.

章下註 | ○ 尹氏曰 性之者는 與道一也요 身之者는 履之也니 及其成功則一也라
五霸則假之而已니 是以로 功烈이 如彼其卑也니라

○ 尹氏(尹焞)가 말하였다. "'性之'는 道와 더불어 하나인 것이요 '身之'는 道를 실천한 것
이니, 그 成功에 이르러서는 똑같다. 五霸는 빌렸을 뿐이니, 이 때문에 功烈이 저와 같이
낮은 것이다."

| 不狎于不順章 |

31-1. 公孫丑曰 伊尹曰 予不狎于不順이라하고 放太甲于桐한대 民이 大
悅하고 太甲이 賢커늘 又反之한대 民이 大悅하니

公孫丑가 물었다. "伊尹이 말하기를 '나는 의리에 順하지 못한 것을 익히 보지 않을
것이다.' 하고 太甲을 桐땅으로 추방하니 백성들이 크게 기뻐하였고, 太甲이 어질어지
자 다시 그를 돌아오게 하니 백성들이 크게 기뻐하였으니,

---

279 舊說……則誤矣:《大全》에 舊說은 "趙邠卿(趙岐)의 註이다." 하였다. 趙岐는 "五霸가 능히 오래도
록 仁義를 빌린 것은 비유하면 물건을 빌리고 오래도록 돌려주지 않은 것과 같으니, 어찌 그가 참으로
소유하지 않았음을 알겠는가.〔五霸而能久假仁義 譬如假物久而不歸 安知其不眞有也〕" 하였다. 朱
子는 舊說이 잘못되었다고 하였으나, 茶山은 "趙岐의 舊說에 '참으로 소유한 것이 된다'는 說이 없
다.〔舊說無卽爲眞有之說〕" 하였으며, 壺山 또한 "만약 그렇다면(참으로 소유한 것이 된다면) 마땅히
經文을 '不爲有(소유한 것이 되지 않음)'라 해야 되고 '非有(소유한 것이 아님)'라고 해서는 안 된다.〔若
爾 則當曰不爲有也 不當曰非有也〕" 하였다.

··· 履 행할 리 狎 익숙할 압 放 내칠 방

集註 | 予不狎于不順은 太甲篇文이라 狎은 習見也[280]라 不順은 言太甲所爲 不順 義理也라 餘見前篇하니라

'나는 의리에 順하지 못한 것을 익히 보지 않을 것이다.'는 것은 《書經》〈太甲〉篇의 글이다. '狎'은 익히 봄이다. '不順'은 太甲의 소행이 義理에 順하지 못함을 말한 것이다. 나머지는 前篇(萬章上)에 보인다.

31-2. 賢者之爲人臣也에 其君이 不賢이면 則固可放與잇가

賢者가 남의 신하가 되었을 적에 그 군주가 어질지 못하면 진실로 추방할 수 있습니까?"

按說 | 內閣本에는 아랫절과 이어져 있으나 '固可放與'의 아래에 '與平聲'이라는 《集註》의 聲音 표기가 되어 있으므로 別行으로 바로잡았다.

31-3. 孟子曰 有伊尹之志則可커니와 無伊尹之志則篡也니라

孟子께서 말씀하셨다. "伊尹의 뜻이 있으면 가하지만 伊尹의 뜻이 없으면 찬탈이다."

集註 | 伊尹之志는 公天下以爲心하여 而無一毫之私者也라

'伊尹의 뜻'은 천하를 공변되게 함을 마음으로 삼아서 一毫의 사욕이 없는 것이다.

---

280 狎 習見也 : 《大全》에 "이와 같음을 익숙히 보고자 하지 않음을 말한 것이다.〔言不欲狎見其如此〕"하였다. 沙溪(金長生)는 "《書經》의 註에 '나는 不順한 사람을 익숙히 친하게 할 수 없다.'하였다. 申敬叔이 말하기를 '本註(《集註》)의 말뜻이 박절하니 마땅히 《書經》의 註를 위주해야 할 듯하다.'하였다. 持國은 '진실로 옳다. 진실로 옳다. 蔡氏(蔡沈)가 《書經》의 傳을 내면서 이 註를 따르지 않은 것은 이유가 있는 것이다.'했다.〔書註我不可使其狎習不順之人 申敬叔曰 本註辭意切迫 似當以書註爲主 持國曰 誠然 誠然 蔡氏之傳書也 不從此註說 有以也夫〕"하였다. 《經書辨疑》 壺山은 "살펴보건대 蔡氏의 註는 진실로 回護하는 뜻이 있으나 이 註 또한 정성스럽고 질박하고 분명하고 정직한 情을 볼 수 있으니, 마땅히 다시 살펴보아야 할 듯하다.〔按蔡註固有回護之意 而此註亦見其誠樸白直之情 恐合更商〕"하였다. 申敬叔은 象村 申欽을 가리키고 持國은 谿谷 張維의 字이다. '回護'는 伊尹을 비호함을 이른다.

… 篡 빼앗을 찬

詩曰不素餐章

32. 公孫丑曰 詩曰 不素餐兮라하니 君子之不耕而食은 何也잇고 孟子曰 君子居是國也에 其君이 用之면 則安富尊榮하고 其子弟從之면 則孝弟忠信하나니 不素餐兮 孰大於是리오

公孫丑가 말하였다. "《詩經》에 이르기를 '공밥을 먹지 않는다.' 하였으니, 君子가 밭을 갈지 않고 먹는 것은 어째서입니까?"

孟子께서 말씀하셨다. "君子가 이 나라에 거주함에 그 군주가 등용하면 나라가 편안하고 부유해지고 〈권위가〉 높아지고 영화로우며, 子弟들이 이 君子를 따르면 孝·弟·忠·信을 하니, 공밥을 먹지 않는 것이 무엇이 이보다 더 크겠는가."

集註 | 詩는 魏國風伐檀之篇이라 素는 空也니 無功而食祿을 謂之素餐이라 此는 與告陳相彭更[281]之意同하니라

詩는 〈魏風 伐檀〉篇이다. 素는 空이니, 功이 없이 祿만 먹는 것을 '素餐'이라 이른다. 이는 陳相과 彭更에게 告한 뜻과 같다.

王子墊問章(尙志章)

33-1. 王子墊(점)이 問曰 士는 何事잇고

王子 墊이 물었다. "선비는 무엇을 일삼습니까?"

集註 | 墊은 齊王之子也라 上則公卿大夫와 下則農工商賈 皆有所事로되 而士居其間하여 獨無所事라 故로 王子問之也라

墊은 齊王의 아들이다. 위로는 公·卿과 大夫와 아래로는 農·工과 商賈가 모두 종사하는 바가 있는데, 士는 그 중간에 거하여 홀로 일삼는 것이 없다. 그러므로 王子가 물은 것이다.

---

281 陳相彭更:陳相과 彭更은 모두 孟子의 제자로, 孟子께서 陳相에게 한 말씀은 〈滕文公上〉 4장에, 彭更에게 한 말씀은 〈滕文公下〉 4장에 각각 보인다.

··· 素 흴 소 餐 밥 찬 檀 박달나무 단 彭 성 팽 墊 빠질 점

33-2. 孟子曰 尙志나라

孟子께서 말씀하셨다. "뜻을 고상히 한다."

> 集註 | 尙은 高尙也라 志者는 心之所之也라 士旣未得行公卿大夫之道하고 又不當
> 爲農工商賈之業이면 則高尙其志而已나라
>
> '尙'은 고상히 하는 것이다. '志'는 마음이 가는 바이다. 선비는 이미 公·卿·大夫의 道를
> 행할 수 없고 또 農·工·商賈의 業을 해서도 안 되니, 그렇다면 그 뜻을 고상히 할 뿐이다.

33-3. 曰 何謂尙志잇고 曰 仁義而已矣니 殺一無罪 非仁也며 非其有而取之 非義也라 居惡(오)在오 仁이 是也요 路惡在오 義是也니 居仁由義면 大人之事 備矣나라

王子 墊이 물었다. "무엇을 뜻을 고상히 한다고 이릅니까?"
孟子께서 말씀하셨다. "仁·義일 뿐이니, 한 사람이라도 無罪한 사람을 죽임은 仁이
아니며, 자신의 소유가 아닌데 취하는 것은 義가 아니다. 거처할 곳은 어디에 있는가?
仁이 이것이요, 가야 할 길은 어디에 있는가? 義가 이것이다. 仁에 거하고 義를 따른다
면 大人의 일이 구비된 것이다."

> 集註 | 非仁非義之事를 雖小나 不爲하고 而所居所由 無不在於仁義하니 此士所以
> 尙其志也[282]라 大人은 謂公卿大夫라 言 士雖未得大人之位나 而其志如此면 則大
> 人之事 體用已全하니 若小人之事는 則固非所當爲也나라
>
> 仁이 아니고 義가 아닌 일은 비록 작더라도 하지 않고, 거하는 바와 따르는 바가 仁·義에
> 있지 않음이 없으니, 이것이 바로 선비가 그 뜻을 고상히 하는 것이다. '大人'은 公·卿·
> 大夫를 이른다. 선비가 비록 大人의 지위를 얻지 못했으나 그 뜻이 이와 같다면 大人의 일

---

[282] 非仁非義之事……士所以尙其志也:慶源輔氏(輔廣)는 "선비가 비록 지위를 얻어 道를 행하지는 못
하더라도 그 뜻은 모름지기 高尙히 하여야 옳은 것이니, 仁義에 뜻을 두면 고상해지고 利欲에 빠지면
비루해진다.〔士雖未得位以行其道 而其志則須高尙 方可 志於仁義則高尙 溺於利欲則卑汙〕"하
였다.

에 體·用이 이미 완전하니, 小人의 일로 말하면 진실로 마땅히 할 바가 아님을 말씀한 것이다.

|仲子不義與之齊國章(人莫大焉章)|

34. 孟子曰 仲子不義로 與之齊國而弗受를 人皆信之어니와 是는 舍簞食(사)豆羹之義也라 人莫大焉이어늘 亡(無)親戚君臣上下하니 以其小者로 信其大者 奚可哉리오

孟子께서 말씀하셨다. "陳仲子는 不義로 齊나라를 주면 받지 않을 것을 사람들이 모두 믿지만 이것은 한 대그릇의 밥과 한 그릇의 국을 버리는 〈작은〉 義이다. 사람에게는 人倫보다 더 큰 것이 없는데, 〈陳仲子는〉 親戚과 君臣과 上下가 없으니, 작은 것으로써 큰 것을 믿는 것이 어찌 가하겠는가."

按説 | '人莫大焉 亡親戚君臣上下'에 대하여, 楊伯峻은 '焉'은 '於'와 같고 '亡'은 '無'와 같다 하고, '人莫大焉亡親戚君臣上下'로 붙여 읽어 "사람의 잘못은 父兄·君臣·尊卑를 무시하는 것보다 더 큰 것이 없다."라고 번역하였다.

集註 | 仲子는 陳仲子也라 言 仲子設若非義而與之齊國인댄 必不肯受리니 齊人이 皆信其賢이라 然이나 此但小廉耳라 其辟(避)兄離母하고 不食君祿은 無人道之大倫이니 罪莫大焉이라 豈可以小廉으로 信其大節하여 而遂以爲賢哉[283]리오

仲子는 陳仲子이다. '仲子는 만일 義가 아니면서 齊나라를 준다면 반드시 즐겨 받지 않을 것이니, 齊나라 사람들이 모두 그의 어짊을 믿고 있다. 그러나 이것은 단지 작은 청렴일 뿐이다. 그가 형을 피하고 어머니를 떠나며 군주의 祿을 먹지 않은 것은 人道의 큰 윤리가 없는 것이니, 죄가 이보다 더 큰 것이 없다. 어찌 작은 청렴을 가지고 큰 절개를 믿어서 마침내 어질다고 할 수 있겠는가.'라고 말씀한 것이다.

---

283 豈可以小廉……而遂以爲賢哉 : 南軒張氏(張栻)는 "陳仲子가 작은 청렴을 꾸미느라 큰 倫理를 폐하였으니, 義를 알지 못함이 너무 심하다.[仲子飾小廉而廢大倫 其不知義 已甚矣]" 하였다.

··· 簞 대그릇 단 豆 나무그릇 두 羹 국갱 奚 어찌 해 廉 청렴할 렴 辟 피할 피(避同)

|桃應問章|

35-1. 桃應이 問曰 舜爲天子요 皐陶(요)爲士어든 瞽瞍殺人이면 則如之
何잇고

桃應이 물었다. "舜임금이 天子가 되시고 皐陶가 士가 되었는데, 瞽瞍가 사람을 죽
였다면 어떻게 하겠습니까?"

> 集註 | 桃應은 孟子弟子也라 其意以爲 舜雖愛父나 而不可以私害公이요 皐陶雖
> 執法이나 而不可以刑天子之父라 故로 設此問하여 以觀聖賢用心之所極이요 非以
> 爲眞有此事也라

桃應은 孟子의 弟子이다. 그의 뜻은 '舜임금이 비록 아버지를 사랑하나 사사로운 情으로
公義를 해칠 수 없고, 皐陶가 비록 법을 집행하나 天子의 아버지를 형벌할 수 없다.'라고
여겼다. 그러므로 이러한 질문을 가설하여 聖賢의 마음씀의 지극함을 보려 한 것이요, 참으
로 이러한 일이 있었다고 말한 것은 아니다.

35-2. 孟子曰 執之而已矣니라

孟子께서 말씀하셨다. "〈皐陶는〉法을 집행할 뿐이다."

> 按說 | 沙溪(金長生)는
>
> '執'은 마땅히 '拘執(구속)'의 뜻으로 보아야 한다.(執 當作拘執之義看)《經書辨疑》
>
> 하였다.

> 集註 | 言 皐陶之心이 知有法而已요 不知有天子之父也니라

皐陶의 마음은 법이 있음을 알 뿐이요 天子의 아버지가 있음을 알지 못한다고 말씀한 것
이다.

··· 桃 성도 皐 언덕고 陶 즐길요 瞽 소경고 瞍 소경수

35-3. 然則舜은 不禁與잇가

"그렇다면 舜임금은 금지하지 않겠습니까?"

> **集註** | 桃應問也라
>
> 桃應이 물은 것이다.

35-4. 曰 夫舜이 惡得而禁之시리오 夫有所受之也니라

孟子께서 말씀하셨다. "舜임금이 어떻게 금지할 수 있겠는가. 〈皐陶는〉 전수받은 바가 있는 것이다."

> **集註** | 言 皐陶之法이 有所傳受하니 非所敢私라 雖天子之命이라도 亦不得而廢之也니라
>
> 皐陶의 법은 전수받은 바가 있으니, 감히 사사로이 할 수 있는 것이 아니다. 비록 天子의 명령이라도 법을 폐할 수 없음을 말씀한 것이다.

35-5. 然則舜은 如之何잇고

"그렇다면 舜임금은 어떻게 하시겠습니까?"

> **集註** | 桃應問也라
>
> 桃應이 물은 것이다.

35-6. 曰 舜이 視棄天下하사되 猶棄敝蹝也하사 竊負而逃하사 遵海濱而處하사 終身訢然樂而忘天下하시리라

孟子께서 말씀하셨다. "舜임금은 천하를 버리는 것을 마치 헌신짝을 버리듯이 여기시어 몰래 업고 도망하여 바닷가를 따라 거처하면서 종신토록 흔쾌히 즐거워하여 천하를

··· 敝 해질 폐 蹝 신 사 竊 몰래 절 負 업을 부 遵 따를 준 濱 물가 빈 訢 기쁠 흔

잊으셨을 것이다."

集註 | 蹝는 草履也라 遵은 循也라 言 舜之心이 知有父而已요 不知有天下也라 孟子嘗言 舜視天下를 猶草芥하시고 而惟順於父母라야 可以解憂라하시니 與此意로 互相發하니라

'蹝'는 짚신이다. '遵'은 따름이다. 舜임금의 마음은 아버지가 있음을 알 뿐이요 천하가 있음을 알지 못함을 말씀한 것이다. 孟子께서 일찍이 말씀하시기를 "舜임금은 천하 보기를 草芥와 같이 하셨고, 오직 父母에게 順하여야 근심을 풀 수 있었다." 하셨으니, 이 뜻과 서로 發明된다.

章下註 | ○ 此章[284]은 言 爲士者는 但知有法而不知天子父之爲尊이요 爲子者는 但知有父而不知天下之爲大니 蓋其所以爲心者 莫非天理之極, 人倫之至라 學者察此而有得焉이면 則不待較計論量이라도 而天下에 無難處之事矣리라

○ 이 章은 士師가 된 자는 다만 법이 있음만 알고 天子의 아버지가 높음을 알지 못하며, 자식이 된 자는 다만 아버지가 있음만 알고 천하가 큼을 알지 못함을 말씀한 것이니, 그 마음을 삼은 것이 天理의 극진함과 人倫의 지극함 아님이 없다. 배우는 자가 이것을 살펴서 터득함이 있으면 計較하고 의논하고 헤아리기를 기다리지 않아도 천하에 처리하기 어려운 일이 없을 것이다.

|孟子自范之齊章(居移氣章)|

36-1. 孟子自范之齊러시니 望見齊王之子하시고 喟然歎曰 居移氣하며 養移體하나니 大哉라 居乎여 夫非盡人之子與아

---

284 此章 : 茶山은 "내가 외람되이 논해 보건대, 《孟子》 7편은 門人이 기술한 것이 섞여 나와 모두 다 孟子의 친필은 아니다. 그러므로 齊나라와 梁나라 임금을 칭할 때에 모두 시호를 썼고, 伯夷·伊尹·柳下惠를 논한 것과 伯夷와 太公이 紂를 피한 일이 중첩되어 나온다. 한 사람의 글이 아닌 것이 분명하므로 孟子의 말씀이라 한 것 중에도 의심이 없을 수 없는 것이 많다.〔愚竊嘗論孟子七篇 雜出門人之所記述 而非皆孟子之 筆也 故其稱齊梁之君 皆書其謚 而論伯夷伊尹柳下惠及伯夷太公辟紂之事 重見疊出 其非一人之筆 審矣 故其云孟子之言者 多不能無疑〕" 하고, 이 章에서도 皐陶의 법 집행과 舜임금이 왕위를 버리는 것이 의리에 맞지 않는 것으로 의심하였다.

··· 履 신 리 循 따를 순 芥 지푸라기 개 較 비교할 교 范 성 범 喟 한숨쉴 위

孟子께서 范땅으로부터 齊나라에 가시어 齊王의 아들을 바라보시고는 喟然히 감탄하셨다. "거처가 기운을 옮겨놓고 봉양이 몸을 바꿔놓으니, 〈영향이〉 크구나 거처여. 모두(똑같이) 사람의 자식이 아니겠는가.

集註 | 范은 齊邑[285]이라 居는 謂所處之位라 養은 奉養也라 言 人之居處 所繫甚大하니 王子亦人子耳로되 特以所居不同이라 故로 所養不同하여 而其氣體有異也라

范은 齊나라 고을이다. '居'는 처하는 바의 자리(위치)를 이른다. '養'은 奉養함이다. 사람의 거처는 관계되는 바가 매우 크니, 王子 또한 사람의 자식일 뿐인데 다만 거처하는 바가 똑같지 않기 때문에 봉양하는 바가 똑같지 않아서 그 氣와 體가 다름이 있음을 말씀한 것이다.

36-2. (孟子曰)

(孟子께서 말씀하셨다.)

集註 | 張鄒[286]皆云羨文也라

張氏(張栻)와 鄒氏(鄒浩)는 모두 羨文(衍文)이라고 하였다.

36-3. 王子宮室車馬衣服이 多與人同이로되 而王子若彼者는 其居使之然也니 況居天下之廣居者乎아

王子의 宮室과 車馬와 衣服이 보통사람들과 같은 것이 많으나 王子가 저와 같이 훌륭한 것은 그 거처가 그렇게 만든 것이니, 하물며 天下의 廣居(仁)에 거하는 자에 있어서랴.

---

285 范 齊邑 : 楊伯峻은 "范은 옛 성이 지금의 山東省 范縣 동남쪽 20리에 있는데, 梁(魏)나라에서 齊나라로 가는 要路이다." 하였다.
286 張鄒 : 《大全》에 "張敬夫(張栻)와 鄒志完(鄒浩)이다." 하였다.

··· 繫 맬 계 鄒 성 추 羨 남을 연(衍通)

集註 | 廣居는 見前篇²⁸⁷하니라

尹氏曰 睟然見(현)於面, 盎於背는 居天下之廣居者 然也니라

'廣居'는 前篇(滕文公下)에 보인다.

尹氏(尹焞)가 말하였다. "睟然히 얼굴에 나타나고 등에 가득함은 天下의 廣居에 거하는 자만이 그러한 것이다."

36-4. 魯君이 之宋하여 呼於垤澤之門이어늘 守者曰 此非吾君也로되 何 其聲之似我君也오하니 此는 無他라 居相似也일새니라

魯나라 君主가 宋나라에 가서 垤澤의 문에서 고함을 치자, 문을 지키는 자가 말하기를 '이는 우리 군주가 아닌데, 어쩌면 그리도 음성이 우리 군주와 같은가.' 하였으니, 이는 다름이 아니라 거처가 서로 유사하기 때문이다."

集註 | 垤澤은 宋城門名也라 孟子又引此事爲證하시니라

垤澤은 宋나라 성문의 이름이다. 孟子께서 또 이 일을 인용하여 증명하신 것이다.

| 食而弗愛章(豕交章) |

37-1. 孟子曰 食(사)而弗愛면 豕交之也요 愛而不敬이면 獸畜(혹)之也니라

孟子께서 말씀하셨다. "먹이기만 하고 사랑하지 않으면 돼지로 사귀는 것이요, 사랑하기만 하고 공경하지 않으면 짐승(애완동물)으로 기르는 것이다.

集註 | 交는 接也요 畜은 養也라 獸는 謂犬馬之屬²⁸⁸이라

---

287 廣居 見前篇:앞의〈滕文公下〉2장에 "天下의 넓은 집에 거하며 天下의 바른 자리에 서며 天下의 큰 道를 행한다.〔居天下之廣居 立天下之正位 行天下之大道〕"라고 보이는데,《集註》에 "'廣居'는 仁이고 '正位'는 禮이고 '大道'는 義이다."라고 하였다.

288 獸 謂犬馬之屬:壺山은 "'獸'字는 '豕'와 상대하여 말하였다. 그러므로《集註》에서 개와 말로 실증하였다. 돼지는 다만 푸줏간에 채워 食用으로 제공되기 때문에 먹여 줄 뿐이요, 개는 밤을 지키고 말은 타고 짐을 싣기 때문에 먹여 주고 또 사랑하니, 이것은 돼지와 개와 말이 또 귀천의 차별이 있는 것이다.〔獸字 與豕對說 故註以犬馬實之 蓋豕只可充庖 故食之而已 犬以守夜 馬以乘載 故旣食而又愛之 是

··· 睟 윤택할 수 盎 넘칠 앙 垤 개미둑 질 食 먹일 사 豕 돼지 시 獸 짐승 수

'交'는 접함이요, '畜'은 기름이다. '獸'는 개와 말의 등속을 이른다.

37-2. 恭敬者는 幣之未將者也니라

恭敬은 폐백을 받들기 이전에 이미 있는 것이다.

> 集註 | 將은 猶奉也니 詩曰 承筐是將이라하니라
> 程子曰 恭敬이 雖因威儀幣帛而後發見(현)이나 然幣之未將時에 已有此恭敬之心이요 非因幣帛而後有也니라
>
> '將'은 奉(받듦)과 같으니, 《詩經》〈小雅 鹿鳴〉에 이르기를 "광주리로 받아 받들어 올린다." 하였다.
> 程子(伊川)가 말씀하였다. "恭敬은 비록 威儀와 幣帛을 인한 뒤에 나타나나 幣帛을 받들어 올리지 않았을 때에(받들어 올리기 전에) 이미 이 恭敬의 마음이 있는 것이요, 幣帛을 인한 뒤에 있는 것이 아니다."

37-3. 恭敬而無實이면 君子不可虛拘니라

恭敬을 하되 실제가 없으면 君子가 헛되이 얽매여서는 안 된다."

> 按說 | 《孟子注疏》의 疏에
>
> '實'은 공경하고 사랑하는 것을 이른다.〔實者謂敬愛者也〕
>
> 하였는데, 《大全》에 이를 인용하였는바, 壺山은
>
> '實'은 誠心으로 恭敬함을 이르니, 바로 윗절의 恭敬이다. 혹자는 幣帛을 '實'이라고 여기는데, 이것은 진실로 말할 것이 못되고, 小註에 愛와 敬에 해당시킨 것 또한 모두 부합하지는 못하다. 首節에 愛와 敬을 이미 분별하여 말씀했으니, 여기에서 또다시 뒤섞어 한 가지 일로 삼아서는 안 된다.〔實 謂誠心爲恭敬也 卽上節之恭敬也 或者以幣帛爲實 則固不

───────────

則豕與犬馬 又有貴賤之別耳〕" 하였다.

··· 幣 폐백 폐 將 받들 장 筐 광주리 광

足言 而小註以愛敬當之者 亦未盡合 蓋首節 愛與敬 旣分別言之 不當於此又混爲一
事耳〕

하였다. 茶山은

'無實'은 간하면 행하지 않고 말하면 들어주지 않으며 先王의 道로써 말해 주어도 행하지
않는 것이다. 이와 같으면 군자는 헛되이 붙잡혀 머물러 있어서는 안 된다.〔無實者 謂諫則
弗行 言則弗聽 語之以先王之道而莫之爲也 如是則君子不可虛執留也〕

하였다.

集註 | 此는 言 當時諸侯之待賢者 特以幣帛爲恭敬而無其實也라 拘는 留也라

이는 당시 諸侯들이 賢者를 대접함에 다만 幣帛으로써 恭敬을 삼고 그 실제가 없음을 말
씀한 것이다. '拘'는 얽매여 있는 것이다.

|形色天性章(踐形章)|

38. 孟子曰 形色은 天性也니 惟聖人然後에 可以踐形이니라

孟子께서 말씀하셨다. "形·色은 天性이니, 오직 聖人인 뒤에야 形·色을 실천할 수
있다."

集註 | 人之有形有色이 無不各有自然之理하니 所謂天性也라 踐은 如踐言[289]之踐
이라 蓋衆人은 有是形而不能盡其理라 故로 無以踐其形이요 惟聖人은 有是形而又
能盡其理하니 然後에 可以踐其形而無歉也[290]니라

사람이 갖고 있는 形體와 色은 각각 自然의 이치가 있지 않음이 없으니, 이것이 이른바 天

---

289 踐言 : 《禮記》〈曲禮上〉에 "몸을 닦고 말을 실천함을 善行이라 한다.〔修身踐言 謂之善行〕"라고 보인
다.

290 人之有形有色……可以踐其形而無歉也 : 茶山은 "'形'은 身體이고 '色'은 顔色이고 '性'은 天命이다.
사람의 形·色이 만물 가운데 가장 존귀하니, 이 또한 天命이다. 오직 聖人만이 능히 실천하여 이 形을
저버리지 않는다.〔形者身形也 色者顔色也 性者天命也 人之形色 於萬物之中 最爲尊貴 斯亦天命
也 惟聖人爲能踐履 不負此形〕" 하였다.

··· 踐 밟을 천 歉 부족할 겸

性이란 것이다. '踐'은 踐言(말을 실천함)의 踐과 같다. 衆人은 이 형체를 갖고 있으나 그 이치를 다하지 못하므로 그 형체를 실천할 수 없고, 오직 聖人만이 이 형체를 갖고 있고 또 그 이치를 다할 수 있으니, 이러한 뒤에야 그 형체를 실천하여 부족함이 없을 수 있다.

章下註 | ○程子曰 此는 言 聖人이 盡得人道而能充其形也라 蓋人得天地之正氣 而生하여 與萬物不同하니 旣爲人인댄 須盡得人理然後에 稱其名이라 衆人은 有之 而不知하고 賢人은 踐之而未盡하니 能充其形은 惟聖人也시니라
楊氏曰 天生烝民에 有物有則(칙)²⁹¹하니 物者는 形色也요 則者는 性也라 各盡其則 이면 則可以踐形矣니라

○程子(伊川)가 말씀하였다. "이는 聖人이 人道를 다하여 능히 그 형체를 채울 수 있음을 말씀한 것이다. 사람은 天地의 正氣를 얻고 태어나 萬物과 똑같지 않으니, 이미 사람이 되었다면 모름지기 사람의 도리를 다한 뒤에야 그 명칭에 걸맞는 것이다. 衆人은 이것을 갖고 있으나 알지 못하고 賢人은 실천하나 다하지 못하니, 능히 그 형체를 채우는 것은 오직 聖人뿐이다."
楊氏(楊時)가 말하였다. "하늘이 여러 백성(사람)을 냄에 物(사물)이 있으면 則(법칙)이 있으니, 物은 形·色이고 則은 性이다. 각각 그 법을 다한다면 형체를 실천할 수 있다."

|齊宣王欲短喪章|

39-1. 齊宣王이 欲短喪이어늘 公孫丑曰 爲朞之喪이 猶愈於已乎인저

齊 宣王이 喪期를 단축하고자 하자, 公孫丑가 말하였다. "朞年喪을 하는 것이 그만 두는 것보다는 나을 것입니다."

集註 | 已는 猶止也라

'已'는 止(그만둠)와 같다.

---

291 天生烝民 有物有則 : 《詩經》〈大雅 烝民〉에 보이는 내용으로 위 〈告子上〉 6장에도 인용되었는데, 위의 인용에는 '烝'이 '蒸'으로 표기되어 있다.

··· 充 채울충 烝 무리증 朞 기년기 愈 나을유 已 그만둘 이

39-2. 孟子曰 是猶或이 紾其兄之臂어든 子謂之姑徐徐云爾로다 亦敎 之孝弟而已矣니라

孟子께서 말씀하셨다. "이는 어떤 사람이 자기 형의 팔을 비틀면 그대가 그에게 이르기를 '우선 천천히 하라.'고 하는 것과 같다. 또한 그에게 孝·弟를 가르칠 뿐이다."

按說 | '亦'에 대하여, 楊伯峻은

但·祗(다만, 단지)의 뜻이다.

하였다.

集註 | 紾은 戾也라 敎之以孝弟之道면 則彼當自知兄之不可戾而喪之不可短矣리라 孔子曰 子生三年然後에 免於父母之懷하나니 予也有三年之愛於其父母乎[292] 아하시니 所謂敎之以孝弟者 如此하니 蓋示之以至情之不能已者요 非强之也니라

'紾'은 어긋나게 하는 것(비틈)이다. 孝·弟의 도리를 가르치면 저가 마땅히 형을 비틀어서는 안 되고 喪期를 단축해서는 안 됨을 스스로 알게 될 것이다. 孔子께서 말씀하시기를 "자식이 태어난 지 3년이 된 뒤에야 父母의 품에서 면하니, 宰予는 3년의 사랑이 그 父母에게 있었는가." 하셨으니, 이른바 孝·弟를 가르친다는 것은 이와 같은 것이다. 이는 지극한 情이 그칠 수 없음을 보여준 것이요, 억지로 하는 것이 아니다.

39-3. 王子有其母死者어늘 其傅爲之請數月之喪이러니 公孫丑曰 若 此者는 何如也잇고

王子 중에 그 어머니가 죽은 자가 있었는데 그의 師傅가 그를 위해 수개월의 喪을 청하자, 公孫丑가 말하였다 "이와 같은 경우는 어떻습니까?"

---

292 孔子曰……予也有三年之愛於其父母乎:予는 孔子의 弟子인 宰予로, 이 내용은《論語》〈陽貨〉21장에 보인다.

••• 紾 비틀 진 臂 팔뚝 비 姑 우선 고 徐 천천히서 戾 어그러질 려 懷 품을 회 强 억지로 강 傅 스승 부

集註 | 陳氏曰 王子所生之母死에 厭(壓)於嫡母하여 而不敢終喪[293]이어늘 其傅爲請於王하여 欲使得行數月之喪[294]也라 時又適有此事하니 丑問如此者는 是非何如오하니라 按儀禮컨대 公子爲其母하여 練冠, 麻衣, 縓(전)緣하고 旣葬에 除之[295]라하니 疑當時에 此禮已廢어나 或旣葬而未忍卽除[296]라 故로 請之也라

陳氏(陳暘)가 말하였다. "王子를 낳은 어머니(後宮)가 죽었는데, 嫡母에게 壓尊되어 감히 喪期를 마칠 수가 없자, 그의 師傅가 王에게 청하여 그로 하여금 수개월의 喪期를 행할 수 있게 하고자 한 것이다. 이때에 또 마침 이러한 일이 있자, 公孫丑가 '이와 같은 경우는 是非가 어떻습니까?' 하고 물은 것이다. 《儀禮》를 상고해 보면 '公子는 자기를 낳아 준 어머니를 위해서 練冠을 쓰고 분홍색 布로 선을 두른 麻衣를 입고 〈3개월 만에〉 葬禮한 뒤에 벗는다.' 하였으니, 당시에 이러한 禮가 이미 폐지되었거나 또는 이미 장사지냈는데도 차마 곧바로 喪服을 벗을 수 없었기 때문에 청한 듯하다."

39-4. 曰 是欲終之而不可得也라 雖加一日이나 愈於已하니 謂夫莫之禁而弗爲者也니라

孟子께서 말씀하셨다. "이는 喪期를 마치고자 해도 될 수 없는 경우이니, 비록 하루를 더하더라도 그만두는 것보다 낫다. 〈앞에서 말한 것은〉 禁하는 사람이 없는데도 하지 않는 경우를 말한 것이다."

---

293 厭於嫡母 而不敢終喪: '厭'은 壓과 통하는바, 높은 분에게 눌림을 당함을 이르니, 王子의 所生母가 後宮이어서 嫡母에게 壓尊되어 齊衰 三年服을 입지 못함을 말한 것이다. 父在母喪의 경우에 아버지에게 壓尊되어 齊衰 朞年服을 입는 것도 한 예이다.

294 數月之喪: 《大全》에 "大功은 9개월이고 小功은 5개월이다.〔大功九月 小功五月〕" 하였다.

295 按儀禮……除之: 《儀禮》〈喪服〉 記에 "公子(제후의 서자)는 자기 어머니를 위하여 마전한 冠에 牡麻로 만든 首経과 腰経을 하고 牡麻로 만든 深衣에 분홍색 布로 선을 두른 상복을 입으며, 자기 아내를 위하여 분홍색 冠에 葛로 만든 首経과 腰経을 하고 牡麻로 만든 深衣에 분홍색 布로 선을 두른 상복을 입으며, 모두 장례하고 벗는다.〔公子는 군주의 庶子이다.〕〔公子爲其母 練冠, 麻, 麻衣縓緣 爲其妻 縓冠, 葛経帶, 麻衣縓緣 皆旣葬除之〔公子 君之庶子也〕〕" 하였다.

296 疑當時……或旣葬而未忍卽除: 茶山은 "'王子의 師傅가 수개월의 喪을 청하였다.'는 것은, 당시 公의 庶子는 생모를 위하여 감히 喪事를 주관하지 못하고, 아울러 練冠과 緦麻服의 首経도 禮와 같이 하지 못하였기 때문에, 그의 師傅가 古禮(儀禮)를 따라 장례를 지내기 전의 居喪을 청한 것이다.〔'수개월'은 장례 이전을 말한다.〕〔王子傅請數月之喪者 當時公之庶子 爲其母 都不敢持喪 並其練冠緦経亦不如禮 故其傅請依古禮 爲葬前之喪也〔數月 謂葬前〕〕" 하였다.

••• 厭 눌릴 압(壓通) 嫡 정실 적 適 마침 적 練 마전할 련 縓 붉을 전 緣 선두를 연

集註ㅣ 言 王子欲終喪而不可得이어늘 其傅爲請하니 雖止得加一日이라도 猶勝不加하니 我前所譏는 乃謂夫莫之禁而自不爲者耳니라

'王子가 喪期를 마치고자 해도 될 수 없자 그의 師傅가 요청하였으니, 비록 다만 하루를 더하더라도 더하지 않는 것보다 나은 것이다. 내가 앞에서 〈齊 宣王의 喪期 단축을〉 비판한 것은 禁하는 사람이 없는데도 스스로 하지 않는 경우를 말한 것뿐이다.' 라고 말씀한 것이다.

章下註ㅣ ○ 此章은 言 三年通喪[297]은 天經地義라 不容私意有所短長이니 示之至情이면 則不肖者 有以企而及之矣리라

○ 이 章은 3년의 通喪은 하늘의 法이요 땅의 義이므로 사사로운 뜻으로 단축하고 연장할 수 있는 것이 아님을 말씀하였으니, 지극한 情을 보여주면 不肖한 자가 그를 바라보고 미칠 수 있을 것이다.

|君子之所以教章|

40-1. 孟子曰 君子之所以教者 五니

孟子께서 말씀하셨다. "君子가 가르치는 방법이 다섯 가지이니,

集註ㅣ 下文五者는 蓋因人品高下와 或相去遠近先後之不同이라

아랫글의 다섯 가지는 人品의 高下나 혹은 거리의 遠近과 시대의 先後가 똑같지 않음으로 인한 것이다.

40-2. 有如時雨化之者하며

時雨(단비)가 변화시킨 것과 같은 경우도 있으며,

---

297 三年通喪 : '通喪'은 天子로부터 庶人에 이르기까지 똑같이 입는 상복으로 父母喪을 가리키는바, 《論語》〈陽貨〉 21장에 "父母에 대한 三年喪은 天下의 공통된 喪이다.〔夫三年之喪 天下之通喪也〕"라고 보인다.

••• 止 다만 지 譏 기롱할 기 經 법 경 企 바랄 기

按說 | 慶源輔氏(輔廣)는

時雨가 變化시킴과 같은 것은 人品이 높은 자이고, 德을 이루고 재주의 所長을 통달함은
그 다음이고, 물음에 答함은 낮은 자이며, 私淑艾는 同時代에 있어도 서로의 거리가 혹 멀
거나 同時代가 아니어서 뒤늦게 태어나 門下에 이르러 受業하지 못한 자이다.〔如時雨化
品之高者 成德達財 其次也 答問 下者也 私淑艾 有同時而相去或遠 不同時而其生
也後 不能及門受業者也〕

하였다.

集註 | 時雨는 及時之雨也[298]라 草木之生에 播種封植[299]하여 人力已至로되 而未能
自化하니 所少者는 雨露之滋耳라 及此時而雨之면 則其化速矣니 敎人之妙 亦猶
是也니 若孔子之於顔曾이 是已라

'時雨'는 때에 알맞은 비이다. 草木이 자랄 적에 파종하고 잘 북돋아 주어 사람의 功力이
이미 지극하나 스스로 변화하지 못하니, 이때 부족한 것은 雨露의 滋養일 뿐이다. 이때에
미쳐서 비가 내리면 그 변화함이 빠르다. 사람을 교화시키는 妙함 또한 이와 같으니, 예를
들면 孔子가 顔子와 曾子에 대해서와 같은 것이 이런 경우이다.

40-3. 有成德者하며 有達財(材)者하며

德을 이루게 하는 경우도 있으며, 재질을 통달하게 하는 경우도 있으며,

按說 | 朱子는

'成德'은 그 덕을 成就하는 것으로 孔子가 冉伯牛와 閔子騫에 대해서와 같은 경우이니,
德은 타고난 資稟이 純粹한 것이다. '達材'는 그 才를 통달하게 하는 것으로 孔子가 由(子
路)와 賜(子貢)에 대해서와 같은 경우이니, 才는 明敏한 것이다.〔成德 成就其德 如孔子

---

298 時雨 及時之雨也:朱子는 "'時雨'라는 것은 이르지도 않고 늦지도 않아 제때에 알맞은 것이다.〔時雨云
者 不先不後 適當其時而已〕"하였다.《語類》

299 封植:封殖, 封埴으로도 표기하는바, 封은 뿌리를 북돋아주는 것이고 植은 植物을 곧게 세워주는 것
이다.

··· 播 뿌릴 파 封 북돋을 봉 滋 적실 자

集註 | 財는 與材同이라 此는 各因其所長而教之者也라 成德은 如孔子之於冉閔이
요 達財는 如孔子之於由賜라

'財'는 材와 같다. 이는 각각 그 所長을 인하여 가르친 것이다. '德을 이룬다.'는 것은 孔子
가 冉伯牛와 閔子騫에 대해서와 같은 것이요, '재질을 통달하게 한다.'는 것은 孔子가 由
(子路)와 賜(子貢)에 대해서와 같은 경우이다.

40-4. 有答問者하며
물음에 답한 경우도 있으며,

集註 | 就所問而答之니 若孔孟之於樊遲萬章也라

그의 물음에 대하여 답한 것이니, 孔子와 孟子가 樊遲와 萬章에 대해서와 같은 경우이다.

40-5. 有私淑艾(예)者하니
사사로이 善으로 다스린 경우도 있으니,

按說 | '艾'에 대하여, 朱子는

《說文解字》에 "艾는 풀을 베는 것이다." 하였다.……自艾와 淑艾가 모두 베고 끊어서 스스
로 새로워지는 뜻이 있으며, 懲艾와 創艾 또한 여기에서 취한 것이다.[說文云 艾草也……
自艾淑艾 皆有斬絶自新之意 懲艾創艾 亦取諸此]《朱子大全 答何叔京》

하였다.
'私淑艾'에 대하여, 楊伯峻은 焦循의 《孟子正義》에

《詩經》〈豳風 七月〉의 '九月에는 깨를 털며[九月叔苴]'에 대해, 《毛傳》에 '叔은 拾이다.' 하

··· 冉 성염 閔 성민 樊 울타리번 遲 더딜지 淑 착할숙 艾 다스릴예

였으니,……淑은 叔과 통한다.……《詩經》〈周南 葛覃〉의 '是刈是濩'에 대해 《經典釋文》
에 '刈는 어떤 본에는 또 艾로 되어 있다.' 하고, 《韓詩》에 '刈는 取(취하다)의 뜻이다.' 하였
으니,……〈離婁下〉 22장의 '私淑諸人'은 바로 私拾諸人이다. 淑과 艾 두 자의 뜻이 중첩되
니, '私淑艾'는 바로 私拾取이다.……실제는 私淑艾가 私淑과 같다.〔毛詩豳風七月九月
叔苴 傳云 叔拾也……淑與叔通……詩經周南葛覃是刈是濩 釋文云 刈本又作艾 韓
詩云 刈取也……蓋私淑諸人 卽私拾諸人也 淑艾二字義相疊 私淑艾者 卽私拾取也
……其實私淑艾猶私淑也〕

라고 한 내용을 취하여, '淑'은 '拾(주을 습)', '艾'는 '取(취하다)'라고 하여 "遺風과 餘韻
을 통하여 後人이 스스로 배워 익히다."라고 번역하였다.

集註 | 私는 竊也요 淑은 善이요 艾는 治也라 人或不能及門受業하고 但聞君子之道
於人하여 而竊以善治其身이면 是亦君子敎誨之所及이니 若孔孟之於陳亢夷之 是
也라 孟子亦曰 予未得爲孔子徒也나 予는 私淑諸人也[300]라하시니라

'私'는 竊(적이)이요, '淑'은 善이요, '艾'는 다스림이다. 사람이 혹 門下에 이르러 受業하
지 못하고, 다만 君子의 道를 남에게 들어서 적이 善으로써 그 몸을 다스리면 이 또한 君子
의 가르침이 미친 것이니, 예를 들면 孔子와 孟子가 陳亢과 夷之에 대해서와 같은 경우가
이것이다. 孟子 또한 말씀하시기를 "나는 孔子의 門徒가 되지는 못하였으나 나는 적이 남
에게서 얻어들어 몸을 善하게 하였다." 하셨다.

40-6. 此五者는 君子之所以敎也니라

이 다섯 가지는 君子가 가르치는 방법이다."

集註 | 聖賢施敎 各因其材하여 小以成小하고 大以成大하여 無棄人也니라

聖賢이 가르침을 베풂은 각기 그 재질에 따라서 작은 사람은 작게 이루어 주고 큰 사람은
크게 이루어 주어 버리는 사람이 없다.

---

300 孟子亦曰……私淑諸人也 : 위 〈離婁下〉 22장에 그대로 보인다.

••• 竊 사사로울 절 誨 가르칠 회 亢 높을 강(항)

|道則高矣美矣章(引而不發章)|

41-1. 公孫丑曰 道則高矣美矣나 宜若登天然이라 似不可及也니 何不使彼로 爲可幾及而日孶孶也잇고

公孫丑가 말하였다. "道가 높고 아름다우나 하늘에 오르는 것과 같아서 따라갈 수 없을 듯하니, 어찌하여 저들로 하여금 거의 미칠 수 있다고 여겨서 날마다 부지런히 힘쓰게 하지 않습니까?"

> 按說ㅣ '宜若'은 擬測이나 推斷을 표시하는 말로, '似乎(마치 ~인 듯하다)'와 같은 뜻이다.

41-2. 孟子曰 大匠이 不爲拙工하여 改廢繩墨하며 羿不爲拙射하여 變其彀率(구율)이니라

孟子께서 말씀하셨다. "큰 목수가 졸렬한 木工을 위하여 먹줄과 먹통을 고치거나 폐하지 않으며, 羿가 졸렬한 射手를 위하여 활시위를 당기는 率(기준)을 변경하지 않는다.

> 集註ㅣ 彀率은 彎弓之限也라 言 敎人者 皆有不可易之法하니 不容自貶以徇學者之不能也니라
>
> '彀率'은 활시위를 당기는 한계이다. 사람을 가르치는 자는 모두 바꿀 수 없는 法(원칙)이 있으니, 스스로 폄하하여 배우는 자의 능하지 못함을 따를 수 없음을 말씀한 것이다.

41-3. 君子引而不發하나 躍如也하여 中道而立이어든 能者從之니라

君子가 활시위를 당기기만 하고 쏘지 않으나 躍如하여 中道에 서 있거든 능한 자가 따르는 것이다."

> 按說ㅣ 朱子는

··· 幾 거의 기 孶 부지런할 자 匠 목수 장 拙 못날 졸 繩 먹줄 승 墨 먹 묵 羿 이름 예 彀 활당길 구 率 비율 률
彎 당길 만 貶 낮출 폄 躍 뛸 약

'활을 당기기만 하고 發射하지 않는다.'는 것은 점점 그 단서를 열어 주고 그 말을 다해 주지 않음을 이르고, '躍如'는 義理가 밝게 드러나서 물건이 마음과 눈의 가운데로 뛰어오르는 듯함을 이른다.〔引而不發 謂漸啓其端而不竟其說 躍如 謂義理昭著 如有物躍然於心目之間〕《朱子大全 答或人》

하였다.

'君子引而不發'에 대하여, 官本諺解에는 '引而不發ᄒ야'로 懸吐하고 '引ᄒ고 發티 아니ᄒ야'라고 하였으나, 栗谷諺解에 '引코 發티 아니ᄒ나'로 되어 있어 이를 따랐다. 《集註》에도 '如射者之引弓而不發矢 然'으로 되어 있다. 壺山은

> '不發'의 官本諺解의 諺讀은 《集註》의 '然'의 뜻이 없는 듯하니, 《集註》의 뜻에 위배될 듯하다.〔不發之諺讀 無然義 恐違集註意〕

하였다.

'躍如也'에 대하여, 官本諺解에 '躍如也ᄒ야'로 懸吐하였는데, 壺山은

> 살펴보건대 諺讀은 '躍如也'를 아랫글 '中道而立'과 연결하여 일관된 문세로 삼았으니, 《集註》의 뜻에 위배될 듯하다.〔按諺讀 以躍如也 連下文中道而立 爲一串文勢 恐違集註意〕

하였는바, 壺山의 說을 따를 경우 '躍如也하니'로 懸吐해야 할 듯하다. 《集註》에는 '其所不告者 已如踊躍而見於前矣 中者 無過不及之謂'라고 하여, 經文의 '引而不發 躍如也'를 해석한 뒤에 '中道而立'의 '中'字의 字訓을 언급하여, 壺山의 말대로 '躍如也'와 '中道而立'을 연결된 문세로 보지 않은 듯하다.

集註 | 引은 引弓也요 發은 發矢也라 躍如는 如踊躍而出也라 因上文彀率而言 君子敎人에 但授以學之之法이요 而不告以得之之妙니 如射者之引弓而不發矢라 然이나 其所不告者 已如踊躍而見於前矣니라 中者는 無過不及之謂니 中道而立은 言其非難非易요 能者從之는 言學者當自勉也니라

'引'은 활시위를 당김이요, '發'은 화살을 발사함이다. '躍如'는 踊躍하여 나옴과 같은 것이다. 윗글의 彀率을 인하여 말씀하시기를 "君子가 사람을 가르침에 다만 그것을 배우는 法(원칙)을 전수해 주고 그것을 터득하는 妙理는 말해 주지 않으니, 이는 마치 활 쏘는 자가

··· 矢화살시 踊뛸용 授줄수

활시위를 당기기만 하고 화살을 발사하지 않는 것과 같다. 그러나 말해 주지 않은 것(妙理)이 이미 踊躍하여 앞에 나타난 것과 같다." 하였다. 中은 過와 不及이 없음을 이르니, '中道而立'은 어렵지도 않고 쉽지도 않음을 말씀한 것이요, '能者從之'는 배우는 자가 마땅히 스스로 힘써야 함을 말씀한 것이다.

章下註 | ○此章은 言 道有定體하고 敎有成法하니 卑不可抗이요 高不可貶이요 語不能顯이요 默不能藏이니라

○이 章은 道는 일정한 體가 있고 가르침은 이루어진 法이 있으니, 낮은 것을 높여서는 안 되고 높은 것을 폄해서는(낮추어서는) 안 되며, 말해도 드러낼 수 없고 침묵해도 감출 수 없음을 말씀한 것이다.

| 天下有道章(以道殉身章) |

42-1. 孟子曰 天下有道엔 以道殉身하고 天下無道엔 以身殉道하나니

孟子께서 말씀하셨다. "천하에 道가 있을 때에는 道로써 몸을 따르고, 천하에 道가 없을 때에는 몸으로써 道를 따르는 것이니,

集註 | 殉은 如殉葬[301]之殉[302]이니 以死隨物之名也라 身出則道在必行이요 道屈則

---

[301] 殉葬 : 《禮記》〈檀弓下〉에 "〈齊나라 大夫〉 陳子車가 衛나라에서 죽자, 그 아내가 家臣들과 함께 殉葬할 것을 도모하였다. 〈殉葬할 사람을〉 결정한 뒤에 〈子車의 형제인〉 陳子亢이 이르자, 〈이 사실을 陳子亢에게〉 말하기를 '夫子가 질병이 있을 적에 아랫사람에게 제대로 봉양을 받지 못했으니, 아랫사람들로 殉葬할 것을 청한다.' 하였다. 陳子亢이 말하기를 '殉葬하는 것은 禮가 아니다. 그렇지만 저(陳子車)가 질병이 있을 적에 봉양했어야 할 사람으로 아내와 家臣만한 자가 어디 있겠는가. 殉葬을 그만둘 수 있다면 내 그만두겠지만, 부득이하여 殉葬을 해야 한다면 내 〈아내와 家臣〉 두 사람으로 殉葬을 하고자 한다.' 하니, 이에 殉葬을 하지 않았다.〔陳子車死於衛 其妻與其家大夫 謀以殉葬 定而後 陳子亢至 以告曰 夫子疾 莫養於下 請以殉葬 子亢曰 以殉葬 非禮也 雖然則彼疾當養者 孰若妻與宰 得已 則吾欲已 不得已 則吾欲以二子者之爲之也 於是弗果用〕"라고 보인다.

[302] 殉 如殉葬之殉 : 趙岐는 "'殉'은 '따르다'의 뜻이다. 천하에 道가 있어 王政을 행할 수 있으면 道가 몸을 따라 실제 功效를 베풀고, 천하에 道가 없어 道가 행해질 수 없으면 몸으로 道를 따라 道를 지키며 은거한다.〔殉從也 天下有道 得行王政 道從身施功實也 天下無道 道不得行 以身從道 守道而隱〕" 하였다. 茶山은 "《集註》처럼 '殉葬의 殉'이라고 하면 '以道殉身'은 뜻이 통하지 않는다.〔若作殉葬之殉 則以道殉身 不可通〕"라고 《集註》를 비판하였다.

··· 卑 낮을 비 抗 높을 항(亢通) 貶 낮출 폄 默 잠잠할 묵 殉 따를 순 葬 장사지낼 장

身在必退하여 以死相從而不離也라

'殉'은 殉葬의 殉과 같으니, 죽음으로 물건을 따름의 명칭이다. 몸이 나가면 道가 반드시 행해져야 할 처지에 있고, 道가 굽혀지면 몸이 반드시 물러나야 할 처지에 있어서 죽음으로써 서로 따르고 떨어지지 말아야 한다.

42-2. 未聞以道殉乎人者也로라

道를 가지고 남을 따른다는 것은 내 듣지 못하였다."

集註 | 以道從人은 妾婦之道라

道를 가지고 남을 따름은 妾婦의 道이다.

|滕更之在門章(挾貴章)|

43-1. 公都子曰 滕更(경)之在門也에 若在所禮而不答은 何也잇고

公都子가 말하였다. "滕更이 門下에 있을 적에 예우할 바(입장, 대상)에 있을 듯한데도 〈선생께서〉 그의 물음에 대답하지 않으심은 어째서입니까?"

集註 | 趙氏曰 滕更은 滕君之弟로 來學者也라

趙氏(趙岐)가 말하였다. "滕更은 滕나라 군주의 아우로, 와서 배운 자이다."

43-2. 孟子曰 挾貴而問하며 挾賢而問하며 挾長而問하며 挾有勳勞而問하며 挾故而問이 皆所不答也니 滕更이 有二焉하니라

孟子께서 말씀하셨다. "귀한 신분을 믿고 물으며 어짊을 믿고 물으며 나이 많음을 믿고 물으며 공로가 있음을 믿고 물으며 故(底意)를 가지고 묻는 경우는 모두 대답하지 않는 것(대상)이니, 滕更이 이 가운데 두 가지를 가지고 있었다."

··· 挾 낄협, 자세할협 勳 공훈 勞 공로

按說 | '長'에 대하여, 《集註》의 音訓에 上聲으로 되어 있는데, 壺山은

> 〈音訓의〉上聲은 一本에는 去聲으로 되어 있다. 살펴보건대 長은 세 가지 音이 있다. 年長
> 일 경우에는 上聲으로 읽고, 修長(길다)에는 平聲으로 읽고, 多餘에는 去聲으로 읽으니,
> 《論語》의 '長一身有半'의 長이 이것(去聲)이다. 여기에서 말한 長을 만약 去聲으로 읽는
> 다면 이는 才藝가 남보다 뛰어남을 가리킨 것이다. 〔上 一作去 按長有三音 年長則爲上
> 聲 修長則爲平聲 多餘則爲去聲 論語長一身有半之長 是也 此所云長 若作去聲 則
> 是指才藝之過人〕

하였다.

集註 | 趙氏曰 二는 謂挾貴, 挾賢也라
尹氏曰 有所挾이면 則受道之心이 不專하니 所以不答也니라

趙氏(趙岐)가 말하였다. "'두 가지'는 挾貴와 挾賢을 이른다."
尹氏(尹焞)가 말하였다. "믿는 바가 있으면 道를 받아들이는 마음이 전일하지 못하니, 이
때문에 대답해 주지 않으신 것이다."

章下註 | ○ 此는 言 君子雖誨人不倦이나 又惡(오)夫意之不誠者니라

○ 이는 君子가 비록 사람을 가르치기를 게을리하지 않으나 또 뜻이 정성스럽지 못한 자를
미워함을 말씀한 것이다.

|於不可已而已章(進銳退速章)|

44-1. 孟子曰 於不可已而已者는 無所不已요 於所厚者薄이면 無所不
薄也니라

孟子께서 말씀하셨다. "그만두어서는 안 될 경우에 그만두는 자는 그만두지 않는 것이
없고, 후하게 해야 할 것(대상)에 박하게 한다면 박하지 않은 것이 없을 것이다.

··· 誨 가르칠 회 倦 게으를 권 已 그만둘 이 薄 엷을 박

按說 | 《大學》經1章에 "天子로부터 庶人에 이르기까지 일체 모두 修身을 근본으로 삼는다. 그 근본이 어지럽고서 지엽이 다스려지는 자는 없으며, 후하게 할 것(대상)에 박하게 하고서 박하게 할 것에 후하게 하는 자는 있지 않다.〔自天子以至於庶人 壹是皆以修身爲本 其本亂而末治者否矣 其所厚者薄 而其所薄者厚 未之有也〕"라고 보이는데, 朱子는 《集註》에서 "'本'은 몸을 이르고 '후하게 할 것'은 집안을 이른다.〔本謂身也 所厚謂家也〕" 하였으며, '其所厚者薄 而其所薄者厚'에 대하여

> 〈厚薄은〉 집을 가지고 나라와 상대하여 말한 것이다.〔以家對國說〕《語類 大學二》

하였고,

> 후하게 할 대상은 父子, 兄弟, 骨肉의 은혜를 이르니, 이치에 당연하여 人心에 능히 그칠 수 없는 것이다.〔所厚者 謂父子兄弟骨肉之恩 理之所當然而人心之不能已者〕《朱子大全 答江德功》

하였다. 반면, 茶山은

> '不可已'는 修身이고 '所厚者'는 몸이다. 내가 후하게 해야 할 바는 내 몸과 같은 것이 없다. 몸이 닦이지 않았으면 백성을 가르치고 풍속을 교화함은 더욱 의논할 수 있는 것이 아니다. 몸 다음으로는 내 집안과 같은 것이 없다. 집안이 가지런하지 않으면 나라를 平治함은 더욱 의논할 수 있는 것이 아니다. 이것이 후하게 하고 박하게 하는 차이이다. 《大學》에서 말한 '所厚者'도 몸이다.〔不可已者修身也 所厚者身也 吾之所宜厚者 莫如吾身 身旣不修 則於敎民化俗 尤非可議者 次於身者 莫如吾家 家旣不齊 則於治國平邦 尤非可議者 此厚薄之差也 大學之云所厚者亦身也〕

하였다. 결국 朱子는 所厚는 家로, 所薄은 國으로 본 것인데, 茶山은 所厚는 身으로, 所薄은 家·國·天下로 본 것이다.

集註 | 已는 止也니 不可止는 謂所不得不爲者也라 所厚는 所當厚者也라 此는 言不及者之弊하니라

已는 止(그만둠)이니, '不可止'는 하지 않을 수 없는 것을 이른다. '所厚'는 마땅히 후하게 해야 할 것이다. 이는 不及한 자의 폐단을 말씀한 것이다.

44-2. 其進이 銳者는 其退速이니라

그 나아감이 빠른 자는 그 후퇴가 속하다."

集註 | 進銳者는 用心太過하여 其氣易衰라 故로 退速이니라

나아감이 빠른 자는 마음을 씀이 너무 지나쳐서 그 기운이 쇠진하기 쉽다. 그러므로 후퇴가
속한 것이다.

章下註 | ○三者之弊는 理勢必然이니 雖過不及之不同이나 然卒同歸於廢弛니라

○ 세 가지의 병폐는 이치와 형세의 필연적인 것이니, 비록 過와 不及이 똑같지 않으나 마
침내 똑같이 폐하고 해이한 데로 돌아가고 만다.

| 君子之於物章(親親而仁民章) |

45. 孟子曰 君子之於物也에 愛之而弗仁하고 於民也에 仁之而弗親하나니 親親而仁民하고 仁民而愛物이니라

孟子께서 말씀하셨다. "君子가 물건(동물이나 식물)에 대해서는 아끼기만 하고 仁하지
않으며 백성(사람)에 대해서는 仁하기만 하고 親하지 않으니, 친척을 친히 하고서 백성
을 仁하게 하고(사랑하고) 백성을 仁하게 하고서 물건을 아끼는 것이다."

按說 | 愛·仁·親은 모두 사랑하는 것으로 仁에 해당하나 이것을 구분하여 말하면 愛
는 아껴 주는 것이고, 仁은 人道로 대우하는 것이고, 親은 친척으로 대하여 부모에게 효
도하고 형제간에 우애하며 처자식을 사랑하는 따위를 이른다. 그리하여 愛보다 仁이 더
간절하고 仁보다 親이 더 간절하므로 親親을 하고서 仁民을 하고 仁民을 하고서 愛物
을 하는 것이다. 예컨대, 齊 宣王이 벌벌 떨며 죽으러 가는 소를 차마 보지 못하여 羊으로
바꾸게 한 것 같은 것이 바로 愛物이다.

··· 銳 빠를 예 速 빠를 속 太 심할 태

集註 | 物은 謂禽獸草木이라 愛는 謂取之有時하고 用之有節[303]이라

程子曰 仁은 推己及人이니 如老吾老하여 以及人之老니 於民則可나 於物則不可라 統而言之하면 則皆仁이요 分而言之하면 則有序니라

楊氏曰 其分이 不同이라 故로 所施에 不能無差等하니 所謂理一而分殊者也니라

尹氏曰 何以有是差等고 一本故也니 無僞也[304]니라

'物'은 禽獸와 草木을 이른다. '사랑한다'는 것은 취함에 때가 있고 씀에 절도가 있음을 이른다.

程子(伊川)가 말씀하였다. "仁은 내 마음을 미루어 남에게 미치는 것이니, 내 노인을 노인으로 섬겨서 남의 노인에게 미치는 것과 같은 것이니, 이를 사람에게 하는 것은 可하나 물건에게 하는 것은 불가하다. 통틀어 말하면 이 세 가지가 모두 仁이고, 나누어 말하면 차례가 있는 것이다."

楊氏(楊時)가 말하였다. "그 分(신분 또는 분수)이 같지 않기 때문에 베푸는 바에 차등이 없을 수 없으니, 이른바 '이치는 하나이나 분수는 나뉘어 다르다.'는 것이다."

尹氏(尹焞)가 말하였다. "어째서 이러한 차등이 있는가? 근본이 하나이기 때문이니, 거짓이 없는 것이다."

|知者無不知章(急先務章)|

46-1. 孟子曰 知(智)者無不知也나 當務之爲急이요 仁者無不愛也나 急親賢之爲務니 堯舜之知로 而不徧物은 急先務也요 堯舜之仁으로 不徧愛人은 急親賢也니라

孟子께서 말씀하셨다. "지혜로운 자는 알지 않음이 없으나 마땅히 힘써야 할 일을 급하게 여기고, 仁者는 사랑하지 않음이 없으나 어진이를 친히 함을 급하게 여김을 힘쓰니,

---

303 愛謂取之有時 用之有節 : 東陽許氏(許謙)는 "'愛之而弗仁'의 愛는 愛惜의 뜻이니, 가벼이 물건을 쓰지 않고 하늘이 낸 물건을 함부로 버리지 않는다.'는 뜻이다.〔愛之而弗仁之愛 愛惜之義 不輕用物 不暴殄天物之意〕" 하였다.

304 一本故也 無僞也 : 慶源輔氏(輔廣)는 "근본이 하나이기 때문에 거짓이 없고 차등이 있으니, 만약 차등이 없다면 이는 거짓이어서 근본이 둘인 것이다.〔一本 故無僞而有等差 若無等差 是僞而二本也〕" 하였다.

··· 禽 새금, 짐승금 獸 짐승 수 殊 다를 수 徧 두루미칠 변(편)

堯舜의 지혜로 물건을 두루 알지 않음은 먼저 힘써야 할 것을 급히 여겼기 때문이요, 堯舜의 仁으로 사람을 두루 사랑하지 않음은 어진이를 친히 함을 급히 여겼기 때문이다.

集註 | 知者는 固無不知나 然常以所當務者爲急이면 則事無不治하여 而其爲知也大矣요 仁者는 固無不愛나 然常急於親賢이면 則恩無不洽하여 而其爲仁也博矣니라

지혜로운 자는 진실로 알지 않음이 없으나 항상 마땅히 힘써야 할 일을 급하게 여긴다면 일이 다스려지지 않음이 없어서 그 지혜로움이 클 것이요, 仁者는 진실로 사랑하지 않음이 없으나 항상 어진이를 친히 하는 것을 급하게 여긴다면 은혜가 흡족하지 않음이 없어서 그 仁이 넓을 것이다.

46-2. 不能三年之喪而緦小功之察하며 放飯流歠而問無齒決이 是之謂不知務니라

삼년상은 잘하지 못하면서 緦麻服과 小功服은 살피며, 밥숟갈을 크게 뜨고 국을 한꺼번에 마시면서 마른 고기포를 이로 끊지 말아야 함을 따지는 것을 급히 힘쓸 줄을 모른다고 이른다.'

按說 | '放飯流歠而問無齒決'에 대하여, 《禮記》〈曲禮下〉에 "밥숟갈을 크게 뜨지 말고 국을 한꺼번에 마시지 말라.〔毋放飯 毋流歠〕"라고 보이며, 또 "젖은 고기는 이로 끊고 마른 고기포는 이로 끊지 말라.(손으로 끊으라.)〔濡肉齒決 乾肉不齒決〕"라고 보인다. '放飯'은 남과 함께 밥을 먹을 적에 밥숟갈을 크게 뜨는 것이라 하기도 하고 함부로 밥을 먹는 것이라 하기도 하는바, 朱子는 大飯이라고 하였으나 鄭玄은 '毋放飯'의 註에 "손에 남은 밥을 〈筐나 筥의 뚜껑에 털지 않고〉 본 그릇〔筥〕에 터는 것은 사람들이 더럽게 여기는 것이다.〔去手餘飯於器中 人所穢〕"하였다.

··· 緦 시마복 시 放 클 방 飯 밥 반 歠 마실 철 齒 이 치 決 끊을 결

集註 | 三年之喪은 服之重者也라 緦麻는 三月[305]이요 小功은 五月이니 服之輕者也라 察은 致詳也라 放飯은 大飯이요 流歠은 長歠이니 不敬之大者也라 齒決은 齧斷乾肉이니 不敬之小者也라 問은 講求之意라

3년의 상은 服의 중한 것이다. 緦麻는 3개월 服이요 小功은 5개월 服이니, 服의 가벼운 것이다. '察'은 자세함을 지극히 하는 것이다. '放飯'은 밥을 크게 뜨는 것이요 '流歠'은 길게 마시는 것이니, 不敬의 큰 것이다. '齒決'은 마른 고기를 이로 끊는 것이니, 不敬의 작은 것이다. '問'은 講求의 뜻이다.

章下註 | ○ 此章은 言 君子之於道에 識其全體면 則心不狹하고 知所先後면 則事有序니라

豐氏曰 智不急於先務면 雖偏知人之所知하고 偏能人之所能이라도 徒弊精神而無益於天下之治矣요 仁不急於親賢이면 雖有仁民愛物之心이라도 小人在位하여 無由下達하여 聰明이 日蔽於上하고 而惡政이 日加於下하리니 此는 孟子所謂不知務也니라

○ 이 章은 君子가 道에 대해서 그 全體를 알면 마음이 좁아지지 않고, 먼저 하고 뒤에 할 것을 알면 일에 순서가 있게 됨을 말씀한 것이다.

豐氏(豐稷)가 말하였다. "지혜를 씀에 있어 먼저 알아야 할 것을 급히 여기지 않는다면 비록 남이 아는 바를 두루 알고 남이 능한 바에 두루 능하다 하더라도 다만 정신을 피폐하게 할 뿐이요 天下의 다스림에는 유익함이 없을 것이다. 仁을 함에 있어 어진이를 친히 함을 급하게 여기지 않는다면 비록 백성을 사랑하고 물건을 아끼는 마음이 있더라도 小人들이 지위에 있어 德이 아래로 도달할 수가 없어서 聰明이 날로 위에서 가리워지고 惡政이 날로 아래에 가해질 것이니, 이는 孟子의 이른바 '급히 힘쓸 것을 알지 못한다.'는 것이다."

---

305 緦麻 三月 : 緦麻는 斬衰·齊衰·大功·小功·緦麻의 五服 중에서 가장 가벼운 것으로, 고운 삼베(熟布)로 喪服을 만든다.

··· 齧 깨물 설 乾 마를 간(건) 狹 좁을 협 徒 한갓 도 弊 피폐할 폐 聰 귀밝을 총 蔽 가릴 폐

盡心章句 下

集註 | 凡三十八章이라

모두 38章이다.

|不仁哉梁惠王章|

1-1. 孟子曰 不仁哉라 梁惠王也여 仁者는 以其所愛로 及其所不愛하고 不仁者는 以其所不愛로 及其所愛니라

孟子께서 말씀하셨다. "仁하지 못하다, 梁 惠王이여. 仁者는 자기가 사랑하는 바로써 사랑하지 않는 바에 미치고, 仁하지 못한 자는 자기가 사랑하지 않는 바로써 사랑하는 바에 미친다."

集註 | 親親而仁民하고 仁民而愛物이 所謂以其所愛로 及其所不愛也라

친척을 親愛하고서 백성(사람)을 사랑하고, 백성을 사랑하고서 물건을 아낌이 이른바 '자기가 사랑하는 바로써 사랑하지 않는 바에 미친다.'는 것이다.

1-2. 公孫丑曰 何謂也잇고 梁惠王이 以土地之故로 糜爛其民而戰之하여 大敗하고 將復(부)之호되 恐不能勝이라 故로 驅其所愛子弟하여 以殉

··· 糜 깨질 미 爛 터질 란 復 다시 부 驅 몰 구 殉 따라죽을 순

之하니 是之謂以其所不愛로 及其所愛也니라

公孫丑가 물었다. "무슨 말씀입니까?"
〈孟子께서 말씀하셨다.〉"梁惠王이 토지(영토)의 연고 때문에 그 백성을 麋爛(피와 살이 깨지고 터짐)시켜 싸우게 하여 大敗하고는, 장차 다시 싸우려 하되 이기지 못할까 두려우므로 자기가 사랑하는 子弟를 내몰아서 희생시켰으니, 이를 일러 '자기가 사랑하지 않는 바로써 사랑하는 바에 미친다.'고 하는 것이다."

按說 | '驅其所愛子弟 以殉之'에 대하여, 《大全》에

바로 이른바 '동쪽으로 齊나라에 敗함에 長子가 죽었다.'는 것이다.〔卽所謂東敗於齊 長子 死焉者〕

하였는바, 이 내용은 〈梁惠王上〉 5장에 보인다.

集註 | 梁惠王以下는 孟子答辭也라 麋爛其民은 使之戰鬪하여 麋爛其血肉也라 復 之는 復戰也라 子弟는 謂太子申也라 以土地之故로 及其民하고 以民之故로 及其子 하니 皆以其所不愛로 及其所愛也라

'梁惠王' 이하는 孟子께서 대답하신 말씀이다. '그 백성을 麋爛시켰다.'는 것은 백성들을 싸우게 하여 그 피와 살을 麋爛시킨 것이다. '復之'는 다시 싸우는 것이다. '子弟'는 太子 申을 이른다. 토지의 연고 때문에 〈화가〉 그 백성에게 미치고, 백성의 연고 때문에 〈화가〉 그 아들에게 미쳤으니, 이것은 모두 자기가 사랑하지 않는 바로써 사랑하는 바에 미친 것이다.

章下註 | ○ 此는 承前篇之末三章之意[306]하여 言 仁人之恩은 自內及外하고 不仁之 禍는 由疏逮親이니라

○ 이는 前篇의 끝 세 章의 뜻을 이어서 仁人의 은혜는 안으로부터 밖에 미치고, 不仁한 자

---

306 承前篇之末三章之意 : 雲峰胡氏(胡炳文)는 "후하게 할 것에 박하게 함과, 친척을 親愛하고 백성을 사랑함과, 仁者는 사랑하지 않음이 없음을 이어서 말씀한 것이다.〔承所厚者薄 親親仁民 仁者無不愛 而言〕" 하였다.

··· 鬪 싸울 투 疏 소원할 소 逮 미칠 체

의 禍는 소원한 것으로부터 친척에게 미침을 말씀한 것이다.

2-1. 孟子曰 春秋에 無義戰하니 彼善於此는 則有之矣니라

孟子께서 말씀하셨다. "《春秋》에 의로운 전쟁이 없으니, 〈이 가운데〉 저것이 이것보다 나은 것은 있다.

集註 | 春秋에 每書諸侯戰伐之事에 必加譏貶하여 以著其擅興之罪하고 無有以爲合於義而許之者라 但就中에 彼善於此者則有之하니 如召陵之師³⁰⁷之類 是也라

《春秋》에는 諸侯들이 戰伐한 일을 쓸 때마다 반드시 비판과 폄하를 가하여 멋대로 군대를 일으킨 죄를 드러내었고 義에 합한다고 여겨 허여한 것이 없다. 다만 그 가운데 저것이 이것보다 나은 것은 있으니, 예를 들면 召陵의 군대와 같은 類가 이것이다.

2-2. 征者는 上伐下也니 敵國은 不相征也니라

征은 윗사람이 아랫사람을 정벌하는 것이니, 敵國(대등한 나라)은 서로 정벌하지 못한다."

集註 | 征은 所以正人也라 諸侯有罪면 則天子討而正之하나니 此春秋所以無義戰也³⁰⁸라

'征'은 사람(남)을 바로잡는 것이다. 諸侯가 죄가 있으면 天子가 그를 토벌하여 바로잡는 것이니, 이 때문에 《春秋》에 의로운 전쟁이 없는 것이다.

---

307 召陵之師:《春秋》僖公 4년 조에 "〈齊侯가 楚나라를 정벌하자〉 楚나라 屈完이 〈諸侯의 軍中으로〉 와서 군중에서 盟約하고 召陵에서 結盟하였다.〔楚屈完來 盟于師 盟于召陵〕"라고 보인다. 楚나라가 天子國인 周나라에 貢物을 바치지 않는다 하여, 齊 桓公이 諸侯의 군대를 거느리고 楚나라를 정벌해서 승리한 다음, 楚將 屈完과 召陵에서 會盟한 사실을 이른다.

308 諸侯有罪……此春秋所以無義戰也:壺山은 "天子가 토벌하여 바로잡아야 하는데 敵國이 마침내 서로 정벌하였으니, 이것이 의로운 전쟁이 없는 것이다.〔天子討而正之 而敵國乃相征 此其無義戰也〕"하였다.

••• 譏 기롱할 기 貶 낮출 폄 擅 마음대로할 천 就 나아갈 취 師 군대 사 敵 대등할 적 討 칠 토

|盡信書章(血之流杵章)|

3-1. 孟子曰 盡信書면 則不如無書니라

孟子께서 말씀하셨다. "《書經》의 내용을 모두 믿으면 《書經》이 없는 것만 못하다.

集註 | 程子曰 載事之辭에 容有重稱而過其實者하니 學者當識其義而已라 苟執於辭하면 則時或有害於義하니 不如無書之愈也니라

程子(伊川)가 말씀하였다. "일을 기재한 내용에는 혹[容] 지나치게 칭하여 그 실제를 넘은 것이 있으니, 배우는 자들은 마땅히 그 義를 알 뿐이다. 만일 그 내용에 집착한다면 때로는 혹 의리에 해로움이 있으니, 《書經》이 없는 것이 나음만 못하다."

3-2. 吾於武成에 取二三策而已矣로라

나는 〈武成〉에 대해서 두세 쪽을 취할 뿐이다.

集註 | 武成은 周書篇名이니 武王伐紂하고 歸而記事之書也라 策은 竹簡也니 取其二三策之言이요 其餘는 不可盡信也라
程子曰 取其奉天伐暴之意와 反正施仁之法而已니라

〈武成〉은 《書經》周書의 篇名이니, 武王이 紂王을 정벌하고 돌아와 그 사실을 기록한 글이다. '策'은 竹簡이니, 그 가운데 두세 쪽의 말을 취하고 그 나머지는 다 믿을 수 없는 것이다.
程子(伊川)가 말씀하였다. "하늘을 받들어 포악한 사람을 정벌한 뜻과 바름으로 돌이켜 仁을 베푼 법을 취할 뿐이다."

3-3. 仁人은 無敵於天下니 以至仁으로 伐至不仁이어니 而何其血之流杵也리오

仁人은 천하에 대적할 사람이 없다. 지극히 仁함으로써 지극히 不仁한 사람을 정벌하였으니, 어찌 그 피가 흘러 절구공이를 표류하게 하는 일이 있었겠는가."

··· 載 기재할 재 容 혹시 용 愈 나을 유 策 죽간 책 簡 죽간 간 暴 사나울 포 杵 절구공이 저

集註 | 杵는 舂杵(용저)也라 或作鹵하니 楯也라 武成에 言 武王伐紂에 紂之前徒倒戈하여 攻于後以北(배)하여 血流漂杵라하니 孟子言 此則其不可信者라 然이나 書本意는 乃謂商人自相殺이요 非謂武王殺之也라 孟子之設是言은 懼後世之惑[309]이요 且長不仁之心耳시니라

'杵'는 방아찧는 절구공이이다. 혹은 鹵로도 쓰니, 방패이다. 《書經》〈武成〉에 이르기를 "武王이 紂王을 정벌함에 紂王의 군대의 선두에 있던 무리들이 창을 거꾸로 들고서 뒤를 공격하여 패배시켜 피가 흘러 절구공이를 표류시켰다." 하였으니, 孟子께서 이것은 믿을 수 없는 일이라고 말씀한 것이다. 그러나 《書經》의 본래 뜻은 바로 商나라 사람들이 자기들끼리 서로 죽였음을 말했을 뿐이요, 武王이 그들을 죽였다고 말한 것은 아니다. 孟子께서 이 말씀을 하신 것은 後世 사람들이 의혹할까 두려워하였고 또 不仁한 마음을 助長할까 염려해서였다.

| 我善爲陳章 |

4-1. 孟子曰 有人曰 我善爲陳(陣)하며 我善爲戰이라하면 大罪也니라

孟子께서 말씀하셨다. "어떤 사람이 말하기를 '내가 陳을 잘 치며 내가 전쟁을 잘한다.'고 하면 그는 큰 죄인이다.

按説 | 《大全》에

帝王의 세상으로 기준해 보면 큰 罪人인 것이다.〔以帝王之世律之 大罪人也〕

하였다.

集註 | 制行伍(항오)曰陳이요 交兵曰戰이라

行伍를 통제하는 것을 '陳'이라 하고, 교전하는 것을 '戰'이라 한다.

---

309 懼後世之惑:壺山은 "武王이 사람을 많이 죽였다고 의심하는 것이다.〔疑武王多殺人〕" 하였다.

··· 春 방아 용 鹵 방패 로(櫓通) 楯 방패 순(盾通) 倒 거꾸로 도 北 달아날 배 漂 표류할 표 懼 두려울 구
陳 진칠 진(陣同) 伍 대오 오

330 · 附 按説 孟子集註

4-2. 國君이 好仁이면 天下에 無敵焉이니 南面而征에 北狄怨하며 東面而征에 西夷怨하여 曰 奚爲後我오하니라

國君이 仁을 좋아하면 천하에 대적할 자가 없으니, 〈湯王이〉 남쪽을 향하여 정벌함에 북쪽에 있는 오랑캐가 원망하며 동쪽을 향하여 정벌함에 서쪽에 있는 오랑캐가 원망하여 '어찌하여 우리나라를 뒤에 정벌하는가.' 하였다.

集註 | 此는 引湯之事以明之하니 解見前篇하니라

이것은 湯王의 일을 인용하여 밝힌 것이니, 해석이 前篇(梁惠王下)에 보인다.

4-3. 武王之伐殷也에 革車三百兩(輛)이요 虎賁이 三千人이러니라

武王이 殷나라를 정벌할 적에 革車가 3백 輛이었고, 虎賁(호랑이처럼 용감한 군사)이 3천 명이었다.

集註 | 又以武王之事明之也라 兩은 車數니 一車兩輪也라 千은 書序에 作百하니라

이는 또다시 武王의 일을 가지고 밝힌 것이다. '兩'은 수레의 數이니, 한 수레에는 바퀴가 둘이다. '千'은 《書經》〈牧誓〉의 序에는 '百'으로 되어 있다.

4-4. 王曰 無畏하라 寧爾也라 非敵百姓也라하신대 若崩厥角하여 稽首하니라

王(武王)이 말씀하기를 '두려워하지 말라. 너희들을 편안히 하려는 것이요 백성들을 대적하려는 것이 아니다.'라고 하시자, 〈商나라 사람들이〉 마치 짐승이 뿔을 땅에 대듯이 머리를 조아렸다.

按說 | '若崩厥角'에 대하여, 茶山은

'若崩厥角' 네 글자는 殷나라 백성들이 가뭄에 비를 만난 듯이 기뻐한 심정을 형용한 것이

--- 狄 북쪽오랑캐 적 奚 어찌 해 革 가죽 혁 兩 수레세는단위 량(輛通) 賁 클 분 輪 수레바퀴 륜 畏 두려워할 외
敵 대적할 적 崩 무너질 붕 厥 그 궐 稽 조아릴 계

다. 이제 이것을 〈梅賾의 《僞古文尙書》〈泰誓〉처럼〉 고쳐 "백성들이 두려워하여 마치 짐승들이 뿔을 땅에 대듯이 하였다."라고 하면, 項羽가 秦나라에 들어간 氣像이지, 어찌 天吏가 잔학한 자를 제거한 뜻이겠는가.〔梅賾과 蔡沈은 백성들이 紂王의 虐政을 두려워하여 근심하고 불안해한 것이라고 했다.〕〔若崩厥角四字 形容殷民如旱得雨之情 今改之曰 百姓懍懍 若崩厥角 則項羽入秦之氣象 豈天吏除殘之義乎〔梅蔡以爲民畏紂之虐 憂懼不安〕〕

하였다. 楊伯峻은

'厥角'의 '厥'은 蹶(넘어질 궐)'과 같으니 '頓(조아리다)'의 뜻이다. 《說文解字》에 '頓은 머리를 아래로 내리는 것이다.〔頓 下首也〕' 하였다. '角'은 이마〔額角〕이다. '厥角'의 뜻은 바로 '머리를 조아리다〔頓首〕'이다.

하고, '若崩厥角稽首'를 "백성들이 모두 이마를 땅에 대고 머리를 조아리는데 그 소리가 마치 산이 무너지는 소리와 같았다."라고 번역하였다. 壺山은

'若'字로 보면 角은 소와 양의 뿔을 가리킨 것이다. 그러나 혹자는 "'厥'字로 보면 角은 자기의 머리를 가리킨다."라고 하였다.〔以若字觀之 角蓋指牛羊之角也 或曰以厥字觀之 蓋指其頭角也〕

하였다. 茶山은 '若崩厥角'을 분명히 설명하지는 않았으나 자신의 이마를 숙인 것으로 본 듯하다.

'稽首'는 《周禮》〈春官宗伯 大祝〉에 보이는 九拜 가운데 하나로, 凌廷堪의 《禮經釋例》 권1 〈周官九拜解〉에 따르면 신하가 임금에게 하는 절이다.

集註 | 書泰誓文은 與此小異하니 孟子之意는 當云 王謂商人曰 無畏我也하라 我來伐紂는 本爲安寧汝요 非敵[310]商之百姓也라하신대 於是에 商人이 稽首至地 如角之崩也라

《書經》〈泰誓〉의 글은 이와 조금 다르다. 孟子의 뜻은 마땅히 "武王이 商나라 사람들에게 이르시기를 '나를 두려워하지 말라. 내가 와서 紂王을 정벌함은 본래 너희들을 安寧하게 해주기 위한 것이요, 商나라 백성들을 대적하려는(살해하려는) 것이 아니다.'라고 하시

---

310 敵 : 壺山은 "敵은 殺害와 같다.〔猶殺害也〕" 하였다.

자, 이에 商나라 사람들이 머리를 조아려 땅에 닿음이 마치 짐승들이 뿔을 땅에 대듯이 하였다."라고 말씀하신 것이다.

4-5. 征之爲言은 正也라 各欲正己也니 焉用戰이리오

征이라는 말은 바로잡는다는 뜻이다. 각기 자기 나라를 바로잡아주기를 바라니, 어찌 전쟁을 할 필요가 있겠는가."

集註ㅣ民爲暴君所虐하여 皆欲仁者來正己之國也라

백성들이 포악한 군주에게 학대를 받아 모두 仁者가 와서 자기 나라를 바로잡아주기를 바란 것이다.

|梓匠輪輿章|

5. 孟子曰 梓匠輪輿 能與人規矩언정 不能使人巧니라

孟子께서 말씀하셨다. "梓·匠과 輪·輿가 남에게 規矩(법도)를 일러 줄 수는 있을지언정 남으로 하여금 공교하게 할 수는 없다."

集註ㅣ尹氏曰 規矩는 法度니 可告者也요 巧則在其人하니 雖大匠이라도 亦未如之何也已라 蓋下學은 可以言傳이요 上達은 必由心悟니 莊周所論斲輪之意[311] 蓋如

---

311 莊周所論斲輪之意:《莊子》〈天道〉에 다음과 같이 보인다. "齊 桓公이 堂上에서 글을 읽고 있었는데, 輪扁(수레바퀴를 만드는 扁)이 堂下에서 수레바퀴를 깎고 있다가 몽치와 끌을 내려놓고 堂上으로 올라와서 桓公에게 묻기를 '감히 묻습니다. 임금께서 읽고 계신 책은 무슨 내용입니까?' 하니, 桓公이 聖人의 말씀이다.' 하고 대답하였다. 輪扁이 '성인이 지금 살아있습니까?' 하고 물으니, 桓公이 '이미 별세하셨다.' 하고 대답하였다. 輪扁이 '그렇다면 임금께서 읽고 계신 것은 옛사람의 찌꺼기입니다.'라고 하니, 桓公이 '寡人이 글을 읽고 있는데 수레 만드는 자가 어찌 왈가왈부 한단 말인가. 그럴만한 이유를 말한다면 괜찮겠지만 그렇지 못하면 죽임을 당할 것이다.' 하고 꾸짖었다. 이에 輪扁이 말하였다. '臣은 臣이 하는 일로 살펴보겠습니다. 수레바퀴를 여유 있게 깎으면 헐거워서 견고하지 못하고, 너무 꼭 맞게 깎으면 빡빡해서 들어가지 않으니, 여유롭게 깎지도 않고 너무 꼭 맞게 깎지도 않는 것은 손에서 터득하고 마음으로 응하는 것이어서 입으로 말해줄 수 없습니다. 교묘한 기술이 그 사이에 있으니, 臣도 이것을 臣의 자식에게 깨우쳐 줄 수 없고, 신의 자식도 이것을 신에게서 전수받을 수가 없습니다. 이 때문에 나이가 칠십에 이르도록 늙어서까지 수레바퀴를 깎고 있습니다. 옛사람도 〈말로〉 전해줄 수 없는 것과 함께 죽었을 것입니다. 그렇다면 임금께서 읽고 계신 것은 옛사람의 찌꺼기일 뿐입니다.' 하였다.〔桓公讀書

··· 虐 모질 학 梓 목수 재 匠 목수 장 輪 수레바퀴 륜 輿 수레 여 與 줄 여 規 그림쇠 규 矩 곡척 구 巧 공교할 교 斲 깎을 착

此하니라

尹氏(尹焞)가 말하였다. "'規矩'는 법도이니 남에게 일러줄 수 있는 것이요, '공교로움'은 그 사람에게 달려 있으니 비록 큰 匠人이라도 어찌할 수가 없는 것이다. 아래로 〈인간의 일을〉 배움은 말로 전해 줄 수 있고, 위로 〈天理를〉 통달함은 반드시 마음으로 깨달아야 하니, 莊周가 논한 '수레바퀴를 깎는다.'는 뜻도 이와 같은 것이다."

|舜之飯糗茹草章|

6. 孟子曰 舜之飯糗茹草也에 若將終身焉이러시니 及其爲天子也하사는 被袗衣鼓琴하시며 二女果를 若固有之러시다

孟子께서 말씀하셨다. "舜임금이 마른 밥을 먹고 채소를 먹을 적에는 장차 그대로 終身할 듯이 하셨는데, 天子가 되어서는 袗衣를 입고 거문고를 타시며 두 여자가 모시는 것을 固有한 것처럼 여기셨다."

按說| '二女果'에 대하여, 官本諺解에는 '二女ㅣ 果ㅎ욤을'로 해석하였는데, 退溪(李滉)는 이와 달리 '果'를 명사로 보아 '두 여자와 시녀〔二女며 媒〕'로 해석하였다.《孟子釋義》 그러나 尤菴(宋時烈)은

〈果는〉 두 여자가 舜을 모시는 뜻이다.〔二女侍御於舜之意〕

하였고, 壺山은

살펴보건대 官本諺解와 尤翁의 말씀이 부합하니, 마땅히 정론이 되어야 한다.〔按諺解與 尤翁說合 當爲定言〕

하였다. 栗谷諺解는 '二女果를'로 해석하여 분명하지 않다.

於堂上 輪扁斲輪於堂下 釋椎鑿而上 問桓公曰 敢問公之所讀者 何言耶 公曰 聖人之言也 曰 聖人 在乎 公曰 已死矣 曰 然則君之所讀者 古人之糟魄已夫 桓公曰 寡人讀書 輪人安得議乎 有說則可 無說則死 輪扁曰 臣也以臣之事觀之 斲輪徐則甘而不固 疾則苦而不入 不徐不疾 得之於手而應 於心 口不能言 有數存焉於其間 臣不能以喻臣之子 臣之子亦不能受之於臣 是以行年七十而老斲 輪 古之人與其不可傳也死矣 然則君之所讀者 古人之糟粕已夫)"

··· 飯 먹을 반 糗 말린밥 구 茹 먹을 여 袗 채색옷 진 鼓 연주할 고 琴 거문고 금 果 모실 과

集註 | 飯은 食也라 糗는 乾糒也라 茹는 亦食也라 袗은 畫衣也[312]라 二女는 堯二女也라 果는 女侍也라 言 聖人之心이 不以貧賤而有慕於外하고 不以富貴而有動於中하여 隨遇而安하고 無預於己하니 所性이 分定故也[313]니라

'飯'은 먹음이다. '糗'는 마른밥이다. '茹' 또한 먹는 것이다. '袗'은 그림을 그린 옷이다. '二女'는 堯임금의 두 딸이다. '果'는 여자가 모시는 것이다. 聖人의 마음은 貧賤하다고 하여 밖에 사모함이 있지 않고 富貴하다고 하여 마음속에 동요함이 있지 않아 만나는 바(환경)에 따라 편안하고 자신에게 관여됨이 없음을 말씀하였으니, 天性이 분수에 정해져 있기 때문이다.

|吾今而後知殺人親之重章|

7. 孟子曰 吾今而後에 知殺人親之重也로라 殺人之父면 人亦殺其父하고 殺人之兄이면 人亦殺其兄하나니 然則非自殺之也언정 一間耳니라

孟子께서 말씀하셨다. "나는 이제야 남의 어버이를 죽임이 매우 중대한 일임을 알았노라. 내가 남의 아버지를 죽이면 남도 또한 내 아버지를 죽이고, 〈내가〉 남의 형을 죽이면 남도 또한 내 형을 죽인다. 그렇다면 자신이 직접 父兄을 죽인 것은 아니지만 한 사람 사이일 뿐이다."

集註 | 言吾今而後知者는 必有所爲而感發也[314]라 一間者는 我往彼來하여 間一人

---

312 袗 畫衣也 : 趙順孫은 "'畫衣'는 黼黻을 그리고 수놓은 옷이다.〔畫衣者 畫黼黻絺繡之衣也〕" 하였다.《孟子纂疏》楊伯峻은 "趙岐의 註에 '袗은 畫(그림 그리다)의 뜻이다.' 하였는데, 살펴보건대, 趙岐의 이 訓은 經傳에 例證이 없으므로 믿을 수 없을 듯하다. 孔廣森의《經學卮言》에 '袗은 畫가 아니다. 뜻이《論語》의 「袗絺綌(가는 葛布와 굵은 葛布로 만든 홑옷)」의 袗(홑옷)과 같다.《史記》〈本紀〉에 '堯임금이 舜에게 가는 삼베옷과 琴을 하사하였다.〔堯賜舜絺衣與琴〕' 한 것이 바로 이것이다.' 했다." 하고, '袗衣'를 '葛布로 만든 홑옷〔麻葛單衣〕'으로 번역하였다.

313 所性 分定故也 : 위〈盡心上〉 21장에 "君子의 本性은 비록 크게 행해지더라도 더 보태지지 않으며 비록 窮하게 살더라도 줄어들지 않으니, 분수가 정해져 있기 때문이다.〔君子所性 雖大行不加焉 雖窮居不損焉 分定也〕"라고 보인다.

314 必有所爲而感發也 : 壺山은 "의심컨대 당시에 마침 이러한 일이 있었으므로 감동하여 이 의논을 말씀한 것이다. 이는 살인한 자를 죽이는 법과는 다르니, 다만 復讐하는 의리를 가지고 말씀한 것이다. 復讐하는 의리는 대처함이 나에게 있으므로 그 살해한 자를 놓아두고 옮겨서 그 부형을 죽이더라도 충분히 보복이 될 수 있지만, 살인한 자를 죽이는 법은 관청에서 결단하므로 다만 살인한 자를 죽임으로써 서

••• 糗 말린밥 비 預 간섭할 예

耳니 其實은 與自害其親으로 無異也라

范氏曰 知此면 則愛敬人之親이니 人亦愛敬其親矣리라

'나는 이제야 알았다.'고 말씀한 것은 반드시 이유가 있어서 感發하신 것이다. '一間'은 내
가 가고 저가 와서 한 사람을 사이하였을 뿐이니, 실제는 자신이 그 어버이를 살해한 것과
다름이 없는 것이다.

范氏(范祖禹)가 말하였다. "이것을 알면 남의 어버이를 사랑하고 공경할 것이니, 그리하면
남들 또한 내 어버이를 사랑하고 공경할 것이다."

| 古之爲關章 |

8-1. 孟子曰 古之爲關也는 將以禦暴러니

孟子께서 말씀하셨다. "옛날에 關門을 만든 것은 장차 포악한 자를 막고자 해서였는
데,

集註 | 譏察非常이라

非常(수상)한 사람을 譏察하는 것이다.

8-2. 今之爲關也는 將以爲暴로다

지금에 關門을 만든 것은 장차 포악한 짓을 하려 함이로다."

集註 | 征稅出入[315]이라

출입하는 자에게 세금을 거두는 것이다.

로 갚을 수 있으니, 이것이 다른 점이다.[疑當時適有其事 故感而發此論耳 此與殺人者死之法異 只
是以復讐之義言也 蓋復讐之義 則處之在我 故得以舍其人而移以殺其父兄 爲足以相報 殺人之法
則斷之在官 故只以殺相償 此其所異也]하였다.

315 征稅出入:新安陳氏(陳櫟)는 "關門에서는 譏察을 하고 세금을 징수한다. 옛날에는 이상한 옷을 입은
자를 금지하고 이상한 말을 하는 자를 살펴 기찰을 위주로 하였는데, 지금은 세금을 징수하는 것을 위주
로 할 뿐이다.[關 有譏有征 古者 禁異服 譏異言 以譏爲主 今以征爲主而已]하였다.

··· 關 관문관 禦 막을어 暴 사나울포 譏 살필기

章下註 | ○范氏曰 古之耕者는 什一이러니 後世엔 或收太半之稅하니 此는 以賦斂爲暴也요 文王之囿는 與民同之러니 齊宣王之囿는 爲阱國中[316]하니 此는 以園囿爲暴也니 後世爲暴 不止於關이라 若使孟子用於諸侯면 必行文王之政이니 凡此之類를 皆不終日而改也시리라

○范氏(范祖禹)가 말하였다. "옛날에는 농사짓는 자들에게 10분의 1의 租稅를 받았는데 후세에는 혹 太半(절반 이상)의 租稅를 징수하니 이것은 세금을 거둠으로써 포악한 짓을 한 것이요, 文王의 동산은 백성과 함께 이용하였는데 齊 宣王의 동산은 國中에 함정을 만들었으니 이것은 園囿로써 포악한 짓을 한 것이다. 後世에 포악한 짓을 함은 關門에 그치지 않았다. 만일 孟子께서 諸侯에게 등용되었다면 반드시 文王의 정사를 행하셨을 것이니, 무릇 이러한 따위를 모두 하루가 못되어 고치셨을 것이다."

| 身不行道章 |

9. 孟子曰 身不行道면 不行於妻子요 使人不以道면 不能行於妻子니라

孟子께서 말씀하셨다. "자신이 道를 행하지 않으면 〈道가〉 妻子에게도 행해지지 않고, 사람을 부리기를 道로써 하지 않으면 〈명령이〉 妻子에게도 행해지지 않는다."

按說 | 朱子의 門人인 石子重이 이 章에 대하여

"자신이 만약 道를 행하지 않으면 처자식이 취하여 본받을 곳이 없어서 전혀 두려워하고 거리낌이 없으나 그래도 부릴 수는 있다. 그러나 만약 사람을 부리기를 道로써 하지 않으면 처자식도 부릴 수 없다."라고 말한 것이라 하니, 林擇之의 說이 이와 같습니다. 그런데 許順之는 "'不行於妻子'는 온갖 일이 행해지지 않는 것이니 부릴 수 없는 것도 이 가운데에 들어 있고, '不能行於妻子'는 단지 사람을 부리는 한 가지 일을 가리켜 말한 것이다." 하였습니다.(言身若不行道 則妻子無所取法 全無畏憚了 然猶可使也 若使人不以道 則妻子亦不可使矣 擇之如此說 順之云 不行於妻子 百事不行 不可使亦在其中 不能行於妻

---

316 文王之囿……爲阱國中 : 이 내용은 위 〈梁惠王下〉 2장에 보인다.

··· 斂 거둘 렴 囿 동산 유 阱 함정 정

子 卻只指使人一事言之〕

하니, 朱子는 "許順之의 說이 옳다." 하였다.《朱子大全 答石子重》

集註 | 身不行道者는 以行言之니 不行者는 道不行也요 使人不以道者는 以事言之니 不能行者는 令不行也라

'자신이 道를 행하지 않는다.' 는 것은 행실로써 말한 것이니, '행해지지 않는다.' 는 것은 道가 행해지지 않는 것이요, '사람을 부리기를 道로써 하지 않는다.' 는 것은 일로써 말한 것이니, '행해지지 않는다.' 는 것은 명령이 행해지지 않는 것이다.

|周于利章|

10. 孟子曰 周于利者는 凶年이 不能殺하고 周于德者는 邪世不能亂이니라

孟子께서 말씀하셨다. "利에 두루(완벽)한 자는 凶年이 그를 죽이지 못하고, 德에 두루한 자는 나쁜 세상이 그를 어지럽히지 못한다."

按說 | '不能殺'에 대하여, 楊伯峻은

'殺'은 결핍되다, 곤궁함이 있다는 뜻이다.

하였다.

集註 | 周는 足也[317]니 言積之厚則用有餘라

'周'는 족함이니, 쌓음이 厚하면 씀이 有餘함을 말씀한 것이다.

---

317 周 足也 : 茶山은 "'周'는 '密(빽빽하다)'의 뜻이니, 稠密하여 엉성함이 없는 것이다.〔周者密也 稠密無疏漏也〕" 하였다.

··· 周 완벽할주

|好名之人章|

11. 孟子曰 好名之人은 能讓千乘之國하나니 苟非其人이면 簞食豆羹에 見(현)於色하나니라

孟子께서 말씀하셨다. "명예를 좋아하는 사람은 千乘의 나라를 사양할 수 있으니, 만일 그럴 만한 사람이 아니면 한 대그릇의 밥과 한 그릇의 국에도 얼굴빛에 〈眞情이〉 나타난다."

集註 | 好名之人은 矯情干譽라 是以로 能讓千乘之國이라 然이나 若本非能輕富貴之人이면 則於得失之小者에 反不覺其眞情之發見(현)矣라 蓋觀人을 不於其所勉이요 而於其所忽然後에 可以見其所安之實也니라

명예를 좋아하는 사람은 실정을 속이고 명예를 구한다. 이 때문에 千乘의 나라를 사양할 수 있다. 그러나 만일 본래 富貴를 가볍게 여기는 사람이 아니면 작은 得失에 도리어 자기도 모르게 眞情이 나타난다. 사람을 관찰함을 그가 힘쓰는 바에 하지 말고 그가 소홀히 하는 바에 한 뒤에야 그가 편안히 여기는 바의 실제를 볼 수 있다.

|不信仁賢章|

12-1. 孟子曰 不信仁賢則國空虛하고

孟子께서 말씀하셨다. "仁賢을 믿지 않으면 나라가 텅 비고,

按說 | '仁賢'에 대하여, 新安陳氏(陳櫟)는

〈仁賢을〉 나누어서 말하면 仁은 仁한 사람이고, 賢은 德이 있는 사람이며, 합하여 말하면 仁과 德이 있는 賢人이다.〔分言 則仁仁人也 賢有德之人也 合言 則仁德之賢人也〕

하였다.

集註 | 空虛는 言若無人然이라

··· 簞 대그릇단 羹 국갱 矯 속일교 干 구할간 譽 기릴예 忽 소홀할홀

'空虛'는 사람이 없는 것과 같음을 말한다.

12-2. 無禮義則上下亂하고

禮義가 없으면 上下가 혼란하고,

集註 | 禮義는 所以辨上下, 定民志라

禮義는 上下를 구분하여 백성의 마음을 안정시키는 것이다.

12-3. 無政事則財用不足이니라

政事가 없으면 財用(財政)이 넉넉하지 못하다."

集註 | 生之無道하고 取之無度하고 用之無節故也라

생산함에 방법이 없고 취함에 일정한 제한이 없고 씀에 절도가 없기 때문이다.

章下註 | ○尹氏曰 三者는 以仁賢爲本이니 無仁賢이면 則禮義政事 處之에 皆不以
其道矣리라

○尹氏(尹焞)가 말하였다. "세 가지는 仁賢을 근본으로 삼으니, 仁賢이 없으면 禮義와 政
事를 조처함에 모두 道로써 하지 못할 것이다."

|不仁而得國章|

13. 孟子曰 不仁而得國者는 有之矣어니와 不仁而得天下는 未之有也
니라

孟子께서 말씀하셨다. "仁하지 않고서 나라를 얻은 자는 있지만 仁하지 않고서 천하
를 얻은 자는 있지 않다."

集註 | 言 不仁之人이 騁其私智하여 可以盜千乘之國이나 而不可以得丘民之心이

··· 辨 분별할 변 騁 달릴 빙

나라

鄒氏曰 自秦以來로 不仁而得天下者³¹⁸ 有矣라 然이나 皆一再傳而失之하니 猶不得也라 所謂得天下者는 必如三代而後에 可니라

不仁한 사람이 사사로운 지혜를 구사하여 千乘의 나라를 훔칠 수는 있으나 丘民(백성)의 마음을 얻을 수는 없음을 말씀한 것이다.

鄒氏(鄒浩)가 말하였다. "秦나라로부터 이후로 不仁하면서 天下를 얻은 자가 있다. 그러나 이들은 모두 한두 代를 전하고 잃었으니, 이는 얻지 못한 것과 같다. 이른바 '천하를 얻는다.'는 것은 반드시 三代時代와 같은 뒤에야 가능한 것이다."

| 民爲貴章 |

14-1. 孟子曰 民이 爲貴하고 社稷이 次之하고 君이 爲輕하니라

孟子께서 말씀하셨다. "백성이 가장 귀중하고 社稷이 그 다음이고 君主는 가벼움이 된다.

集註 | 社는 土神이요 稷은 穀神³¹⁹이니 建國則立壇壝³²⁰以祀之라 蓋國은 以民爲本

---

318 自秦以來 不仁而得天下者:《大全》에 "秦나라와 隋나라와 五代가 이것이다.〔秦隋五代是也〕" 하였다. 五代는 唐나라가 멸망한 이후의 後梁, 後唐, 後晉, 後漢, 後周로 극도의 혼란기였다.

319 社……穀神:趙氏(趙順孫)는 "社는 五土의 神에게 제사하는 것이고 稷은 五穀의 神에게 제사하는 것이니, 稷(五穀)은 흙이 아니면 자랄 수 없고 흙은 稷(五穀)이 아니면 낳고 낳는 공효를 볼 수 없다. 그러므로 社에 제사할 때 반드시 稷에게도 함께 제사하니, 이는 社와 稷이 功과 利를 함께하여 사람을 길러주기 때문이다.〔社 所以祭五土之神 稷 所以祭五穀之神 稷非土 無以生 土非稷 無以見生生之效 故祭社必及稷 以其同功均利 以養人故也〕" 하였다. 五土는 다섯 가지 토양으로 山林과 川澤·丘陵·墳衍(물가와 낮고 평평한 곳)·原隰을 이른다.

320 壇壝:《周禮》〈地官司徒 大司徒〉에 "社·稷에 壝를 설치하고 田地에 神主로 사용할 나무를 심되, 각각 그 토질에 마땅한 나무를 심고, 이로써 그 社와 들을 이름하였다.〔設其社稷之壝而樹之田主 各以其野之所宜木 遂以名其社與其野〕"라고 보이고, 〈地官司徒 封人〉에 "封人이 王의 社壝를 설치하는 것을 관장하여 王畿의 사방에 흙을 모으고 나무를 심었다.〔흙을 모아놓은 것을 封이라 하고, 壝는 壇과 낮은 담장을 이른다.〕〔封人掌設王之社壝 爲畿封而樹之〔聚土曰封 壝謂壇及堳埒也〕〕"라고 보인다. '그 社와 들을 이름하였다.'는 것은, 鄭玄의 註에 따르면 예컨대 松木을 田主로 삼았으면 그 社는 '松社'라 하고, 그 들은 '松社之野'라고 하는 것이다. 《大全》에 《白虎通》을 인용하여 "天子의 社壇은 너비가 다섯 길로 五方의 다섯 색깔의 흙을 취하여 위를 封하고, 諸侯는 〈社壇의 너비가〉 天子의 반으로 각각 그 맡은 地方의 한 가지 색깔의 흙을 가지고 封하되, 天子와 제후의 社壇 모두 黃土로 덮는다.〔天子社壇 方五丈 取五方五色土封之 諸侯半之 各以其所守之方一色土封之 皆冒以黃土〕"라고 하였다.

••• 鄒 성추 猶 같을 유 稷 곡신(穀神)직 穀 곡식곡 壇 단단 壝 담유

이요 社稷도 亦爲民而立이며 而君之尊은 又係於二者之存亡이라 故로 其輕重이 如此하니라

'社'는 土神이고 '稷'은 穀神이니, 나라를 세우면 壇과 墻(담장)를 세우고 제사한다. 나라는 백성을 근본으로 삼고 社稷 또한 백성을 위하여 세우며, 군주의 존귀함은 또 두 가지의 存亡에 달려 있다. 그러므로 그 輕重이 이와 같은 것이다.

14-2. 是故로 得乎丘民이 而爲天子요 得乎天子 爲諸侯요 得乎諸侯 爲大夫니라

그러므로 丘民의 마음을 얻은 사람이 天子가 되고, 天子에게 신임을 얻은 사람이 諸侯가 되고, 諸侯에게 신임을 얻은 사람이 大夫가 된다.

集註 | 丘民은 田野之民[321]이니 至微賤也라 然이나 得其心이면 則天下歸之요 天子는 至尊貴也나 而得其心者는 不過爲諸侯耳니 是는 民爲重也[322]라

'丘民'은 田野의 백성이니, 지극히 미천하다. 그러나 그 마음을 얻으면 天下가 돌아오고, 天子는 지극히 존귀하나 그 마음을 얻은 자는 諸侯가 됨에 불과할 뿐이니, 이는 백성이 귀중함이 되는 것이다.

'맡은 地方의 한 가지 색깔의 흙'이란 東方은 靑色, 南方은 赤色, 西方은 白色, 北方은 黑色의 흙을 말한다. 또 《大全》에 《周禮圖》에 '社·稷의 壇은 나란히 있는데 社壇은 동쪽에 있고 稷壇은 서쪽에 있으며 각각 세 계단이다. 담장은 사방 귀퉁이에서 矩와 같이 曲方(方型)으로 한다.〔周禮圖 社稷壇相並 社壇在東 稷壇在西 各三級 墻在四隅 如矩曲方〕'하였다. 社·稷의 구조는 아래 그림과 같다.《欽定周官義疏》)

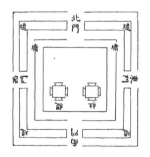

[321] 丘民 田野之民:朱子는 '田野의 백성'이라 하여 자세히 해석하지 않았으나 趙岐의 註에 "丘는 16井이다." 하였다. 《司馬法》을 살펴보면 "6尺을 1步라 하고 사방 100步를 1畝라 하고 100畝를 1夫라 하고 3夫를 1屋이라 하고 3屋을 1井이라 하고 10井을 1通이라 하고 10通을 1成이라 하니, 1成은 바로 1丘이다." 하였다. 楊伯峻은 "'丘'는 衆(많다)의 뜻이다. 혹자는 '丘는 區를 假借한 것이니 小(작다)의 뜻이다.'라고 한다." 하고, '丘民'을 '百姓'으로 번역하였다.

[322] 是民爲重也:壼山은 "'貴'字는 분수를 넘을까 의심스러우므로 《集註》에 모두 '重'字로 고친 것이다.〔貴字嫌於過分 故註皆改作重字〕" 하였다.

··· 係 맬계 丘 田地 단위구, 마을구

14-3. 諸侯危社稷이면 則變置하나니라

諸侯가 社稷을 위태롭게 하면 바꾸어 세운다.

> **集註 |** 諸侯無道하여 將使社稷爲人所滅이면 則當更(경)立賢君이니 是는 君輕於社稷也라

諸侯가 無道하여 장차 社稷이 남에게 멸망을 당하게 되면 마땅히 賢君으로 바꾸어 세워야 하니, 이는 군주가 社稷보다 가벼운 것이다.

14-4. 犧牲이 旣成하며 粢盛이 旣潔하여 祭祀以時호되 然而旱乾(간)水溢이면 則變置社稷하나니라

犧牲이 이미 이루어지며 粢盛이 이미 정결하여 제사를 제때에 지냈는데도 가뭄이 들고 홍수가 넘치면 社稷을 바꾸어 설치한다."

> **集註 |** 祭祀不失禮로되 而土穀之神이 不能爲民禦災捍患이면 則毀其壇壝而更置之하나니 亦年不順成 八蜡(사)不通之意[323]니 是는 社稷이 雖重於君이나 而輕於民

---

323 年不順成 八蜡不通 : '年不順成'은 곡식이 잘 成熟하지 못하는 것이며, '八蜡'는 섣달에 지내는 여덟 神에 대한 제사로, 곧 神農인 先嗇, 옛 后稷인 司嗇, 옛 勸農官인 農, 勸農官이 머무는 郵亭의 神인 郵表畷, 농작물을 해치는 멧돼지와 쥐를 제거해 주는 虎神과 貓神, 堤防의 神인 坊, 溝渠의 神인 水庸, 蟲害를 제거하는 神인 昆蟲을 이른다. '通'은 여러 神과 함께 제사하는 것으로, 凶年이 들면 이들 八蜡의 神을 여러 方位의 神과 함께 제사하지 않는바, 《禮記》〈郊特牲〉에 다음과 같이 보인다. "天子의 큰 蜡祭가 여덟 가지이니, 伊耆氏가 처음 蜡祭를 만드셨다. '蜡'라는 것은 찾는다는 뜻이니, 매년 12월에 백성(사람)에게 공이 있는 萬物을 모아서 그 神을 찾아 제향하는 것이다. 蜡祭는 先嗇을 위주로 하고 司嗇을 배향하니, 百穀의 종자 神에게 제사함은 심고 거둔 공에 보답하는 것이다. 農神과 郵表畷와[郵表畷은 田官이 農事를 관장하고 감독하는 곳이다.] 禽獸의 神에게 제향함은 仁이 지극하고 義가 극진한 것이다. 옛날의 君子는 부렸으면 반드시 보답하였으니, 고양이 神을 맞이함은 고양이가 밭의 쥐를 잡아먹기 때문이요, 호랑이 神을 맞이함은 호랑이가 밭의 멧돼지를 잡아먹기 때문이니, 두 神을 맞이하여 제사하는 것이다. 隄防과 水庸(봇도랑, 溝)의 神에 제사함은 농사일에 도움이 되기 때문이다.[제방으로 물을 막으니, 우리에게 농사짓게 하므로 제사하는 것이다.]……八蜡로써 사방의 풍흉을 기록하였으니, 사방이 농사가 순히 이루어지지 못했으면 그 지역의 八蜡를 통하지 않음은[여러 지역과 서로 通하여 제사하지 않는 것이다.] 백성의 재물을 삼가려 해서이고, 순히 이루어진 지방에서 蜡祭를 비로소 통함은 백성을 풀어주기 위해서이다.[天子大蜡八 伊耆氏始爲蜡 蜡也者 索(삭)也 歲十二月 合聚萬物而索饗之也 蜡之祭也 主先嗇而祭司嗇也 祭百種 以報嗇也 饗農及郵表畷(철)[郵表畷 田官督約農事之所也] 禽獸 仁之至 義之盡也 古之君子使之 必報之 迎貓 爲其食田鼠也 迎虎 爲其食田豕也 迎而祭之也

··· 更 바꿀 경 犧 희생 희 牲 희생 생 粢 기장 자 盛 담을 성 潔 깨끗할 결 乾 마를 간(건) 溢 넘칠 일 捍 막을 한
蜡 臘享(납향)제사 사

也라

제사가 禮를 잃지 않았는데도 土神과 穀神이 백성을 위하여 재앙을 막아주고 患難을 막아
주지 못하면 그 壇과 壝를 허물고 바꾸어 설치하니, 또한 '年事(농사)가 잘 이루어지지 못
하면 八蜡를 통하지 않는다.'는 뜻이다. 이는 社稷이 비록 군주보다 重하나 백성보다는 가
벼운 것이다.

|親炙章(聖人百世之師章)|

15. 孟子曰 聖人은 百世之師也니 伯夷, 柳下惠 是也라 故로 聞伯夷之
風者는 頑夫廉하고 懦夫有立志하며 聞柳下惠之風者는 薄夫敦하고 鄙
夫寬하나니 奮乎百世之上이어든 百世之下에 聞者莫不興起也하니 非聖
人而能若是乎아 而況於親炙(자)之者乎아

孟子께서 말씀하셨다. "聖人은 百世의 스승이니, 伯夷와 柳下惠가 이런 경우이다.
그러므로 伯夷의 風度(遺風)를 들은 자는 완악한 지아비가 청렴해지고 나약한 지아
비가 立志하게 되며, 柳下惠의 풍도를 들은 자는 경박한 지아비가 敦厚해지고 鄙陋
한 지아비가 너그러워진다. 百世의 위에서 분발하면 百世의 아래(뒤)에서 풍도를 들은
자가 興起하지 않는 이가 없으니, 聖人이 아니고서 이와 같을 수 있겠는가. 더구나 이
분들을 직접 가까이하여 감화를 받은 자에 있어서랴."

集註 | 興起는 感動奮發也라 親炙는 親近而薰炙[324]之也라 餘見前篇하니라

興起는 감동하고 분발함이다. 親炙는 친근히 하여 薰炙함이다. 나머지는 前篇(萬章下)에
보인다.

祭坊(防)與水庸 事也[坊以止水 以其事於我而祭之]……八蜡以記四方 四方年不順成 八蜡不通[不與諸
方相通而祭] 以謹民財也 順成之方 其蜡乃通 以移民也]"

[324] 薰炙 : 불을 지펴 굽는 것으로 직접 가르침을 받아 감화됨을 이른다.

··· 頑 완고할 완 廉 청렴할 렴 懦 나약할 나 薄 경박할 박 敦 도타울 돈 鄙 비루할 비 寬 너그러울 관
炙 친근할 자, 고기구울 자 奮 뽐낼 분 薰 향기쐴 훈

|仁也者人也章|

16. 孟子曰 仁也者는 人也니 合而言之하면 道也니라

孟子께서 말씀하셨다. "仁은 사람이라는 뜻이니, 합하여 말하면 道이다."

集註ㅣ仁者는 人之所以爲人之理也라 然이나 仁은 理也요 人은 物也니 以仁之理로 合於人之身而言之하면 乃所謂道者也라

'仁'은 사람이 사람된 所以의 이치이다. 그러나 仁은 이치이고 사람은 물건이니, 仁의 이치로써 사람의 몸에 합하여 말하면 이것이 바로 이른바 '道'라는 것이다.

章下註ㅣ○程子曰 中庸所謂率性之謂道 是也니라

或曰 外國本에 人也之下에 有義也者宜也, 禮也者履也, 智也者知也, 信也者實也 凡二十字[325]라하니 今按如此면 則理極分明이라 然이나 未詳其是否也로라

○程子(明道)가 말씀하였다. "《中庸》에 이른바 '性을 따름을 道라 이른다.' 한 것이 이것이다."

혹자는 말하기를 "外國本에는 '人也'의 아래에 '義는 마땅하다는 뜻이요 禮는 이행한다는 뜻이요 智는 안다는 뜻이요 信은 신실하다는 뜻이다.[義也者宜也 禮也者履也 智也者知也 信也者實也]'라는 모두 20字가 있다." 한다. 지금 살펴보건대 이와 같다면 이치가 지극히 분명해진다. 그러나 이것이 옳은지는 자세하지 않다.

|孔子去魯章|

17. 孟子曰 孔子之去魯에 曰 遲遲라 吾行也여하시니 去父母國之道也요 去齊에 接淅而行하시니 去他國之道也니라

孟子께서 말씀하셨다. "孔子께서 魯나라를 떠나가실 적에는 '더디고 더디다, 나의 발걸음이여.' 하셨으니 이는 父母의 나라를 떠나는 도리요, 齊나라를 떠나실 적에는 밥을

---

325 外國本……凡二十字 : 《大全》에 尤延之가 말하기를 "《孟子》의 '仁也者人也'의 아래에 高麗本에는 이리이리 말하였으니, 이 說이 옳은 듯하다.[孟子仁也者人也下 高麗本云云 此說近是]" 하였다.

⋯ 率 따를 솔 履 밟을 리 遲 더딜 지 接 받을 접 淅 쌀일 석, 쌀뜨물 석

지으려고 담았던 쌀을 건져 가지고 떠나가셨으니 이는 他國을 떠나는 도리이다."

集註 | 重出[326]이라

거듭 나왔다.

|君子之戹於陳蔡章|

18. 孟子曰 君子之戹(厄)於陳蔡之間은 無上下之交也니라

孟子께서 말씀하셨다. "君子(孔子)가 陳·蔡의 사이에서 곤액을 당하신 것은 上下에 사귈 사람이 없었기 때문이었다."

按說 | '君子之戹於陳蔡之間'은《論語》〈衛靈公〉1장에 "〈孔子께서〉陳나라에 계시면서 양식이 떨어지니, 從者들이 병들어 일어나지 못하였다.〔在陳絶糧 從者病 莫能興〕" 한 것이 바로 이 일이다.

集註 | 君子는 孔子也라 戹은 與厄同이라 君臣皆惡하여 無所與交也라

'君子'는 孔子이다. '戹'은 厄과 같다. 군주(上)와 신하(下)가 모두 악하여 더불어 사귈 사람이 없었던 것이다.

|稽大不理於口章(士憎兹多口章)|

19-1. 貉稽曰 稽大不理於口호이다

貉稽가 말하였다. "저(稽)는 크게 입에 덕을 보지 못합니다."

按說 | 孔安國의 疏에는 '理'를 治의 뜻으로 보아 벼슬하는 자가 백성들의 비방하는 말을 다스리지 못하는 것으로 해석하였다. 楊伯峻은 '理'를 '順'으로 해석하여 '不理於

---

326 重出 : 이 내용은 앞의 〈萬章下〉 1장에 자세히 보인다.

··· 戹 곤궁할 액 蔡 나라이름 채 貉 오랑캐 맥 稽 조아릴 계 理 의뢰할 리

口'는 '不順於人口'와 같다 하고, "다른 사람들이 저를 나쁘게 말합니다."라고 번역하였다.

集註 | 趙氏曰 貉은 姓이요 稽는 名이니 爲衆口所訕이라 理는 賴也라하니라 今按漢書컨대 無俚를 方言에 亦訓賴[327]하니라

趙氏(趙岐)가 말하기를 "貉은 姓이요 稽는 이름이니, 여러 사람들의 입에 비방을 받았다. '理'는 賴(의뢰함)이다." 하였다. 지금 《漢書》를 살펴보면 無俚를 《方言》에 또한 賴라고 訓하였다.

19-2. 孟子曰 無傷也라 士憎(增)茲多口하니라

孟子께서 말씀하셨다. "나쁠 것이 없다. 선비는 더욱 口舌이 많은 것이다."

集註 | 趙氏曰 爲士者 益多爲衆口所訕[328]이라하니라 按此則憎當從土어늘 今本에 皆從心하니 蓋傳寫之誤라

趙氏(趙岐)가 말하기를 "선비가 된 자(벼슬하는 자)는 더욱 사람들의 입에 비방을 받는 일이 많다." 하였다. 이를 상고해 보면 '憎'字는 마땅히 土를 따라 增으로 써야 할 것인데, 지금 本(册)에는 모두 心을 따라 憎으로 썼으니, 이는 傳寫의 잘못일 것이다.

19-3. 詩云 憂心悄悄어늘 慍于群小라하니 孔子也시고 肆不殄厥慍하시

---

327 今按漢書……亦訓賴:《漢書》〈季布傳〉의 贊에 "婢妾과 賤人들이 감개하여 자살하는 것은 용기가 있어서가 아니요, 그 생각이 전혀 의뢰할 데가 없기 때문이다.〔夫婢妾賤人 感慨而自殺 非能勇也 其畫無俚之至耳〕" 하였는데, 晉灼의 註에 "揚雄의 《方言》에 '俚는 聊이다.〔俚 聊也〕'라 하였고, 許愼의 《說文解字》에 '俚는 賴이다.〔俚 賴也〕'라 했다." 하였다. 段玉裁의 《說文解字注》에 "賴는 各本에 聊로 되어 있으니, 《方言》을 따라 許愼의 本文을 고친 것이다." 하였는바, 朱子의 註에 《方言》이라 한 것은 《說文解字》의 오류로 보아야 할 것이다.

328 爲士者 益多爲衆口所訕:新安陳氏(陳櫟)는 "선비가 된 자가 왕왕 많은 사람들의 口舌에 미움을 받으니, 《論語》에 '사람들에게 여러 번 미움을 받는다.'는 것과 같은 것이다.〔爲士者往往見憎於此多口 如語之屢憎於人〕" 하였다.

··· 訕 꾸짖을 산 賴 의뢰할 뢰 俚 힘입을 리 憎 미워할 증 增 더할 증 悄 근심할 초 慍 성낼 온 肆 마침내 사
殄 끊을 진

나 亦不隕厥問(聞)이라하니 文王也시니라

《詩經》에 이르기를 '마음에 근심하기를 悄悄히 하는데 여러 小人들에게 노여움을 받
는다.' 하였으니 이는 孔子이시고, '그들의 노여움을 끊지는 못했으나 또한 그 명성을 잃
지 않았다.' 하였으니 이는 文王이시다."

集註 | 詩는 邶風柏舟及大雅緜之篇也라 悄悄는 憂貌요 慍은 怒也라 本言 衛之仁
人이 見怒於群小어늘 孟子以爲孔子之事可以當之[329]라하시니라 肆는 發語辭라 隕은
墜也요 問은 聲問也라 本言 大(太)王事昆夷에 雖不能殄絕其慍怒나 亦不自墜其
聲問之美어늘 孟子以爲文王之事可以當之[330]라하시니라

詩는 〈邶風 柏舟〉篇과 〈大雅 緜〉篇이다. '悄悄'는 근심하는 모양이요, '慍'은 노함이다.
이는 본래 衛나라의 仁人이 여러 小人들에게 노여움을 받은 것을 말한 것인데, 孟子께서
孔子의 일이 여기에 해당된다고 말씀한 것이다. '肆'는 發語辭이다. '隕'은 실추함이요,
'問'은 聲問(聲聞, 名聲)이다. 이는 본래 太王이 昆夷를 섬길 적에 비록 그들의 성냄을 끊
지는 못했으나 또한 스스로 그 명성의 아름다움을 실추하지 않았음을 말한 것인데, 孟子께
서 文王의 일이 여기에 해당된다고 말씀한 것이다.

章下註 | ○尹氏曰 言 人顧自處如何니 盡其在我者而已니라

○尹氏(尹焞)가 말하였다. "사람은 다만 自處하기를 어떻게 하느냐에 달려 있으니, 자신에
게 있는 것을 다할 뿐임을 말씀한 것이다."

|使人昭昭章|

20. 孟子曰 賢者는 以其昭昭로 使人昭昭어늘 今엔 以其昏昏으로 使人

---

329 孟子以爲孔子之事可以當之:《大全》에 "〈孔子가〉 叔孫武叔에게 훼방을 당함과 같은 것이 이것이
다.〔如見毀於叔孫 是也〕" 하였다. 叔孫武叔이 孔子를 훼방한 것은 《論語》〈子張〉24장에 보인다.

330 孟子以爲文王之事可以當之:《大全》에 "〈文王이〉 羑里에 갇힘을 당함과 같은 것이 이것이다.〔如見囚
於羑里 是也〕" 하였다. 羑里는 地名으로, 文王이 直諫을 하다가 紂王에게 미움을 받아 羑里의 獄에
갇혀 있었다.

··· 隕 떨어질 운 問 명예 문(聞通) 邶 나라이름 패 緜 이을 면 見 당할 견 墜 떨어질 추 昆 종족이름 곤 昭 밝을 소
昏 어두울 혼

昭昭로다

孟子께서 말씀하셨다. "賢者는 자기의 밝음으로써 남을 밝게 하였는데, 지금에는 자기의 어둠으로써 남을 밝게 하려 하는구나."

集註 | 昭昭는 明也요 昏昏은 闇(暗)也라
尹氏曰 大學之道는 在自昭明德而施於天下國家하니 其有不順者寡矣니라

'昭昭'는 밝음이요 '昏昏'은 어둠이다.
尹氏(尹焞)가 말하였다. "大學의 道는 스스로 明德을 밝혀서 天下와 國·家에 베풂에 있으니, 그 순종하지 않는 자가 적은 것이다."

|山徑之蹊間章|

21. 孟子謂高子曰 山徑之蹊間이 介然用之而成路하고 爲間不用이면 則茅塞之矣나니 今에 茅塞子之心矣로다

孟子께서 高子에게 이르셨다. "산길에 사람들이 다니는 곳이 삽시간만 사용하면 길을 이루고 한동안 사용하지 않으면 띠풀이 자라서 길을 막으니, 지금에 띠풀이 그대의 마음을 꽉 막고 있구나."

按說 | '山徑之蹊間'에 대하여, 茶山은

'蹊間'의 '間'字와 '爲間不用'의 '間'의 두 '間'字가 서로 조응하니, 다르게 해석해서는 안 된다.〔蹊間之間 與爲間不用之間 兩間字相照 不當異釋〕

하고는, '山徑之蹊 間介然用之而成路 爲間不用'으로 句讀를 끊고,

'며칠 사용하면 길을 이루고 며칠 사용하지 않으면 띠풀이 자라서 길을 막는다.'라는 말과 같다.〔猶言數日用之則成路 數日不用則茅塞也〕

하였다. 楊伯峻도 茶山과 같이 句讀를 끊었으나 字訓을 달리하여, '徑'은 陘(산비탈)과 같고, '蹊'는 徯(작은 길)와 같고, '間介然'은 '뜻이 전일하여 다른 일을 두루 하지 않는 모

··· 闇어두울암 徑지름길경 蹊길혜 介잠깐개 茅띠풀모 塞막을색

습이고, '爲間'은 곧 '有間'이니 '시간이 오래지 않음'의 뜻이라고 하고, "산비탈의 작은 길
도 사람들이 항상 이 길만을 다니면 하나의 넓은 길로 변하고, 단지 잠깐 동안 그 길로 다
니지 않으면"으로 번역하였다.

集註 | 徑은 小路也요 蹊는 人行處也라 介然은 倏(숙)然之頃也라 用은 由也라 路는
大路也라 爲間은 少頃也라 茅塞은 茅草生而塞之也라 言 理義之心이 不可少有間
斷也라

'徑'은 작은 길이고, '蹊'는 사람들이 다니는 곳이다. '介然'은 倏然의 시간(삽시간)이다.
'用'은 由(다님)이다. '路'는 큰길이다. '爲間'은 작은(짧은) 시간이다. '茅塞'은 띠풀이 자
라서 길을 막는 것이다. 義理의 마음이 조금이라도 間斷함이 있어서는 안 됨을 말씀한 것이
다.

|禹之聲章(追蠡章)|

22-1. 高子曰 禹之聲이 尙文王之聲이로소이다

高子가 말하였다. "禹王의 음악이 文王의 음악보다 낫습니다."

集註 | 尙은 加尙也라
豐氏曰 言 禹之樂이 過於文王之樂이라

'尙'은 더 나음이다.
豐氏(豐稷)가 말하였다. "禹王의 음악이 文王의 음악보다 나음을 말한 것이다."

22-2. 孟子曰 何以言之오 曰 以追蠡(퇴려)니이다

孟子께서 말씀하셨다. "무엇을 가지고 그렇게 말하는가?"
高子가 말하였다. "追蠡 때문입니다."

··· 倏 잠깐숙 頃 잠깐경 追 종끈퇴 蠡 좀먹을려

集註 | 豐氏曰 追는 鐘紐也[331]니 周禮所謂旋蟲[332]이 是也라 蠹者는 齧木蟲也라 言禹時鐘在者는 鐘紐如蟲齧而欲絶하니 蓋用之者多요 而文王之鐘은 不然이라 是以로 知禹之樂이 過於文王之樂也[333]라

豐氏(豐稷)가 말하였다. "'追'는 鐘을 매다는 고리이니, 《周禮》에 이른바 '旋蟲'이 이것이다. '蠹'는 나무를 좀먹는 벌레이다. 禹王 때의 鐘으로 현재 남아 있는 것은 종의 고리가 벌레가 파먹은 것과 같아서 끊어지려고 하니, 이는 음악을 사용한 자가 많은 것이요, 文王의 鐘은 그렇지 않다. 이 때문에 禹王의 음악이 文王의 음악보다 나음을 안다고 말한 것이다."

22-3. 日是奚足哉리오 城門之軌 兩馬之力與아

孟子께서 말씀하셨다. "이로써 어찌 알 수 있겠는가. 城門의 수레바퀴 자국이 두 말의 힘으로 이루어진 것이겠는가."

集註 | 豐氏曰 奚足은 言 此何足以知之也라 軌는 車轍迹也라 兩馬는 一車所駕也라 城中之涂(途)는 容九軌[334]하니 車可散行이라 故로 其轍迹淺하고 城門은 惟容一車하니 車皆由之라 故로 其轍迹深[335]하니 蓋日久車多所致요 非一車兩馬之力이 能使

---

331 追 鐘紐也 : 趙氏(趙順孫)는 "종을 매다는 고리이다.〔縣鍾之紐也〕" 하였다. 茶山은 "종의 방망이〔槌〕에 맞는 부분이므로 '追'라고 이름한 것이다. 종이 오래되면 방망이에 맞는 부분이 닳아 여러 구멍이 뚫어져 벌레가 갉아먹는 듯한 모양이 있다.〔以其爲鍾槌所擊之處 故名之曰追 鍾老則槌處磨弊 諸孔漏穿 有似蟲齧之狀也〕" 하였다. '追'는 槌와 통하는바, 종의 방망이를 맞아 우묵하게 들어가 광채가 나는 부분이다.

332 周禮所謂旋蟲 : 《周禮》〈冬官考工記 鳧氏〉에 보인다.

333 知禹之樂 過於文王之樂也 : 壺山은 "高子의 생각에 禹王의 음악이 더욱 아름답기 때문에 종을 많이 사용하여 고리가 끊기려 했다고 여긴 것이다.〔高子之意 以爲禹樂尤美 故用鍾之多而紐欲絶也〕" 하였다.

334 城中之涂 容九軌 : 《周禮》〈冬官考工記 匠人〉에 "匠人이 國都를 경영하되, 넓이가 方 9里이고 王城 사방에 각각 세 개의 門이 있으며, 國中(도성 안)에는 9개의 經涂(남북으로 난 길)와 9개의 緯涂(동서로 난 길)가 있으니, 經涂와 緯涂의 너비는 모두 9軌이다.〔國中은 도성의 안이고 經·緯는 길을 이르니, 經·緯의 길은 모두 너비가 9軌를 용납할 수 있다. 무릇 8尺을 軌라 하니, 너비가 9軌이면 모두 72尺이 되니 이 길은 12步인 것이다.〕〔匠人營國 方九里 旁三門 國中九經九緯 經涂九軌〔國中 城內也 經緯 謂涂也 經緯之涂 皆容方九軌 凡八尺爲軌 廣九軌 積七十二尺 則此涂十二步也〕〕" 하였다. 1步는 6尺이다.

335 城中之涂……其轍迹深 : 茶山은 豐氏가 城中과 城門의 수레바퀴 자국으로 夏禹의 음악에 비유한 것은 孟子의 뜻에 어긋난다고 하고, "城中의 길과 城門의 수레바퀴 자국의 깊이는 원래 비교할 필요도 없다. 孫奭의 《孟子正義》에 인용된 '태산의 방울 물도 오래면 돌을 뚫고, 매우 가는 두레박줄도 오래면

··· 鐘 쇠북종 紐 끈뉴 旋 돌선 蟲 벌레충 齧 씹을설 奚 어찌해 軌 바퀴자국궤 轍 바퀴자국철
駕 말멍에할가 涂 길도(塗·途同)

之然也라 言 禹在文王前千餘年이라 故로 鐘久而紐絶이요 文王之鐘은 則未久而
紐全이니 不可以此而議優劣也라

豐氏(豐稷)가 말하였다. "'奚足'은 이것을 가지고 어찌 충분히 알 수 있겠느냐고 말씀한 것
이다. '軌'는 수레바퀴 자국이다. '두 말'은 한 수레에 멍에한 것이다. 城中의 길은 아홉 대
의 수레바퀴를 용납하니 수레가 흩어져 다닐 수 있기 때문에 수레바퀴 자국이 얕고, 城門은
오직 한 대의 수레만을 용납하니 수레가 모두 한 길을 따르기 때문에 수레바퀴 자국이 깊은
것이다. 이는 날짜가 오래되고 수레가 많이 다녀 이렇게 된 것이요, 한 수레에 두 마리 말의
힘이 이렇게 만든 것이 아니다. 禹王은 文王보다 천여 년 전에 있었기 때문에 鐘이 오래되
어 끈이 끊어지려 한 것이고 文王의 鐘은 오래되지 않아 끈이 온전한 것이니, 이것을 가지
고 優劣을 의논해서는 안 됨을 말씀한 것이다."

章下註 | ○ 此章文義는 本不可曉라 舊說이 相承如此하고 而豐氏差明白이라 故로
今存之어니와 亦未知其是否也로라

○ 이 章의 글 뜻은 본래 분명하게 알 수 없다. 옛 해설이 서로 이어오는 것이 이와 같고, 豐
氏의 말이 다소 明白하므로 지금 여기에 두었으나 또한 이것이 옳은지는 알지 못하겠다.

|將復爲發棠章|

23-1. 齊饑어늘 陳臻曰 國人이 皆以夫子로 將復爲發棠이라하니 殆不可
復(부)로소이다

齊나라가 흉년이 들자, 陳臻이 말하였다. "나라 사람들이 모두 夫子께서 장차 다시 棠
邑의 창고를 열어 주게 하실 것이라고 기대하는데, 이는 다시 할 수 없을 듯합니다."

集註 | 先時에 齊國嘗饑어늘 孟子勸王發棠邑之倉하여 以賑貧窮이러니 至此又饑한
대 陳臻이 問言 齊人이 望孟子復勸王發棠이라하고 而又自言恐其不可也라

매달아놓은 나무를 자른다.'는 말이 가장 사리에 맞는 의논이다.〔經塗城門之轍跡淺深 原不必計較
孫奭正義引太山之溜 久而穿石 單極之綆 久而斷幹 最是達論)" 하였다.

··· 優 나을 우 劣 용렬할 렬 曉 깨달을 효 差 조금 차 饑 흉년들 기 臻 이를 진 棠 아가위 당 殆 자못 태
賑 구휼할 진

이보다 먼저(앞서) 齊나라에 일찍이 흉년이 들었었는데, 孟子께서 王에게 권하여 棠邑의 창고를 열어서 貧窮한 자들을 구휼했었다. 이때에 이르러 다시 흉년이 들자, 陳臻이 묻기를 "齊나라 사람들이 孟子께서 다시 王에게 권하여 棠邑의 창고를 열어 주게 하실 것을 바랍니다." 하고, 또 스스로 "아마도 不可할 듯합니다." 라고 말한 것이다.

23-2. 孟子曰 是爲馮婦也로다 晉人有馮婦者 善搏虎하더니 卒爲善士하여 則之野할새 有衆逐虎하니 虎負嵎어늘 莫之敢攖하여 望見馮婦하고 趨而迎之한대 馮婦攘臂下車하니 衆皆悅之하고 其爲士者는 笑之하니라

孟子께서 말씀하셨다. "이것은 바로 나를 馮婦로 만들려는 것이다. 晉나라 사람 중에 馮婦라는 자가 범을 잘 잡았는데, 마침내 善士가 되어 들에 갈 적에 여러 사람들이 범을 쫓고 있었다. 범이 산모퉁이를 의지하고 있자, 사람들이 감히 달려들지 못하다가 馮婦를 멀리 바라보고는 달려가서 맞이하였다. 馮婦가 팔뚝을 걷어붙이고 수레에서 내려오니, 여러 사람들은 모두 이를 좋아하였고 선비들은 이를 비웃었다."

按說 | '是爲馮婦也'에 대하여, 官本諺解에는 '이 馮婦ㅣ로다'로 되어 있고, 栗谷諺解에는 '이는 馮婦ㅣ 되옴이로다'로 되어 있다. 壺山은

'是爲馮婦'는 이는 나로 하여금 馮婦가 되게 하고자 함을 말한 것이니, 官本諺解의 해석은 분명치 못하다.〔是爲馮婦 言是欲使我爲馮婦也 諺釋未瑩〕

하였다.
'卒爲善士 則之野 有衆逐虎'에 대하여, 周密의 《志雅堂雜抄》에는 '卒爲善 士則之野有衆逐虎'로 句讀를 떼어 '마침내 善한 행동을 하니 선비들이 본받고 있었는데, 들에 여러 사람들이 범을 쫓고 있었다.'로 해석하였으며, 閻若璩의 《四書釋地》도 이를 따랐다. 壺山은 朱子의 註를 따르되

'則'은 忽(갑자기)과 같다.

하였다.

··· 馮 성 풍 搏 잡을 박 負 의지할 부 嵎 산모퉁이 우 攖 달려들 영 趨 달릴 추 攘 걷어붙일 양 臂 팔뚝 비

集註 | 手執曰搏이라 卒爲善士는 後能改行爲善也라 之는 適也라 負는 依也라 山曲曰嵎라 攖은 觸也라 笑之는 笑其不知止也라 疑此時에 齊王이 已不能用孟子하고 而孟子亦將去矣라 故로 其言이 如此하시니라

손으로 잡는 것을 '搏'이라 한다. '마침내 善士가 되었다.'는 것은 뒤에 행실을 고쳐 善한 사람이 된 것이다. '之'는 감이다. '負'는 의지함이다. 산굽이를 '嵎'라 한다. '攖'은 달려듦이다. '笑之'는 그칠 줄 모름을 비웃은 것이다. 의심컨대 이때에 齊王이 孟子를 등용하지 못하였고, 孟子 또한 장차 떠나려 하신 듯하다. 그러므로 그 말씀이 이와 같으신 것이다.

| 有命有性章(口之於味章) |

24-1. 孟子曰 口之於味也와 目之於色也와 耳之於聲也와 鼻之於臭也와 四肢之於安佚也에 性也나 有命焉이라 君子不謂性也니라

孟子께서 말씀하셨다. "입이 좋은 맛에 있어서와 눈이 좋은 색깔에 있어서와 귀가 좋은 음악에 있어서와 코가 좋은 냄새에 있어서와 四肢가 安佚에 있어 本性이나, 여기에는 命이 있다. 그러므로 君子가 이것을 性이라고 이르지 않는다.

按說 | 楊伯峻은 味·色·聲·臭는 본래 좋고 나쁨의 의미를 포함하지 않는 글자이지만 여기서는 좋은 맛과 좋은 색, 좋은 음악 소리와 좋은 향기를 가리킨다고 하였다.

集註 | 程子曰 五者之欲은 性也[336]라 然이나 有分하여 不能皆如其願이면 則是命也[337]니 不可謂我性之所有而求必得之也라
愚按 不能皆如其願은 不止爲貧賤이요 蓋雖富貴之極이라도 亦有品節限制하니 則是亦有命也니라

程子(伊川)가 말씀하였다. "다섯 가지의 하고자 함은 本性이나, 분수가 있어서 모두 다 그

---

336 五者之欲 性也:《大全》에 "性이 하고자 하는 바는 바로 '食色이 性이다'라고 할 때의 性이다.〔性之所欲 此卽食色性也之性〕" 하였다.

337 有分……則是命也:《大全》에 "'願'은 바로 하고자함이다. '命'은 天理의 법칙이니 그 分限을 넘을 수 없는 것이다.〔願 卽欲也 命 則天理之則也 不可踰越其分限〕" 하였다.

··· 執 잡을 집 適 갈 적 攖 달려들 촉 臭 냄새 취 佚 편안 일

소원과 같이 할 수 없다면 이는 命이니, 이것을 내 本性에 있는 것이라고 생각해서 반드시 얻으려고 해서는 안 된다."

내(朱子)가 상고해 보건대 모두 다 그 소원과 같이 할 수 없음은 다만 貧賤만이 아니요, 비록 富貴가 지극하더라도 또한 品節과 制限이 있으니, 이 또한 命이 있는 것이다.

24-2. 仁之於父子也와 義之於君臣也와 禮之於賓主也와 智之於賢者也와 聖人之於天道也에 命也나 有性焉이라 君子不謂命也니라

仁이 父子間에 있어서와 義가 君臣間에 있어서와 禮가 賓主間에 있어서와 智가 賢者에 있어서와 聖人이 天道에 있어 命이나, 여기에는 本性이 있다. 그러므로 君子가 이것을 命이라고 이르지 않는다."

按說 | 《集註》에 인용한 程子(伊川)의 說에는 '命'을 '하늘에서 품부받은 것으로 그 氣質에 淸濁厚薄의 차이가 있음'의 의미로 보아, '不謂命'을 性의 善함을 누구나 다 배워서 발휘할 수 있으므로 命이라 하지 않는다는 의미로 풀이하였다. 반면 趙岐는 '命'을 '命祿을 만남'의 의미로 보고 다음과 같이 註하였다.

仁者는 父子間에 은혜와 사랑을 베풀 수 있고, 義로운 자는 君臣間에 義理를 베풀 수 있고, 禮를 좋아하는 자는 賓主間에 禮와 공경을 베풀 수 있고, 지혜로운 자는 밝은 지혜로써 어진 사람을 알고 善한 자를 드러나게 할 수 있고, 聖人은 天道로써 천하에 왕 노릇 할 수 있는데, 이는 모두 命祿이니 〈이 命祿을〉 만나야 비로소 그 자리에 거하여 행할 수 있고, 만나지 못한 자는 시행하지 못한다. 그러나 또한 才性이 이것을 지니고 있기 때문에 할 수 있는 것이다. 보통 사람은 命祿에 돌려 하늘에 맡길 뿐이고 다시는 性을 다스리지 않는다. 君子의 道로 말하면 仁·義를 닦아 행하고 禮·智를 닦아 배워서 聖人이 되고자 부지런히 노력하고 게을리하지 않으며, 다만 앉아서 命만을 따르지는 않는다. 그러므로 '君子가 이것을 命이라고 이르지 않는다'라고 한 것이다.〔仁者得以恩愛施於父子 義者得以義理施於君臣 好禮者得以禮敬施於賓主 智者得以明智知賢達善 聖人得以天道王於天下 此皆命祿遭遇 乃得居而行之 不遇者不得施行 然亦才性有之 故可用也 凡人則歸之命祿 在天而已 不復治性 以君子之道 則修仁行義 修禮學知 庶幾聖人亹亹不倦 不但坐而聽

⋯ 賓 손 빈

命 故曰君子不謂命也〕

茶山은 '命'을 程子의 說대로 해석하면 '聖人之於天道'와는 통하지 않는다고 하여 趙岐의 說을 따랐는데, 程子의 說을 부정한 데에는 性을 心의 내재적 理로 보지 않는 茶山의 견해가 반영된 것이다.

南塘(韓元震)은

> 여기서 말한 命은, 비록 오로지 氣로써 말하였으나 그 뜻에는 두 가지가 있으니, 자기가 품부받은 바에 좋고 좋지 못함이 있는 것과, 남에게 만난 바에 幸과 不幸이 있는 것이 이것인 바, 모름지기 두 뜻을 겸하여 말하여야 비로소 구비된다.……《集註》에는 비록 오로지 품부받은 바를 가지고 말했으나 실은 만난 바의 뜻 또한 이 가운데 포함되어 있다.……《集註》 가운데 橫渠의 말씀을 들어 '晏子의 현명함으로 孔子를 알지 못하였으니, 어찌 命이 아니겠는가' 한 것에 이미 이 뜻이 있다.〔此言命 雖專以氣言 其義亦有兩般 所稟於己之有好不好 所遇於人之有幸不幸 是也 須兼兩義言之 方備……集註雖專以所稟言之 然實亦包所遇之義在其中……集註中擧橫渠說云 以晏子之賢而不識孔子 豈非命也 已有此意了〕《朱子言論同異攷》

하였는데, 壺山은

> 살펴보건대 仲尼의 입장에서 보면, 이는 만난 바가 不幸한 것이다.〔按以仲尼觀之 則是所遇不幸也〕

하였다.

集註 | 程子曰仁義禮智天道 在人이면 則賦於命者니 所稟이 有厚薄淸濁이라 然而性善하여 可學而盡이라 故로 不謂之命也니라
張子曰 晏嬰이 智矣로되 而不知仲尼하니 是非命邪아
愚按 所稟者厚而淸이면 則其仁之於父子也에 至하고 義之於君臣也에 盡하고 禮之於賓主也에 恭하고 智之於賢否也에 哲하고 聖人之於天道也에 無不脗(문)合而純亦不已焉이요 薄而濁이면 則反是하니 是皆所謂命也니라 或曰 者는 當作否요 人은 衍字라하니 更詳之니라

程子(伊川)가 말씀하였다. "仁·義·禮·智와 天道가 사람에게 있으면 命에 부여받은 것이

··· 賦 받을 부 薄 엷을 박 濁 흐릴 탁 晏 늦을 안 嬰 어릴 영 尼 산이름 니 稟 받을 품 脗 합할 문 衍 남을 연

니, 받은 것(氣質)이 厚·薄과 淸·濁이 있다. 그러나 本性이 善하여 배워서 다할 수 있으므로 命이라고 이르지 않는 것이다."

張子(張載)가 말씀하였다. "晏嬰이 지혜로웠으나 仲尼를 알아보지 못하였으니, 이는 命이 아니겠는가."

내가 상고해 보건대 받은 것이 厚하고 淸하면 仁이 父子間에 있어서 지극하고, 義가 君臣間에 있어서 극진하고, 禮가 賓主間에 있어서 공손하고, 智가 賢否에 대해서 밝고, 聖人이 天道에 대해서 부합되지 않음이 없어 순수함이 또한 그치지 않는 것이요, 〈받은 것이〉 薄하고 濁하면 이와 반대이니, 이는 모두 이른바 命이라는 것이다. 혹자가 말하기를 "'者'는 마땅히 否가 되어야 하고, '人'은 衍字이다." 하니, 다시 살펴보아야 할 것이다.

章下註 | ○ 愚聞之師하니 曰 此二條者는 皆性之所有而命於天者也라 然이나 世之人이 以前五者로 爲性이라하여 雖有不得이라도 而必欲求之하고 以後五者로 爲命이라하여 一有不至하면 則不復致力이라 故로 孟子各就其重處言之[338]하사 以伸此而抑彼也시니 張子所謂 養則付命於天이요 道則責成於己니 其言이 約而盡矣로다

○ 내 스승께 들으니, 말씀하시기를 "이 두 조항은 모두 本性에 있는 것으로서 하늘에서 命해 받은 것이다. 그러나 세상 사람들은 앞의 다섯 가지를 本性이라고 여겨서 비록 얻지 못함이 있더라도 반드시 구하고자 하고, 뒤의 다섯 가지를 命이라고 여겨서 한 번(조금)이라도 이르지 못함이 있으면 다시는 힘을 다하지 않는다. 그러므로 孟子께서 각각 그 중요한 부분을 가지고 말씀하시어 이것을 펴고 저것을 억제하려 하신 것이다. 張子(張載)의 이른바 '봉양은 하늘에 命을 맡기고 道는 자신에게 이룸을 責한다.'는 것이니, 그 말씀이 요약하고도 극진하다." 하셨다.

|浩生不害章(善信章)|

25-1. 浩生不害問曰 樂正子는 何人也잇고 孟子曰 善人也며 信人也니라

浩生不害가 물었다. "樂正子는 어떠한 사람입니까?"

---

338 孟子各就其重處言之:《大全》에 "앞절은 重함이 命에 있고, 뒷절은 重함이 性에 있다.〔前重在命 後重在性〕" 하였다.

··· 伸 펼 신 抑 누를 억

孟子께서 말씀하셨다. "善人이며 信人이다."

> 集註 | 趙氏曰 浩生은 姓이요 不害는 名³³⁹이니 齊人也라

趙氏(趙岐)가 말하였다. "浩生은 姓이고 不害는 이름이니, 齊나라 사람이다."

25-2. 何謂善이며 何謂信이잇고

〈浩生不害가 말하였다.〉 "무엇을 善人이라 이르고, 무엇을 信人이라 이릅니까?"

> 集註 | 不害問也라

不害가 물은 것이다.

25-3. 曰 可欲之謂善이요

孟子께서 말씀하셨다. "可欲스러움을 善人이라 이르고,

> 按說 | '可欲'은 可憎의 반대로 누구나 좋아하고 따를 만한 사람을 가리킨다. 그러나 茶山은
>
> 여섯 단계가 모두 자신을 위주하여 말하였는데, 유독 제1단계만 타인의 可欲이라고 하는 것이 옳겠는가. '可欲'은 道가 하고 싶어할(좋아할) 만한 것임을 아는 것이다. 〈道를〉 아는 자가 道를 좋아하는 자만 못하고, 道를 좋아하는 자가 道를 즐거워하는 자만 못하니, 지금 이 可欲의 단계도 이런 종류이다.〔六層皆主自身說 獨以第一層爲他人之可欲可乎 可欲者 知道之可欲也 知之者不如好之者 好之者不如樂之者 今此層級亦此類也〕

---

339 浩生……名: 壺山은 "살펴보건대, 혹자는 '浩生不害가 의심컨대 바로 告不害(告子)인 듯하다.'라고 한다. 이 책에 樂正子의 이름 克과 屋廬子의 이름 連과 白圭의 이름 丹은 모두 책 가운데에서 알 수 있는데, 告子의 이름 不害는 책 가운데 보이는 바가 없고 '告'와 '浩'字가 서로 비슷하니, 이 章의 '浩'字는 혹 傳寫의 오류인 듯하다. 그러나 이는 글 뜻에 관계된 바가 아니니, 굳이 따질 것이 못된다.〔按或云浩生不害 疑卽告不害也 此書如樂正子名克 屋廬子名連 白圭名丹 皆於書中得之 告子之名不害 則書中無所見 而告與浩字相似 此章浩字 或是傳寫之誤也 然此非文義所係 不足究也〕"하였다.

하였다.

集註 | 天下之理 其善者는 必可欲이요 其惡者는 必可惡(오)니 其爲人也 可欲而不
可惡면 則可謂善人矣니라

천하의 이치가 善한 자는 반드시 可欲스럽고 惡한 자는 반드시 可憎스러우니, 그 사람됨이
可欲스럽고 可憎스럽지 않다면 善人이라고 이를 만하다.

25-4. 有諸己之謂信이요

善을 자기 몸에 소유함을 信人이라 이르고,

集註 | 凡所謂善을 皆實有之하여 如惡惡臭하고 如好好色이면 是則可謂信人矣라
○³⁴⁰ 張子曰 志仁無惡之謂善이요 誠善於身之謂信이라

무릇 이른바 善을 모두 실제로 소유하여 〈惡을 미워하기를〉 惡臭를 미워하듯이 하고 〈善을
좋아하기를〉 아름다운 女色을 좋아하듯이 한다면 이는 信人이라고 이를 만하다.
○張子(張載)가 말씀하였다. "仁에 뜻하고 악함이 없음을 善人이라 이르고, 진실로 자기
몸을 善하게 함을 信人이라 이른다."

25-5. 充實之謂美요

善을 充實함을 美人이라 이르고,

集註 | 力行其善하여 至於充滿而積實이면 則美在其中而無待於外矣³⁴¹니라

善을 힘써 행해서 충만하여 쌓이고 참에 이르면 아름다움이 이 가운데에 있어서 밖에 기다

---

340 ○ : 壺山은 "두 節을 통틀어 말하였으므로 圈을 놓은 것이다.〔通論兩節 故著圈〕" 하였다.

341 則美在其中而無待於外矣 : 壺山은 "밖에 발현되기를 구하지 않으니, '안에 두고 내놓지 않는다.'는 말
과 같다.〔不求發見於外 猶言內而不出也〕" 하였다. '안에 두고 내놓지 않는다.〔內而不出〕'는 것은 《禮
記》〈內則〉에 "20세에 冠禮를 하고서 비로소 禮를 배우며……널리 배우되 가르치지 않으며, 안에 두고
내놓지 않는다.〔二十而冠 始學禮……博學不教 內而不出〕"라고 보인다.

… 滿 찰 만

릴 것이 없는 것이다.

25-6. 充實而有光輝之謂大요

充實하여 빛남이 있음을 大人이라 이르고,

> 集註 | 和順積中而英華發外[342]하여 美在其中而暢於四支하고 發於事業이면 則德業至盛而不可加矣니라

和順이 마음속에 쌓여 英華(외형의 아름다움)가 밖에 드러나서 아름다움이 이 가운데에 있어 四肢에 드러나고 事業에 발로된다면 德業이 지극히 성하여 더할 수 없는 것이다.

25-7. 大而化之之謂聖이요

大人이면서 저절로 化함을 聖人이라 이르고,

> 集註 | 大而能化하여 使其大者로 泯然無復可見之迹이면 則不思不勉하여 從容中道[343]하여 而非人力之所能爲矣니라
> 張子曰 大는 可爲也어니와 化는 不可爲也니 在熟之而已矣니라

大人이면서 능히 化하여 그 큰 것으로 하여금 泯然히 다시는 볼 만한 자취가 없게 한다면 생각하지 않고 힘쓰지 않아도 從容히 道에 맞아서 人力으로 할 수 있는 바가 아닌 것이다.

張子(張載)가 말씀하였다. "大人은 억지로 할 수가 있지만 化는 억지로 할 수가 없으니, 익숙히 함에 달려 있을 뿐이다."

---

342 和順積中而英華發外:《禮記》〈樂記〉에 "德은 性의 단서이고, 음악은 德의 英華이고, 金·石·絲·竹은 음악의 악기이다. 詩는 그 뜻을 말한 것이고 歌는 그 소리를 길게 읊는 것이고 舞는 그 용모를 동하는 것이니, 세 가지가 마음에 근본한 뒤에 樂器가 뒤따른다. 이 때문에 情이 깊고 文이 밝고 기운이 성하고 교화가 신묘하여, 和順이 마음속에 쌓여 英華가 외면에 드러나니, 오직 음악은 거짓으로 할 수 없는 것이다.〔德者 性之端也 樂者 德之華也 金石絲竹 樂之器也 詩 言其志也 歌 咏其聲也 舞 動其容也 三者本於心 然後樂器從之 是故情深而文明 氣盛而化神 和順積中而英華發外 惟樂 不可以爲僞〕"라고 보인다.

343 不思不勉 從容中道:《中庸》20장의 "不思而得 不勉而中 從容中道 聖人也"를 축약하여 인용한 것이다.

··· 輝 빛날 휘 暢 통할 창 支 사지지 泯 빠질 민

25-8. 聖而不可知之之謂神이니

聖스러워 알 수 없는 것을 神人이라 이르니,

集註 | 程子曰 聖不可知는 謂聖之至妙하여 人所不能測이니 非聖人之上에 又有一
等神人也[344]니라

程子(伊川)가 말씀하였다. "聖스러워 알 수 없다는 것은 聖人이 지극히 神妙하여 사람들
이 측량할 수 없음을 이르니, 聖人의 위에 다시 한 등급의 神人이 있는 것은 아니다."

25-9. 樂正子는 二之中이요 四之下也니라

樂正子는 두 가지의 중간이고 네 가지의 아래이다."

集註 | 蓋在善信之間이니 觀其從於子敖[345]하면 則其有諸己者 或未實也라
張子曰 顏淵, 樂正子皆知好仁矣[346]로되 樂正子는 志仁無惡[347]而不致於學이라 所
以但爲善人信人而已요 顏子는 好學不倦하여 合仁與智하여 具體聖人[348]하니 獨未
至聖人之止耳시니라

아마도 善人과 信人의 사이에 있었을 것이니, 그가 子敖(王驩)를 따라온 것을 본다면 자기

---

344 非聖人之上 又有一等神人也:壺山은 "化로써 말하면 聖이라 이르고 妙함으로써 말하면 神이라 한
다.〔以化而謂之聖 以妙而謂之神〕" 하였다.

345 觀其從於子敖:子敖는 王驩의 字로, 이 내용은 앞의 〈離婁上〉24장에 "樂正子가 子敖를 따라 齊나
라에 갔었다.〔樂正子從於子敖 之齊〕" 한 것과 25장에 "孟子께서 樂正子에게 말씀하시기를 '자네가
子敖를 따라 〈齊나라에〉 온 것은 한갓 먹고 마시기 위해서이다.' 하였다.〔孟子謂樂正子曰 子之從於子
敖來 徒餔啜也〕" 한 것에 보인다.

346 顏淵 樂正子皆知好仁矣:新安陳氏(陳櫟)는 "樂正子의 資質의 순수함이 대략 顏子와 유사하였으
므로 張橫渠가 이것을 인용하여 論을 세운 것이다.〔樂正子資質純粹 略似顏子 故橫渠引此立論〕"
하였다.

347 志仁無惡:《論語》〈里仁〉4장에 "진실로 仁에 뜻을 두면 惡함이 없을 것이다.〔苟志於仁矣 無惡也〕"라
고 보인다.

348 具體聖人:聖人의 전체를 갖추고 있는 것으로 위 〈公孫丑上〉2장에 "子夏·子游·子張은 모두 聖人의
一體(일부분)를 가지고 있었고, 冉牛·閔子·顏淵은 전체를 갖추고 있었으나 미약하다.〔子夏, 子游, 子
張 皆有聖人之一體 冉牛, 閔子, 顏淵 則具體而微〕"라고 보인다.

··· 敖 오만할오 致 이를치 倦 게으를권

몸에 소유한 것이 아마도 성실하지 못한 듯하다.

張子(張載)가 말씀하였다. "顔淵과 樂正子가 모두 仁을 좋아할 줄 알았으나, 樂正子는 仁에 뜻하여 惡함이 없었을 뿐, 學問에 힘을 다하지 않았기 때문에 다만 善人과 信人이 되었을 뿐이요, 顔子는 學問을 좋아하고 게을리하지 않아서 仁과 智를 합하여 聖人의 體를 갖추었는데, 다만 聖人의 그침에 이르지 못했을 뿐이시다."

章下註 | ○程子曰 士之所難者는 在有諸己而已니 能有諸己면 則居之安하고 資之深[349]하여 而美且大를 可以馴致矣어니와 徒知可欲之善而若存若亡而已면 則能不受變於俗者 鮮矣[350]니라

尹氏曰 自可欲之善으로 至於聖而不可知之神이 上下一理니 擴充而至於神이면 則不可得而名矣니라

○程子(伊川)가 말씀하였다. "선비가 하기 어려운 것은 善을 자기 몸에 소유함에 있을 뿐이다. 능히 善을 자기 몸에 소유하면 居함이 편안하고 이용함이 깊어서 美人과 大人에 점점 이를 수 있지만, 다만 可欲의 善만을 알아서 있는 듯 없는 듯할 뿐이라면 세속에 변화를 받지 않을 자가 드물 것이다."

尹氏(尹焞)가 말하였다. "可欲之善으로부터 聖而不可知之神에 이르기까지 上下가 한 이치이다. 이를 擴充하여 神에 이른다면 〈그 神妙함을〉 명칭할 수 없는 것이다."

|逃墨必歸於楊章(歸斯受章)|

26-1. 孟子曰 逃墨이면 必歸於楊이요 逃楊이면 必歸於儒니 歸커든 斯受之而已矣니라

孟子께서 말씀하셨다. "墨翟에서 도피하면 반드시 楊朱로 돌아오고, 楊朱에서 도피하면 반드시 儒學으로 돌아오니, 돌아오면 받아줄 뿐이다.

---

349 居之安 資之深:〈離婁下〉14장에 "君子가 깊이 나아가기를 道(방법)로써 함은 自得하고자 해서이니, 自得하면 居함이 편안하고, 居함이 편안하면 이용함이 깊다.〔君子深造之以道 欲其自得之也 自得之則居之安 居之安則資之深〕"라고 보인다.

350 程子曰……鮮矣:新安陳氏(陳櫟)는 "이 조항은 중점이 善을 자기 몸에 소유하는 信에 있다.〔此條重在有諸己之信〕" 하였다.

··· 馴 길들일순 鮮 드물선 逃 달아날도

集註 | 墨氏는 務外而不情하고 楊氏는 太簡而近實이라 故로 其反正之漸이 大略如此하니라 歸斯受之者는 憫其陷溺之久而取其悔悟之新也라

墨氏는 외면을 힘써 진실되지 못하고, 楊氏는 너무 간략하여 실제에 가깝다. 이 때문에 正道로 돌아옴의 점점함이 대략 이와 같은 것이다. '돌아오면 받아준다.'는 것은 그 빠짐이 오래됨을 민망히 여기고, 뉘우쳐 깨달아서 새로워짐을 취한 것이다.

26-2. 今之與楊墨辯者는 如追放豚하니 旣入其苙이어든 又從而招之로다

지금에 楊朱·墨翟의 학자들과 변론하는 자들은 마치 뛰쳐나간 돼지를 쫓는 것과 같으니, 이미 그 우리로 돌아왔는데 또다시 따라서 발을 묶어놓는구나."

按說 | '辯'과 '追'에 대하여, 壺山은

'辯'은 말하여 따지는 것이고, '追'는 뒤쫓아 다스리는 것이다.〔辯 辯詰也 追 追治也〕

하였다.
'旣入'에 대하여, 楊伯峻은

'入'은 納(들이다)과 같다.

하였다.

集註 | 放豚은 放逸之豕豚也라 苙은 闌也라 招는 罥(견)也니 羈其足也라 言 彼旣來歸어든 而又追咎其旣往之失也라

'放豚'은 뛰쳐나간 돼지이다. '苙'은 우리이다. '招'는 얽어맴이니, 그 발을 얽어매는 것이다. 저들이 이미 儒學으로 돌아왔는데 또다시 旣往의 잘못을 허물함을 말씀한 것이다.

章下註 | ○ 此章은 見聖賢之於異端에 距之甚嚴이나 而於其來歸에 待之甚恕하니 距之嚴故로 人知彼說之爲邪하고 待之恕故로 人知此道之可反이니 仁之至요 義之盡也니라

… 漸 점점 점 憫 불쌍할 민 陷 함정에빠질 함 溺 물에빠질 닉 悔 뉘우칠 회 悟 깨달을 오 放 방탕할 방
豚 돼지 돈 苙 우리 립 招 얽매일 초 逸 뛰쳐나갈 일 豕 돼지 시 闌 우리 란 罥 걸견,덫견 羈 얽을 기
咎 허물 구 異 다를 이 距 막을 거

○이 章은 聖賢이 異端에 대하여 막기를 매우 엄하게 하나 그 돌아옴에 있어서는 대하기를 매우 恕(관대)하게 함을 볼 수 있다. 막기를 엄하게 하기 때문에 사람들이 저 학설이 부정함을 알고, 대하기를 恕하게 하기 때문에 사람들이 이 道(儒學)로 돌아올 줄을 아는 것이니, 仁의 지극함이요 義의 극진함이다.

|布縷之征章|

27. 孟子曰 有布縷之征과 粟米之征과 力役之征하니 君子 用其一이요 緩其二니 用其二면 而民有殍(표)하고 用其三이면 而父子離니라

孟子께서 말씀하셨다. "베와 실에 대한 稅와 곡식에 대한 稅와 힘으로 부역하는 稅가 있으니, 君子는 이 중에 한 가지만 쓰고 두 가지는 늦춘다. 두 가지를 함께 쓰면(징수(징집)하면) 백성들이 굶어 죽고, 세 가지를 함께 쓰면 父子間이 離散할 것이다."

按說 | '布縷之征 粟米之征 力役之征'에 대하여, 茶山은

'布縷'는 里布이고 '粟米'는 屋粟이고 '力役'은 公旬이다.〔布縷者里布也 粟米者屋粟也 力役者公旬也〕

하였다. '里布'는 위 〈公孫丑上〉 5장에도 보이는바, 집에 뽕나무와 삼을 심지 않는 자를 罰하여 1里 25家의 베를 내게 한 것이고, '屋粟'은 농지가 있는데 경작하지 않은 자를 罰하여 부과한 稅粟이고, '公旬'은 均平하게 부과한 勞役이니, 모두 《周禮》에 보인다.
'用其二', '用其三'에 대하여, 新安陳氏(陳櫟)는

두 가지를 사용한다는 것은 한때에 두 가지를 함께 취하는 것이요, 세 가지를 사용한다는 것은 한때에 세 가지를 함께 취하는 것이다.〔用其二 一時併用二端也 用其三 一時併取三者也〕

하였다.

集註 | 征賦之法이 歲有常數라 然이나 布縷는 取之於夏하고 粟米는 取之於秋하고 力

··· 縷 실오라기 루 征 세금 정 粟 곡식 속 緩 늦출 완 殍 굶어죽을 표

役은 取之於多하여 當各以其時³⁵¹하니 若幷取之면 則民力이 有所不堪矣라 今兩稅 三限之法³⁵²이 亦此意也니라

尹氏曰 言 民爲邦本이니 取之無度면 則其國이 危矣리라

賦稅를 징수하는 법은 해마다 일정한 數가 있다. 그러나 베와 실은 여름에 취하고 곡식은 가을에 취하고 힘으로 부역함은 겨울에 취하여 각각 때에 맞게 하여야 하니, 만일 한꺼번에 아울러 취한다면 백성들의 힘이 감당하지 못하는 바가 있을 것이다. 지금 兩稅三限의 법도 또한 이러한 뜻이다.

尹氏(尹焞)가 말하였다. "백성은 나라의 근본이니, 취하기를 限度가 없이 하면 그 나라가 위태로워짐을 말씀한 것이다."

|諸侯之寶章|

28. 孟子曰 諸侯之寶三이니 土地와 人民과 政事니 寶珠玉者는 殃必及身이니라

孟子께서 말씀하셨다. "諸侯의 보배가 세 가지이니, 土地와 人民과 政事이니, 珠玉을 보배로 여기는 자는 殃禍가 반드시 몸에 미친다."

集註 | 尹氏曰 言 寶得其寶者는 安하고 寶失其寶者는 危니라

尹氏(尹焞)가 말하였다. "보배로 여김이 보배로 여길 만한 것을 얻은 자는 편안하고, 보배로 여김이 보배로 여길 만한 것을 잃은 자는 위태로움을 말씀한 것이다."

|盆成括仕於齊章|

29. 盆成括이 仕於齊러니 孟子曰 死矣로다 盆成括이여 盆成括이 見殺

---

351 當各以其時: 一本에는 '其'가 빠져 있다.

352 今兩稅三限之法: '兩稅'는 夏稅와 秋稅를 이르며, '三限'은 布縷·粟米·力役을 각각 夏·秋·冬의 세 철에 한정하여 거둠을 이른다. 이 兩稅三限의 法은 唐나라 德宗 때 제정되었는데, 朱子 때에 이르러 다시 시행되었으므로 '今'이라고 한 것이다.《四書蒙引》一說에는 夏稅는 지역에 따라 수확기가 다르므로 납부 기한이 두 번이며 여기에 한 번 기한인 秋稅를 합하여 三限이라 한다 하였다.

··· 堪 견딜 감 殃 재앙 앙 盆 동이 분 括 맺을 괄

이어늘 門人이 問曰 夫子何以知其將見殺이시니잇고 曰 其爲人也 小有才
요 未聞君子之大道也하니 則足以殺其軀而已矣니라

盆成括이 齊나라에서 벼슬하였는데, 孟子께서 "죽겠구나, 盆成括이여." 하셨다.
盆成括이 죽임을 당하자, 門人이 물었다. "夫子께서는 어찌하여 그가 장차 죽임을 당
할 것을 아셨습니까?"
孟子께서 대답하셨다. "그의 사람됨이 조금 재주가 있고 君子의 大道를 듣지 못했으
니, 족히 그 몸을 죽일 뿐이다."

集註 | 盆成은 姓이요 括은 名也라 恃才妄作은 所以取禍니라
徐氏曰 君子 道其常而已라 括有死之道焉하니 設使幸而獲免이라도 孟子之言이
猶信也니라

盆成은 姓이고 括은 이름이다. 재주를 믿고 함부로 행동함은 禍를 취하는 것이다.
徐氏(徐度)가 말하였다. "君子는 그 常道를 말할 뿐이다. 盆成括이 죽을 방도가 있었으니,
설사 요행으로 죽음을 면했다 하더라도 孟子의 말씀이 맞는 것이다."

|孟子之滕館於上宮章|

30-1. 孟子之滕하사 館於上宮이러시니 有業屨於牖(유)上이러니 館人이 求
之弗得하다

孟子께서 滕나라에 가서 上宮에 머물고 계셨다. 작업하던 신이 창문 위에 있었는데,
旅館 주인이 찾아도 찾지 못하였다.

集註 | 館은 舍也라 上宮은 別宮名이라 業屨는 織之有次業而未成者라 蓋館人所作
을 置之牖上而失之也라

'館'은 머무름이다. 上宮은 別宮의 이름이다. '業屨'는 신을 짬에 다음 작업이 있어 아직
완성되지 않은 것이다. 여관 주인이 만들던 것을 창 위에 놓아두었다가 잃어버린 것이다.

··· 軀 몸 구 恃 믿을 시 獲 얻을 획 滕 나라이름 등 館 머물 관 業 일할 업 屨 신 구 舍 머물 사 織 짤 직
牖 창문 유

30-2. 或이 問之曰 若是乎從者之廋也여 曰 子以是爲竊屨來與아 曰 殆非也라 夫子之設科也는 往者를 不追하며 來者를 不拒하사 苟以是心으로 至커든 斯受之而已矣니이다

혹자가 물었다. "이와 같습니까? 從者들의 숨김이……"
孟子께서 "그대는 이것을 가지고 〈우리가〉 신을 훔치러 왔다고 여기는가?" 하셨다.
혹자가 대답하기를 "아닙니다. 夫子께서 敎科를 설치함은 가는 자를 붙잡지 않고 오는 자를 막지 않으시어 만일 이 배우려는 마음을 가지고 오면 받아주실 뿐입니다." 하였다.

集註 | 或問之者는 問於孟子也라 廋는 匿也니 言 子之從者乃匿人之物이 如此乎인저하니라 孟子答之에 而或人이 自悟其失하고 因言 此從者固不爲竊屨而來[353]라 但夫子設置科條하여 以待學者하시니 苟以向道之心而來면 則受之耳라 雖夫子라도 亦不能保其往也라하니 門人이 取其言이 有合於聖賢之指라 故로 記之하니라

'혹자가 물었다.'는 것은 孟子에게 물은 것이다. '廋'는 숨김이니, 夫子의 從者가 마침내 남의 물건을 숨김이 이와 같다고 말한 것이다. 孟子께서 이에 답하시자, 혹자가 스스로 자기가 失言한 것을 깨닫고 인하여 말하기를 "이 從者가 진실로 신을 훔치기 위하여 온 것은 아닙니다. 다만 夫子께서 科條(科目)를 설치하여 배우는 자들을 대하시니, 〈배우는 자가〉 만일 道를 향하는 마음으로 찾아오면 받아줄 뿐입니다. 비록 夫子라도 또한 그의 過去를 보장할 수는 없습니다."라고 하니, 門人이 그의 말이 聖賢의 뜻에 부합됨이 있음을 취하였다. 그러므로 기록한 것이다.

| 人皆有所不忍章(以言餂章) |

31-1. 孟子曰 人皆有所不忍하니 達之於其所忍이면 仁也요 人皆有所不爲하니 達之於其所爲면 義也니라

孟子께서 말씀하셨다. "사람들은 모두 차마 못하는 마음을 가지고 있으니 〈그 차마 못

---

353 此從者固不爲竊屨而來:壺山은 "본래 신을 훔치러 온 것이 아니고 바로 道를 향하여 왔을 뿐임을 말한 것이다.〔本非竊屨而來 乃向道而來耳〕" 하였다.

••• 廋 숨길 수 竊 훔칠 절 殆 거의 태 科 과정 과 追 쫓을 추 拒 막을 거 匿 숨길 닉 悟 깨달을 오 忍 차마할 인

하는 마음을〉 차마 할 수 있는 바에까지 도달한다면 仁이요, 사람들은 모두 하지 않는 바(지조)가 있으니 〈그 하지 않는 바를〉 할 수 있는 바에까지 도달한다면 義이다.

集註 | 惻隱羞惡之心을 人皆有之라 故로 莫不有所不忍不爲하니 此는 仁義之端也라 然이나 以氣質之偏과 物欲之蔽로 則於他事엔 或有不能者하니 但推所能하여 達之於所不能이면 則無非仁義矣리라

惻隱之心과 羞惡之心을 사람들이 다 갖고 있다. 그러므로 차마 못하는 바와 하지 않는 바를 갖고 있지 않음이 없으니, 이는 仁·義의 단서이다. 그러나 氣質의 편벽됨과 物慾의 가리움 때문에 다른 일에는 혹 능하지 못한 것이 있으니, 다만 능한 바를 미루어서 능하지 못한 바에까지 도달한다면 仁·義가 아님이 없을 것이다.

31-2. 人能充無欲害人之心이면 而仁을 不可勝用也며 人能充無穿踰之心이면 而義를 不可勝用也니라

사람이 능히 남을 해치려고 하지 않는 마음을 채운다면 仁을 이루 다 쓸 수 없을 것이며, 사람이 능히 담을 뚫거나 넘어가서 도둑질하지 않으려는 마음을 채운다면 義를 이루 다 쓸 수 없을 것이다.

集註 | 充은 滿也라 穿은 穿穴이요 踰는 踰牆이니 皆爲盜之事也라 能推其所不忍하여 以達於所忍이면 則能滿其無欲害人之心하여 而無不仁矣요 能推其所不爲하여 以達於所爲면 則能滿其無穿踰之心하여 而無不義矣리라

'充'은 가득함(충만함)이다. '穿'은 구멍을 뚫는 것이고 '踰'는 담을 넘는 것이니, 모두 도둑질하는 일이다. 능히 그 차마 못하는 바를 미루어서 차마 할 수 있는 바에까지 도달한다면 능히 남을 해치려고 하지 않는 마음을 채워서 仁하지 않음이 없을 것이요, 능히 그 하지 않는 바를 미루어서 할 수 있는 바에까지 도달한다면 능히 담을 뚫거나 넘어가서 도둑질하지

··· 隱 불쌍할은 蔽 가릴폐 充 채울충 穿 뚫을천 踰 넘을유 穴 구멍혈 牆 담장장

않으려는 마음을 채워서 義롭지 않음이 없을 것이다.

31-3. 人能充無受爾汝之實이면 無所往而不爲義也니라

사람이 능히 爾汝(너)라는 칭호를 받지 않으려는 실제를 채운다면 가는 곳마다 義가
아님이 없을 것이다.

集註 | 此는 申說上文充無穿踰之心之意也라 蓋爾汝는 人所輕賤之稱이니 人雖或
有所貪昧隱忍[354]而甘受之者나 然其中心에 必有慚忿而不肯受之之實하니 人能
卽此而推之하여 使其充滿하여 無所虧缺이면 則無適而非義矣리라

이것은 윗글의 '담을 뚫거나 넘어가서 도둑질하지 않으려는 마음을 채운다.'는 뜻을 거듭 말
씀한 것이다. '爾汝'는 사람들이 경시하고 천시하는 칭호이다. 사람이 비록 혹 탐욕에 어두
워 속으로 참으면서 이러한 칭호를 달게 받는 경우가 있으나, 그 中心에는 반드시 부끄럽고
분하게 여겨서 즐겨 받지 않으려는 실제가 있을 것이니, 사람이 이것을 가지고 미루어 채워
서 이지러진 바가 없게 한다면 가는 곳마다 義가 아님이 없을 것이다.

31-4. 士未可以言而言이면 是는 以言餂(첨)之也요 可以言而不言이면 是
는 以不言餂之也니 是皆穿踰之類也니라

선비가 말해서는 안 될 적에 말한다면 이는 말로써 물건을 핥아먹는 것이요, 말을 해야
할 적에 말하지 않는다면 이는 말하지 않음으로써 물건을 핥아먹는 것이니, 이는 모두
담을 뚫거나 넘어가서 도둑질하는 종류이다."

集註 | 餂은 探取之也라 今人이 以舌取物曰餂이라하니 卽此意也라 便佞,[355] 隱默[356]

---

354 貪昧隱忍 : 壺山은 '貪昧'는 "탐함으로써 어두운 것이다.[以貪而昧]" 하고, '隱忍'은 "마음에 남몰래
참는 것이다.[潛忍於心]" 하였다. 또 "'貪昧'는 지혜롭지 않은 것이고, '隱忍'은 용맹스럽지 않은 것이
다.[貪昧 不智 隱忍 不勇]" 하였다.

355 便佞 : 《大全》에 "말해서는 안 될 적에 말하는 것이다.[未可以言而言]" 하였다.

356 隱默 : 《大全》에 "말해야 할 적에 말하지 않는 것이다.[可以言而不言]" 하였다.

··· 昧 어두울 매 慚 부끄러울 참 忿 성낼 분 肯 즐길 긍 虧 이지러질 휴 缺 이지러질 결 餂 핥아먹을 첨
探 더듬을 탐 便 잘할 편 佞 말잘할 녕 隱 몰래 은 黙 잠잠할 묵

은 皆有意探取於人이니 是亦穿踰之類라 然이나 其事隱微하여 人所易忽이라 故로 特
擧以見例하여 明必推無穿踰之心하여 達於此而悉去之然後에 爲能充其無穿踰之
心也니라

'餂'은 더듬어 취함이다. 지금 사람들이 혓바닥으로 물건을 취하는 것을 餂이라 하니, 바로
이 뜻이다. 아첨하는 말을 함과 침묵을 지킴은 모두 남에게서 물건을 探取하려는 데에 뜻이
있는 것이니, 이 또한 담을 뚫거나 넘어가서 도둑질하는 종류이다. 그러나 그 일이 은미하
여 사람들이 소홀히 하기 쉽다. 그러므로 특별히 들어서 例를 나타내어 반드시 穿踰하지 않
으려는 마음을 미루어 여기에까지 도달시켜서 모두 제거한 뒤에야 능히 穿踰하지 않으려는
마음을 채움이 됨을 밝히신 것이다.

| 言近而指遠章 |

32-1. 孟子曰 言近而指遠者는 善言也요 守約而施博者는 善道也니
君子之言也는 不下帶而道存焉이니라

孟子께서 말씀하셨다. "말이 천근하면서도 뜻이 遠大한 것은 善한 말이요, 지킴이 요
약하면서도 베풂이 넓은 것은 善한 道이니, 君子의 말은 띠를 내려가지 않고도 道가
있다.

> 按說 | '守約而施博'에 대하여, 楊伯峻은
>
> '施'는 '恩惠(은혜를 베풂)'의 뜻이다.
>
> 하였다.
> '下帶'에 대하여, 程子(伊川)는
>
> '帶'는 가까운 곳을 가리키고 '下'는 '머물다', '붙어 있다'와 같다.[帶 蓋指其近處 下 猶舍
> 也離也]《精義》
>
> 하였다.

... 帶 띠 대

集註 | 古人은 視不下於帶[357]하니 則帶之上은 乃目前常見至近之處也라 擧目前之近事에 而至理存焉하니 所以爲言近而指遠也라

옛사람들은 시선이 띠를 내려가지 않았으니, 그렇다면 띠 위는 바로 목전에 항상 볼 수 있는 지극히 가까운 곳이다. 목전의 가까운 일을 듦에 지극한 이치가 여기에 있으니, 이 때문에 말이 천근하면서도 뜻이 원대한 것이다.

32-2. 君子之守는 修其身而天下平이니라

君子의 지킴은 그 몸을 닦음에 天下가 平해지는 것이다.

集註 | 此所謂守約而施博也라

이것이 이른바 '지킴이 要約하면서도 베풂이 넓다.'는 것이다.

32-3. 人病은 舍其田而芸人之田이니 所求於人者 重이요 而所以自任者 輕이니라

사람들의 병통은 자기 밭을 버려두고 남의 밭을 김매는 것이니, 남에게 요구하는 것은 重하고 스스로 책임지는 것은 가볍다.”

集註 | 此는 言不守約而務博施之病이라

이는 지킴이 요약하지 않으면서 널리 베풀기를 힘쓰는 병통을 말씀한 것이다.

|堯舜性者也章|
33-1. 孟子曰 堯舜은 性者也요 湯武는 反之也시니라

---

357 古人 視不下於帶:《禮記》〈曲禮下〉에 “天子를 뵐 때에는 시선이 동정보다 올라가지 않고 띠보다 내려가지 않는다.……무릇 시선은 얼굴보다 높으면 오만해 보이고 띠보다 내려가면 근심스럽게 보이고 기울면 간사해 보인다.〔天子視 不上於袷(겹) 不下於帶……凡視 上於面則傲 下於帶則憂 傾則姦〕”라고 보인다.

··· 舍 버릴 사 芸 김맬 운(耘通) 反 돌아올 반

孟子께서 말씀하셨다. "堯·舜은 性대로 하신 분들이고 湯·武는 性을 회복하셨다.

按說 | '堯舜性者也 湯武反之也'는 원래 '堯舜性之者也 湯武反之者也'라고 써야 하는데, 윗구에서는 '之'字를 빼고 아랫구에서는 '者'字를 뺀 것으로, 이러한 문체를 互文 이라 한다.

集註 | 性者는 得全於天하고 無所汚壞하여 不假修爲하니 聖之至也요 反之者는 修 爲以復其性하여 而至於聖人也라
程子曰 性之, 反之는 古未有此語러니 蓋自孟子發之하시니라
呂氏曰 無意而安行은 性者也요 有意利行而至於無意는 復性者也라 堯舜은 不失 其性이요 湯武는 善反其性이니 及其成功則一也니라

'性之'는 하늘에서 온전함을 얻고 더럽히거나 파괴한 바가 없어서 修爲(닦음)를 빌리지 않 는 것이니 聖人의 지극함이요, '反之'는 修爲하여 그 性을 회복해서 聖人에 이른 것이다.
程子(明道)가 말씀하였다. "性之와 反之는 옛날에는 이러한 말씀이 있지 않았는데, 孟子 로부터 말씀한 것이다."
呂氏(呂大臨)가 말하였다. "뜻(의식)이 없이 편안히 행함은 性대로 하는 것이고, 뜻이 있 어 이롭게 여기고 행해서 의식이 없음에 이르는 것은 性을 회복한 것이다. 堯·舜은 그 性 을 잃지 않았고 湯·武는 그 性을 잘 회복하였으니, 成功에 이르면 똑같은 것이다."

33-2. 動容周旋이 中禮者는 盛德之至也니 哭死而哀 非爲生者也며 經德不回 非以干祿也며 言語必信이 非以正行也니라

動容하고 周旋함이 禮에 맞는 것은 盛德이 지극한 것이니, 죽은 자를 哭하여 슬퍼함 이 살아 있는 사람(상주)에게 잘 보이기 위해서가 아니요, 떳떳한 德을 지키고 간사하지 않음이 祿을 구해서가 아니요, 言語를 반드시 信實하게 함이 행실이 바르다는 이름을 위해서가 아니다.

··· 汚 더러울 오 壞 무너질 괴 旋 돌 선 經 떳떳할 경 回 간사할 회 干 구할 간

按說 | '言語必信'에 대하여, 朱子는

> 言語는 마땅히 신실하게 할 바이지만 만약 이로써 행실을 바로잡으려는데 뜻을 둔다면 곧 위함이 있어서 하는 것이다.〔言語 在所當信 若有意以此而正行 便是有所爲而然也〕(《語類》)

하였다.

集註 | 細微曲折이 無不中禮는 乃其盛德之至니 自然而中이요 而非有意於中也라 經은 常也요 回는 曲也[358]라 三者 亦皆自然而然이니 非有意而爲之也라 皆聖人之 事니 性之之德也라

細微하고 周旋(曲折)함이 禮에 맞지 않음이 없는 것은 바로 盛德의 지극함이니, 자연스럽게 맞는 것이요 맞게 하려는 데에 뜻을 둔 것이 아니다. '經'은 떳떳함이요 '回'는 굽음이다. 세 가지 또한 모두 자연히 그러한 것이니, 뜻이 있어 하는 것이 아니다. 이는 모두 聖人의 일이니, 性之의 德이다.

33-3. 君子는 行法하여 以俟命而已矣니라

君子는 法을 행하여 命을 기다릴 뿐이다."

集註 | 法者는 天理之當然者也라 君子行之而吉凶禍福을 有所不計하니 蓋雖未至於自然이나 而已非有所爲而爲[359]矣라 此는 反之之事니 董子所謂正其義不謀其利하며 明其道不計其功[360]이 正此意也라

---

358 經常也 回曲也 : 楊伯峻은 "趙岐의 註에 '經은 行(행하다)이다.' 하였다. '回'는 違와 같은데 違는 예절을 어긴다는 뜻이다." 하고, '經德不回'를 "도덕에 따라 행하여 禮를 어기는 데에까지 이르지 않는다."라고 번역하였다.

359 有所爲而爲 : 위하는 바가 있어 하는 것으로, 명예나 이익을 얻기 위하여 善行을 함을 이른다. 南軒 張栻은 "위하는 바가 없이 하는 것은 義이고, 위하는 바가 있어서 하는 것은 利이다.〔無所爲而爲之者 義也 有所爲而爲之者 利也〕" 하였는데,《近思錄集註 卷7》 朱子는 義와 利의 구분을 잘 형용한 말이라고 칭찬하였다.

360 董子所謂正其義不謀其利 明其道不計其功 : 이 내용은 《漢書》〈董仲舒傳〉에 "仁人은 그 義를 바르게 하고 이익을 도모하지 않으며, 그 道를 밝히고 功을 계산하지 않는다.〔夫仁人者 正其誼(義)不謀其

··· 折 꺾을 절 俟 기다릴 사 董 성 동

'法'은 天理의 당연함이다. 君子는 이것을 행하고 吉凶禍福을 계산하지 않으니, 이는 비록 자연스러움에 이르지 못했으나 이미 위함이 있어서 하는 것이 아니다. 이는 反之의 일이니, 董子(董仲舒)의 이른바 '그 義를 바르게 하고 이익을 도모하지 않으며, 그 道를 밝히고 功을 계산하지 않는다.'는 것이 바로 이 뜻이다.

章下註 | ○程子曰 動容周旋이 中禮者는 盛德之至요 行法以俟命者는 朝聞道夕死可矣[361]之意也니라

呂氏曰 法由此立하고 命由此出은 聖人也요 行法以俟命은 君子也니 聖人은 性之요 君子는 所以復其性也니라

○程子(明道)가 말씀하였다. "'動容하고 周旋함이 禮에 맞음'은 盛德의 지극함이요, '法을 행하여 命을 기다림'은 아침에 道를 들으면 저녁에 죽어도 可하다는 뜻이다."

呂氏(呂大臨)가 말하였다. "法이 이로 말미암아 확립되고 命이 이로 말미암아 나옴은 聖人이요, 法을 행하여 命을 기다림은 君子이니, 聖人은 性대로 하고 君子는 그 性을 회복하는 것이다."

|說大人章|

34-1. 孟子曰 說(세)大人則藐(묘)之하여 勿視其巍巍然이니라

孟子께서 말씀하셨다. "大人을 설득할 적에는 하찮게 여겨서 그의 드높음을 보지 말아야 한다.

集註 | 趙氏曰 大人은 當時尊貴者也라 藐는 輕之也[362]라 巍巍는 富貴高顯之貌라 藐焉而不畏之하면 則志意舒展하여 言語得盡也리라

趙氏(趙岐)가 말하기를 "'大人'은 당시의 尊貴한 자이다." 하였다. '藐'는 가볍게(하찮게) 여김이다. '巍巍'는 富貴가 높고 드러난 모양이다. 하찮게 여겨서 두려워하지 않는다면 뜻

利 明其道不計其功"라고 보인다.

361 朝聞道夕死可矣:孔子의 말씀으로 《論語》〈里仁〉8장에 보인다.

362 藐 輕之也:南軒張氏(張栻)는 "'藐'는 眇와 같이 읽는다.〔藐讀如眇〕" 하였다.

··· 藐 작을 묘 巍 높을 외 舒 펼서 展 펼전

이 펴져서 말을 다할 수 있을 것이다.

34-2. 堂高數仞과 榱(최)題數尺을 我得志라도 弗爲也하며 食前方丈과 侍妾數百人을 我得志라도 弗爲也하며 般樂(락)飮酒와 驅騁田獵과 後車 千乘을 我得志라도 弗爲也니 在彼者는 皆我所不爲也요 在我者는 皆古 之制也니 吾何畏彼哉리오

堂의 높이가 몇 길이 되는 것과 서까래 머리가 몇 자가 되는 집(高臺廣室)을 나는 뜻을 얻더라도 하지 않으며, 좋은 음식이 밥상 앞에 한 길로 진열됨과 侍妾이 수백 명인 것을 나는 뜻을 얻더라도 하지 않으며, 즐기며 술을 마심과 말을 달리며 사냥함과 뒤따르는 수레가 천 대인 것을 나는 뜻을 얻더라도 하지 않을 것이니, 저에게 있는 것은 모두 내가 하지 않는 바요 나에게 있는 것은 모두 옛 법이니, 내 어찌 저들을 두려워하겠는가."

按說 | '堂高數仞'에 대하여, 楊伯峻은 焦循의 《孟子正義》에

經傳에서 '堂高'라고 한 것은 모두 '堂의 계단[堂階]의 높이'를 가리켜 말한 것이다.

한 것을 따라, "殿堂의 基礎가 몇 길이 되는 것"으로 번역하였다.
'我得志'는 내 마음대로 얻을 수 있음을 이른다.

集註 | 榱는 桷也요 題는 頭也라 食前方丈은 饌食列於前者 方一丈也라 此는 皆其 所謂巍巍然者니 我雖得志나 有所不爲요 而所守者는 皆古聖賢之法이니 則彼之 巍巍者[363]를 何足道哉리오

'榱'는 서까래요, '題'는 머리이다. '食前方丈'은 음식이 앞에 진열된 것이 한 길인 것이다. 이는 모두 이른바 '巍巍하다'는 것이니, 내가 비록 뜻을 얻더라도 이를 하지 않을 것이요, 내가 지키고 있는 것은 모두 옛 聖賢의 법이니, 그렇다면 저 巍巍한 것을 어찌 말할 것이 있겠는가.

---

363 彼之巍巍者 : 一本에는 '之'가 빠져 있다.

••• 仞 길 인 榱 서까래 최 題 머리 제 丈 길 장 般 즐길 반 騁 달릴 빙 獵 사냥 렵 桷 서까래 각 饌 음식 찬

章下註ㅣ○楊氏曰 孟子此章은 以己之長으로 方人之短하니 猶有此等氣象³⁶⁴이요
在孔子則無此矣³⁶⁵니라

○楊氏(楊時)가 말하였다. "《孟子》의 이 章은 자신의 장점으로 남의 단점을 비교하였으니,
〈孟子는〉 아직도 이러한 氣象이 있고, 孔子에게는 이러한 것이 없다."

|養心莫善於寡欲章|

35. 孟子曰 養心이 莫善於寡欲하니 其爲人也寡欲이면 雖有不存焉者
라도 寡矣요 其爲人也多欲이면 雖有存焉者라도 寡矣니라

孟子께서 말씀하셨다. "마음을 수양함은 욕심을 적게 하는 것보다 더 좋은 것이 없으
니, 그 사람됨이 욕심이 적으면 비록 보존되지 않음이 있더라도 〈보존되지 않은 것이〉 적
을 것이요, 사람됨이 욕심이 많으면 비록 보존됨이 있더라도 〈보존된 것이〉 적을 것이다."

按說ㅣ '存'에 대하여, 楊伯峻은

> 이는 孟子의 이른바 '선한 性[善性]'과 '夜氣'를 보존하는 것을 가리켜 말한 것이다. 〈離婁
> 下〉 19장에 '사람이 禽獸와 다른 것이 얼마 안 되니, 庶民(衆人)들은 이것을 버리고 君子
> 는 이것을 보존한다.[人之所以異於禽獸者 幾希 庶民去之 君子存之]' 한 것과 〈告子上〉
> 8장에 '비록 사람에게 보존된 것인들 어찌 仁義의 마음이 없겠는가.[雖存乎人者 豈無仁
> 義之心哉]' 한 것의 여러 '存'字가 바로 이 '存'이다.

---

364 此等氣象 : 程子(明道)는 "孟子는 泰山의 우뚝한 氣象이다.[孟子泰山巖巖之氣象也]" 하였는데, 《精
義》壺山은 "이는 어세가 너무 쾌함을 가지고 말한 것이다.[此以其語勢之太快而言也]" 하였다.

365 孟子此章……在孔子則無此矣 : 慶源輔氏(輔廣)는 "孟子가 泰山의 우뚝한 氣象이 있다는 것은 바로
이러한 부분을 가리켜 말한 것이다. 만약 孔子라면 大人이면서 저절로 化하여 泯然히 그 큰 자취를 보
지 못하므로 이와 같음에 이르지 않는 것이다. 그러나 聖人이 이것을 깨달아 하지 않는 것이 아니요, 德
이 성하고 仁이 익숙해서 大人이면서 저절로 화하면 自然히 이러한 氣象(孟子의 우뚝한 기상)이 있음
에 이르지 않는 것이다.[孟子有泰山巖巖然之氣象 便是指此等處言也 若聖人則大而化之 泯然不見
其大之迹 故不至如此 然非聖人覺此而不爲也 德盛仁熟 大而化之 則自然不至有此等氣象矣]" 하
였다. 壺山은 "살펴보건대 '英氣' 두 글자를 이미 〈序說〉에서 앞에 놓아 말하였는데, 이 章이 더욱 심
한 부분이다. 그러므로 이 註에 특별히 총괄하여 말한 것이다.[按英氣二字 已於序說冠之 而此章爲
其尤者 故於此註 特總言之]" 하였다.

··· 方 비교할방 寡 적을과

하였다. 壺山은

> '不存'과 '存'은 모두 위의 '心'字를 이어받았는데, 마음이 보존되지 않은 것이 적고 마음이 보존된 것이 적음을 말씀한 것이니, 마음이 보존된 것이 적음은 그 本心을 잃은 것이다.〔不存存 皆蒙上心字 謂心不存者寡 心存者寡也 心存者寡 是失其本心也〕

하였다.

集註 | 欲은 如口鼻耳目四支(肢)之欲이니 雖人之所不能無나 然多而不節이면 未有不失其本心[366]者니 學者所當深戒也니라
程子曰 所欲은 不必沈溺이요 只有所向이면 便是欲이니라

'欲'은 입과 코와 귀와 눈과 四肢의 욕망 같은 것이니, 비록 사람에게 없을 수 없는 것이나 〈욕망이〉 많고 절제하지 않는다면 그 本心을 잃지 않을 자가 없으니, 배우는 자가 마땅히 경계하여야 할 것이다.
程子(伊川)가 말씀하였다. "所欲은 반드시 여기에 빠지는 것만이 아니요, 다만 향하는 바가 있으면 바로 欲이다."

| 曾晳嗜羊棗章 |

36-1. 曾晳이 嗜羊棗러니 而曾子不忍食羊棗하시니라

曾晳이 羊棗를 좋아했었는데, 曾子께서 차마 羊棗를 먹지 못하셨다.

集註 | 羊棗는 實小하고 黑而圓하니 又謂之羊矢棗[367]라 曾子以父嗜之하니 父沒之

---

366 不失其本心 : 茶山은 "孟子가 일생 동안 살핀 것은 바로 道心의 存亡이었다. 욕망이 적으면 道心이 없어지는 것도 적고, 욕망이 많으면 道心이 없어지는 것도 많은 것이다.〔孟子一生所察 卽道心之存亡也 慾寡則道心亡者亦寡 慾多則道心亡者亦多〕" 하였다.

367 羊矢棗 : '矢'는 똥으로, 곧 염소똥 모양의 작은 대추라는 뜻이다. 楊伯峻은 "何焯의 《義門讀書記》에 '羊棗는 대추가 아니라 바로 감나무과의 작은 것이다. 처음 자랄 때에는 황색이지만 익으면 검게 되어 염소의 똥과 비슷한데, 그 나무를 다시 接木하면 감이 된다. 지금은 고욤〔牛奶柹(梬棗子)〕이라 부르고, 다른 이름은 梗棗이다' 했다." 하였다. 沙溪(金長生)는 "《古今韻會擧要》의 梬(영)字의 註에 '지금은 羊矢棗로 불리니 바로 지금의 輭棗이다. 열매는 작고 둥글며 검붉은색이다. 《爾雅翼》에 「늦가을에 열매가 맺는데 붉은색이며 이를 말리면 검붉은색으로 포도와 같다. 지금 丁香柹라 이르고, 또 牛乳柹라

··· 沈 빠질 침 溺 빠질 닉 晳 밝을 석 嗜 즐길 기 棗 대추 조 矢 똥 시

後에 食必思親이라 故로 不忍食也하시니라

'羊棗'는 열매가 작고 색깔이 검으며 둥그니, 또 羊矢棗라고도 이른다. 曾子는 아버지가 羊棗를 좋아하셨으니, 아버지가 별세한 뒤에 이것을 먹으면 반드시 어버이가 생각났으므로 차마 먹지 못하신 것이다.

36-2. 公孫丑問曰 膾炙(자)與羊棗孰美니잇고 孟子曰 膾炙哉인저 公孫丑曰 然則曾子는 何爲食膾炙而不食羊棗시니잇고 曰 膾炙는 所同也요 羊棗는 所獨也니 諱名不諱姓하나니 姓은 所同也요 名은 所獨也일새니라

公孫丑가 물었다. "膾炙와 羊棗는 어느 것이 더 맛있습니까?"

孟子께서 말씀하셨다. "膾炙일 것이다."

公孫丑가 말하였다. "그렇다면 曾子는 어찌하여 膾炙는 잡수시면서 羊棗는 잡수시지 않았습니까?"

孟子께서 말씀하셨다. "膾炙는 누구나 똑같이 좋아하는 것이고 羊棗는 독특하게 좋아한 것이다. 이름은 諱하고 姓은 諱하지 않으니, 이는 姓은 똑같고 이름은 독특하기 때문이다."

集註 | 肉을 聶而切之爲膾라 炙(자)는 炙(적)肉也라

고기를 저며 썬 것을 '膾'라고 한다. '炙'는 구운 고기이다.

|孔子在陳章(狂獧章)|

37-1. 萬章이 問曰 孔子在陳하사 曰 盍歸乎來리오 吾黨之士狂簡하여 進取호되 不忘其初라하시니 孔子在陳하사 何思魯之狂士시니잇고

萬章이 물었다. "孔子께서 陳나라에 계시면서 말씀하시기를 '어찌 돌아가지 않겠는가.

이름한다.」하였다.' 했다.〔韻會 梬字註 今呼羊矢棗 卽今輭棗 實小而圓 紫黑色 爾雅翼 結實秋晩而紅 乾之則紫黑如蒲萄 今謂丁香柹 又名牛乳柹〕"하였다.《經書辨疑》

梬은 고염이며 牛奶柹는 바로 牛乳柹이니, 그렇다면 羊棗는 대추가 아니고 고염이다.

··· 膾 회회 炙 불고기자, 고기구울적 諱 꺼릴휘 聶 저밀섭 切 끊을절 盍 어찌아니합 狂 미칠광 簡 간략할간

吾黨의 선비가 狂簡하여 진취적이나 그 처음을 버리지 못한다.' 하셨으니, 孔子께서 陳나라에 계시면서 어찌하여 魯나라의 狂士들을 생각하셨습니까?"

按說 | '吾黨之士'에 대하여, 壺山은

'吾黨'은 바로 吾鄕이란 말과 같다.〔吾黨 猶吾鄕也〕

하였다. 옛날 '黨'은 500가호의 행정 단위이므로 '吾黨'을 吾鄕으로 해석한 것이다. 吾黨을 朱子는 《論語集註》에서 "吾黨小子는 門人 중에 魯나라에 있는 자를 가리킨 것이다."라고 풀이하였다. 그러나 후세에는 吾黨은 우리의 무리란 뜻으로 쓰였으며 四色黨派가 생긴 조선조에서는 특히 자기 당파를 가리키는 말로 많이 쓰였다. 楊伯峻은 '士'가 '小子'로 되어 있는 판본을 취하였다.

集註 | 盍은 何不也라 狂簡은 謂志大而略於事[368]라 進取는 謂求望高遠이요 不忘其初는 謂不能改其舊也라 此語는 與論語小異[369]하니라

'盍'은 何不(어찌 아니)이다. '狂簡'은 뜻은 크나 일에 소략함을 이른다. '進取'는 高遠한 것을 추구하고 바람을 이르고, '그 처음을 버리지 못한다.'는 것은 예전의 잘못을 고치지 못함을 이른다. 이 말씀은 《論語》와 조금 다르다.

37-2. 孟子曰 孔子〈曰〉 不得中道而與之인댄 必也狂獧(견)乎인저 狂者는 進取요 獧者는 有所不爲也라하시니 孔子豈不欲中道哉시리오마는 不可必得이라 故로 思其次也시니라

孟子께서 말씀하셨다. "孔子께서 말씀하시기를 '中道(中庸)의 인물을 얻어 함께하지

---

368 狂簡 謂志大而略於事 : 慶源輔氏(輔廣)는 "'뜻이 큼'은 狂을 이르고, '일에 소략함'은 簡을 이른다.……〈經文의〉'狂簡' 두 글자는 또 아래 두 句를 다 포함하였는바, '進取'는 바로 '뜻이 큼'이고, '그 처음을 버리지 못함'은 바로 '일에 소략함'이다.〔志大 謂狂 略於事 謂簡……狂簡二字 又該括得下兩句 進取 卽是志大 不忘其初 卽是略於事也〕" 하였다.

369 與論語小異 : 이 내용은 《論語》〈公冶長〉 21장에 보이는바, 《論語》에는 "돌아가야겠다. 돌아가야겠다. 吾黨의 小子들이 뜻은 크나 일에는 소략하여 찬란하게 文章을 이루었을 뿐이요, 이것을 마름질할 줄을 알지 못하는구나.〔歸與歸與 吾黨之小子狂簡 斐然成章 不知所以裁之〕"라고 되어 있다.

••• 獧 고집스러울 견

못한다면 반드시 狂者나 獧者와 함께할 것이다. 狂者는 진취적이요 獧者는 하지 않는 바가 있다.' 하셨으니, 孔子께서 어찌 中道의 인물을 얻기를 원하지 않으셨겠는가마는 반드시 얻을 수는 없었다. 이 때문에 그 다음을 생각하신 것이다."

按說 | '其次'에 대하여,《大全》에

'其次'는 狂者를 이른다.〔其次 謂狂者〕

하였고, 壺山은

이 '其'字는 中道의 사람을 가리킨다.〔此其字 指中道〕

하였다.

集註 | 不得中道로 至有所不爲는 據論語[370]컨대 亦孔子之言이니 然則 孔子字下에 當有曰字라 論語에 道作行하고 獧作狷하니라 有所不爲者는 知恥自好[371]하여 不爲 不善之人也라 孔子豈不欲中道以下는 孟子言也라

'不得中道'로부터 '有所不爲'까지는 《論語》를 근거해 보면 또한 孔子의 말씀이니, 그렇다면 '孔子'라는 글자 아래에 마땅히 '曰'字가 있어야 할 것이다. 《論語》에 '道'는 '行'으로 되어 있고 '獧'은 '狷'으로 되어 있다. '하지 않는 바가 있다.'는 것은 부끄러움(염치)을 알고 스스로 지조를 아껴서 不善을 하지 않는 사람이다. '孔子豈不欲中道' 이하는 孟子의 말씀이다.

37-3. 敢問何如라야 斯可謂狂矣니잇고

〈萬章이 말하였다.〉 "감히 묻겠습니다. 어떠하여야 狂이라 이를 수 있습니까?"

---

370 據論語 : 이 내용은 《論語》〈子路〉 21장에 보인다.

371 知恥自好 : '知恥'는 不義를 부끄러워할 줄을 아는 것이며, '自好'는 자신의 지조와 명예를 스스로 아끼는 것으로 앞의 〈萬章上〉 9장에 '鄕黨自好者'라고 보이는바, 《集註》에 "'自好'는 스스로 자기 몸을 아끼는 사람이다.〔自好 自愛其身之人也〕" 하였다.

··· 狷 견개(狷介)할견 好 아낄호

集註ㅣ萬章問이라

萬章이 물은 것이다.

37-4. 曰 如琴張, 曾晳, 牧皮者 孔子之所謂狂矣니라

孟子께서 말씀하셨다. "琴張·曾晳·牧皮와 같은 자가 孔子께서 말씀하신 '狂'이라는 것이다."

集註ㅣ琴張은 名牢요 字子張이라 子桑戶死에 琴張이 臨其喪而歌하니 事見(현)莊子[372]하니 雖未必盡然이나 要必有近似者라 曾晳은 見前篇하니라 季武子死에 曾晳이 倚其門而歌하니 事見檀弓[373]이요 又言志異乎三子者之撰(선)하니 事見論語[374]하니라 牧皮는 未詳이라

琴張은 이름이 牢이고 字가 子張이다. 子桑戶가 죽자 琴張이 그의 喪에 임하여 노래를 불렀으니, 이 사실이 《莊子》〈大宗師〉에 보인다. 비록 반드시 다 그렇지는 않더라도 요컨대 반드시 이와 近似한 점이 있었을 것이다. 曾晳은 前篇(離婁上)에 보인다. 季武子가 죽자 曾晳이 그 門에 기대어 노래하였으니 이 사실이 《禮記》〈檀弓下〉에 보이며, 또 자신의 뜻은 세 사람이 가지고 있는 것과 다르다고 말하였으니, 이 사실이 《論語》에 보인다. 牧皮는 자세하지 않다.

---

[372] 子桑戶死……事見莊子:《莊子》〈大宗師〉에 "子桑戶와 孟子反과 子琴張은 서로 친구였다.……子桑戶가 죽어서 장례하기 전에 孔子가 이 소식을 듣고 子貢으로 하여금 가서 장사 일을 돕게 하였다. 〈子貢이 가보니〉 한 사람은 箔(발)을 짜고 또 한 사람은 거문고를 타면서 서로 화답하여 노래하기를 '아! 슬프다. 子桑戶여. 아! 슬프다. 子桑戶여. 그대는 이미 참된 세계로 돌아갔는데 우리는 아직도 사람으로 남아 있구나.' 하였다. 子貢이 종종걸음으로 나아가 말하기를 '감히 묻노니 시신을 앞에 두고 노래하는 것이 禮입니까?' 하니, 두 사람이 서로 마주보고 웃으면서 말하기를 '이 사람이 어찌 禮의 뜻을 알겠는가.' 하였다.[子桑戶, 孟子反, 子琴張相與友……子桑戶死未葬 孔子聞之 使子貢往待事焉 或編曲 或鼓琴 相和而歌曰 嗟來桑戶乎 嗟來桑戶乎 而已反其眞 而我猶爲人猗 子貢趨而進曰 敢問臨尸而歌禮乎 二人相視而笑曰 是惡知禮意]"라고 보인다.

[373] 季武子死……事見檀弓:《禮記》〈檀弓下〉에 "季武子가 병이 위독하였는데……그가 죽자, 曾點이 문에 기대어서 노래했다.[季武子寢疾……及其喪也 曾點倚其門而歌]"라고 보인다.

[374] 志異乎三子者之撰 事見論語:孔子가 제자들의 뜻을 묻자, 曾晳이 대답한 것으로, 이 내용은 《論語》〈先進〉 25장에 보인다.

··· 琴 성금 牧 성목 牢 굳을뢰 倚 기댈의 撰 가질선

37-5. 何以謂之狂也니잇고

〈萬章이 말하였다.〉 "어찌하여 狂이라 일렀습니까?"

> 集註 | 萬章問이라
>
> 萬章이 물은 것이다.

37-6. 曰 其志嘐嘐(효효)然曰 古之人, 古之人이여호되 夷考其行而不掩 焉者也니라

孟子께서 말씀하셨다. "그 뜻이 높고 커서 말하기를 '옛사람이여, 옛사람이여.'라고 하나 평소에 그 행실을 살펴보면 행실이 말을 가리지 못하는 자이기 때문이다.

> 按說 | '夷考其行而不掩'은 言行이 일치하지 못하여 말은 비록 큰 소리를 치나 행실 이 그에 미치지 못함을 이른다.

> 集註 | 嘐嘐는 志大言大也라 重言古之人은 見(현)其動輒稱之[375]요 不一稱而已也 라 夷는 平也[376]라 掩은 覆(부)也라 言 平考其行하면 則不能覆其言也라 程子曰 曾晳 言志에 而夫子與之하시니 蓋與聖人之志同하니 便是堯舜氣象也라 特行有不掩焉 耳니 此所謂狂也니라

'嘐嘐'는 뜻이 크고 말이 큰 것이다. '古之人'이라고 거듭 말한 것은 말할 때마다 칭하고 한 번만 칭할 뿐이 아님을 나타낸 것이다. '夷'는 평소이다. '掩'은 덮음이다. 평소에 그 행실을 살펴보면 행실이 그 말을 덮지(가리지) 못함을 말씀한 것이다.

程子(明道)가 말씀하였다. "曾晳이 뜻을 말함에 夫子께서 허여하셨으니, 이는 聖人의 뜻 과 같은 것이니, 곧 堯·舜의 氣象이었다. 다만 행실이 말을 가리지 못함이 있었을 뿐이니,

---

375 動輒稱之: '動輒'은 '번번이, 언제나, 걸핏하면'의 뜻으로, 말을 할 때마다 번번이 '古之人'을 칭했음을 이른다.

376 夷 平也: 楊伯峻은 "'夷'字는 해석할 수 없다. 前人 중에 뜻이 없는 語首助詞로 추측한 사람도 있다." 하였다. 語首助詞는 語氣助詞 또는 發語詞라고도 하는데, 문장의 첫머리에 쓰이며 뜻이 없다.

••• 嘐 큰소리칠효 夷 평소이 掩 가릴엄 輒 문득첩 覆 덮을부 特 다만특

이것이 이른바 狂이라는 것이다."

37-7. 狂者를 又不可得이어든 欲得不屑不潔之士而與之하시니 是獧也니 是又其次也니라

狂者를 또 얻을 수 없거든 不潔한 것을 좋게 여기지 않는 선비를 얻어서 함께하고자 하셨으니, 이것이 獧이니, 이는 또 그 다음이다."

按說 | 朱子는

狂者는 知가 지나친 것이고, 獧者는 行이 지나친 것이다.〔狂者 知之過 獧者 行之過〕《語 類 論語 子路》

하였다.

集註 | 此는 因上文所引하여 遂解所以思得獧者之意라 狂은 有志者也요 獧은 有守 者也니 有志者는 能進於道하고 有守者는 不失其身이라 屑은 潔也[377]라

이는 윗글에 인용한 것을 인하여 마침내 獧者를 얻을 것을 생각하신 뜻을 해석한 것이다. '狂'은 뜻이 있는 자이고 '獧'은 지킴이 있는 자이니, 뜻이 있는 자는 道에 나아갈 수 있고 지킴이 있는 자는 자신의 지조를 잃지 않는다. '屑'은 깨끗이 여김이다.

37-8. 孔子曰 過我門而不入我室이라도 我不憾焉者는 其惟鄕原乎인저 鄕原은 德之賊也라하시니 曰 何如면 斯可謂之鄕原矣니잇고

〈萬章이 말하였다.〉"孔子께서 말씀하시기를 '내 문 앞을 지나면서 내 집에 들어오지 않더라도 내 서운해하지 않을 자는 오직 鄕原일 것이다. 鄕原은 德의 賊이다.' 하셨으

---

377 屑 潔也 : 趙岐는 "'屑'은 깨끗함이니, 더러움을 깨끗하지 않게 여김이다. 狂者를 얻을 수 없으면 절개가 있는 사람을 얻고자 한 것이니, 행실이 깨끗하지 못한 자를 부끄럽게 여기고 천하게 여길 수 있는 자는 더불어 말할 수 있다.〔屑潔也 不潔汚穢也 旣不能得狂者 欲得有介之人 能恥賤惡行不潔者 則可與 言矣〕" 하였는데, 茶山은 "趙岐의 주를 刪削해서는 안 된다.〔趙註不可刪也〕" 하였다.

··· 屑 달갑게여길설 潔 깨끗할결 憾 한할감 原 공손할원(愿同)

니, 어떠하면 鄕原이라 이를 수 있습니까?"

集註 | 鄕原은 非有識者[378]라 原은 與愿同이라 荀子原慤字를 皆讀作愿하니 謂謹愿
之人也[379]라 故로 鄕里所謂愿人을 謂之鄕原이라 孔子以其似德而非德이라 故로 以
爲德之賊이라하시니라 過門不入而不恨之는 以其不見親就[380]로 爲幸이니 深惡(오)而
痛絶之也라 萬章이 又引孔子之言而問也라

'鄕原'은 知識이 있는 자가 아니다. '原'은 愿과 같다. 《荀子》에 '原慤'의 '原'字를 모두 愿
으로 읽으니, 삼가는 사람을 이른다. 그러므로 鄕里의 이른바 '愿人'을 鄕原이라 이른다.
孔子는 〈鄕原이〉 德 같으면서도 德이 아니기 때문에 '德의 賊'이라고 하신 것이다. '문 앞
을 지나면서 들어오지 않더라도 恨하지 않는다.'는 것은 그가 친히 찾아옴을 받지 않는 것
을 다행으로 여긴 것이니, 깊이 미워하고 통렬히 끊으신 것이다. 萬章이 또다시 孔子의 말
씀을 인용하고 물은 것이다.

37-9. 曰 何以是嘐(효)嘐也하여 言不顧行하며 行不顧言이요 則曰 古之
人, 古之人이여하며 行何爲踽踽涼涼이리오 生斯世也면 爲斯世也하여
善斯可矣라하여 閹然媚於世也者 是鄕原也니라

孟子께서 말씀하셨다. "〈鄕原이 狂者를 비난하기를〉'어찌하여 이처럼 말과 뜻이 커서
말은 행실을 돌아보지 않으며 행실은 말을 돌아보지 않고, 말하기를 「옛 사람이여, 옛
사람이여.」하는가' 하며, 〈鄕原이 狷者를 비난하기를〉'행실을 어찌하여 이처럼 외롭

---

378 鄕原 非有識者:壺山은 "學識이 없으면서 善한 이름을 도둑질한 자이다.〔無學識而竊善名者〕"하였
다.

379 荀子原慤字……謂謹愿之人也:《荀子》〈榮辱篇〉에는 "효도하고 공손하고 삼가고 조심하며 괴로움을
참고 열심히 노력하여 그 事業을 다스린다.〔孝悌原慤 軥錄疾力 以敦比其事業〕"하였고, 〈富國篇〉에
는 "신하와 여러 官吏로서 탐욕스러운 자가 모두 교화되어 행실을 닦고, 사나운 자가 모두 교화되어 삼
가고, 교활한 자가 모두 교화되어 조심하니, 이는 현명한 군주의 공효이다.〔其臣下百吏 汚者皆化而脩
悍者皆化而愿 躁者皆化而慤 是明主之功已〕"하였고, 〈正論篇〉에는 "윗사람이 단정하고 정성스러우
면 아랫사람들이 삼가고 조심하며, 윗사람이 公正하면 아랫사람들이 마음이 평탄하고 정직하다.〔上端
誠則下愿慤矣 上公正則下易直矣〕"하였다.

380 以其不見親就:壺山은 "親近히 하여 와서 찾아옴을 받지 못하는 것이다.〔不被親近而來就之〕"하였
으니, '見'을 被(입다, 당하다)의 뜻으로 해석한 것이다.

••• 慤 공손할 각 見 당할 견 顧 돌아볼 고 踽 홀로걸을 우 涼 엷을 량 閹 가릴 엄 媚 아첨할 미

고 쓸쓸하게 하는가. 이 세상에 태어났으면 이 세상 사람들을 위하여 남들로 하여금 善하다고 하게 하면 可하다.'라고 하여 閹然히 세상에 아첨하는 자가 鄕原이다."

按說 | '生斯世也'에 대하여, 官本諺解에는 '이 世예 生ᄒᆞ연ᄂᆞᆫ디라'로 되어 있는데, 壺山은

> 이 句는 官本諺解의 해석이 분명하지 못하다.〔此句 諺釋欠明〕

하였으며, 栗谷諺解에는 '이 世예 生ᄒᆞ란ᄃᆡ'로 해석하였다. 이에 본인은 《集註》의 '人旣 生於此世 則但當爲此世之人'을 따라 '生斯世也면'으로 懸吐하고 '이 세상에 태어났으 면'으로 번역하였다.

集註 | 踽踽는 獨行不進之貌라 涼涼은 薄也니 不見親厚於人也라 鄕原이 譏狂者曰 何用如此嘐嘐然行不掩其言하고 而徒每事必稱古人邪오하며 又譏狷者曰 何必 如此踽踽涼涼하여 無所親厚哉아 人旣生於此世면 則但當爲此世之人하여 使當世 之人으로 皆以爲善則可矣라하니 此鄕原之志也라 閹은 如奄人之奄이니 閉藏之意 也[381]라 媚는 求悅於人也라 孟子言 此深自閉藏하여 以求親媚於世하니 是鄕原之 行也라하시니라

'踽踽'는 혼자서 길을 가 나아가지 못하는 모양이다. '涼涼'은 薄함이니, 남에게 親厚함을 받지 못하는 것이다. 鄕原이 狂者를 비난하기를 "어찌하여 이와 같이 말과 뜻이 커서 행실 이 말을 가리지 못하면서 한갓 매사에 반드시 古人을 칭하는가." 하며, 또 狷者를 비난하기 를 "어찌 반드시 이와 같이 외롭고 쓸쓸하여 親厚한 바가 없는가. 사람이 이미 이 세상에 태 어났으면 다만 마땅히 이 세상 사람들을 위하여 當世의 사람들로 하여금 모두 善하다고 하

---

381 閹……閉藏之意也:《周禮》〈春官宗伯〉에 "守祧(祧를 지키는 직책)는 奄이 8명이다.〔먼 선조의 廟를 祧 라 한다. 奄은 지금의 宦者와 같은 것이다.〕"〔守祧 奄八人〔遠廟曰祧 奄 如今之宦者〕〕"라고 보인다. 茶山은 "'閹' 은 奄(가릴 엄)·弇(덮을 엄)과 통하니,《禮記》〈月令〉에 '그릇을 속은 넓고 위는 좁게 한다.' 하였다.…… 소인이 생각을 가슴속에 담아 두고 분명하게 밝히지 않으면서 남에게 아첨하는 것을 閹이라고 하니, 오 늘의 이른바 '媕婀(우물쭈물 결정하지 못하고 아첨하며 따라함)'가 바로 이 뜻이다.〔閹與奄弇通 月令 曰其器閹以奄……小人含意不宣 以媚於人 謂之閹 今之所謂媕婀 卽此意〕" 하였다. 壺山은 "鄕原 이 그 心情을 닫고 감춘 것이 奄人이 그 氣를 닫고 감춘 것과 같다.〔鄕原之閉藏其情 如奄人之閉藏其 氣〕" 하였다.

⋯ 薄 엷을 박, 야박할 박 譏 나무랄 기 奄 내시 엄 閉 닫을 폐 藏 감출 장

게 하면 可하다." 하니, 이것이 鄕原의 뜻이다. '閹'은 奄人(內侍)의 奄과 같으니, 닫고 감추는 뜻이다. '媚'는 남에게서 사랑을 구하는 것이다. 孟子께서 말씀하시기를 "이는 깊이 스스로 닫고 감추어서 세상으로부터 친함과 사랑을 구하는 것이니, 이것이 鄕原의 행실이다." 라고 하신 것이다.

37-10. 萬章曰 一鄕이 皆稱原人焉이면 無所往而不爲原人이어늘 孔子以爲德之賊은 何哉잇고

萬章이 말하였다. "한 지방이 모두 原人(삼가는 사람)이라고 칭한다면 가는 곳마다 原人이 되지 않을 곳이 없을 터인데 孔子께서 '德의 賊'이라고 하심은 어째서입니까?"

集註 | 原은 亦謹厚之稱이어늘 而孔子以爲德之賊이라 故로 萬章疑之하니라

原 또한 謹厚함의 칭호인데, 孔子께서 '德의 賊'이라고 하셨으므로 萬章이 의심한 것이다.

37-11. 曰 非之無擧也하며 刺(자)之無刺也하고 同乎流俗하며 合乎汚世하여 居之似忠信하며 行之似廉潔하여 衆皆悅之어든 自以爲是而不可與入堯舜之道라 故로 曰 德之賊也라하시니라

孟子께서 말씀하셨다. "비난하려 해도 들출 것이 없으며 풍자하려 해도 풍자할 것이 없고 流俗과 동화하며 더러운 세상에 영합하여, 居함에 忠信한 듯하며 행함에 廉潔(청렴결백)한 듯해서 사람들이 다 좋아하면 스스로 옳다고 여기나 그와 함께 堯·舜의 道에 들어갈 수는 없다. 그러므로 '德의 賊'이라고 하신 것이다.

按說 | '居之似忠信 行之似廉潔'에 대하여, 壺山은

'居'는 마음으로 말하였고, '行'은 몸으로 말하였다.〔居 以心言 行 以身言〕

하였다.

集註 | 呂侍講曰 言 此等之人은 欲非之則無可擧요 欲刺之則無可刺也라 流俗者

··· 刺 찌를 자 汚 더러울 오 廉 청렴할 렴

는 風俗頹靡 如水之下流하여 衆莫不然也라 汚는 濁也라 非忠信而似忠信하고 非廉潔而似廉潔이니라

呂侍講(呂希哲)이 말하기를 "이러한 사람은 비난하고자 하면 들출 만한 것이 없고 풍자하고자 하면 풍자할 만한 것이 없음을 말씀한 것이다. '流俗'은 풍속의 무너짐이 물이 아래로 흐르는 것과 같아서 모든 사람이 그렇지 않음이 없는 것이다." 하였다. '汚'는 濁함이다. 忠信이 아니면서 忠信한 듯하고, 廉潔이 아니면서 廉潔한 듯한 것이다.

37-12. 孔子曰 惡似而非者하노니 惡莠는 恐其亂苗也요 惡佞은 恐其亂義也요 惡利口는 恐其亂信也요 惡鄭聲은 恐其亂樂也요 惡紫는 恐其亂朱也요 惡鄉原은 恐其亂德也라하시니라

孔子께서 말씀하시기를 '같은 듯하면서 아닌 것[似而非]을 미워하노니, 가라지(피)를 미워함은 벼싹을 어지럽힐까 두려워해서요, 말재주가 있는 자를 미워함은 義를 어지럽힐까 두려워해서요, 말을 많이 하는 자를 미워함은 信을 어지럽힐까 두려워해서요, 鄭나라 音樂을 미워함은 正樂을 어지럽힐까 두려워해서요, 자주색을 미워함은 붉은 색을 어지럽힐까 두려워해서요, 鄉原을 미워함은 德을 어지럽힐까 두려워해서이다.' 하셨다.

集註 | 孟子又引孔子之言以明之하시니라 莠는 似苗之草也라 佞은 才智之稱이니 其言이 似義而非義也라 利口는 多言而不實者也라 鄭聲은 淫樂也요 樂은 正樂也라 紫는 間色이요 朱는 正色也[382]라 鄉原은 不狂不獧하여 人皆以爲善하니 有似乎中道而實非也라 故로 恐其亂德이니라

孟子께서 또다시 孔子의 말씀을 인용하여 밝히셨다. '莠'는 苗(벼싹)와 유사한 풀이다. '佞'은 재주와 지혜가 있는 자의 칭호이니, 그 말이 의로운 듯하나 義가 아니다. '利口'는 말이 많으나 성실하지 못한 자이다. '鄭聲'은 음탕한 음악이고 '樂'은 正樂이다. '紫'는 중간색이고 '朱'는 바른 색이다. 鄉原은 狂하지도 않고 獧하지도 않아서 사람들이 모두 善하다 하니, 中道와 유사하나 실제는 아니다. 그러므로 그 德을 어지럽힐까 두려워하신 것

---

382 紫……正色也:靑·黃·朱(赤)·白·黑의 五色을 正色이라 하여 좋게 여기고, 紫色은 黑色과 朱色의 中間色이라 하여 좋지 않게 여기기 때문에 말한 것이다.

⋯ 頹 무너질 퇴 靡 쓰러질 미 濁 흐릴 탁 莠 가라지유, 피유 苗 싹묘 佞 말잘할녕 鄭 나라이름 정
紫 자줏빛 자 朱 붉을 주 淫 음탕할 음

이다.

37-13. 君子는 反經而已矣니 經正則庶民興하고 庶民興이면 斯無邪慝矣리라

君子는 經道(떳떳한 道)를 회복할 뿐이니, 經道가 바루어지면 庶民이 〈善에〉 흥기하고, 庶民이 흥기하면 邪慝함이 없어질 것이다."

集註 | 反은 復(복)也라 經은 常也니 萬世不易之常道也라 興은 興起於善也라 邪慝은 如鄕原之屬이 是也라 世衰道微하여 大經不正이라 故로 人人得爲異說하여 以濟其私하여 而邪慝并起하니 不可勝正이라 君子於此에 亦復其常道而已니 常道旣復이면 則民興於善하여 而是非明白하여 無所回互하여 雖有邪慝이나 不足以惑之矣니라

'反'은 회복함이다. '經'은 常道이니, 萬世에 변하지 않는 常道이다. '興'은 善에 興起함이다. '邪慝'은 鄕原과 같은 등속이 이것이다. 세상이 쇠하고 道가 미약해져서 큰 經道가 바루어지지 못하였다. 그러므로 사람마다 異說을 하여 자기의 사욕을 이루려 해서 사특함이 함께 일어나니, 이루 다 바로잡을 수가 없다. 君子가 이에 대하여 또한 그 常道를 회복할 뿐이니, 常道가 이미 회복되면 백성들이 善에 흥기하여 是非가 명백해져서 回互(감추고 숨김)하는 바가 없어 비록 사특한 자가 있더라도 사람을 혹하게 할 수 없는 것이다.

章下註 | ○ 尹氏曰 君子取夫狂獧者는 蓋以狂者는 志大而可與進道요 獧者는 有所不爲而可與有爲也며 所惡於鄕原而欲痛絶之者는 爲其似是而非하여 惑人之深也라 絶之之術은 無他焉이라 亦曰反經而已矣니라

○ 尹氏(尹焞)가 말하였다. "君子(孔子)가 저 狂者와 獧者를 취하신 까닭은 狂者는 뜻이 커서 더불어 道에 나아갈 수 있고 獧者는 하지 않는 바가 있어서 더불어 훌륭한 일을 할 수 있기 때문이며, 鄕原을 미워하여 통렬히 끊고자 하신 까닭은 옳은 것 같으면서 아니어서 사람을 혹하게 함이 깊기 때문이다. 이를 끊는 방법은 다른 것이 없다. 또한 經道를 회복하는 것뿐이다."

··· 反 돌아올 반 經 법 경 邪 간사할 사 慝 간악할 특 回 돌 회 互 서로 호 惑 미혹할 혹

|由堯舜至於湯章(見而知之章)|

38-1. 孟子曰 由堯舜至於湯이 五百有餘歲니 若禹皐陶(고요)則見而知之하시고 若湯則聞而知之하시니라

孟子께서 말씀하셨다. "堯·舜으로부터 湯王에 이르기까지가 5백여 년이니, 禹王과 皐陶는 직접 보고서 알았고 湯王은 들어서 아셨다.

> 集註 | 趙氏曰 五百歲而聖人出은 天道之常이라 然이나 亦有遲速하여 不能正五百年이라 故로 言有餘也라 尹氏曰 知는 謂知其道也라
>
> 趙氏(趙岐)가 말하였다. "5백 년 만에 聖人이 나옴은 天道의 떳떳함이다. 그러나 또한 더디고 빠름이 있어서 바로(참으로) 5백 년이 되지는 못한다. 그러므로 '有餘'라고 말씀한 것이다."
>
> 尹氏(尹焞)가 말하였다. "'知'는 그 道를 앎을 이른다."

38-2. 由湯至於文王이 五百有餘歲니 若伊尹萊朱則見而知之하고 若文王則聞而知之하시니라

湯王으로부터 文王에 이르기까지가 5백여 년이니, 伊尹과 萊朱는 직접 보고서 알았고 文王은 들어서 아셨다.

> 集註 | 趙氏曰 萊朱는 湯賢臣이라 或曰 卽仲虺也니 爲湯左相이라하니라
>
> 趙氏(趙岐)가 말하였다. "萊朱는 湯王의 賢臣이다."
>
> 혹자는 말하기를 "바로 仲虺이니, 湯王의 左相이 되었다." 하였다.

38-3. 由文王至於孔子 五百有餘歲니 若太公望散宜生則見而知之하고 若孔子則聞而知之하시니라

文王으로부터 孔子에 이르기까지가 5백여 년이니, 太公望과 散宜生은 직접 보고서 알았고 孔子는 들어서 아셨다.

··· 皐 언덕 고 陶 즐길 요 遲 더딜 지 速 빠를 속 萊 쑥 래 虺 뱀 훼 散 성 산, 흩을 산

集註 | 散은 氏요 宜生은 名이니 文王賢臣也라 子貢曰 文武之道 未墜於地하여 在人이라 賢者는 識(지)其大者하고 不賢者는 識其小者하여 莫不有文武之道焉하니 夫子焉不學[383]이시리오하니 此所謂聞而知之也라

散은 氏이고 宜生은 이름이니, 文王의 賢臣이다. 子貢이 말하기를 "文王·武王의 道가 아직 땅에 떨어지지 않아 인간에 남아 있다. 어진 자는 그 큰 것을 기억하고 어질지 못한 자는 그 작은 것을 기억하고 있어서 文王·武王의 道가 있지 않음이 없으니, 夫子께서 어찌 배우지 않으셨겠는가." 하였으니, 이것이 이른바 '들어서 아셨다'는 것이다.

38-4. 由孔子而來로 至於今이 百有餘歲니 去聖人之世 若此其未遠也며 近聖人之居 若此其甚也로되 然而無有乎爾하니 則亦無有乎爾로다

孔子로부터 이래로 오늘에 이르기까지가 백여 년이니, 聖人의 세대와의 거리가 이와 같이 멀지 않으며 聖人이 거주하신 곳과 가까움이 이와 같이 심한데도 〈이와 같이 보고서 아는 자가〉 없으니, 그렇다면 또한 들어서 아는 자가 없겠구나."

集註 | 林氏曰 孟子言 孔子至今時未遠하고 鄒魯相去又近이라 然而已無有見而知之者矣하니 則五百餘歲之後에 又豈復有聞而知之者乎리오
愚按 此言은 雖若不敢自謂已得其傳하여 而憂後世遂失其傳이라 然[384]이나 乃所以自見其有不得辭者요 而又以見夫天理民彝不可泯滅하니 百世之下에 必將有神會而心得之者耳라 故로 於篇終에 歷序群聖之統하시고 而終之以此하시니 所以明其傳之有在[385]요 而又以俟後聖於無窮也시니 其旨深哉로다

---

383 子貢曰……夫子焉不學:이 내용은 《論語》〈子張〉 22장에 보인다.

384 雖若不敢自謂已得其傳……然:全體를 한 句로 보고 '若'과 '然'을 연계시켜 '雖若不敢自謂其傳하여 而憂後世遂失其傳然이니'로 懸吐하는 것이 옳을 듯하나, 諸本이 대부분 '傳'에서 句를 떼었고 艮齋(田愚) 역시 '傳이나'로 懸吐하였으므로 위와 같이 懸吐하였음을 밝혀 둔다.

385 所以明其傳之有在:新安陳氏(陳櫟)는 "이는 '그런데도 〈보고서 아는 자가〉 없다'는 뜻을 거듭 말씀한 것이다. 孟子가 은연히 道統의 傳함이 자신에게 있다고 말씀하셨으나, 다만 그 말씀이 완곡하고 意味가 深長하여 자세히 살펴보고 음미하지 않으면 알지 못한다.〔此申言然而無有乎爾之意 孟子隱然謂道統之傳在己 但其辭婉 其意深 非詳玩味之 不能見耳〕" 하였다.

··· 墜 떨어질 추 識 기억할 지 鄒 나라이름 추 辭 사양할 사 彝 떳떳할 이 泯 없어질 민 會 알 회 俟 기다릴 사

林氏(林之奇)가 말하였다. "孟子께서 '孔子로부터 지금에 이르기까지가 멀지 않고 鄒나라와 魯나라의 거리가 또 가깝다. 그러나 이미 보고서 안 자가 없으니, 그렇다면 5백 년 뒤에 어찌 다시 들어서 아는 자가 있겠는가.'라고 하신 것이다."

내가 살펴보건대 이 말씀은 비록 감히 스스로 자신이 그 전통을 얻었다고 이르지 못하여, 後世에 마침내 그 傳함을 잃을까 근심한 말씀인 듯하다. 그러나 바로 〈자신이〉 사양할 수 없는 것이 있음을 스스로 나타내신 것이요, 또 天理와 民彛가 없어질 수 없으니, 百世의 뒤에 반드시 장차 정신으로 이해하고 마음으로 터득하는 자가 있을 것임을 나타내신 것이다. 그러므로 篇의 끝에 여러 聖人의 전통을 차례로 서술하고 이로써 끝마치셨으니 그 전함이 있는 데가 있음을 밝힌 것이요, 또 聖人을 無窮한 후세에 기다리신 것이니, 그 뜻이 깊다.

章下註 | ○有宋元豐八年에 河南程顥伯淳이 卒한대 潞公文彥博이 題其墓曰 明道先生[386]이라하니 而其弟頤正叔이 序之曰 周公沒에 聖人之道不行[387]하고 孟軻死에 聖人之學不傳[388]하니 道不行이라 百世無善治하고 學不傳이라 千載無眞儒하니 無善治라도 士猶得以明夫善治之道하여 以淑諸人하여 以傳諸後어니와 無眞儒면 則天下貿貿焉莫知所之하여 人欲肆而天理滅矣[389]라 先生이 生乎千四百年之後[390]하여 得不傳之學於遺經하여 以興起斯文으로 爲己任하사 辨異端하고 闢邪說하여 使聖人之道로 煥然復明於世하시니 蓋自孟子之後로 一人而已라 然이나 學者於道에 不知所向이면 則孰知斯人之爲功이며 不知所至면 則孰知斯名之稱情也哉리오

---

386 河南程顥伯淳卒……明道先生 : 壺山은 "살펴보건대 南軒(張栻)의 《二程粹言》序文에 '시호가 明道先生이다.'하였으니, 아마도 사사로이 지은 시호일 것이다.〔按南軒二程粹言序云 諡明道先生 蓋私諡也〕"하였다.

387 聖人之道不行 : 壺山은 "窮하면서 아래에 있었기 때문이다.〔窮而在下故也〕"하였다.

388 聖人之學不傳 : 壺山은 "異端과 功利의 說이 盛行했기 때문이다.〔異端功利之說盛行故也〕"하였다.

389 道不行……人欲肆而天理滅矣 : 雲峰胡氏(胡炳文)는 《論語》의 끝부분에는 帝堯의 뒤에 武王으로써 끝마쳤고, 《孟子》의 끝부분에는 孔子와 孟子로써 끝마쳤다. '道가 행해지지 아니하여 百世동안 좋은 정치가 없음'은 武王 이후의 일이요, '학문이 전해지지 아니하여 천 년 동안 참다운 학자가 없음'은 孔孟 이후의 일이다. '善治가 없다.' 이하는 또 道가 밝아지지 못하면 그 폐해가 道가 행해지지 않는 것보다 심함이 있음을 말씀한 것이다.〔論語之末 堯而後 終之以武王 孟子之末 終之以孔孟 道不行 百世無善治 武王以後事 學不傳 千載無眞儒 孔孟以後事 無善治而下 又言道之不明 其害有甚於道之不行者也〕"하였다.

390 先生 生乎千四百年之後 : 新安陳氏(陳櫟)는 "孟子가 별세하고 明道가 태어날 때에 이르기까지 대략 年數가 이와 같다.〔孟子沒 至明道生 大約年數如此〕"하였다.

••• 程 길정 顥 훤할호 潞 물이름로 彥 클언 題 쓸제 頤 기를이 軻 맹자이름가, 수레가 載 해재 儒 선비유 淑 착할숙 貿 어두울무 肆 방사할사 遺 남을유 闢 물리칠벽 煥 밝을환 稱 걸맞을칭

○ 宋나라 元豊 8년(1085)에 河南 程顥 伯淳이 죽자, 潞公 文彦博이 그 墓에 쓰기를 '明道先生'이라 하였다. 이에 그의 아우인 程頤 正叔이 다음과 같이 序하였다.

"周公이 별세함에 聖人의 道가 행해지지 못하였고, 孟軻가 죽음에 聖人의 學問이 전해지지 못하였다. 道가 행해지지 못하여 百世에 善한 정치가 없었고 學問이 전해지지 못하여 千年에 眞儒가 없었으니, 善한 정치가 없더라도 선비는 오히려 善治의 道를 밝혀서 남에게 私淑하여 後世에 전할 수 있지만, 眞儒가 없으면 천하가 貿貿(몽매함)하여 갈 곳을 알지 못해서 人慾이 함부로 펴지고 天理가 멸하게 된다. 先生은 천 4백 년 뒤에 태어나서 전해지지 않던 학문을 遺經에서 얻어 斯文(道學)을 흥기시킴을 자신의 책임으로 삼으시어 異端을 분별하고 邪說을 막아서 聖人의 道로 하여금 환하게 세상에 다시 밝아지게 하셨으니, 孟子 이후로 한 사람일 뿐이다. 그러나 배우는 자가 道에 대해서 향할 바를 알지 못한다면 어찌 이 분의 공로를 알며, 그 경지를 알지 못한다면 어찌 〈明道라는〉 이 명칭이 실정에 걸맞음을 알겠는가."

朝鮮朝 內閣本 銅活字 刊行 來歷[391]

國朝屢鑄銅字　而世宗朝甲寅所鑄　集其大成　歲久寢刓矣　英宗朝壬辰　我殿
下在春邸　以甲寅字爲本　使芸閣鑄十五萬字藏之　是爲壬辰字　卽經書正文等
書印本　卽位之元年　復以甲寅字本　鑄十五萬字于關西　藏于內閣　是爲丁酉字
卽八子，百選等書印本　而今又印經書　內外閣所藏　凡三十萬字　太宗朝癸未
以經筵古註詩書左傳爲本　命李稷等　鑄十萬字　是爲癸未字　世宗朝庚子　命李
蕆(천)等改鑄　是爲庚子字　甲寅以庚子字纖密　出經筵所藏孝順事實　爲善陰
隲等書　爲字本　命金墩等　鑄二十餘萬字　是爲甲寅字　於是癸未，庚子字　入
於重鑄　而惟甲寅字　行三百有餘年　至我聖上　再命開鑄　而悉以甲寅字爲本
宣廟朝　以安平大君書爲本　鑄于訓局　今之昌黎集諸書印字　是也　實錄，誌
狀，史，漢等書印字　及文獻備考印字　各有一本　年條不可攷

國朝(朝鮮朝)에서 여러 번 동활자를 주조하였는데, 世宗朝 갑인년(1434)에 주조한 것이
集大成한 것이었으나, 세월이 오래되어 점점 망가졌다. 英宗朝 임진년(1772)에 우리 殿下
(正祖)께서 春宮(東宮)에 계실 적에 甲寅字로 底本을 삼아서 芸閣(校書館)으로 하여금
15만 자를 주조하여 보관하게 하니, 이것이 壬辰字로 經書 正文 등의 책을 인쇄한 本이다.
卽位하신 元年(1777)에 다시 甲寅字本으로 15만 자를 關西에서 주조하여 內閣(奎章閣)

---

391 朝鮮朝……來歷:이 내용은 內閣本의 편 끝에 실려 있는 것으로 이 책을 銅活字로 인쇄한 내용을 서
술한 것인데, 간혹 學生들 중에 이 글의 뜻을 제대로 이해하지 못하여 질문하는 자가 있으므로 번역하
여 실은 것이다.

에 보관하니, 이것이 丁酉字로 八子(八家文)와 百選 등의 책을 인쇄한 本인데, 지금은 또 經書를 인쇄하여 內閣과 外閣에 보관한 것이 모두 30만 자이다.

太宗朝 계미년(1403)에 經筵에 있는 古註의 《詩經》, 《書經》, 《春秋左傳》을 底本으로 삼아 李稷 등에게 명하여 10만 자를 주조하니 이것이 癸未字이고, 世宗朝 경자년(1420)에 李藏 등에게 명하여 다시 주조하니 이것이 庚子字이고, 갑인년(1434)에 庚子字가 섬세하고 稠密하다 하여 經筵에 보관된 孝順한 사실과 善行을 하여 神明이 도와준 내용의 책들을 꺼내어 字本으로 삼아 金墩 등에게 명하여 20여만 자를 주조하니 이것이 甲寅字이다. 이에 癸未字와 庚子字가 다시 주조함에 들어갔으나 오직 甲寅字는 3백여 년 동안 그대로 사용되었다.

우리 聖上(正祖)에 이르러 다시 開鑄하도록 명하되 모두 甲寅字를 저본으로 삼았다. 宣祖 때에 安平大君의 글씨를 저본으로 삼아 訓鍊院에서 주조하니 지금의 《昌黎集》 등 여러 책을 인쇄한 글자가 바로 이것이요, 實錄과 誌狀과 《史記》와 《漢書》 등의 책을 인쇄한 글자와 《文獻備考》를 인쇄한 글자는 각각 따로 한 本이 있는데, 연도는 상고할 수 없다.

跋文

　　지난 1997년에 법학자와 법조인 여럿이 모여 동서학문의 회통에 뜻을 모아 한학자 成百曉 선생을 모시고 동양고전을 공부하기로 하고, 寡尤會를 결성하여 四書三經을 강독한 지가 어언 17년의 긴 세월이 흘렀다. 공부모임에서는 《論語》에서 출발하여 《孟子》, 《大學》, 《中庸》의 순으로 四書를 끝마친 후에 三經을 계속 강독하였다. 물론 참여자들이 세간의 일에 쫓겨 욕심만큼 하지는 못했으나, 고전을 읽는 재미가 더해가며 강독을 계속하였고, 예전에 번역본을 놓고 보았던 四書에 대한 공부와는 느낌이 달랐다.

　　2008년 海東經史研究所를 설립하고, 강독에서 선생님으로부터 들은 내용을 문자화해 놓을 필요가 있다고 판단하여 成百曉 선생께 선생의 사유가 담긴 지금의 '附按說' 형태의 《論語》와 《孟子》를 출간할 것을 청하였다. 그 결과 선생은 그 작업을 계속하시어 작년에는 《附按說 論語集註》를 출간하였고, 이번에 《附按說 孟子集註》를 출간하게 되었다. 참으로 감개무량하다. 孟子는 당시 富國强兵을 추구하였는데, 혼란한 戰國時代에 나라를 바로 세우고자 仁義道德을 강조하고 이익을 추구하는 욕심을 버릴 것을 강조하였다. 후세에 《孟子》에 대하여 天理를 보존하고 人慾을 막는〔存天理 遏人慾〕 내용이라고 평하는 이유도 여기에 있다. 天理는 바로 仁義道德이고 人慾은 利를 뜻한다.

　　司馬遷의 다음의 말이 다시금 떠오른다.

　　내가 《孟子》를 읽다가 梁 惠王이 '어떻게 하면 내 나라를 이롭게 하겠습니까?' 하고 물은 부분에 이르면, 일찍이 읽던 책을 덮어놓고 탄식하지 않은 적이 없었다. 아! 利는 실로

亂의 시초이다. 孔子가 利에 대하여 잘 말씀하지 않은 것은 항상 亂의 근원을 막고자 하셨기 때문이다. 그리하여 孔子는 '利에 따라 행동하면 원망이 많다'고 하였으니, 利를 좋아하여 추구하는 병폐가 天子로부터 庶人에 이르기까지 어찌 다르겠는가.'

위 내용은 《孟子》 첫 장 章下註에 소개되어 있다. 오늘날 우리 사회는 仁과 義 그리고 禮를 내팽개치고 오직 利를 쫓는 함정으로 빠져들고 있다. 정치인이든 공부하는 사람이든 이런저런 명분을 내세우지만, 결국 속셈은 자신의 출세나 이익을 추구하는데 몰두한다. 자신의 욕망에 따라 질주하는 이러한 잘못을 바로잡지 않으면 사회는 더욱 혼란에 빠져들 뿐이다.

이번에 새로 출간된 《孟子集註》를 一讀하기 권한다. 2,400여 년 전, 나라를 다스림에 백성이 주인이라는 民本主義를 그토록 강조한 孟子야말로 선각자가 아닐 수 없다. 책을 읽을 때 이러한 이치를 일관성 있게 해석한 朱子의 集註를 간과해서는 안 되며, 우리나라의 丁茶山과 朴壺山, 중국의 楊伯峻의 說까지 함께 읽으면 더욱 좋을 것이다. 이번 작업에 이어 《大學》과 《中庸》이 계속 출간되어 成百曉 선생의 사유가 담긴 四書集註가 완간되기를 기대해 마지않는다.

2014년 10월
安全行政部長官 鄭宗燮

편집후기

寒松 成百曉 선생님의 按說 총서, 그 두 번째 책이 출간을 앞두고 있다. 총서를 완성하는 일은 선생님 스스로 세우신 誓願이자 이 책을 기다리는 후학들과의 약속이기에, 稀年을 맞이하셨음에도 불구하고 선생님께서는 쉼 없이 작업을 해나가셨다. 한편으로는 감사하고 한편으로는 부끄럽다.

　두 번째 책《附按說 孟子集註》의 구성 역시《附按說 論語集註》와 다르지 않다. 按說에서는 經文을 이해하는데 도움이 되는 諸家의 說을 소개하고 해설하였으며, 각주에는 朱子의《集註》를 이해하는데 도움이 되는 내용들을 실었다. 다른 점이 있다면, 이번 책에서는 각 장마다 章名을 붙여주었다는 것이다. 예컨대, 〈梁惠王上〉1장은 '亦有仁義章'으로, 〈告子上〉10장은 '熊魚章'으로 표기하였으며, 〈公孫丑上〉2장처럼 '不動心章'과 '浩然章'의 두 이름이 있는 경우에는 둘 다 표기하였다.《孟子》를 해설하는 여러 문헌들이 대체로 이런 식의 章名을 사용하기 때문에 章名을 소개할 필요가 있다고 판단한 것이다.

　《孟子》를 공부할 때에 흔히 겪는 두 가지 어려움이 있다. 하나는 제도나 문물에 대한 지식이 없이는 이해하기 어려운 내용들이 있다는 점이고, 또 하나는 心과 性 등에 대한 孟子의 철학적 논의를 이해하기 어렵다는 점이다.

　제도나 문물에 대한 정보는 朱子의《集註》에서 어느 정도 소개하고 있으나, 좀 더 자세한 내용과 철저한 고증을 필요로 하는 독자를 위해,《大全》에 실려 있는 禮書 등 여러 문헌을 발췌하여 기재하였으며, 이에 대한 諸家의 해석도 소개하였다. 諸家說의 채택에 있어서는 특정한 說에 구애되지 않고 여러 說을 넓게 소개하는 방식을 채용하였는데, 옛 제도나 문물에 대한 해석은 어떤 것이 옳다고 기필하기가 어렵기 때문이다.

물론 선생님께서 시비를 판단하실 수 있는 내용에 있어서는 명쾌한 해설을 덧붙여 주셨다. 예를 들면, 〈梁惠王上〉3장 "狗彘食人食而不知檢"의 '檢'을 朱子는 檢束의 뜻으로 보아 '不知檢'을 "단속할 줄 모른다."로 해석하였고, 趙岐와 茶山은 '檢'을 '斂'의 뜻으로 보아 '不知檢'을 "남은 곡식을 거두어들일 줄 모른다."로 해석하였는데, 어떤 해석이 더 近理한 지에 대하여 선생님께서는 당신이 직접 농사를 지으셨던 경험을 토대로 판단하고 해설해주셨다. 농사에 한 번도 종사해본 적이 없는 사람에게는 참으로 감사한 지남철이 아닐 수 없다.

《論語》와 달리, 《孟子》에는 心과 性에 대한 직접적 서술이 많다. 그러나 《孟子》가 철학적 논술이 아닌 대화체의 형식이기 때문에, 산발적 내용들을 종합적 체계로 수렴하여 이해하는 것은 쉬운 일이 아니다. 朱子의 《集註》는 바로 그 역할을 해주는 주석서이지만, 朱子의 해석이 과연 孟子의 本意에 맞는 것인지, 혹은 朱子의 해석 외에 어떤 다른 해석이 있을지에 대해 의문을 품을 수 있다. 이를테면, 孟子가 "惻隱之心은 仁의 端이다."라고 한 것은 몇 가지 해석이 가능하다. 이 구절을 朱子는 '端'을 '밖으로 나온 실마리'로 해석하여 '仁은 心 안의 본유적 性이고, 측은해 하는 마음은 그 性이 발현한 것이다.'의 의미로 보았으나, 茶山은 '端'을 '처음'으로 해석하여, '측은해 하는 마음을 미루고 확장하여 仁이라는 외재적 德을 이룬다.'는 의미로 보았다. 이러한 해석의 차이는 孟子가 心性을 논한 곳 전체에 나타나는데, 按說에서 거의 빠짐없이 두 해석을 제시하고 비교하였으며 선생님의 평 또한 실려 있으니, 독자는 孟子 뿐만 아니라, 朱子와 茶山을 알고 이해하는 데에도 도움을 받을 수 있을 것이다.

《孟子》는 經學史, 哲學史적으로 매우 중요하게 다루어지는 책이지만, 한문 학습을 위한 교재로도 중시되어 왔다. 이와 관련하여 본인이 고전번역교육원에 있으면서 선생님들께 얻어 들은 이야기를 소개할까 한다.

첫째는 《孟子》를 많이 읽어야 한다는 것과 관련된 이야기였다.

어떤 글방 선생님이 학생들에게 "《孟子》를 천 번을 읽으면 '통탕' 하는 소리와 함께 文理

가 通暢해진다." 하였다. 학생은 스승의 말씀을 믿고 열심히 읽어 그 숫자를 채웠지만 文理가 났다는 느낌이 전혀 없었다. 오히려 모르는 내용이 더 많아진 것 같았다. 그래서 학생은 스승에게 "선생님께서 《孟子》를 천 번 읽으면 文理가 通暢해져 「퉁탕」 소리가 난다.' 하셨으므로 지금 이 제자가 이미 천 번을 읽었으나 아직도 '퉁탕' 소리를 듣지 못했으니, 선생님의 말씀이 틀렸습니까? 제자의 의혹이 더욱 심해집니다.〔先生有言曰 讀孟子千遍 則文理通暢 有퉁탕之聲 今弟子旣讀千遍 而未聞有퉁탕之聲 先生之言非歟 弟子之惑滋甚〕"라고 항의성 글월을 올렸다. 그랬더니 선생은 이 글을 보고서 "너는 '퉁탕' 소리가 난 지 이미 오래이다."라고 하였다. 학생이 올린 짧은 이 몇 마디의 글이 이미 行文의 체제를 얻었기 때문이었다.

둘째는 이렇게 많이 읽는 과정에서 스스로 의미를 깨치게 되는데 그때 懸吐의 역할이 중요하다는 취지의 이야기였다.

《孟子》〈梁惠王上〉제2장의 《集註》에 "鴻雁之大者 麋鹿之大者"라는 구절이 있다. 經文의 "鴻雁과 麋鹿을 돌아보고 말하였다.〔顧鴻雁麋鹿曰〕"에 대한 주석이다. 어떤 학생이 오전에 이 부분을 "鴻雁之大者요 麋鹿之大者라"로 읽었는데, 선생은 그냥 놔두고 나가셨다. 저녁에 돌아와 보니 그 학생이 "鴻은 雁之大者요 麋는 鹿之大者라"로 고쳐 읽고 있었다.

글을 여러 번 반복해서 읽다보면 스스로 의미를 깨칠 수 있게 되는데, 그 과정에 懸吐가 큰 역할을 한다는 것, 그리고 글의 의미를 알고 모르고가 懸吐에서 드러난다는 것을 말해주는 사례라 하겠다. 懸吐를 해서 읽는다는 것은 원문을 가공하고 의미를 확정하는 일이다. 그래서 懸吐와 함께 글을 읽으면 의미를 분명하게 파악하며 읽을 수 있다. 오늘날 우리들이 懸吐도 하지 않은 채 대충 몇 번 읽고는 이미 알았다고 생각하는 습관과는 다르다 할 것이다.

《孟子》〈盡心上〉에 다음과 같은 내용이 보인다.

"바다를 구경한 자에게는 큰 물이 되기가 어렵다.〔觀於海者 難爲水〕"

　　너른 바다를 이미 경험한 사람은 어지간한 강물을 보고서 '크다!'는 감흥을 얻기가 어렵다는 말이다. 이는 학문에도 그대로 적용될 수 있다. 大家의 학문을 경험한 사람은 어떤 학문에 대해 '훌륭한 학문이다!'는 감흥을 얻기가 어렵다. '어떤 학문'이란 자신의 학문도 포함한다. 그래서 스스로를 '학문하는 사람'이라고 여기는 이에게 大家를 접하는 일은 중요하다. 스스로의 학문에 만족할 수 없으므로 겸허히 정진하게 되기 때문이다. 按說 총서의 발간은 큰 바다를 볼 수 있는 기회가 생기는 것과 다름없다고 생각하기에, 初學의 한 사람으로서 기쁘고 또 감사하다.

2014년 11월

申相厚